企业绩效评价标准值

2021

国务院国资委考核分配局　编

中国财经出版传媒集团

经济科学出版社
Economic Science Press

图书在版编目（CIP）数据

企业绩效评价标准值. 2021/国务院国资委考核分配局编.
—北京：经济科学出版社，2021.6
ISBN 978 - 7 - 5218 - 2650 - 0

Ⅰ. ①企… Ⅱ. ①国… Ⅲ. ①国有企业 - 经济评价 -
标准 - 中国 - 2021 Ⅳ. ①F279. 241 - 65

中国版本图书馆 CIP 数据核字（2021）第 125215 号

责任编辑：黄双蓉
责任校对：杨 海
责任印制：王世伟

企业绩效评价标准值
2021

国务院国资委考核分配局 编
经济科学出版社出版、发行 新华书店经销
社址：北京市海淀区阜成路甲 28 号 邮编：100142
总编部电话：010 - 88191217 发行部电话：010 - 88191522
网址：www. esp. com. cn
电子邮箱：esp@ esp. com. cn
天猫网店：经济科学出版社旗舰店
网址：http：//jjkxcbs. tmall. com
北京季蜂印刷有限公司印装
787 × 1092 16 开 26.25 印张 440000 字
2021 年 6 月第 1 版 2021 年 6 月第 1 次印刷
ISBN 978 - 7 - 5218 - 2650 - 0 定价：96.00 元
（图书出现印装问题，本社负责调换。电话：010 - 88191510）
（版权所有 侵权必究 打击盗版 举报热线：010 - 88191661
QQ：2242791300 营销中心电话：010 - 88191537
电子邮箱：dbts@ esp. com. cn）

说　　明

　　2021 年企业绩效评价标准值由国务院国资委考核分配局根据《中央企业综合绩效评价管理暂行办法》（国务院国资委令第 14 号）等有关规定，依据全国国有企业有关财务数据、国家统计部门有关统计资料、各行业协会有关运行材料等，结合对 2020 年度国民经济各行业运行情况的客观分析，运用数理统计方法测算编制。

　　2021 年企业绩效评价标准值的行业划分以《企业绩效评价行业基本分类》为基本依据，共包括 10 个大类、52 个中类和 110 个小类。部分细分行业企业在开展绩效评价工作时，可从附录《企业绩效评价行业基本分类与代码对照表》中查找被评价企业的所属行业，以准确选择评价标准。

　　为满足企业开展国际国内对标工作需要，我们除测算编制了 22 个评价指标的标准值外，还对每个行业以"补充资料"形式提供了存货周转率、两金占流动资产比重、成本费用占营业总收入比重、经济增加值率、EBITDA 率、资本积累率 6 个指标数据。同时，我们还收录了 19 个行业 20 个指标的 2020 年企业绩效评价国际标准值，供大家工作参考。

编　者

二〇二一年六月

目　　录

全国国有企业

范围：全行业

项　　目	优秀值	良好值	平均值	较低值	较差值
一、盈利能力状况					
净资产收益率（％）	11.1	8.0	5.0	0.6	-10.3
总资产报酬率（％）	7.5	5.6	3.7	0.4	-6.6
销售（营业）利润率（％）	13.6	9.3	5.6	-1.7	-8.9
盈余现金保障倍数	7.3	3.7	1.7	-1.6	-3.0
成本费用利润率（％）	14.8	10.1	5.6	1.0	-4.2
资本收益率（％）	11.5	8.3	5.6	1.0	-6.5
二、资产质量状况					
总资产周转率（次）	1.4	0.8	0.3	0.2	0.1
应收账款周转率（次）	20.6	11.2	6.7	2.9	1.6
不良资产比率（％）	0.2	0.8	2.5	5.4	13.0
流动资产周转率（次）	1.6	1.2	0.8	0.4	0.2
资产现金回收率（％）	12.4	7.5	2.7	-0.6	-10.1
三、债务风险状况					
资产负债率（％）	48.5	53.5	63.5	73.5	88.5
已获利息倍数	5.3	3.9	2.6	0.8	-2.3
速动比率（％）	138.8	102.1	78.9	61.5	40.6
现金流动负债比率（％）	21.7	14.9	5.4	-8.3	-14.9
带息负债比率（％）	20.1	31.6	46.7	66.0	79.0
或有负债比率（％）	0.2	1.5	4.8	11.4	17.6
四、经营增长状况					
销售（营业）增长率（％）	13.5	6.7	1.4	-9.2	-20.7
资本保值增值率（％）	110.5	106.8	103.9	99.9	90.1
销售（营业）利润增长率（％）	14.2	7.2	2.1	-11.4	-20.5
总资产增长率（％）	16.3	12.8	7.5	-6.2	-14.7
技术投入比率（％）	3.6	2.6	2.1	1.8	0.8
五、补充资料					
存货周转率（次）	15.1	7.5	2.3	1.4	0.6
两金占流动资产比重（％）	9.7	24.9	38.2	49.0	59.1
成本费用总额占营业总收入比重（％）	92.9	94.3	95.8	98.4	101.3
经济增加值率（％）	8.1	4.1	-2.3	-3.5	-11.5
EBITDA率（％）	25.4	15.0	7.8	0.9	-2.1
资本积累率（％）	21.3	13.0	7.6	-2.2	-9.4

全国国有企业

范围：大型企业

项　　目	优秀值	良好值	平均值	较低值	较差值
一、盈利能力状况					
净资产收益率（%）	13.0	9.9	6.0	1.8	-6.5
总资产报酬率（%）	8.6	7.1	4.2	1.4	-4.9
销售（营业）利润率（%）	12.0	7.9	5.6	0.2	-6.1
盈余现金保障倍数	7.8	4.3	1.8	1.0	-3.0
成本费用利润率（%）	14.9	9.9	5.7	1.2	-4.3
资本收益率（%）	13.7	10.1	6.1	1.8	-2.3
二、资产质量状况					
总资产周转率（次）	1.0	0.7	0.4	0.3	0.1
应收账款周转率（次）	20.8	13.7	9.3	4.2	1.6
不良资产比率（%）	0.1	0.3	0.8	3.7	9.9
流动资产周转率（次）	1.8	1.3	0.9	0.5	0.1
资产现金回收率（%）	12.5	7.5	3.2	-1.1	-6.8
三、债务风险状况					
资产负债率（%）	48.1	53.1	63.1	73.1	88.1
已获利息倍数	7.6	4.2	2.9	1.2	-1.9
速动比率（%）	149.1	122.0	81.4	69.0	49.3
现金流动负债比率（%）	18.8	12.3	7.3	-10.5	-16.5
带息负债比率（%）	21.6	30.3	47.6	66.6	78.9
或有负债比率（%）	0.2	1.4	5.3	11.3	17.3
四、经营增长状况					
销售（营业）增长率（%）	27.0	15.2	0.5	-7.4	-16.6
资本保值增值率（%）	112.5	109.0	105.0	100.5	98.2
销售（营业）利润增长率（%）	13.6	6.6	1.6	-10.7	-19.8
总资产增长率（%）	18.3	14.9	9.1	-2.1	-9.6
技术投入比率（%）	4.2	2.9	2.6	2.2	1.5
五、补充资料					
存货周转率（次）	12.2	7.5	3.2	1.0	0.4
两金占流动资产比重（%）	11.5	23.0	35.9	45.6	55.7
成本费用总额占营业总收入比重（%）	93.4	94.6	95.8	98.7	101.7
经济增加值（%）	6.9	3.6	-1.7	-4.3	-10.1
EBITDA率（%）	25.0	15.0	7.7	1.1	-2.0
资本积累率（%）	18.6	13.2	7.6	0.8	-10.1

全国国有企业

范围：中型企业

项 目	优秀值	良好值	平均值	较低值	较差值
一、盈利能力状况					
净资产收益率（%）	11.1	8.4	4.5	1.0	-9.4
总资产报酬率（%）	7.3	5.1	3.0	-0.6	-6.0
销售（营业）利润率（%）	13.7	7.9	5.5	-1.6	-8.3
盈余现金保障倍数	7.7	3.4	1.2	-0.6	-5.7
成本费用利润率（%）	14.4	10.7	5.0	0.3	-7.8
资本收益率（%）	12.6	8.8	4.9	-2.4	-11.0
二、资产质量状况					
总资产周转率（次）	1.2	0.7	0.3	0.2	0.1
应收账款周转率（次）	20.0	13.1	4.6	2.8	1.6
不良资产比率（%）	0.2	0.6	2.0	7.0	18.3
流动资产周转率（次）	1.7	1.1	0.4	0.3	0.2
资产现金回收率（%）	10.1	5.5	1.0	-0.2	-9.0
三、债务风险状况					
资产负债率（%）	48.1	53.1	63.1	73.1	88.1
已获利息倍数	6.6	4.2	1.7	0.8	-0.6
速动比率（%）	130.2	98.8	78.2	68.2	43.7
现金流动负债比率（%）	12.4	6.5	4.3	-9.5	-14.7
带息负债比率（%）	21.3	32.5	46.5	64.5	75.4
或有负债比率（%）	0.3	1.8	4.7	12.0	19.8
四、经营增长状况					
销售（营业）增长率（%）	20.3	13.3	6.6	-8.3	-19.1
资本保值增值率（%）	110.8	107.4	104.0	99.9	96.1
销售（营业）利润增长率（%）	18.7	11.6	5.1	-8.6	-18.1
总资产增长率（%）	20.9	15.7	10.3	-4.4	-12.5
技术投入比率（%）	3.1	2.3	2.0	1.7	0.9
五、补充资料					
存货周转率（次）	14.9	7.4	2.3	0.7	0.3
两金占流动资产比重（%）	0.2	15.2	33.8	42.9	49.9
成本费用总额占营业总收入比重（%）	92.7	94.4	96.1	99.5	101.9
经济增加值率（%）	4.0	0.7	-3.7	-6.6	-13.5
EBITDA 率（%）	24.8	18.1	9.3	3.3	1.2
资本积累率（%）	24.2	13.0	7.2	-3.0	-13.4

全国国有企业

范围：小型企业

项　　目	优秀值	良好值	平均值	较低值	较差值
一、盈利能力状况					
净资产收益率（%）	8.1	5.8	3.4	-3.7	-12.1
总资产报酬率（%）	6.1	4.6	2.9	1.0	-5.7
销售（营业）利润率（%）	15.0	8.2	3.5	-2.7	-11.3
盈余现金保障倍数	6.7	3.2	1.2	-0.5	-5.4
成本费用利润率（%）	15.1	6.9	4.3	-0.8	-9.5
资本收益率（%）	8.6	5.9	3.5	-4.9	-14.9
二、资产质量状况					
总资产周转率（次）	1.6	1.0	0.3	0.2	0.1
应收账款周转率（次）	18.1	11.1	5.0	2.1	1.0
不良资产比率（%）	0.3	1.0	2.8	10.6	22.0
流动资产周转率（次）	1.9	1.1	0.4	0.3	0.2
资产现金回收率（%）	10.6	5.0	1.4	-0.1	-10.8
三、债务风险状况					
资产负债率（%）	48.1	53.1	63.5	73.1	88.1
已获利息倍数	5.4	2.7	1.7	-0.1	-1.8
速动比率（%）	160.4	130.4	92.9	61.3	40.0
现金流动负债比率（%）	11.8	7.3	1.4	-7.2	-17.6
带息负债比率（%）	27.9	38.8	52.0	72.3	88.5
或有负债比率（%）	0.4	1.8	5.6	12.0	18.0
四、经营增长状况					
销售（营业）增长率（%）	20.2	14.2	7.0	-6.7	-15.2
资本保值增值率（%）	107.9	105.7	103.0	97.4	89.3
销售（营业）利润增长率（%）	23.7	15.2	8.3	-4.6	-13.1
总资产增长率（%）	21.6	14.4	7.1	-4.7	-14.2
技术投入比率（%）	2.0	1.8	1.5	1.2	0.5
五、补充资料					
存货周转率（次）	15.4	6.2	1.0	0.4	0.3
两金占流动资产比重（%）	8.6	28.0	38.8	62.8	70.5
成本费用总额占营业总收入比重（%）	92.2	96.8	99.3	102.2	104.3
经济增加值率（%）	2.6	0.5	-3.4	-8.0	-10.3
EBITDA率（%）	24.0	16.9	8.4	3.2	-3.0
资本积累率（%）	22.4	13.1	7.0	-4.4	-18.5

工业

范围：全行业

项 目	优秀值	良好值	平均值	较低值	较差值
一、盈利能力状况					
净资产收益率（%）	11.6	8.2	5.5	-0.8	-9.4
总资产报酬率（%）	7.7	5.3	3.9	-0.9	-5.0
销售（营业）利润率（%）	16.9	10.5	5.5	-2.3	-8.5
盈余现金保障倍数	2.9	1.6	1.4	0.9	-2.4
成本费用利润率（%）	19.1	11.5	4.7	-0.3	-9.5
资本收益率（%）	15.4	9.9	6.9	2.2	-7.1
二、资产质量状况					
总资产周转率（次）	0.8	0.6	0.5	0.3	0.2
应收账款周转率（次）	19.6	10.7	6.5	2.0	1.2
不良资产比率（%）	0.1	0.8	2.4	6.4	12.2
流动资产周转率（次）	1.9	1.6	1.3	0.7	0.4
资产现金回收率（%）	9.2	5.7	5.2	-0.6	-6.9
三、债务风险状况					
资产负债率（%）	48.3	53.3	58.3	68.3	83.3
已获利息倍数	8.3	5.3	2.3	1.1	-0.8
速动比率（%）	137.4	111.8	77.1	54.1	31.3
现金流动负债比率（%）	30.3	21.9	12.8	1.3	-9.5
带息负债比率（%）	32.6	42.4	55.4	68.1	81.2
或有负债比率（%）	0.2	1.0	5.0	12.2	21.0
四、经营增长状况					
销售（营业）增长率（%）	19.3	14.4	-2.9	-10.8	-21.5
资本保值增值率（%）	111.5	107.0	104.2	98.4	90.6
销售（营业）利润增长率（%）	21.1	18.9	-5.8	-21.4	-30.2
总资产增长率（%）	13.2	9.8	4.1	-3.4	-7.2
技术投入比率（%）	3.7	2.6	2.1	1.7	0.7
五、补充资料					
存货周转率（次）	18.1	10.7	5.9	3.6	2.2
两金占流动资产比重（%）	13.1	24.2	34.6	46.6	56.5
成本费用总额占营业总收入比重（%）	81.9	89.6	95.3	100.7	107.5
经济增加值率（%）	9.0	3.7	-0.7	-5.4	-8.6
EBITDA 率（%）	24.9	14.7	6.7	-0.3	-6.1
资本积累率（%）	19.9	11.0	4.0	-0.8	-6.6

工业

项　　　目	优秀值	良好值	平均值	较低值	较差值
一、盈利能力状况					
净资产收益率（％）	13.0	9.3	5.5	0.4	−6.4
总资产报酬率（％）	7.3	5.3	4.0	0.2	−5.4
销售（营业）利润率（％）	16.4	10.2	5.3	0.7	−7.4
盈余现金保障倍数	3.7	2.3	1.5	0.7	−1.7
成本费用利润率（％）	15.1	10.8	4.7	0.7	−5.5
资本收益率（％）	12.8	9.0	7.4	1.8	−6.1
二、资产质量状况					
总资产周转率（次）	0.9	0.7	0.5	0.2	0.1
应收账款周转率（次）	22.7	15.2	7.7	3.8	2.6
不良资产比率（％）	0.1	0.8	2.3	5.9	9.7
流动资产周转率（次）	2.5	1.8	1.4	0.6	0.4
资产现金回收率（％）	10.4	7.4	5.3	0.1	−3.3
三、债务风险状况					
资产负债率（％）	48.3	53.3	58.3	68.3	83.3
已获利息倍数	5.5	3.8	2.9	1.7	−0.5
速动比率（％）	137.2	111.3	78.2	56.3	32.8
现金流动负债比率（％）	29.1	20.6	14.2	5.5	−8.6
带息负债比率（％）	31.3	41.7	52.9	62.7	75.3
或有负债比率（％）	0.2	1.0	4.9	11.2	19.0
四、经营增长状况					
销售（营业）增长率（％）	19.3	11.2	−3.2	−7.8	−15.1
资本保值增值率（％）	110.2	106.4	104.2	99.9	95.6
销售（营业）利润增长率（％）	22.6	14.3	−6.5	−22.5	−30.0
总资产增长率（％）	14.4	9.1	3.9	−2.4	−5.4
技术投入比率（％）	3.8	3.2	2.6	2.1	1.2
五、补充资料					
存货周转率（次）	18.4	11.2	6.0	3.6	2.3
两金占流动资产比重（％）	12.5	23.4	33.1	42.4	49.7
成本费用总额占营业总收入比重（％）	88.1	92.7	95.6	101.0	106.0
经济增加值率（％）	7.6	4.1	−0.7	−3.7	−5.5
EBITDA率（％）	24.9	15.4	6.5	−0.2	−5.4
资本积累率（％）	16.6	10.0	4.0	−0.1	−4.2

工业

范围：中型企业

项　　目	优秀值	良好值	平均值	较低值	较差值
一、盈利能力状况					
净资产收益率（%）	12.7	8.9	5.2	-1.2	-9.9
总资产报酬率（%）	8.4	5.8	3.4	1.1	-3.7
销售（营业）利润率（%）	16.9	10.3	6.1	0.1	-6.3
盈余现金保障倍数	3.0	1.8	1.0	-1.0	-3.4
成本费用利润率（%）	19.6	11.2	5.0	-0.1	-8.1
资本收益率（%）	17.2	11.0	8.5	0.2	-8.2
二、资产质量状况					
总资产周转率（次）	0.9	0.7	0.4	0.2	0.1
应收账款周转率（次）	23.4	12.4	5.5	2.6	1.7
不良资产比率（%）	0.5	2.2	3.6	8.2	18.1
流动资产周转率（次）	2.3	1.6	1.1	0.5	0.3
资产现金回收率（%）	10.4	6.7	1.7	-1.0	-7.3
三、债务风险状况					
资产负债率（%）	48.3	53.3	58.3	68.3	83.3
已获利息倍数	5.2	3.9	2.4	0.7	-1.3
速动比率（%）	143.6	119.7	81.4	56.5	36.8
现金流动负债比率（%）	29.0	18.1	9.4	-3.0	-8.3
带息负债比率（%）	22.5	33.7	45.2	66.1	79.6
或有负债比率（%）	0.3	1.8	4.5	11.2	18.0
四、经营增长状况					
销售（营业）增长率（%）	18.0	13.7	-0.9	-10.0	-18.8
资本保值增值率（%）	111.9	108.0	104.1	97.8	89.8
销售（营业）利润增长率（%）	25.7	19.8	-3.5	-24.8	-58.8
总资产增长率（%）	16.7	9.7	5.2	-3.4	-7.3
技术投入比率（%）	3.2	2.2	1.9	1.6	0.7
五、补充资料					
存货周转率（次）	18.4	11.5	5.6	3.1	2.0
两金占流动资产比重（%）	12.0	25.5	38.1	47.1	53.9
成本费用总额占营业总收入比重（%）	86.1	91.7	94.4	101.8	111.0
经济增加值率（%）	11.0	5.4	-0.2	-4.5	-5.6
EBITDA率（%）	26.5	16.1	7.9	-0.1	-4.8
资本积累率（%）	20.3	12.1	4.7	-0.5	-6.3

工业

范围：小型企业

项　目	优秀值	良好值	平均值	较低值	较差值
一、盈利能力状况					
净资产收益率（%）	10.5	7.7	5.3	-1.6	-11.5
总资产报酬率（%）	7.1	4.9	3.6	-1.1	-6.5
销售（营业）利润率（%）	19.1	14.2	7.6	1.5	-6.1
盈余现金保障倍数	2.7	1.5	1.2	-0.2	-0.8
成本费用利润率（%）	12.9	8.7	5.4	-0.2	-12.1
资本收益率（%）	13.6	10.5	6.9	-0.5	-8.2
二、资产质量状况					
总资产周转率（次）	0.9	0.6	0.3	0.2	0.1
应收账款周转率（次）	14.8	7.4	3.5	1.8	1.1
不良资产比率（%）	0.3	1.6	3.1	12.7	24.3
流动资产周转率（次）	1.9	1.3	0.9	0.3	0.2
资产现金回收率（%）	9.1	5.5	4.0	-0.2	-4.8
三、债务风险状况					
资产负债率（%）	48.3	53.3	58.3	68.3	83.3
已获利息倍数	7.1	4.6	2.2	1.1	-0.1
速动比率（%）	138.8	110.0	71.1	47.2	28.7
现金流动负债比率（%）	23.5	16.7	8.0	-3.6	-10.8
带息负债比率（%）	35.7	48.1	59.0	73.4	85.4
或有负债比率（%）	0.3	1.8	5.0	13.2	21.0
四、经营增长状况					
销售（营业）增长率（%）	23.1	16.0	-1.8	-11.3	-23.2
资本保值增值率（%）	108.9	105.6	103.1	99.1	93.1
销售（营业）利润增长率（%）	22.1	15.0	-7.5	-25.8	-58.4
总资产增长率（%）	14.7	11.1	4.9	-3.3	-7.3
技术投入比率（%）	2.1	1.8	1.5	1.1	0.3
五、补充资料					
存货周转率（次）	18.6	11.3	5.8	3.2	1.9
两金占流动资产比重（%）	4.5	18.2	28.4	49.7	58.0
成本费用总额占营业总收入比重（%）	80.5	88.7	97.0	102.5	115.6
经济增加值率（%）	10.0	4.1	-1.4	-5.5	-6.1
EBITDA率（%）	26.8	17.1	7.2	-0.5	-4.0
资本积累率（%）	21.5	11.5	4.3	-0.9	-6.8

煤炭工业

范围：全行业

项 目	优秀值	良好值	平均值	较低值	较差值
一、盈利能力状况					
净资产收益率（%）	11.3	6.8	3.8	-0.7	-3.7
总资产报酬率（%）	7.7	5.2	2.9	-0.2	-3.2
销售（营业）利润率（%）	19.3	11.3	7.1	1.4	-8.8
盈余现金保障倍数	5.4	3.2	0.8	0.2	-1.1
成本费用利润率（%）	20.9	12.2	5.7	2.5	-5.7
资本收益率（%）	15.0	11.1	6.1	-1.1	-5.1
二、资产质量状况					
总资产周转率（次）	0.8	0.5	0.4	0.3	0.2
应收账款周转率（次）	15.5	10.5	8.0	2.9	1.0
不良资产比率（%）	0.3	1.5	3.0	7.0	13.9
流动资产周转率（次）	2.1	1.5	1.2	0.5	0.3
资产现金回收率（%）	4.6	2.0	1.7	-0.1	-3.5
三、债务风险状况					
资产负债率（%）	48.6	53.6	58.6	68.6	83.6
已获利息倍数	7.5	3.8	1.8	-0.1	-1.5
速动比率（%）	108.8	83.1	66.4	37.4	14.9
现金流动负债比率（%）	11.8	9.8	7.8	-3.5	-14.1
带息负债比率（%）	35.3	44.3	51.4	64.1	75.8
或有负债比率（%）	0.7	1.4	5.4	12.5	20.1
四、经营增长状况					
销售（营业）增长率（%）	17.8	8.8	-1.3	-11.0	-22.3
资本保值增值率（%）	113.6	106.2	102.0	100.8	96.2
销售（营业）利润增长率（%）	12.0	-2.7	-11.3	-21.8	-31.0
总资产增长率（%）	10.1	5.5	3.9	-2.5	-6.1
技术投入比率（%）	2.3	2.0	1.7	1.3	0.9
五、补充资料					
存货周转率（次）	20.7	14.9	11.0	4.6	1.4
两金占流动资产比重（%）	13.5	23.3	33.5	43.2	52.3
成本费用总额占营业总收入比重（%）	84.2	92.1	96.6	106.5	112.4
经济增加值率（%）	7.3	1.3	-0.6	-5.5	-7.4
EBITDA率（%）	32.1	23.6	9.2	1.5	-6.0
资本积累率（%）	18.2	7.9	2.1	-2.4	-9.7

煤炭工业

范围：大型企业

项 目	优秀值	良好值	平均值	较低值	较差值
一、盈利能力状况					
净资产收益率（%）	13.2	8.0	6.6	1.3	-5.0
总资产报酬率（%）	7.8	5.3	4.8	0.3	-3.7
销售（营业）利润率（%）	24.7	15.1	7.2	-1.1	-7.8
盈余现金保障倍数	2.0	1.3	1.0	-0.1	-0.9
成本费用利润率（%）	27.5	16.4	6.2	0.5	-6.1
资本收益率（%）	20.6	14.1	8.4	4.1	-1.6
二、资产质量状况					
总资产周转率（次）	0.6	0.5	0.4	0.2	0.1
应收账款周转率（次）	20.2	15.7	11.9	5.8	3.3
不良资产比率（%）	0.2	1.2	1.5	5.8	11.3
流动资产周转率（次）	2.5	1.8	1.3	0.5	0.2
资产现金回收率（%）	6.9	4.3	2.6	-0.8	-2.7
三、债务风险状况					
资产负债率（%）	48.6	53.6	58.6	68.6	83.6
已获利息倍数	9.7	5.2	2.0	1.0	-1.2
速动比率（%）	130.6	105.6	75.9	43.0	20.3
现金流动负债比率（%）	21.9	10.7	9.0	-2.6	-14.1
带息负债比率（%）	44.6	52.6	60.1	73.3	84.4
或有负债比率（%）	0.7	1.4	5.4	12.3	19.8
四、经营增长状况					
销售（营业）增长率（%）	14.0	4.1	-1.0	-13.7	-18.8
资本保值增值率（%）	116.0	109.7	105.5	102.5	96.1
销售（营业）利润增长率（%）	19.3	11.1	-15.3	-30.0	-39.4
总资产增长率（%）	10.8	6.7	4.2	-2.1	-4.5
技术投入比率（%）	2.3	2.0	1.8	1.4	0.9
五、补充资料					
存货周转率（次）	16.8	14.2	11.5	8.6	6.1
两金占流动资产比重（%）	5.2	14.2	23.9	33.4	41.4
成本费用总额占营业总收入比重（%）	81.2	89.1	93.4	104.5	109.3
经济增加值（%）	10.7	2.3	-0.4	-5.3	-6.4
EBITDA率（%）	23.2	17.3	9.5	0.2	-9.3
资本积累率（%）	17.0	8.3	1.9	-3.1	-9.7

煤炭工业

范围：中型企业

项 目	优秀值	良好值	平均值	较低值	较差值
一、盈利能力状况					
净资产收益率（%）	14.4	8.5	3.3	-0.7	-3.1
总资产报酬率（%）	7.3	3.8	2.8	-0.6	-2.9
销售（营业）利润率（%）	19.3	11.4	6.3	-0.2	-7.5
盈余现金保障倍数	1.4	1.1	0.8	-0.6	-2.0
成本费用利润率（%）	21.4	10.6	2.3	-17.0	-41.1
资本收益率（%）	12.3	6.6	2.8	-1.6	-9.4
二、资产质量状况					
总资产周转率（次）	0.5	0.4	0.3	0.2	0.1
应收账款周转率（次）	14.5	10.5	8.2	6.2	4.5
不良资产比率（%）	0.5	2.1	3.2	8.6	14.5
流动资产周转率（次）	2.6	1.9	0.9	0.5	0.2
资产现金回收率（%）	5.0	2.2	1.6	-0.1	-3.1
三、债务风险状况					
资产负债率（%）	48.6	53.6	58.6	68.6	83.6
已获利息倍数	7.5	4.1	1.5	-0.4	-1.5
速动比率（%）	115.5	88.9	63.5	26.2	4.2
现金流动负债比率（%）	12.8	4.6	2.7	-3.5	-9.6
带息负债比率（%）	37.5	47.8	59.0	71.5	83.3
或有负债比率（%）	0.1	2.3	4.6	13.2	21.0
四、经营增长状况					
销售（营业）增长率（%）	19.7	8.6	-4.2	-16.6	-21.3
资本保值增值率（%）	108.7	105.3	102.3	100.2	96.3
销售（营业）利润增长率（%）	22.1	9.1	-14.9	-26.0	-33.4
总资产增长率（%）	9.4	5.3	3.3	-3.1	-6.3
技术投入比率（%）	3.7	2.3	1.8	1.6	1.1
五、补充资料					
存货周转率（次）	20.4	16.2	10.2	6.5	3.9
两金占流动资产比重（%）	17.2	25.5	36.6	46.3	56.3
成本费用总额占营业总收入比重（%）	83.4	91.6	93.7	108.9	115.9
经济增加值率（%）	10.3	3.9	-2.1	-5.7	-8.4
EBITDA 率（%）	22.8	16.6	7.9	-12.3	-16.6
资本积累率（%）	20.6	14.1	1.7	-2.8	-11.0

煤炭工业

范围：小型企业

项　　目	优秀值	良好值	平均值	较低值	较差值
一、盈利能力状况					
净资产收益率（%）	8.0	6.4	3.9	-0.3	-9.8
总资产报酬率（%）	5.2	3.9	2.6	-0.2	-5.7
销售（营业）利润率（%）	12.2	4.8	2.6	-4.9	-11.9
盈余现金保障倍数	5.0	1.8	1.0	0.5	-1.6
成本费用利润率（%）	9.9	2.3	1.8	-4.3	-13.8
资本收益率（%）	9.4	6.7	4.6	-0.4	-11.6
二、资产质量状况					
总资产周转率（次）	0.8	0.4	0.3	0.2	0.1
应收账款周转率（次）	13.4	8.8	6.6	0.7	0.3
不良资产比率（%）	0.1	1.2	2.3	5.3	11.3
流动资产周转率（次）	1.7	1.4	1.1	0.5	0.3
资产现金回收率（%）	2.1	1.7	1.3	-0.1	-4.0
三、债务风险状况					
资产负债率（%）	48.6	53.6	58.6	68.6	83.6
已获利息倍数	4.5	1.9	1.6	-0.6	-3.3
速动比率（%）	108.0	86.1	61.9	28.2	10.5
现金流动负债比率（%）	14.5	8.3	4.3	-3.6	-14.1
带息负债比率（%）	28.8	38.9	49.8	60.2	73.0
或有负债比率（%）	0.1	2.4	4.7	11.9	19.7
四、经营增长状况					
销售（营业）增长率（%）	21.1	11.4	1.0	-5.0	-14.0
资本保值增值率（%）	108.7	103.9	101.9	98.4	91.8
销售（营业）利润增长率（%）	28.0	20.3	5.9	-4.6	-14.2
总资产增长率（%）	11.4	8.9	6.4	-3.2	-8.2
技术投入比率（%）	1.3	1.2	1.0	0.7	0.5
五、补充资料					
存货周转率（次）	11.5	9.1	7.6	5.0	2.8
两金占流动资产比重（%）	1.0	9.2	20.7	29.6	40.5
成本费用总额占营业总收入比重（%）	91.6	96.9	97.6	111.3	119.3
经济增加值率（%）	7.6	2.5	-1.3	-5.6	-8.5
EBITDA 率（%）	27.6	17.7	5.7	-11.0	-16.6
资本积累率（%）	20.5	11.7	5.7	-1.8	-7.6

石油石化工业

范围：全行业

项　　　目	优秀值	良好值	平均值	较低值	较差值
一、盈利能力状况					
净资产收益率（％）	6.1	5.2	3.5	－0.3	－3.7
总资产报酬率（％）	4.2	3.8	2.6	－0.2	－2.3
销售（营业）利润率（％）	10.5	6.0	2.7	－2.8	－10.1
盈余现金保障倍数	2.7	2.0	1.7	0.6	－1.0
成本费用利润率（％）	13.0	6.8	1.6	－3.3	－16.0
资本收益率（％）	9.1	8.3	5.1	－1.2	－4.1
二、资产质量状况					
总资产周转率（次）	1.3	0.8	0.5	0.3	0.1
应收账款周转率（次）	26.2	21.9	17.8	13.3	8.1
不良资产比率（％）	1.1	2.1	2.6	4.3	6.6
流动资产周转率（次）	2.7	2.2	1.8	1.1	0.5
资产现金回收率（％）	9.9	6.1	2.9	0.1	－6.0
三、债务风险状况					
资产负债率（％）	48.3	56.1	58.3	68.3	83.3
已获利息倍数	9.8	6.2	2.0	－0.4	－3.5
速动比率（％）	126.4	87.3	64.0	48.3	36.1
现金流动负债比率（％）	37.9	22.5	17.0	11.5	－7.1
带息负债比率（％）	28.4	34.8	45.3	64.7	65.8
或有负债比率（％）	3.0	3.1	4.0	13.1	17.0
四、经营增长状况					
销售（营业）增长率（％）	3.5	－4.6	－17.1	－28.8	－33.9
资本保值增值率（％）	105.6	103.7	102.5	100.0	98.2
销售（营业）利润增长率（％）	2.1	－11.7	－25.2	－35.9	－40.8
总资产增长率（％）	9.9	4.3	－0.4	－6.8	－11.2
技术投入比率（％）	1.9	1.5	0.9	0.2	0.1
五、补充资料					
存货周转率（次）	17.4	13.7	10.5	7.1	4.5
两金占流动资产比重（％）	13.1	22.2	36.6	46.1	54.1
成本费用总额占营业总收入比重（％）	92.6	96.3	97.6	106.3	119.3
经济增加值率（％）	4.9	0.5	－2.4	－5.5	－8.9
EBITDA 率（％）	21.3	18.9	6.1	－1.9	－8.7
资本积累率（％）	10.1	4.9	－0.3	－6.5	－14.2

石油石化工业

范围：大型企业

项　　目	优秀值	良好值	平均值	较低值	较差值
一、盈利能力状况					
净资产收益率（％）	6.0	5.0	2.8	-3.3	-7.0
总资产报酬率（％）	5.7	4.7	2.5	-3.0	-3.5
销售（营业）利润率（％）	8.4	3.8	2.8	-3.1	-6.5
盈余现金保障倍数	4.3	2.9	2.3	-0.2	-1.1
成本费用利润率（％）	13.4	6.3	1.6	-1.1	-6.3
资本收益率（％）	8.5	6.1	3.7	-0.5	-4.8
二、资产质量状况					
总资产周转率（次）	1.6	1.2	0.5	0.3	0.2
应收账款周转率（次）	28.3	23.9	20.7	16.2	8.9
不良资产比率（％）	0.2	0.6	1.9	4.9	8.6
流动资产周转率（次）	6.0	4.0	2.1	1.2	0.7
资产现金回收率（％）	13.3	9.6	5.4	0.5	-3.4
三、债务风险状况					
资产负债率（％）	48.3	53.3	58.3	68.3	83.3
已获利息倍数	11.2	6.9	3.0	-0.7	-4.3
速动比率（％）	115.3	88.1	69.4	55.3	27.5
现金流动负债比率（％）	41.9	32.7	19.3	7.9	-10.8
带息负债比率（％）	18.7	29.0	41.6	56.4	61.0
或有负债比率（％）	0.5	2.7	6.9	12.5	15.1
四、经营增长状况					
销售（营业）增长率（％）	-0.8	-6.0	-18.6	-25.7	-28.8
资本保值增值率（％）	105.9	103.9	101.8	98.7	97.1
销售（营业）利润增长率（％）	-1.4	-3.9	-25.2	-35.5	-41.1
总资产增长率（％）	6.9	4.6	-0.7	-5.1	-7.5
技术投入比率（％）	1.7	1.2	1.0	0.5	0.1
五、补充资料					
存货周转率（次）	21.4	17.1	10.4	8.8	6.8
两金占流动资产比重（％）	1.8	17.7	24.6	33.5	41.3
成本费用总额占营业总收入比重（％）	95.9	96.8	97.7	103.9	109.2
经济增加值率（％）	3.7	1.3	-2.9	-6.9	-11.1
EBITDA率（％）	23.2	21.4	8.5	0.5	-6.4
资本积累率（％）	10.6	6.1	-0.6	-4.9	-14.5

石油石化工业

范围：中型企业

项　　目	优秀值	良好值	平均值	较低值	较差值
一、盈利能力状况					
净资产收益率（％）	8.3	6.4	5.1	−0.4	−7.2
总资产报酬率（％）	7.4	5.1	4.3	−0.2	−1.3
销售（营业）利润率（％）	8.1	5.9	1.8	−1.2	−8.0
盈余现金保障倍数	2.4	1.4	0.8	−0.3	−2.0
成本费用利润率（％）	8.7	5.7	1.4	−0.2	−4.9
资本收益率（％）	9.0	7.7	5.6	−0.4	−6.1
二、资产质量状况					
总资产周转率（次）	1.7	1.2	0.5	0.2	0.1
应收账款周转率（次）	15.4	11.7	7.8	4.7	2.3
不良资产比率（％）	0.2	0.5	1.3	4.2	6.5
流动资产周转率（次）	4.1	3.0	1.5	0.8	0.5
资产现金回收率（％）	12.5	8.8	2.7	−0.6	−9.1
三、债务风险状况					
资产负债率（％）	48.3	56.1	58.3	68.3	83.3
已获利息倍数	11.7	4.9	2.6	0.1	−2.0
速动比率（％）	120.9	80.9	62.8	45.8	35.5
现金流动负债比率（％）	30.5	19.6	10.7	−1.0	−18.3
带息负债比率（％）	18.1	28.9	38.7	52.3	60.5
或有负债比率（％）	0.8	3.1	9.0	14.8	21.9
四、经营增长状况					
销售（营业）增长率（％）	5.6	−5.7	−16.2	−22.1	−26.4
资本保值增值率（％）	107.0	104.5	102.7	100.4	95.7
销售（营业）利润增长率（％）	5.4	−5.8	−14.6	−23.4	−30.1
总资产增长率（％）	5.1	4.5	2.9	−6.3	−12.5
技术投入比率（％）	1.2	0.8	0.6	0.3	0.1
五、补充资料					
存货周转率（次）	31.0	18.4	9.8	7.0	3.5
两金占流动资产比重（％）	8.7	15.8	29.4	46.7	55.6
成本费用总额占营业总收入比重（％）	92.0	95.4	96.9	101.8	106.0
经济增加值（％）	7.2	4.0	1.6	−5.5	−9.6
EBITDA 率（％）	26.2	14.6	7.5	1.6	−3.2
资本积累率（％）	11.2	6.4	4.3	−8.6	−22.8

石油石化工业

范围：小型企业

项　　　　目	优秀值	良好值	平均值	较低值	较差值
一、盈利能力状况					
净资产收益率（％）	7.9	5.8	1.7	-1.6	-3.5
总资产报酬率（％）	5.3	3.5	1.1	-1.4	-3.0
销售（营业）利润率（％）	12.7	8.1	2.0	-3.9	-8.7
盈余现金保障倍数	2.8	2.0	1.2	-0.7	-2.8
成本费用利润率（％）	13.8	8.4	2.5	-0.5	-12.9
资本收益率（％）	10.7	7.8	2.3	-0.7	-7.1
二、资产质量状况					
总资产周转率（次）	1.1	0.6	0.4	0.2	0.1
应收账款周转率（次）	18.9	15.5	10.8	3.5	1.1
不良资产比率（％）	1.3	2.4	3.3	5.6	9.4
流动资产周转率（次）	3.0	2.1	1.2	0.3	0.2
资产现金回收率（％）	9.0	5.1	1.3	-2.3	-6.2
三、债务风险状况					
资产负债率（％）	48.3	53.3	58.3	68.3	83.3
已获利息倍数	6.4	4.2	1.9	-0.6	-1.7
速动比率（％）	114.0	88.0	74.5	54.9	24.0
现金流动负债比率（％）	23.5	12.9	2.6	-8.5	-14.0
带息负债比率（％）	32.5	41.8	53.5	66.9	80.9
或有负债比率（％）	0.9	3.4	9.2	15.4	22.3
四、经营增长状况					
销售（营业）增长率（％）	11.2	-2.8	-14.1	-20.4	-25.5
资本保值增值率（％）	104.8	102.7	101.9	97.2	92.3
销售（营业）利润增长率（％）	-3.5	-6.9	-14.5	-22.8	-30.0
总资产增长率（％）	11.1	7.1	-1.2	-6.4	-8.4
技术投入比率（％）	0.9	0.5	0.4	0.2	0.1
五、补充资料					
存货周转率（次）	21.0	17.6	10.7	9.8	9.3
两金占流动资产比重（％）	4.4	22.7	49.9	63.4	70.3
成本费用总额占营业总收入比重（％）	91.8	93.8	95.8	101.4	106.3
经济增加值率（％）	8.6	2.1	-3.2	-5.5	-6.5
EBITDA 率（％）	21.8	16.0	5.8	0.3	-3.4
资本积累率（％）	16.3	14.8	1.1	-4.0	-8.2

天然原油和天然气开采业

范围：全行业

项　　目	优秀值	良好值	平均值	较低值	较差值
一、盈利能力状况					
净资产收益率（％）	7.4	3.6	1.9	−1.4	−6.2
总资产报酬率（％）	5.0	3.1	1.5	−0.4	−5.2
销售（营业）利润率（％）	18.0	10.5	2.7	−5.5	−10.9
盈余现金保障倍数	3.2	2.4	1.7	−0.2	−0.8
成本费用利润率（％）	19.0	11.9	1.6	−4.8	−12.9
资本收益率（％）	9.9	4.5	3.9	−0.3	−5.9
二、资产质量状况					
总资产周转率（次）	0.5	0.4	0.3	0.2	0.1
应收账款周转率（次）	28.2	22.2	16.5	7.3	1.5
不良资产比率（％）	0.1	0.9	1.8	6.1	12.1
流动资产周转率（次）	2.2	1.4	1.0	0.6	0.5
资产现金回收率（％）	6.9	4.6	2.4	−4.4	−8.8
三、债务风险状况					
资产负债率（％）	48.3	53.3	58.3	68.3	83.3
已获利息倍数	10.6	5.8	2.0	−0.6	−4.1
速动比率（％）	144.6	114.4	51.9	35.1	26.3
现金流动负债比率（％）	33.3	19.3	17.6	4.9	−22.2
带息负债比率（％）	23.8	33.8	43.2	55.9	67.6
或有负债比率（％）	3.1	4.0	4.6	10.0	17.6
四、经营增长状况					
销售（营业）增长率（％）	2.5	−4.9	−7.8	−26.1	−32.3
资本保值增值率（％）	107.3	102.4	101.9	92.9	84.0
销售（营业）利润增长率（％）	−10.2	−16.1	−26.8	−39.0	−45.6
总资产增长率（％）	9.5	3.1	−1.0	−7.6	−12.7
技术投入比率（％）	1.9	1.5	1.2	0.9	0.2
五、补充资料					
存货周转率（次）	36.0	24.1	10.6	9.8	6.8
两金占流动资产比重（％）	2.0	17.4	21.8	30.6	61.8
成本费用总额占营业总收入比重（％）	87.5	95.2	96.5	102.1	108.0
经济增加值率（％）	2.7	−1.4	−2.3	−6.0	−9.0
EBITDA率（％）	48.0	24.2	9.9	4.9	0.8
资本积累率（％）	16.3	7.0	−0.7	−7.3	−15.9

天然原油和天然气开采业

范围：大型企业

项　　　目	优秀值	良好值	平均值	较低值	较差值
一、盈利能力状况					
净资产收益率（%）	7.3	4.9	2.6	-1.6	-11.4
总资产报酬率（%）	4.6	3.6	2.4	-0.6	-7.9
销售（营业）利润率（%）	10.7	3.8	2.1	-6.3	-11.8
盈余现金保障倍数	4.0	3.2	2.4	-0.7	-1.2
成本费用利润率（%）	11.5	6.8	1.6	-6.7	-11.8
资本收益率（%）	8.5	3.2	0.2	-7.0	-13.8
二、资产质量状况					
总资产周转率（次）	0.7	0.5	0.4	0.2	0.1
应收账款周转率（次）	30.0	24.9	19.5	7.3	3.9
不良资产比率（%）	0.1	1.2	2.4	8.2	17.0
流动资产周转率（次）	4.0	3.1	1.8	0.7	0.4
资产现金回收率（%）	8.7	6.4	5.5	-3.6	-10.3
三、债务风险状况					
资产负债率（%）	48.3	53.3	58.3	68.3	83.3
已获利息倍数	13.7	8.8	2.0	-2.6	-5.1
速动比率（%）	141.8	105.9	48.8	36.9	20.8
现金流动负债比率（%）	45.3	34.2	20.1	6.1	-16.8
带息负债比率（%）	21.0	30.9	39.9	56.4	67.3
或有负债比率（%）	3.1	4.0	4.6	10.4	17.8
四、经营增长状况					
销售（营业）增长率（%）	-3.9	-5.8	-20.3	-23.9	-32.0
资本保值增值率（%）	106.7	103.6	101.6	93.1	89.1
销售（营业）利润增长率（%）	-22.6	-25.0	-38.4	-49.7	-56.9
总资产增长率（%）	5.5	3.1	-1.4	-6.5	-7.9
技术投入比率（%）	2.7	2.3	1.7	1.3	0.5
五、补充资料					
存货周转率（次）	25.2	19.6	11.7	8.5	6.0
两金占流动资产比重（%）	9.3	12.6	21.3	42.4	56.8
成本费用总额占营业总收入比重（%）	96.0	96.3	96.7	102.3	108.3
经济增加值（%）	3.8	-1.7	-2.9	-9.9	-13.1
EBITDA率（%）	44.2	27.7	13.4	8.8	4.2
资本积累率（%）	6.6	3.4	-0.9	-7.5	-14.8

天然原油和天然气开采业

范围：中型企业

项　　　目	优秀值	良好值	平均值	较低值	较差值
一、盈利能力状况					
净资产收益率（％）	15.6	11.1	6.1	-0.2	-7.0
总资产报酬率（％）	11.3	7.1	4.6	0.1	-4.3
销售（营业）利润率（％）	15.8	9.5	2.5	-3.2	-10.8
盈余现金保障倍数	7.8	2.0	0.6	0.1	-1.8
成本费用利润率（％）	19.9	10.8	2.3	-4.5	-14.6
资本收益率（％）	19.0	10.3	8.8	0.1	-3.3
二、资产质量状况					
总资产周转率（次）	0.5	0.4	0.3	0.2	0.1
应收账款周转率（次）	11.2	8.3	6.1	1.8	1.6
不良资产比率（％）	0.1	0.6	1.1	7.0	10.5
流动资产周转率（次）	1.8	1.4	1.0	0.5	0.3
资产现金回收率（％）	13.4	8.3	2.4	-3.7	-16.1
三、债务风险状况					
资产负债率（％）	48.3	53.3	58.3	68.3	83.3
已获利息倍数	10.0	5.0	2.7	0.2	-2.0
速动比率（％）	112.7	84.8	49.6	39.3	31.4
现金流动负债比率（％）	24.9	17.8	7.0	-3.8	-33.3
带息负债比率（％）	26.5	36.6	45.4	54.8	62.7
或有负债比率（％）	4.1	4.3	4.6	10.8	20.6
四、经营增长状况					
销售（营业）增长率（％）	1.1	-3.1	-7.8	-13.4	-18.1
资本保值增值率（％）	113.1	107.0	102.8	95.4	88.8
销售（营业）利润增长率（％）	17.2	15.1	2.1	-10.4	-17.7
总资产增长率（％）	13.1	9.4	4.8	-11.1	-16.8
技术投入比率（％）	0.8	0.7	0.5	0.4	0.1
五、补充资料					
存货周转率（次）	30.7	19.1	8.8	5.7	2.8
两金占流动资产比重（％）	7.6	17.7	30.0	44.9	58.1
成本费用总额占营业总收入比重（％）	77.5	93.9	95.4	101.6	106.4
经济增加值率（％）	8.1	3.0	2.4	-5.8	-10.6
EBITDA 率（％）	32.1	16.2	1.5	-6.4	-12.5
资本积累率（％）	11.3	7.0	5.1	-9.8	-28.5

天然原油和天然气开采业

范围：小型企业

项　　目	优秀值	良好值	平均值	较低值	较差值
一、盈利能力状况					
净资产收益率（％）	8.3	5.9	1.7	-7.6	-13.1
总资产报酬率（％）	5.3	3.6	0.8	-6.1	-11.8
销售（营业）利润率（％）	17.0	8.9	3.3	-3.4	-11.7
盈余现金保障倍数	5.0	2.7	1.4	-0.1	-2.8
成本费用利润率（％）	18.0	10.6	1.0	-4.4	-14.9
资本收益率（％）	9.7	6.6	2.3	-6.7	-13.0
二、资产质量状况					
总资产周转率（次）	0.6	0.4	0.3	0.2	0.1
应收账款周转率（次）	27.3	17.8	10.2	1.7	0.7
不良资产比率（％）	0.6	1.0	1.6	4.6	11.0
流动资产周转率（次）	2.9	2.1	1.2	0.3	0.2
资产现金回收率（％）	7.3	5.2	1.1	-10.2	-17.8
三、债务风险状况					
资产负债率（％）	48.3	53.3	58.3	68.3	83.3
已获利息倍数	5.8	2.4	2.0	-3.4	-4.9
速动比率（％）	149.5	132.9	54.2	37.2	25.4
现金流动负债比率（％）	26.3	16.1	3.5	-23.5	-30.9
带息负债比率（％）	33.0	42.6	53.6	74.8	82.1
或有负债比率（％）	3.0	3.9	4.6	10.3	16.0
四、经营增长状况					
销售（营业）增长率（％）	-1.0	-3.6	-13.7	-16.2	-18.6
资本保值增值率（％）	106.5	103.6	100.7	92.3	85.8
销售（营业）利润增长率（％）	-12.0	-13.5	-25.4	-38.7	-46.2
总资产增长率（％）	13.2	7.1	-3.5	-6.5	-7.7
技术投入比率（％）	0.8	0.7	0.5	0.4	0.1
五、补充资料					
存货周转率（次）	29.7	14.0	6.0	3.6	1.8
两金占流动资产比重（％）	-0.6	15.5	22.7	32.2	65.2
成本费用总额占营业总收入比重（％）	88.6	93.8	95.3	102.9	110.3
经济增加值率（％）	5.4	2.1	-5.1	-5.4	-17.1
EBITDA率（％）	31.3	17.5	1.6	-7.6	-11.5
资本积累率（％）	11.6	5.8	-5.9	-6.5	-12.1

石油加工及炼焦业

范围：全行业

项 目	优秀值	良好值	平均值	较低值	较差值
一、盈利能力状况					
净资产收益率（%）	11.2	7.6	3.8	-4.6	-9.4
总资产报酬率（%）	7.0	4.9	2.8	-2.9	-7.5
销售（营业）利润率（%）	8.5	4.4	1.5	-1.0	-5.0
盈余现金保障倍数	3.2	2.6	1.9	-0.1	-1.4
成本费用利润率（%）	9.9	4.9	1.5	-0.9	-5.2
资本收益率（%）	13.2	8.2	5.4	-1.8	-10.4
二、资产质量状况					
总资产周转率（次）	2.0	1.5	1.1	0.2	0.1
应收账款周转率（次）	41.2	32.5	23.1	14.1	8.3
不良资产比率（%）	0.4	1.3	2.9	5.6	11.8
流动资产周转率（次）	5.7	3.8	2.8	0.7	0.2
资产现金回收率（%）	12.8	9.2	4.7	0.2	-1.3
三、债务风险状况					
资产负债率（%）	48.3	53.3	58.3	68.3	83.3
已获利息倍数	6.5	5.0	2.4	-0.2	-2.3
速动比率（%）	128.5	103.8	68.3	49.1	47.0
现金流动负债比率（%）	25.6	20.8	15.3	-6.8	-10.0
带息负债比率（%）	25.0	34.6	46.1	57.2	63.7
或有负债比率（%）	1.2	1.5	2.3	9.6	17.5
四、经营增长状况					
销售（营业）增长率（%）	6.6	-3.3	-17.9	-25.7	-30.8
资本保值增值率（%）	113.1	108.3	102.8	96.8	88.1
销售（营业）利润增长率（%）	3.8	-2.8	-18.3	-22.0	-26.3
总资产增长率（%）	11.2	5.7	3.8	-5.1	-9.0
技术投入比率（%）	1.2	1.0	0.8	0.6	0.3
五、补充资料					
存货周转率（次）	26.0	15.9	8.6	6.1	3.4
两金占流动资产比重（%）	7.8	25.9	36.9	38.5	46.0
成本费用总额占营业总收入比重（%）	94.6	96.9	99.4	103.1	107.7
经济增加值率（%）	5.8	2.3	-2.7	-5.5	-8.3
EBITDA率（%）	20.5	11.5	6.0	1.9	0.1
资本积累率（%）	13.1	8.1	1.6	-2.8	-11.0

石油加工及炼焦业

范围：大型企业

项　　目	优秀值	良好值	平均值	较低值	较差值
一、盈利能力状况					
净资产收益率（％）	13.6	9.8	4.3	0.4	-6.6
总资产报酬率（％）	7.8	6.0	3.1	0.3	-5.8
销售（营业）利润率（％）	7.3	3.8	1.5	-0.5	-3.3
盈余现金保障倍数	4.3	2.9	2.0	0.2	-3.0
成本费用利润率（％）	9.6	4.2	1.6	0.1	-2.7
资本收益率（％）	13.5	9.7	6.4	0.7	-6.4
二、资产质量状况					
总资产周转率（次）	2.2	1.7	1.2	0.5	0.3
应收账款周转率（次）	42.5	34.3	24.0	17.9	13.0
不良资产比率（％）	0.1	0.8	1.6	4.3	8.7
流动资产周转率（次）	6.3	4.6	3.0	1.6	1.1
资产现金回收率（％）	14.9	11.7	6.1	2.2	1.5
三、债务风险状况					
资产负债率（％）	48.3	53.3	58.3	68.3	83.3
已获利息倍数	10.3	6.3	3.1	0.6	-3.9
速动比率（％）	146.1	115.9	64.3	45.7	36.0
现金流动负债比率（％）	51.5	36.7	16.7	3.0	-6.1
带息负债比率（％）	24.9	34.2	46.1	56.3	63.0
或有负债比率（％）	1.2	1.5	2.4	8.2	15.6
四、经营增长状况					
销售（营业）增长率（％）	2.7	-6.4	-20.8	-23.9	-26.4
资本保值增值率（％）	112.6	109.1	103.0	97.2	90.8
销售（营业）利润增长率（％）	56.9	28.8	-16.7	-54.5	-85.7
总资产增长率（％）	10.9	6.5	3.9	-3.8	-6.8
技术投入比率（％）	1.3	1.1	0.9	0.7	0.2
五、补充资料					
存货周转率（次）	18.8	14.3	8.7	7.0	5.4
两金占流动资产比重（％）	17.0	35.4	45.6	46.9	54.4
成本费用总额占营业总收入比重（％）	95.8	96.9	99.5	103.0	105.9
经济增加值率（％）	5.1	3.4	-2.6	-4.4	-9.1
EBITDA 率（％）	16.7	10.5	6.1	-2.0	-8.9
资本积累率（％）	12.2	9.1	1.6	-2.2	-9.1

石油加工及炼焦业

范围：中型企业

项 目	优秀值	良好值	平均值	较低值	较差值
一、盈利能力状况					
净资产收益率（%）	9.4	7.0	3.7	-2.1	-7.8
总资产报酬率（%）	8.7	5.4	2.8	0.3	-7.2
销售（营业）利润率（%）	6.9	5.1	1.5	-0.6	-3.3
盈余现金保障倍数	3.0	1.9	1.5	-0.3	-2.4
成本费用利润率（%）	8.7	4.4	1.4	-0.2	-2.7
资本收益率（%）	10.8	6.0	2.8	-0.9	-7.2
二、资产质量状况					
总资产周转率（次）	2.1	1.5	1.4	0.6	0.2
应收账款周转率（次）	148.6	86.0	15.5	12.6	9.3
不良资产比率（%）	0.1	0.5	0.9	3.7	7.9
流动资产周转率（次）	6.1	3.9	2.5	1.3	0.8
资产现金回收率（%）	11.0	6.1	1.9	-2.4	-6.0
三、债务风险状况					
资产负债率（%）	48.3	53.3	58.3	68.3	83.3
已获利息倍数	9.4	4.9	2.3	0.2	-1.9
速动比率（%）	113.1	88.1	52.5	33.2	31.5
现金流动负债比率（%）	24.2	20.5	12.6	-2.6	-11.3
带息负债比率（%）	26.4	35.8	47.1	57.5	65.0
或有负债比率（%）	1.2	1.5	2.2	9.4	17.4
四、经营增长状况					
销售（营业）增长率（%）	8.5	-5.5	-23.6	-26.5	-31.6
资本保值增值率（%）	110.9	105.4	101.1	92.6	78.0
销售（营业）利润增长率（%）	189.1	122.2	-35.3	-55.6	-70.8
总资产增长率（%）	8.5	3.8	-0.5	-8.6	-14.5
技术投入比率（%）	1.1	0.7	0.6	0.5	0.2
五、补充资料					
存货周转率（次）	26.7	17.8	7.9	6.2	4.8
两金占流动资产比重（%）	14.8	23.4	43.2	53.5	61.2
成本费用总额占营业总收入比重（%）	94.1	96.4	98.5	101.9	104.8
经济增加值率（%）	7.1	5.1	-3.6	-5.5	-8.9
EBITDA 率（%）	14.0	10.8	4.2	0.9	0.0
资本积累率（%）	10.9	5.3	-1.1	-7.4	-22.0

石油加工及炼焦业

范围：小型企业

项　　　目	优秀值	良好值	平均值	较低值	较差值
一、盈利能力状况					
净资产收益率（%）	9.4	6.3	4.2	-3.1	-7.5
总资产报酬率（%）	5.5	3.5	2.6	-2.8	-6.8
销售（营业）利润率（%）	5.3	4.4	2.2	-0.5	-6.8
盈余现金保障倍数	4.0	2.0	0.7	-2.1	-3.2
成本费用利润率（%）	6.0	5.5	2.4	-1.1	-4.5
资本收益率（%）	7.4	5.5	1.8	-10.9	-20.3
二、资产质量状况					
总资产周转率（次）	2.0	1.3	0.4	0.2	0.1
应收账款周转率（次）	27.0	20.3	6.2	4.6	3.1
不良资产比率（%）	0.1	2.1	4.1	9.3	21.0
流动资产周转率（次）	5.8	3.1	0.9	0.5	0.2
资产现金回收率（%）	9.6	5.0	0.4	-0.6	-3.6
三、债务风险状况					
资产负债率（%）	48.3	53.3	58.3	68.3	83.3
已获利息倍数	4.0	3.1	1.3	-1.8	-4.1
速动比率（%）	127.1	98.2	69.4	55.1	38.2
现金流动负债比率（%）	17.4	10.6	2.2	-3.9	-10.0
带息负债比率（%）	26.3	36.0	44.7	59.1	79.6
或有负债比率（%）	1.2	1.5	2.4	10.1	17.8
四、经营增长状况					
销售（营业）增长率（%）	54.7	7.4	-16.5	-30.9	-33.9
资本保值增值率（%）	122.1	112.8	103.2	99.0	95.0
销售（营业）利润增长率（%）	203.5	146.8	-9.2	-69.2	-99.4
总资产增长率（%）	14.1	6.3	5.6	-4.8	-10.4
技术投入比率（%）	0.7	0.5	0.3	0.2	0.1
五、补充资料					
存货周转率（次）	64.4	37.3	10.6	4.0	2.0
两金占流动资产比重（%）	0.8	21.0	36.8	42.9	47.7
成本费用总额占营业总收入比重（%）	95.0	96.9	97.5	102.6	108.0
经济增加值（%）	15.2	2.5	-2.3	-5.5	-5.8
EBITDA 率（%）	20.7	14.3	6.0	0.5	0.0
资本积累率（%）	22.1	12.8	1.0	-0.9	-5.0

冶金工业

范围：全行业

项　　目	优秀值	良好值	平均值	较低值	较差值
一、盈利能力状况					
净资产收益率（％）	11.5	6.8	4.1	－4.2	－14.3
总资产报酬率（％）	6.7	4.4	2.8	－1.5	－6.4
销售（营业）利润率（％）	8.8	6.3	3.1	－0.7	－7.6
盈余现金保障倍数	3.3	2.5	1.7	－0.2	－1.4
成本费用利润率（％）	8.2	5.5	3.3	－1.2	－7.9
资本收益率（％）	13.9	7.7	6.0	－1.0	－8.0
二、资产质量状况					
总资产周转率（次）	1.3	1.0	0.7	0.3	0.1
应收账款周转率（次）	24.4	20.3	14.3	5.7	3.4
不良资产比率（％）	0.2	0.8	2.8	6.6	11.4
流动资产周转率（次）	3.1	2.2	1.6	0.5	0.2
资产现金回收率（％）	9.2	5.6	4.5	－0.1	－1.6
三、债务风险状况					
资产负债率（％）	48.3	53.3	58.3	68.3	83.3
已获利息倍数	5.2	2.7	2.1	0.5	－0.6
速动比率（％）	119.0	71.4	57.2	48.6	40.4
现金流动负债比率（％）	13.4	11.2	8.5	3.5	－3.2
带息负债比率（％）	31.7	41.7	56.4	67.0	77.0
或有负债比率（％）	0.3	1.2	4.6	8.4	14.6
四、经营增长状况					
销售（营业）增长率（％）	18.7	14.3	4.8	－4.0	－13.6
资本保值增值率（％）	116.7	108.2	103.8	98.1	92.0
销售（营业）利润增长率（％）	18.3	14.7	1.2	－4.2	－8.5
总资产增长率（％）	11.3	5.9	2.1	－4.5	－8.7
技术投入比率（％）	1.8	1.6	1.3	0.6	0.5
五、补充资料					
存货周转率（次）	16.5	11.1	7.3	2.9	1.6
两金占流动资产比重（％）	29.4	36.1	42.3	54.4	65.4
成本费用总额占营业总收入比重（％）	90.8	95.4	96.9	103.3	106.0
经济增加值率（％）	6.8	2.4	－0.7	－5.5	－6.5
EBITDA率（％）	25.6	15.4	5.1	1.8	－4.6
资本积累率（％）	16.4	8.1	2.3	－1.8	－7.6

冶金工业

项　　目	优秀值	良好值	平均值	较低值	较差值
一、盈利能力状况					
净资产收益率（%）	11.8	7.8	4.8	0.6	−9.8
总资产报酬率（%）	7.4	5.5	3.6	0.5	−5.1
销售（营业）利润率（%）	11.2	7.5	3.7	0.9	−3.2
盈余现金保障倍数	4.7	3.0	1.9	0.9	−1.0
成本费用利润率（%）	12.0	8.2	3.5	0.9	−6.2
资本收益率（%）	16.3	12.4	8.4	0.5	−4.8
二、资产质量状况					
总资产周转率（次）	1.3	1.0	0.7	0.3	0.2
应收账款周转率（次）	35.8	27.4	18.8	12.4	8.6
不良资产比率（%）	0.1	0.6	1.0	2.9	5.0
流动资产周转率（次）	3.7	3.1	2.1	1.0	0.6
资产现金回收率（%）	7.6	5.5	4.7	0.4	−4.6
三、债务风险状况					
资产负债率（%）	48.3	53.3	58.3	68.3	83.3
已获利息倍数	9.3	5.1	2.5	1.4	1.0
速动比率（%）	121.0	72.0	59.0	51.0	42.4
现金流动负债比率（%）	13.1	11.0	10.6	1.4	−5.0
带息负债比率（%）	35.9	46.5	56.7	72.5	77.6
或有负债比率（%）	0.4	1.1	4.6	7.8	12.4
四、经营增长状况					
销售（营业）增长率（%）	23.3	14.0	5.6	−3.2	−10.7
资本保值增值率（%）	113.6	108.0	103.8	98.6	92.3
销售（营业）利润增长率（%）	16.6	13.6	1.4	−6.5	−8.8
总资产增长率（%）	7.5	4.6	2.2	−4.3	−6.8
技术投入比率（%）	3.5	2.8	2.1	1.1	0.2
五、补充资料					
存货周转率（次）	16.2	12.2	7.3	4.6	3.4
两金占流动资产比重（%）	26.6	33.4	37.8	47.0	54.8
成本费用总额占营业总收入比重（%）	91.7	94.1	96.9	100.1	102.4
经济增加值率（%）	4.7	2.1	−0.5	−3.1	−4.8
EBITDA率（%）	25.0	15.8	5.3	4.8	−4.3
资本积累率（%）	13.0	7.7	2.9	−1.5	−7.6

冶金工业

范围：中型企业

项 目	优秀值	良好值	平均值	较低值	较差值
一、盈利能力状况					
净资产收益率（％）	11.6	7.8	5.2	-2.8	-13.9
总资产报酬率（％）	5.0	3.3	2.1	-0.5	-6.8
销售（营业）利润率（％）	5.9	4.8	2.9	-2.5	-6.0
盈余现金保障倍数	3.2	2.0	0.9	-0.1	-2.6
成本费用利润率（％）	7.9	6.0	2.2	-2.8	-8.9
资本收益率（％）	13.7	7.2	3.0	-4.2	-11.9
二、资产质量状况					
总资产周转率（次）	1.4	1.0	0.6	0.2	0.1
应收账款周转率（次）	32.2	23.9	13.2	7.0	4.4
不良资产比率（％）	0.4	0.9	1.8	3.1	5.5
流动资产周转率（次）	3.5	2.6	1.9	0.7	0.2
资产现金回收率（％）	8.1	5.1	1.8	-0.6	-8.5
三、债务风险状况					
资产负债率（％）	48.3	53.3	58.3	68.3	83.3
已获利息倍数	5.0	2.8	2.1	0.2	-1.3
速动比率（％）	113.2	65.6	52.5	43.7	34.8
现金流动负债比率（％）	12.3	9.5	8.8	7.9	-8.6
带息负债比率（％）	25.4	38.0	52.0	59.1	66.7
或有负债比率（％）	0.2	0.9	4.6	9.6	15.6
四、经营增长状况					
销售（营业）增长率（％）	19.7	16.3	1.8	-9.6	-17.1
资本保值增值率（％）	119.1	109.8	104.1	96.6	89.3
销售（营业）利润增长率（％）	16.3	13.1	0.1	-5.2	-11.0
总资产增长率（％）	10.3	6.4	0.2	-4.5	-8.4
技术投入比率（％）	2.5	1.6	1.2	0.6	0.3
五、补充资料					
存货周转率（次）	14.0	11.3	7.5	3.1	2.0
两金占流动资产比重（％）	28.9	38.8	48.9	62.2	69.3
成本费用总额占营业总收入比重（％）	89.8	95.6	97.1	104.7	108.3
经济增加值率（％）	8.7	4.0	-1.3	-5.5	-9.0
EBITDA率（％）	25.2	15.3	3.9	1.1	-2.2
资本积累率（％）	19.2	9.9	-0.8	-3.3	-10.5

冶金工业

范围：小型企业

项　　目	优秀值	良好值	平均值	较低值	较差值
一、盈利能力状况					
净资产收益率（％）	10.1	6.0	3.1	-5.2	-14.4
总资产报酬率（％）	5.9	3.3	2.8	-1.7	-6.5
销售（营业）利润率（％）	4.5	2.7	2.3	-2.8	-6.4
盈余现金保障倍数	3.3	1.4	1.1	-0.3	-1.7
成本费用利润率（％）	9.0	3.4	1.9	-5.1	-11.7
资本收益率（％）	13.8	7.3	6.6	-1.7	-10.0
二、资产质量状况					
总资产周转率（次）	1.5	0.9	0.6	0.2	0.1
应收账款周转率（次）	22.6	13.1	9.0	3.7	2.5
不良资产比率（％）	0.2	0.8	2.8	6.6	11.4
流动资产周转率（次）	2.6	1.8	1.3	1.0	0.6
资产现金回收率（％）	6.6	2.8	1.4	-0.5	-7.9
三、债务风险状况					
资产负债率（％）	48.3	53.3	58.3	68.3	83.3
已获利息倍数	10.5	4.6	1.2	-0.3	-1.7
速动比率（％）	117.7	68.8	56.6	47.2	39.5
现金流动负债比率（％）	9.0	6.2	5.6	-1.7	-9.3
带息负债比率（％）	29.1	44.0	56.0	62.0	69.7
或有负债比率（％）	0.1	2.3	4.6	9.7	15.3
四、经营增长状况					
销售（营业）增长率（％）	15.4	10.9	1.6	-9.5	-18.5
资本保值增值率（％）	110.5	105.5	102.0	99.1	93.6
销售（营业）利润增长率（％）	16.4	12.1	-0.8	-5.4	-10.8
总资产增长率（％）	15.2	8.8	2.6	-4.1	-9.6
技术投入比率（％）	1.8	1.5	1.4	0.9	0.4
五、补充资料					
存货周转率（次）	17.5	9.9	8.2	2.2	1.0
两金占流动资产比重（％）	9.2	22.7	37.9	51.1	60.9
成本费用总额占营业总收入比重（％）	93.5	95.6	97.8	101.1	105.2
经济增加值率（％）	7.0	2.2	-2.3	-5.5	-6.7
EBITDA率（％）	21.8	12.6	2.9	1.0	-6.1
资本积累率（％）	17.4	7.7	2.3	-0.9	-6.1

黑色金属矿采选业

范围：全行业

项　　目	优秀值	良好值	平均值	较低值	较差值
一、盈利能力状况					
净资产收益率（％）	13.0	9.0	3.2	−1.0	−7.7
总资产报酬率（％）	8.9	5.3	3.0	−0.8	−7.3
销售（营业）利润率（％）	18.4	13.7	6.5	0.7	−10.9
盈余现金保障倍数	2.4	1.8	1.2	0.4	−0.6
成本费用利润率（％）	24.7	16.1	5.5	−0.1	−9.5
资本收益率（％）	12.0	8.7	2.1	−0.7	−7.0
二、资产质量状况					
总资产周转率（次）	1.3	1.0	0.6	0.2	0.1
应收账款周转率（次）	21.8	13.5	7.5	3.6	2.2
不良资产比率（％）	0.1	1.4	2.4	5.3	9.1
流动资产周转率（次）	1.8	1.2	1.1	0.3	0.2
资产现金回收率（％）	6.6	3.2	2.4	−0.1	−1.5
三、债务风险状况					
资产负债率（％）	48.3	53.3	58.3	68.3	83.3
已获利息倍数	5.4	4.2	3.0	0.3	−1.0
速动比率（％）	107.1	87.3	61.0	37.5	17.5
现金流动负债比率（％）	17.9	11.4	4.5	−3.8	−11.6
带息负债比率（％）	33.7	46.0	52.5	63.9	79.8
或有负债比率（％）	0.1	2.3	4.6	10.0	16.9
四、经营增长状况					
销售（营业）增长率（％）	31.9	18.8	9.0	−5.2	−16.1
资本保值增值率（％）	112.3	107.6	104.3	99.2	92.7
销售（营业）利润增长率（％）	33.2	27.9	18.5	12.0	3.4
总资产增长率（％）	11.5	7.1	2.4	−3.3	−6.9
技术投入比率（％）	3.4	2.7	2.1	1.1	0.5
五、补充资料					
存货周转率（次）	16.4	11.8	7.5	1.8	0.8
两金占流动资产比重（％）	13.2	29.9	40.8	44.3	68.0
成本费用总额占营业总收入比重（％）	77.2	85.0	94.1	104.8	118.2
经济增加值率（％）	12.0	2.3	1.0	−5.5	−7.2
EBITDA 率（％）	37.9	28.6	11.5	3.9	−6.9
资本积累率（％）	17.4	8.0	4.2	−1.6	−7.9

有色金属矿采选业

范围：全行业

项　目	优秀值	良好值	平均值	较低值	较差值
一、盈利能力状况					
净资产收益率（%）	13.6	7.7	4.7	-0.9	-7.0
总资产报酬率（%）	7.1	4.6	4.1	-0.8	-5.6
销售（营业）利润率（%）	14.2	9.0	3.9	-4.3	-12.0
盈余现金保障倍数	3.2	1.9	1.6	-0.2	-2.8
成本费用利润率（%）	19.7	10.6	4.3	-2.6	-10.9
资本收益率（%）	15.0	9.8	4.0	-2.0	-8.8
二、资产质量状况					
总资产周转率（次）	0.6	0.4	0.3	0.2	0.1
应收账款周转率（次）	30.2	21.9	13.8	5.4	3.0
不良资产比率（%）	0.1	0.5	2.8	6.9	10.5
流动资产周转率（次）	2.3	2.0	1.6	0.3	0.2
资产现金回收率（%）	10.6	6.8	4.7	-0.1	-6.2
三、债务风险状况					
资产负债率（%）	48.3	53.3	58.3	68.3	83.3
已获利息倍数	9.4	4.6	2.3	0.1	-2.3
速动比率（%）	126.0	97.8	77.9	67.0	48.4
现金流动负债比率（%）	23.0	16.2	6.5	-1.0	-7.4
带息负债比率（%）	41.9	50.0	58.6	72.6	84.2
或有负债比率（%）	2.3	3.0	4.6	8.6	13.3
四、经营增长状况					
销售（营业）增长率（%）	19.9	14.8	2.0	-5.0	-12.7
资本保值增值率（%）	114.8	109.8	103.7	97.8	92.8
销售（营业）利润增长率（%）	22.0	16.6	5.7	-1.5	-8.4
总资产增长率（%）	7.7	3.7	0.6	-4.6	-8.7
技术投入比率（%）	1.6	1.3	1.2	0.8	0.5
五、补充资料					
存货周转率（次）	16.8	10.1	6.4	2.3	1.2
两金占流动资产比重（%）	7.5	17.9	24.9	34.1	42.9
成本费用总额占营业总收入比重（%）	80.5	88.5	95.2	101.8	106.1
经济增加值率（%）	7.0	2.2	-1.4	-5.5	-6.9
EBITDA率（%）	38.6	29.6	6.1	3.9	-6.4
资本积累率（%）	19.2	9.4	1.3	-2.1	-7.2

黑色金属冶炼业

范围：全行业

项　　目	优秀值	良好值	平均值	较低值	较差值
一、盈利能力状况					
净资产收益率（%）	7.9	6.4	4.9	−1.3	−6.9
总资产报酬率（%）	3.7	2.8	2.2	−1.2	−5.3
销售（营业）利润率（%）	4.7	4.1	3.6	−0.2	−5.7
盈余现金保障倍数	3.7	2.3	1.6	−0.1	−1.1
成本费用利润率（%）	5.0	4.2	3.5	−0.1	−5.9
资本收益率（%）	16.6	13.9	10.5	5.7	−1.7
二、资产质量状况					
总资产周转率（次）	1.8	1.3	0.6	0.3	0.1
应收账款周转率（次）	46.4	35.8	17.4	6.4	4.2
不良资产比率（%）	1.9	3.3	4.2	6.7	8.9
流动资产周转率（次）	3.8	2.9	2.0	0.8	0.3
资产现金回收率（%）	8.5	5.1	2.3	−0.1	−1.8
三、债务风险状况					
资产负债率（%）	48.3	53.3	58.3	68.3	83.3
已获利息倍数	5.8	2.8	2.3	1.1	−0.1
速动比率（%）	106.5	59.1	42.6	32.7	25.0
现金流动负债比率（%）	17.8	10.4	8.5	−0.2	−2.2
带息负债比率（%）	25.0	39.3	52.1	64.3	77.3
或有负债比率（%）	0.2	0.7	1.9	4.4	6.5
四、经营增长状况					
销售（营业）增长率（%）	21.9	11.4	2.6	−5.9	−10.6
资本保值增值率（%）	108.9	106.7	103.9	98.7	92.8
销售（营业）利润增长率（%）	22.2	17.2	0.3	−2.7	−6.2
总资产增长率（%）	9.0	7.3	3.0	−4.1	−7.6
技术投入比率（%）	3.7	2.2	1.5	0.7	0.4
五、补充资料					
存货周转率（次）	15.4	11.7	7.7	3.9	2.6
两金占流动资产比重（%）	29.7	34.3	40.0	50.9	59.2
成本费用总额占营业总收入比重（%）	92.5	94.9	97.4	99.3	103.0
经济增加值率（%）	4.6	1.7	−0.3	−4.3	−5.6
EBITDA 率（%）	11.3	8.4	5.3	1.6	−3.5
资本积累率（%）	11.9	6.1	2.3	−1.3	−6.5

有色金属冶炼业

范围：全行业

项 目	优秀值	良好值	平均值	较低值	较差值
一、盈利能力状况					
净资产收益率（%）	10.3	6.3	4.6	-0.7	-6.1
总资产报酬率（%）	6.6	4.5	3.7	-0.9	-5.2
销售（营业）利润率（%）	5.7	2.8	2.0	-1.5	-7.4
盈余现金保障倍数	3.8	3.0	2.3	-0.2	-1.5
成本费用利润率（%）	6.5	3.3	2.0	-1.4	-8.9
资本收益率（%）	11.9	7.0	5.9	-0.6	-7.0
二、资产质量状况					
总资产周转率（次）	1.9	1.4	1.0	0.3	0.1
应收账款周转率（次）	28.7	19.4	14.5	6.4	3.8
不良资产比率（%）	0.2	0.8	2.8	6.6	11.4
流动资产周转率（次）	3.6	2.8	2.5	0.6	0.2
资产现金回收率（%）	9.1	5.7	3.5	-0.1	-2.4
三、债务风险状况					
资产负债率（%）	48.6	53.6	58.6	68.6	83.6
已获利息倍数	6.6	4.0	1.8	0.4	-0.7
速动比率（%）	124.5	90.9	68.8	52.0	38.8
现金流动负债比率（%）	18.7	14.1	8.1	-0.5	-6.0
带息负债比率（%）	37.6	46.2	55.5	69.3	82.3
或有负债比率（%）	0.9	2.7	4.6	8.2	15.8
四、经营增长状况					
销售（营业）增长率（%）	24.0	16.8	3.9	-10.3	-20.5
资本保值增值率（%）	110.4	106.4	103.6	99.0	94.5
销售（营业）利润增长率（%）	6.9	2.4	-5.1	-12.9	-20.7
总资产增长率（%）	14.6	7.5	1.2	-5.0	-10.3
技术投入比率（%）	1.9	1.4	0.8	0.4	0.1
五、补充资料					
存货周转率（次）	13.5	9.3	6.8	3.1	1.8
两金占流动资产比重（%）	35.9	43.2	52.0	60.8	69.0
成本费用总额占营业总收入比重（%）	95.2	96.5	97.9	102.3	110.9
经济增加值率（%）	6.7	3.3	-1.2	-5.0	-6.3
EBITDA率（%）	13.0	9.3	3.6	1.3	-3.6
资本积累率（%）	17.3	8.5	3.1	-1.7	-8.9

建材工业

范围：全行业

项　　　目	优秀值	良好值	平均值	较低值	较差值
一、盈利能力状况					
净资产收益率（％）	12.7	10.5	9.8	0.3	−5.4
总资产报酬率（％）	10.1	7.8	6.0	0.2	−5.4
销售（营业）利润率（％）	12.7	10.4	9.8	0.8	−3.6
盈余现金保障倍数	1.9	1.6	1.2	0.3	−0.5
成本费用利润率（％）	14.0	12.5	10.2	1.8	−4.8
资本收益率（％）	20.3	15.7	13.2	5.0	−4.3
二、资产质量状况					
总资产周转率（次）	1.1	0.9	0.5	0.2	0.1
应收账款周转率（次）	14.4	7.5	5.1	1.9	1.3
不良资产比率（％）	0.9	2.2	3.1	7.3	12.9
流动资产周转率（次）	1.7	1.4	1.2	0.5	0.2
资产现金回收率（％）	7.6	5.6	4.3	0.5	−0.9
三、债务风险状况					
资产负债率（％）	48.3	53.3	58.3	68.3	83.3
已获利息倍数	4.3	4.0	3.6	1.3	0.3
速动比率（％）	116.5	90.0	62.5	56.1	31.5
现金流动负债比率（％）	21.9	15.0	12.2	3.9	−1.3
带息负债比率（％）	25.5	42.6	46.0	56.8	70.1
或有负债比率（％）	0.1	2.3	4.6	12.8	20.6
四、经营增长状况					
销售（营业）增长率（％）	28.3	14.9	2.8	−4.9	−13.0
资本保值增值率（％）	116.0	109.4	106.2	99.2	92.1
销售（营业）利润增长率（％）	20.4	15.6	2.9	−2.0	−12.6
总资产增长率（％）	15.4	9.4	4.6	−3.5	−8.1
技术投入比率（％）	2.1	1.9	1.6	1.2	0.7
五、补充资料					
存货周转率（次）	13.2	9.9	7.3	4.5	2.4
两金占流动资产比重（％）	25.5	34.0	47.7	57.2	67.7
成本费用总额占营业总收入比重（％）	82.9	88.4	91.2	99.7	106.6
经济增加值率（％）	21.7	13.6	3.1	−4.2	−5.6
EBITDA 率（％）	26.5	20.4	15.3	2.2	−1.4
资本积累率（％）	30.0	16.2	10.3	−0.5	−17.7

建材工业

范围：大型企业

项　目	优秀值	良好值	平均值	较低值	较差值
一、盈利能力状况					
净资产收益率（%）	15.5	12.5	10.3	1.6	-5.9
总资产报酬率（%）	10.5	8.1	6.1	0.5	-5.7
销售（营业）利润率（%）	21.0	16.5	10.3	3.6	-5.5
盈余现金保障倍数	2.3	1.8	1.4	-0.7	-1.2
成本费用利润率（%）	25.8	19.5	10.4	3.4	-5.2
资本收益率（%）	22.9	18.6	15.6	3.9	-4.2
二、资产质量状况					
总资产周转率（次）	1.0	0.8	0.5	0.3	0.2
应收账款周转率（次）	8.6	7.4	6.2	3.2	2.1
不良资产比率（%）	1.1	2.4	3.3	7.7	12.7
流动资产周转率（次）	2.6	2.1	1.0	0.7	0.3
资产现金回收率（%）	14.1	10.9	5.4	-0.3	-2.1
三、债务风险状况					
资产负债率（%）	48.3	53.3	58.3	68.3	83.3
已获利息倍数	5.6	4.7	3.9	2.9	2.0
速动比率（%）	111.4	85.6	61.2	55.0	32.3
现金流动负债比率（%）	24.1	19.7	14.6	1.2	-5.8
带息负债比率（%）	35.0	46.5	54.6	71.6	77.3
或有负债比率（%）	0.1	2.3	4.6	12.8	20.6
四、经营增长状况					
销售（营业）增长率（%）	26.4	15.9	3.2	-6.2	-10.4
资本保值增值率（%）	124.6	114.5	109.0	102.2	99.7
销售（营业）利润增长率（%）	26.4	21.7	5.6	-0.4	-9.3
总资产增长率（%）	16.0	9.3	4.0	-3.1	-6.4
技术投入比率（%）	3.0	2.5	2.3	1.7	1.3
五、补充资料					
存货周转率（次）	10.6	9.3	6.6	5.7	3.4
两金占流动资产比重（%）	28.3	32.4	46.8	56.8	60.4
成本费用总额占营业总收入比重（%）	77.4	82.4	89.1	97.6	99.5
经济增加值率（%）	22.8	14.0	3.2	0.7	-2.9
EBITDA 率（%）	27.7	22.1	16.6	2.2	-3.4
资本积累率（%）	28.3	19.0	12.5	2.6	-10.5

建材工业

范围：中型企业

项　　　目	优秀值	良好值	平均值	较低值	较差值
一、盈利能力状况					
净资产收益率（%）	15.6	12.0	9.3	2.1	-7.1
总资产报酬率（%）	9.5	6.9	5.2	1.2	-6.7
销售（营业）利润率（%）	20.6	15.3	7.2	1.3	-4.8
盈余现金保障倍数	2.3	1.5	1.1	-0.9	-1.5
成本费用利润率（%）	22.8	15.0	7.4	1.4	-1.6
资本收益率（%）	18.3	13.4	9.4	2.3	-8.1
二、资产质量状况					
总资产周转率（次）	0.9	0.8	0.7	0.4	0.2
应收账款周转率（次）	8.8	6.4	4.5	2.8	1.8
不良资产比率（%）	0.4	0.8	1.6	6.6	21.8
流动资产周转率（次）	2.9	2.3	1.6	0.8	0.6
资产现金回收率（%）	15.1	9.4	3.3	0.1	-4.6
三、债务风险状况					
资产负债率（%）	48.3	53.3	58.3	68.3	83.3
已获利息倍数	5.4	4.6	3.1	1.7	0.7
速动比率（%）	127.8	102.5	60.1	49.4	24.9
现金流动负债比率（%）	25.2	17.7	9.1	3.3	-4.8
带息负债比率（%）	24.4	34.4	43.6	63.2	77.0
或有负债比率（%）	0.1	2.3	4.6	12.8	20.6
四、经营增长状况					
销售（营业）增长率（%）	22.2	9.9	2.5	-12.8	-18.6
资本保值增值率（%）	114.6	107.9	105.1	99.3	92.2
销售（营业）利润增长率（%）	21.0	16.9	1.9	-5.9	-13.9
总资产增长率（%）	15.0	8.3	4.4	-3.7	-8.4
技术投入比率（%）	2.8	2.2	1.8	1.5	1.1
五、补充资料					
存货周转率（次）	16.4	12.8	9.5	5.2	3.4
两金占流动资产比重（%）	18.0	29.9	41.5	46.3	52.2
成本费用总额占营业总收入比重（%）	77.5	85.4	89.4	99.2	104.7
经济增加值率（%）	22.5	16.2	4.6	-1.9	-5.3
EBITDA率（%）	29.4	24.0	14.8	2.4	-4.4
资本积累率（%）	29.7	15.8	7.8	-0.3	-13.1

建材工业

范围：小型企业

项　　目	优秀值	良好值	平均值	较低值	较差值
一、盈利能力状况					
净资产收益率（%）	9.9	7.6	6.3	0.5	-11.5
总资产报酬率（%）	8.2	6.0	4.1	0.4	-8.7
销售（营业）利润率（%）	11.6	9.2	7.1	0.7	-6.9
盈余现金保障倍数	3.7	1.7	1.0	-0.7	-1.7
成本费用利润率（%）	12.1	10.8	8.1	0.3	-4.7
资本收益率（%）	15.8	11.7	7.9	0.8	-11.4
二、资产质量状况					
总资产周转率（次）	1.2	1.0	0.7	0.3	0.1
应收账款周转率（次）	7.3	5.7	3.4	1.7	1.2
不良资产比率（%）	0.5	1.1	2.1	11.1	21.4
流动资产周转率（次）	2.6	2.0	1.2	0.6	0.3
资产现金回收率（%）	7.7	5.8	3.5	-0.2	-1.4
三、债务风险状况					
资产负债率（%）	48.3	53.3	58.3	68.3	83.3
已获利息倍数	4.2	3.9	3.2	1.2	-2.1
速动比率（%）	131.3	106.2	68.0	48.1	25.0
现金流动负债比率（%）	21.6	11.2	9.9	1.1	-2.7
带息负债比率（%）	23.0	34.8	43.8	63.1	73.8
或有负债比率（%）	0.1	2.3	4.6	12.8	20.6
四、经营增长状况					
销售（营业）增长率（%）	31.8	16.9	1.3	-7.3	-15.3
资本保值增值率（%）	111.1	106.6	104.7	99.0	91.5
销售（营业）利润增长率（%）	20.4	15.5	0.8	-3.0	-9.7
总资产增长率（%）	10.4	7.5	4.7	-3.2	-7.8
技术投入比率（%）	1.0	0.8	0.7	0.6	0.3
五、补充资料					
存货周转率（次）	14.3	8.9	6.1	4.9	2.5
两金占流动资产比重（%）	30.1	45.7	55.7	69.0	74.3
成本费用总额占营业总收入比重（%）	86.4	90.1	93.2	99.6	105.3
经济增加值率（%）	22.3	13.6	1.1	-3.9	-5.5
EBITDA率（%）	22.0	15.6	11.8	4.9	-4.0
资本积累率（%）	31.0	16.4	5.1	-0.6	-7.6

建筑用矿石采选业

范围：全行业

项 目	优秀值	良好值	平均值	较低值	较差值
一、盈利能力状况					
净资产收益率（%）	15.2	8.1	4.2	-0.7	-7.0
总资产报酬率（%）	8.0	5.1	2.3	-0.5	-6.5
销售（营业）利润率（%）	21.3	12.9	4.9	-4.9	-12.7
盈余现金保障倍数	5.4	2.7	0.9	-0.8	-2.4
成本费用利润率（%）	21.7	13.2	3.6	-1.4	-13.5
资本收益率（%）	16.9	10.1	6.7	-1.1	-7.9
二、资产质量状况					
总资产周转率（次）	0.9	0.7	0.5	0.3	0.1
应收账款周转率（次）	11.2	8.2	4.0	1.9	0.9
不良资产比率（%）	1.3	1.7	2.1	4.7	10.2
流动资产周转率（次）	2.1	1.4	1.3	0.9	0.6
资产现金回收率（%）	10.0	3.9	2.0	-0.3	-6.7
三、债务风险状况					
资产负债率（%）	48.3	53.3	58.3	68.3	83.3
已获利息倍数	5.1	3.7	1.2	-0.5	-2.5
速动比率（%）	169.2	141.1	91.6	68.8	40.3
现金流动负债比率（%）	19.6	13.6	7.8	-4.5	-9.7
带息负债比率（%）	37.0	38.2	46.1	70.8	76.4
或有负债比率（%）	0.1	2.3	4.6	10.3	18.1
四、经营增长状况					
销售（营业）增长率（%）	22.4	11.5	3.0	-5.6	-12.1
资本保值增值率（%）	113.4	107.6	103.2	99.1	92.4
销售（营业）利润增长率（%）	13.6	8.1	-1.2	-9.7	-23.8
总资产增长率（%）	28.5	13.7	6.7	-2.8	-8.9
技术投入比率（%）	2.1	1.6	1.2	0.7	0.3
五、补充资料					
存货周转率（次）	25.0	14.4	7.9	1.6	0.7
两金占流动资产比重（%）	23.3	24.1	25.5	47.1	58.5
成本费用总额占营业总收入比重（%）	74.6	83.3	94.1	106.0	123.1
经济增加值率（%）	24.6	13.8	-0.9	-6.0	-10.8
EBITDA率（%）	36.9	26.7	5.2	2.4	-12.0
资本积累率（%）	34.3	14.0	10.0	-2.5	-13.2

水泥制造业

范围：全行业

项　　目	优秀值	良好值	平均值	较低值	较差值
一、盈利能力状况					
净资产收益率（%）	15.9	12.9	11.0	2.5	-5.6
总资产报酬率（%）	12.6	10.3	8.0	1.4	-5.5
销售（营业）利润率（%）	23.3	18.4	12.6	2.4	-6.5
盈余现金保障倍数	6.2	2.7	1.3	-0.6	-1.0
成本费用利润率（%）	25.7	19.7	13.6	3.8	-1.6
资本收益率（%）	22.2	17.7	13.6	3.1	-4.6
二、资产质量状况					
总资产周转率（次）	1.2	1.0	0.7	0.4	0.2
应收账款周转率（次）	21.8	16.6	13.4	5.8	3.3
不良资产比率（%）	0.1	0.8	1.6	8.3	20.7
流动资产周转率（次）	4.3	3.4	1.2	0.9	0.6
资产现金回收率（%）	17.9	12.4	5.9	0.8	0.5
三、债务风险状况					
资产负债率（%）	48.3	53.3	58.3	68.3	83.3
已获利息倍数	7.4	5.6	3.9	1.7	-0.1
速动比率（%）	121.1	100.4	67.6	47.7	28.5
现金流动负债比率（%）	27.4	20.3	13.9	5.9	1.3
带息负债比率（%）	36.9	45.8	53.2	78.0	84.2
或有负债比率（%）	6.2	7.3	10.5	18.7	26.5
四、经营增长状况					
销售（营业）增长率（%）	13.5	4.3	-0.2	-13.5	-18.9
资本保值增值率（%）	115.0	111.9	109.7	99.7	93.7
销售（营业）利润增长率（%）	21.5	12.7	1.9	-6.6	-17.3
总资产增长率（%）	14.4	7.6	2.7	-5.2	-9.7
技术投入比率（%）	2.7	2.3	2.1	2.0	1.7
五、补充资料					
存货周转率（次）	22.5	15.6	11.7	8.6	6.2
两金占流动资产比重（%）	10.8	17.6	30.3	40.4	46.1
成本费用总额占营业总收入比重（%）	74.3	81.6	84.2	98.3	100.7
经济增加值率（%）	24.4	18.1	3.7	-2.1	-5.3
EBITDA率（%）	32.7	23.0	18.4	2.7	-3.7
资本积累率（%）	29.6	19.3	10.4	-0.1	-5.7

水泥制造业

范围：大型企业

项　　　　目	优秀值	良好值	平均值	较低值	较差值
一、盈利能力状况					
净资产收益率（%）	18.1	14.6	11.8	3.6	-4.7
总资产报酬率（%）	13.3	11.1	9.0	2.3	-3.8
销售（营业）利润率（%）	24.2	19.1	16.0	7.7	-0.7
盈余现金保障倍数	2.3	1.9	1.4	0.1	-0.9
成本费用利润率（%）	26.8	23.0	18.3	11.4	-0.6
资本收益率（%）	24.0	20.5	17.6	4.4	-6.1
二、资产质量状况					
总资产周转率（次）	1.0	0.8	0.6	0.4	0.2
应收账款周转率（次）	25.1	21.2	16.5	9.0	6.2
不良资产比率（%）	0.1	1.1	2.1	8.2	16.7
流动资产周转率（次）	3.8	2.7	1.0	1.0	0.5
资产现金回收率（%）	13.7	11.9	8.4	1.7	-1.5
三、债务风险状况					
资产负债率（%）	48.3	53.3	58.3	68.3	83.3
已获利息倍数	6.9	5.2	3.9	3.0	2.2
速动比率（%）	114.4	100.9	73.7	54.1	40.2
现金流动负债比率（%）	29.6	24.9	15.5	3.0	2.2
带息负债比率（%）	39.4	49.2	52.6	78.5	84.2
或有负债比率（%）	6.2	7.3	10.5	18.7	26.5
四、经营增长状况					
销售（营业）增长率（%）	12.9	6.3	1.1	-6.2	-10.2
资本保值增值率（%）	115.2	112.7	110.2	102.2	98.7
销售（营业）利润增长率（%）	20.2	16.6	4.4	-3.8	-14.0
总资产增长率（%）	9.4	6.5	2.5	-5.9	-10.3
技术投入比率（%）	4.1	3.7	3.6	3.3	3.0
五、补充资料					
存货周转率（次）	15.2	14.3	11.9	9.5	8.4
两金占流动资产比重（%）	17.0	23.8	37.4	46.6	53.5
成本费用总额占营业总收入比重（%）	72.0	76.6	83.8	93.4	98.7
经济增加值率（%）	25.6	16.9	3.3	3.0	-10.3
EBITDA率（%）	46.6	33.5	18.7	12.5	1.8
资本积累率（%）	20.7	17.2	11.7	2.4	-18.7

水泥制造业

范围：中型企业

项　　目	优秀值	良好值	平均值	较低值	较差值
一、盈利能力状况					
净资产收益率（%）	18.6	15.2	12.5	4.3	-3.5
总资产报酬率（%）	11.7	10.0	7.1	1.7	-3.0
销售（营业）利润率（%）	22.9	18.8	10.9	0.5	-11.2
盈余现金保障倍数	2.1	1.5	1.1	-1.4	-2.1
成本费用利润率（%）	20.3	16.2	12.0	6.8	-4.2
资本收益率（%）	25.0	19.7	14.4	5.0	-2.6
二、资产质量状况					
总资产周转率（次）	1.0	0.8	0.6	0.5	0.3
应收账款周转率（次）	25.4	19.1	14.0	7.7	4.8
不良资产比率（%）	0.1	0.5	1.3	9.8	30.9
流动资产周转率（次）	4.3	3.4	1.6	1.3	0.9
资产现金回收率（%）	19.5	14.9	7.8	1.5	-0.2
三、债务风险状况					
资产负债率（%）	48.3	53.3	58.3	68.3	83.3
已获利息倍数	9.2	7.1	5.3	2.0	-0.3
速动比率（%）	128.0	103.8	65.1	43.9	31.5
现金流动负债比率（%）	32.7	25.2	14.9	2.7	-0.8
带息负债比率（%）	34.5	43.8	57.6	84.4	93.3
或有负债比率（%）	6.2	7.3	10.5	18.7	26.5
四、经营增长状况					
销售（营业）增长率（%）	10.7	3.7	-4.6	-13.1	-17.2
资本保值增值率（%）	115.6	112.3	108.8	98.3	92.0
销售（营业）利润增长率（%）	9.9	8.1	-2.2	-10.0	-21.3
总资产增长率（%）	11.8	6.2	5.7	-4.0	-8.5
技术投入比率（%）	2.1	1.9	1.8	1.7	1.4
五、补充资料					
存货周转率（次）	18.7	15.0	11.1	8.4	6.4
两金占流动资产比重（%）	4.4	13.0	23.2	31.5	37.6
成本费用总额占营业总收入比重（%）	69.3	75.4	82.1	96.3	100.9
经济增加值率（%）	26.7	16.7	6.8	-1.1	-4.1
EBITDA 率（%）	40.2	34.5	20.1	11.8	-1.8
资本积累率（%）	31.0	20.1	7.2	-0.5	-7.0

水泥制造业

范围：小型企业

项　　　目	优秀值	良好值	平均值	较低值	较差值
一、盈利能力状况					
净资产收益率（％）	13.5	11.5	9.1	1.1	-9.6
总资产报酬率（％）	11.1	9.1	5.4	0.9	-9.0
销售（营业）利润率（％）	20.3	15.7	8.1	0.9	-9.0
盈余现金保障倍数	5.2	2.6	1.5	-1.1	-2.4
成本费用利润率（％）	18.7	12.4	8.1	1.0	-10.1
资本收益率（％）	18.1	15.0	10.9	1.9	-7.8
二、资产质量状况					
总资产周转率（次）	1.5	1.2	0.7	0.5	0.3
应收账款周转率（次）	21.2	13.2	7.7	4.0	2.2
不良资产比率（％）	2.0	2.4	3.4	20.1	26.0
流动资产周转率（次）	4.6	3.6	1.6	1.3	0.7
资产现金回收率（％）	12.4	7.8	4.3	-0.9	-1.5
三、债务风险状况					
资产负债率（％）	48.3	53.3	58.3	68.3	83.9
已获利息倍数	7.2	5.4	3.9	1.3	-0.2
速动比率（％）	117.3	93.6	63.4	40.5	23.0
现金流动负债比率（％）	27.9	16.0	13.5	9.3	3.8
带息负债比率（％）	39.3	48.2	57.8	87.4	92.6
或有负债比率（％）	6.2	7.3	10.5	18.7	26.5
四、经营增长状况					
销售（营业）增长率（％）	15.1	4.9	1.5	-15.1	-21.1
资本保值增值率（％）	113.4	110.6	108.4	99.9	94.5
销售（营业）利润增长率（％）	16.6	14.4	1.4	-5.6	-13.0
总资产增长率（％）	16.3	9.6	1.5	-5.3	-9.5
技术投入比率（％）	2.3	2.2	2.1	2.0	1.7
五、补充资料					
存货周转率（次）	22.5	16.3	11.5	8.7	6.0
两金占流动资产比重（％）	8.3	24.6	40.5	47.8	56.6
成本费用总额占营业总收入比重（％）	85.1	89.6	95.1	99.2	100.9
经济增加值率（％）	21.9	15.3	4.5	-3.0	-5.5
EBITDA率（％）	26.5	18.7	14.0	5.3	-1.9
资本积累率（％）	31.2	20.2	6.8	-3.4	-7.3

水泥及石膏制品制造业

范围：全行业

项　　　目	优秀值	良好值	平均值	较低值	较差值
一、盈利能力状况					
净资产收益率（%）	14.2	11.3	9.8	1.8	-6.7
总资产报酬率（%）	13.0	9.4	7.0	1.3	-6.5
销售（营业）利润率（%）	12.9	9.6	8.1	2.1	-4.6
盈余现金保障倍数	1.8	1.0	0.6	-0.2	-1.1
成本费用利润率（%）	14.4	10.1	8.6	1.6	-5.7
资本收益率（%）	13.3	10.9	9.1	-3.7	-13.9
二、资产质量状况					
总资产周转率（次）	1.2	1.0	0.7	0.5	0.2
应收账款周转率（次）	4.7	3.2	2.1	1.4	1.1
不良资产比率（%）	0.1	1.7	3.8	15.2	36.8
流动资产周转率（次）	2.1	1.7	1.2	0.8	0.5
资产现金回收率（%）	11.4	6.5	4.1	-0.2	-3.3
三、债务风险状况					
资产负债率（%）	48.3	53.3	58.3	68.3	83.3
已获利息倍数	8.4	6.7	5.0	2.2	1.2
速动比率（%）	137.0	114.2	87.1	58.7	39.0
现金流动负债比率（%）	21.5	11.1	9.0	-3.0	-10.7
带息负债比率（%）	23.7	34.5	41.1	59.9	66.7
或有负债比率（%）	0.1	0.8	4.6	12.9	20.6
四、经营增长状况					
销售（营业）增长率（%）	14.3	8.2	1.7	-8.8	-16.9
资本保值增值率（%）	114.3	110.5	105.8	99.5	91.9
销售（营业）利润增长率（%）	20.9	15.7	4.8	-4.6	-14.0
总资产增长率（%）	18.1	13.2	6.2	-1.2	-15.5
技术投入比率（%）	1.3	1.1	0.8	0.6	0.3
五、补充资料					
存货周转率（次）	21.3	14.5	12.5	7.5	4.8
两金占流动资产比重（%）	46.5	56.2	67.6	79.1	90.2
成本费用总额占营业总收入比重（%）	86.8	88.7	90.5	97.9	100.1
经济增加值率（%）	23.8	16.0	5.2	-1.8	-11.3
EBITDA率（%）	18.6	14.2	11.0	-3.1	-9.6
资本积累率（%）	32.3	16.7	7.3	-7.1	-30.3

砖瓦石材及其他建筑材料制造业

范围：全行业

项　　目	优秀值	良好值	平均值	较低值	较差值
一、盈利能力状况					
净资产收益率（%）	13.9	7.8	4.9	-1.4	-15.7
总资产报酬率（%）	7.7	4.4	3.2	-1.1	-10.1
销售（营业）利润率（%）	9.1	6.4	4.3	-3.4	-13.1
盈余现金保障倍数	1.2	1.0	0.7	-0.4	-1.0
成本费用利润率（%）	8.1	6.8	4.7	2.2	-4.3
资本收益率（%）	24.0	19.1	15.8	10.8	-2.4
二、资产质量状况					
总资产周转率（次）	0.8	0.6	0.4	0.2	0.1
应收账款周转率（次）	7.7	3.9	1.9	1.4	0.8
不良资产比率（%）	0.1	0.6	1.6	10.8	15.0
流动资产周转率（次）	1.5	1.2	1.0	0.3	0.2
资产现金回收率（%）	4.0	3.1	2.1	-1.1	-4.3
三、债务风险状况					
资产负债率（%）	48.3	53.3	58.3	68.3	83.3
已获利息倍数	6.1	4.7	2.9	0.9	-0.6
速动比率（%）	164.0	120.6	93.0	60.6	51.2
现金流动负债比率（%）	8.3	4.0	3.8	-1.8	-7.7
带息负债比率（%）	39.2	45.7	50.1	70.0	78.2
或有负债比率（%）	0.2	1.5	4.6	12.9	20.6
四、经营增长状况					
销售（营业）增长率（%）	15.0	7.8	0.3	-10.2	-20.3
资本保值增值率（%）	110.4	106.7	102.6	98.6	92.8
销售（营业）利润增长率（%）	10.3	1.5	-11.1	-20.0	-25.1
总资产增长率（%）	21.9	14.7	5.7	-11.2	-20.0
技术投入比率（%）	1.8	1.6	1.5	1.4	1.2
五、补充资料					
存货周转率（次）	14.0	9.3	6.5	2.7	1.3
两金占流动资产比重（%）	29.9	45.3	59.7	70.7	83.9
成本费用总额占营业总收入比重（%）	87.4	91.8	93.1	97.3	106.2
经济增加值率（%）	9.6	3.2	-1.4	-6.8	-11.5
EBITDA率（%）	21.5	15.6	10.7	0.7	-11.3
资本积累率（%）	38.1	15.7	8.2	-1.2	-26.1

平板玻璃制品业

范围：全行业

项　　目	优秀值	良好值	平均值	较低值	较差值
一、盈利能力状况					
净资产收益率（％）	12.2	7.7	2.3	-5.6	-14.3
总资产报酬率（％）	8.2	5.6	1.8	-1.8	-9.0
销售（营业）利润率（％）	8.3	4.2	1.4	-6.4	-14.6
盈余现金保障倍数	3.8	1.7	0.5	-2.8	-3.0
成本费用利润率（％）	9.9	4.7	1.5	-4.7	-9.6
资本收益率（％）	16.5	12.5	6.9	-1.2	-11.5
二、资产质量状况					
总资产周转率（次）	0.6	0.5	0.4	0.2	0.1
应收账款周转率（次）	18.6	12.2	5.1	3.0	1.9
不良资产比率（％）	0.9	3.0	4.9	9.3	13.2
流动资产周转率（次）	2.2	1.4	0.9	0.4	0.3
资产现金回收率（％）	7.0	3.2	2.0	-3.2	-7.1
三、债务风险状况					
资产负债率（％）	48.6	53.6	58.6	68.6	83.6
已获利息倍数	5.3	3.5	2.2	0.8	0.3
速动比率（％）	115.4	72.9	53.4	34.6	25.3
现金流动负债比率（％）	13.3	5.5	2.8	-7.4	-13.1
带息负债比率（％）	16.1	28.7	44.7	62.1	69.9
或有负债比率（％）	2.2	3.1	4.6	9.1	10.8
四、经营增长状况					
销售（营业）增长率（％）	29.4	20.3	9.9	3.0	-14.8
资本保值增值率（％）	111.3	107.1	102.7	101.7	99.6
销售（营业）利润增长率（％）	25.9	24.3	9.5	-1.5	-9.4
总资产增长率（％）	13.1	7.8	2.5	-7.7	-18.4
技术投入比率（％）	1.1	0.8	0.6	0.5	0.3
五、补充资料					
存货周转率（次）	7.2	6.2	4.5	3.6	2.8
两金占流动资产比重（％）	22.9	28.8	35.7	52.3	63.2
成本费用总额占营业总收入比重（％）	89.6	92.6	95.7	100.8	107.8
经济增加值率（％）	10.0	7.3	0.9	-3.2	-5.5
EBITDA 率（％）	20.3	14.2	8.9	6.4	-0.5
资本积累率（％）	17.9	15.1	8.4	1.2	-7.7

结构性金属制品业

范围：全行业

项　　　目	优秀值	良好值	平均值	较低值	较差值
一、盈利能力状况					
净资产收益率（%）	7.2	4.8	3.0	−0.1	−6.5
总资产报酬率（%）	3.4	2.1	1.4	−0.3	−3.5
销售（营业）利润率（%）	3.9	2.1	0.3	−4.8	−13.6
盈余现金保障倍数	3.0	2.1	1.3	−0.7	−2.4
成本费用利润率（%）	5.7	3.2	0.5	−6.2	−15.0
资本收益率（%）	25.2	21.3	18.1	9.5	−0.5
二、资产质量状况					
总资产周转率（次）	0.9	0.7	0.4	0.2	0.1
应收账款周转率（次）	9.1	4.8	2.5	1.4	0.9
不良资产比率（%）	0.1	0.9	1.8	7.8	14.0
流动资产周转率（次）	2.8	2.1	1.4	0.7	0.2
资产现金回收率（%）	5.0	4.4	4.0	2.1	−1.9
三、债务风险状况					
资产负债率（%）	48.6	53.6	58.6	68.6	83.6
已获利息倍数	5.8	4.3	1.5	0.1	−3.4
速动比率（%）	155.4	119.9	79.9	53.5	32.1
现金流动负债比率（%）	9.7	7.9	6.2	−2.4	−9.4
带息负债比率（%）	16.3	27.4	30.9	50.7	57.9
或有负债比率（%）	0.2	1.6	4.6	12.9	20.6
四、经营增长状况					
销售（营业）增长率（%）	17.9	12.1	6.9	−2.8	−11.1
资本保值增值率（%）	109.1	104.9	101.9	99.4	91.3
销售（营业）利润增长率（%）	10.4	6.6	1.0	−8.9	−19.5
总资产增长率（%）	15.0	10.1	5.2	−5.5	−13.1
技术投入比率（%）	1.4	1.2	1.0	0.7	0.3
五、补充资料					
存货周转率（次）	7.5	6.6	4.8	1.4	0.9
两金占流动资产比重（%）	41.0	45.9	51.2	54.2	63.6
成本费用总额占营业总收入比重（%）	96.4	97.8	98.8	102.0	108.3
经济增加值率（%）	8.6	3.1	−3.0	−5.5	−8.2
EBITDA率（%）	9.6	6.0	3.3	0.4	−9.7
资本积累率（%）	16.2	6.6	2.7	−1.3	−9.0

建筑用金属制品业

范围：全行业

项　　目	优秀值	良好值	平均值	较低值	较差值
一、盈利能力状况					
净资产收益率（％）	12.2	7.0	3.9	-1.7	-9.6
总资产报酬率（％）	10.4	6.7	3.7	-0.9	-7.2
销售（营业）利润率（％）	11.8	8.2	3.7	-3.7	-10.8
盈余现金保障倍数	11.5	4.9	1.3	-0.7	-7.5
成本费用利润率（％）	8.2	6.2	4.2	-2.7	-11.7
资本收益率（％）	11.6	6.5	3.4	-3.4	-12.5
二、资产质量状况					
总资产周转率（次）	3.7	3.2	2.8	2.5	2.2
应收账款周转率（次）	17.6	8.8	5.3	3.5	2.7
不良资产比率（％）	0.2	1.1	3.8	7.9	24.8
流动资产周转率（次）	5.4	4.5	3.7	3.3	2.6
资产现金回收率（％）	12.4	5.5	2.8	-0.6	-6.8
三、债务风险状况					
资产负债率（％）	49.0	54.0	59.0	69.0	84.0
已获利息倍数	7.1	5.4	4.0	1.7	1.0
速动比率（％）	126.2	93.5	59.2	43.7	32.3
现金流动负债比率（％）	35.1	27.1	22.8	16.7	11.4
带息负债比率（％）	27.0	33.1	47.7	64.3	70.7
或有负债比率（％）	0.6	1.4	4.6	12.9	20.7
四、经营增长状况					
销售（营业）增长率（％）	14.4	8.5	-0.8	-12.7	-20.7
资本保值增值率（％）	110.6	106.4	102.9	97.3	92.5
销售（营业）利润增长率（％）	25.0	17.8	5.3	-5.1	-15.5
总资产增长率（％）	6.2	1.6	0.5	-6.3	-9.9
技术投入比率（％）	1.3	1.2	1.1	0.8	0.5
五、补充资料					
存货周转率（次）	11.1	7.8	5.8	4.8	4.3
两金占流动资产比重（％）	36.9	45.1	53.9	60.8	69.1
成本费用总额占营业总收入比重（％）	91.4	93.5	96.3	100.3	107.1
经济增加值率（％）	8.2	3.5	0.5	-4.3	-11.4
EBITDA 率（％）	17.9	12.0	4.3	-2.9	-10.5
资本积累率（％）	7.5	6.0	5.7	-6.2	-12.4

化学工业

范围：全行业

项　　目	优秀值	良好值	平均值	较低值	较差值
一、盈利能力状况					
净资产收益率（%）	14.7	9.3	5.9	-3.2	-8.2
总资产报酬率（%）	8.9	5.5	3.3	-0.7	-3.1
销售（营业）利润率（%）	12.8	8.1	4.6	-1.3	-12.4
盈余现金保障倍数	2.6	2.1	1.6	-0.1	-1.3
成本费用利润率（%）	14.0	8.1	4.6	-2.7	-11.0
资本收益率（%）	16.7	9.8	6.5	-3.2	-9.2
二、资产质量状况					
总资产周转率（次）	1.1	0.8	0.4	0.2	0.1
应收账款周转率（次）	13.7	9.7	6.4	3.8	2.4
不良资产比率（%）	1.4	2.1	4.3	7.6	13.7
流动资产周转率（次）	2.4	1.8	1.2	0.5	0.0
资产现金回收率（%）	10.2	6.4	4.3	0.4	-3.7
三、债务风险状况					
资产负债率（%）	48.6	53.6	58.6	72.6	82.6
已获利息倍数	9.9	4.7	1.8	0.3	-1.7
速动比率（%）	133.7	95.6	64.7	43.5	26.7
现金流动负债比率（%）	31.7	17.3	9.5	0.9	-3.8
带息负债比率（%）	27.8	37.3	54.5	64.5	73.1
或有负债比率（%）	0.3	1.5	6.4	15.3	22.8
四、经营增长状况					
销售（营业）增长率（%）	20.2	8.9	-3.2	-11.6	-20.9
资本保值增值率（%）	110.3	107.4	103.2	97.7	90.3
销售（营业）利润增长率（%）	11.0	6.6	1.4	-8.9	-17.3
总资产增长率（%）	14.7	7.9	4.0	-4.4	-8.8
技术投入比率（%）	3.1	2.4	1.8	1.1	0.4
五、补充资料					
存货周转率（次）	13.1	8.9	6.1	3.2	2.0
两金占流动资产比重（%）	20.2	28.8	37.7	53.6	62.5
成本费用总额占营业总收入比重（%）	89.7	93.9	96.0	104.2	115.9
经济增加值率（%）	11.2	5.3	-0.6	-5.5	-6.7
EBITDA 率（%）	22.7	16.8	8.1	-8.2	-8.2
资本积累率（%）	18.3	10.3	1.4	-2.1	-9.3

化学工业

范围：大型企业

项　　目	优秀值	良好值	平均值	较低值	较差值
一、盈利能力状况					
净资产收益率（%）	11.8	8.0	6.3	2.0	-5.6
总资产报酬率（%）	7.9	5.1	3.5	1.8	0.4
销售（营业）利润率（%）	12.1	7.6	4.7	0.1	-5.7
盈余现金保障倍数	4.1	2.6	1.7	1.0	-0.8
成本费用利润率（%）	14.2	8.4	4.8	0.2	-4.7
资本收益率（%）	11.4	7.3	6.6	1.1	-2.3
二、资产质量状况					
总资产周转率（次）	0.9	0.7	0.4	0.3	0.1
应收账款周转率（次）	18.8	14.5	10.0	6.7	4.7
不良资产比率（%）	1.1	2.0	4.2	7.3	12.1
流动资产周转率（次）	2.5	1.9	1.3	0.8	0.4
资产现金回收率（%）	10.8	7.6	4.6	1.3	-0.2
三、债务风险状况					
资产负债率（%）	48.6	53.6	58.6	73.4	82.6
已获利息倍数	12.5	5.0	2.0	1.1	-1.9
速动比率（%）	114.9	88.8	65.0	51.0	33.3
现金流动负债比率（%）	29.8	20.7	10.7	4.8	-0.6
带息负债比率（%）	25.0	34.6	47.0	64.1	72.6
或有负债比率（%）	0.3	1.5	6.4	15.3	22.8
四、经营增长状况					
销售（营业）增长率（%）	12.1	4.7	-3.2	-11.5	-17.0
资本保值增值率（%）	110.7	107.5	103.2	99.4	95.9
销售（营业）利润增长率（%）	10.1	6.1	1.8	-8.3	-16.5
总资产增长率（%）	13.6	8.0	3.7	-3.1	-7.3
技术投入比率（%）	3.0	2.5	2.0	1.5	0.9
五、补充资料					
存货周转率（次）	15.0	11.0	7.0	4.6	3.3
两金占流动资产比重（%）	20.6	27.5	33.8	46.1	58.6
成本费用总额占营业总收入比重（%）	91.3	94.8	95.9	103.1	109.8
经济增加值率（%）	6.7	3.1	-0.3	-4.6	-5.9
EBITDA率（%）	22.1	18.2	8.3	6.3	-3.0
资本积累率（%）	15.6	9.3	1.1	-3.0	-9.7

化学工业

范围：中型企业

项　　目	优秀值	良好值	平均值	较低值	较差值
一、盈利能力状况					
净资产收益率（％）	16.9	10.7	6.0	-1.6	-9.0
总资产报酬率（％）	9.8	6.2	3.1	-0.8	-5.7
销售（营业）利润率（％）	13.4	8.4	4.1	-0.2	-7.7
盈余现金保障倍数	2.6	1.6	1.3	-0.2	-0.9
成本费用利润率（％）	14.0	8.8	3.9	-1.9	-10.0
资本收益率（％）	18.8	11.8	7.8	-1.7	-9.4
二、资产质量状况					
总资产周转率（次）	1.1	0.9	0.5	0.3	0.1
应收账款周转率（次）	17.0	12.9	9.4	5.3	3.3
不良资产比率（％）	1.5	2.4	4.3	9.1	14.9
流动资产周转率（次）	2.7	2.1	1.4	0.7	0.4
资产现金回收率（％）	10.5	7.2	4.0	0.1	-1.9
三、债务风险状况					
资产负债率（％）	48.3	53.3	58.3	72.3	83.3
已获利息倍数	6.8	4.6	2.3	0.4	-1.1
速动比率（％）	127.0	97.3	61.8	43.7	22.9
现金流动负债比率（％）	33.8	19.3	8.9	2.8	-2.0
带息负债比率（％）	32.2	48.3	59.7	66.7	78.7
或有负债比率（％）	0.3	1.5	6.4	15.3	22.8
四、经营增长状况					
销售（营业）增长率（％）	18.4	8.3	-3.4	-13.8	-21.2
资本保值增值率（％）	114.6	109.0	104.9	98.4	92.2
销售（营业）利润增长率（％）	10.9	7.7	2.7	-7.8	-16.4
总资产增长率（％）	15.3	8.7	5.2	-3.6	-7.5
技术投入比率（％）	2.4	2.1	1.1	0.6	-0.2
五、补充资料					
存货周转率（次）	16.2	11.4	6.8	3.8	2.6
两金占流动资产比重（％）	19.3	29.1	39.3	47.3	56.7
成本费用总额占营业总收入比重（％）	90.2	93.6	96.6	102.7	110.2
经济增加值率（％）	13.1	6.6	-1.0	-4.6	-6.3
EBITDA率（％）	22.2	16.9	7.4	4.2	-5.9
资本积累率（％）	19.9	11.6	3.0	-0.8	-9.5

化学工业

范围：小型企业

项　　　目	优秀值	良好值	平均值	较低值	较差值
一、盈利能力状况					
净资产收益率（%）	13.7	8.0	2.8	-5.3	-11.1
总资产报酬率（%）	6.2	4.0	2.0	-0.3	-4.3
销售（营业）利润率（%）	18.2	12.0	5.1	0.0	-8.2
盈余现金保障倍数	1.9	1.2	1.1	-0.2	-0.9
成本费用利润率（%）	16.0	9.3	4.8	-2.8	-18.7
资本收益率（%）	17.9	11.5	4.2	-2.3	-9.1
二、资产质量状况					
总资产周转率（次）	1.2	0.9	0.4	0.2	0.1
应收账款周转率（次）	13.2	9.2	5.7	2.9	1.8
不良资产比率（%）	1.2	1.8	3.9	11.4	21.4
流动资产周转率（次）	2.3	1.8	0.8	0.5	0.2
资产现金回收率（%）	11.5	4.7	2.1	-0.2	-3.8
三、债务风险状况					
资产负债率（%）	48.3	53.3	58.3	68.3	83.3
已获利息倍数	3.4	2.5	1.1	0.1	-3.7
速动比率（%）	145.6	107.4	61.9	41.3	25.6
现金流动负债比率（%）	18.6	11.5	4.4	-0.9	-6.1
带息负债比率（%）	27.5	36.4	53.6	63.4	76.2
或有负债比率（%）	0.3	1.5	6.4	15.3	22.8
四、经营增长状况					
销售（营业）增长率（%）	19.7	12.3	-1.9	-11.4	-20.0
资本保值增值率（%）	111.0	106.5	102.7	98.3	92.2
销售（营业）利润增长率（%）	13.7	6.4	-0.1	-9.9	-18.6
总资产增长率（%）	15.1	7.6	6.5	-5.2	-10.1
技术投入比率（%）	1.6	1.1	0.8	0.2	-0.3
五、补充资料					
存货周转率（次）	17.9	10.4	5.8	2.7	1.6
两金占流动资产比重（%）	11.9	23.2	33.1	46.1	54.0
成本费用总额占营业总收入比重（%）	88.4	92.9	94.6	98.7	108.5
经济增加值率（%）	13.2	7.6	-1.9	-5.4	-6.7
EBITDA率（%）	23.8	16.3	7.6	2.3	-1.3
资本积累率（%）	20.3	10.5	4.7	-1.5	-7.7

基础化学原料制造业

范围：全行业

项　　目	优秀值	良好值	平均值	较低值	较差值
一、盈利能力状况					
净资产收益率（％）	13.0	8.8	6.3	−0.1	−6.5
总资产报酬率（％）	8.7	5.2	3.6	−0.1	−5.2
销售（营业）利润率（％）	14.0	8.0	5.3	−4.0	−8.6
盈余现金保障倍数	2.5	2.0	1.4	−0.2	−1.0
成本费用利润率（％）	14.6	8.1	4.9	−1.2	−9.3
资本收益率（％）	15.2	9.2	5.4	−3.5	−11.2
二、资产质量状况					
总资产周转率（次）	1.0	0.7	0.5	0.3	0.1
应收账款周转率（次）	22.9	14.1	8.0	6.7	4.0
不良资产比率（％）	0.9	1.8	3.8	7.8	13.8
流动资产周转率（次）	3.0	2.1	1.3	0.4	0.2
资产现金回收率（％）	10.3	6.5	4.6	−0.1	−2.7
三、债务风险状况					
资产负债率（％）	48.3	53.3	58.3	68.3	83.3
已获利息倍数	12.4	4.9	1.7	1.1	−1.1
速动比率（％）	137.5	101.7	68.9	51.4	27.4
现金流动负债比率（％）	30.7	17.3	9.2	−0.1	−3.9
带息负债比率（％）	24.3	35.2	55.4	64.8	75.4
或有负债比率（％）	0.2	1.7	2.9	8.8	14.3
四、经营增长状况					
销售（营业）增长率（％）	15.8	5.2	−4.6	−16.9	−27.4
资本保值增值率（％）	112.5	106.6	102.8	98.1	92.1
销售（营业）利润增长率（％）	18.4	7.7	−1.9	−12.4	−21.7
总资产增长率（％）	15.8	9.2	6.8	−3.4	−15.0
技术投入比率（％）	2.6	2.1	1.8	1.1	0.4
五、补充资料					
存货周转率（次）	18.1	12.3	8.3	4.1	2.8
两金占流动资产比重（％）	2.5	14.2	24.6	32.2	50.9
成本费用总额占营业总收入比重（％）	88.6	93.9	95.6	104.3	113.1
经济增加值率（％）	7.9	3.3	−0.7	−5.5	−7.1
EBITDA率（％）	26.7	18.8	8.2	3.6	−6.9
资本积累率（％）	19.6	9.9	4.9	−1.9	−7.9

基础化学原料制造业

范围：大型企业

项 目	优秀值	良好值	平均值	较低值	较差值
一、盈利能力状况					
净资产收益率（％）	11.7	8.2	7.2	0.4	-5.0
总资产报酬率（％）	8.3	5.1	4.3	0.3	-1.8
销售（营业）利润率（％）	16.3	8.0	5.9	0.1	-6.7
盈余现金保障倍数	3.2	2.1	1.4	-0.1	-0.7
成本费用利润率（％）	19.2	9.2	5.7	0.1	-5.2
资本收益率（％）	11.2	6.7	5.9	0.1	-5.7
二、资产质量状况					
总资产周转率（次）	0.9	0.7	0.5	0.2	0.1
应收账款周转率（次）	67.4	37.2	8.6	8.4	5.3
不良资产比率（％）	0.4	2.4	4.4	10.4	15.3
流动资产周转率（次）	3.0	2.1	1.5	0.6	0.2
资产现金回收率（％）	8.9	7.0	5.1	2.1	-0.6
三、债务风险状况					
资产负债率（％）	48.3	53.3	58.3	68.3	83.3
已获利息倍数	18.5	7.7	2.2	1.2	0.6
速动比率（％）	126.1	100.1	69.6	56.1	30.6
现金流动负债比率（％）	25.6	20.5	11.0	3.5	-3.8
带息负债比率（％）	27.8	39.4	56.1	64.8	73.9
或有负债比率（％）	0.2	1.8	2.7	8.3	13.7
四、经营增长状况					
销售（营业）增长率（％）	7.4	2.2	-3.9	-11.8	-17.3
资本保值增值率（％）	112.4	107.5	103.2	99.8	95.4
销售（营业）利润增长率（％）	7.0	-1.2	-10.8	-19.3	-27.5
总资产增长率（％）	17.6	11.0	7.2	-2.2	-7.3
技术投入比率（％）	3.6	2.9	2.2	1.4	0.4
五、补充资料					
存货周转率（次）	19.5	13.2	7.7	6.2	4.6
两金占流动资产比重（％）	4.7	16.3	24.1	32.5	49.3
成本费用总额占营业总收入比重（％）	91.0	94.8	95.1	104.9	111.9
经济增加值率（％）	6.4	2.5	0.1	-4.7	-5.5
EBITDA率（％）	26.7	19.8	8.8	8.3	-5.2
资本积累率（％）	16.7	9.9	6.3	-1.0	-4.2

基础化学原料制造业

范围：中型企业

项　　　目	优秀值	良好值	平均值	较低值	较差值
一、盈利能力状况					
净资产收益率（%）	14.5	8.1	3.3	−1.6	−7.4
总资产报酬率（%）	7.9	4.2	1.6	−0.5	−3.1
销售（营业）利润率（%）	9.8	6.6	1.6	−7.8	−10.5
盈余现金保障倍数	2.3	2.0	1.7	−0.6	−2.2
成本费用利润率（%）	9.9	6.5	1.1	−3.0	−10.4
资本收益率（%）	13.3	7.2	0.9	−1.5	−6.9
二、资产质量状况					
总资产周转率（次）	0.9	0.7	0.4	0.2	0.1
应收账款周转率（次）	23.9	15.6	5.8	3.3	1.3
不良资产比率（%）	0.4	1.2	3.6	7.4	13.5
流动资产周转率（次）	2.8	2.2	1.3	0.5	0.2
资产现金回收率（%）	8.5	6.0	2.7	−0.2	−4.2
三、债务风险状况					
资产负债率（%）	48.6	53.6	58.6	68.6	83.6
已获利息倍数	8.6	3.4	0.8	−0.5	−1.7
速动比率（%）	114.6	94.5	62.4	45.5	29.3
现金流动负债比率（%）	29.2	15.8	7.3	−0.3	−4.3
带息负债比率（%）	20.4	27.7	51.5	65.1	78.9
或有负债比率（%）	0.3	1.9	3.1	8.7	13.9
四、经营增长状况					
销售（营业）增长率（%）	7.8	−3.0	−9.6	−19.7	−33.7
资本保值增值率（%）	113.8	108.8	102.3	97.0	91.1
销售（营业）利润增长率（%）	12.6	4.3	−6.4	−13.4	−25.6
总资产增长率（%）	13.0	7.3	4.2	−5.5	−12.3
技术投入比率（%）	1.2	1.0	0.8	0.6	0.4
五、补充资料					
存货周转率（次）	19.7	15.7	8.3	3.7	2.3
两金占流动资产比重（%）	17.6	31.2	48.0	56.8	68.1
成本费用总额占营业总收入比重（%）	92.4	95.0	99.0	108.6	116.0
经济增加值率（%）	8.9	3.4	−3.1	−5.7	−8.5
EBITDA 率（%）	21.1	16.6	5.7	2.1	−7.4
资本积累率（%）	21.7	11.3	−1.3	−2.9	−13.7

基础化学原料制造业

范围：小型企业

项 目	优秀值	良好值	平均值	较低值	较差值
一、盈利能力状况					
净资产收益率（％）	14.3	7.8	4.2	−2.6	−7.7
总资产报酬率（％）	7.9	4.6	2.0	−2.9	−8.5
销售（营业）利润率（％）	15.1	10.1	4.6	−0.4	−9.6
盈余现金保障倍数	2.3	1.5	1.2	−0.1	−2.6
成本费用利润率（％）	17.1	10.9	5.8	−0.5	−9.2
资本收益率（％）	14.0	7.4	3.8	−5.2	−12.4
二、资产质量状况					
总资产周转率（次）	1.3	1.0	0.6	0.2	0.1
应收账款周转率（次）	23.7	15.5	8.9	5.5	3.7
不良资产比率（％）	1.2	3.3	5.3	11.7	17.2
流动资产周转率（次）	3.3	2.7	0.6	0.3	0.1
资产现金回收率（％）	13.8	6.8	2.3	−0.2	−8.9
三、债务风险状况					
资产负债率（％）	48.6	53.6	58.6	68.6	83.6
已获利息倍数	12.0	6.2	1.2	0.1	−2.4
速动比率（％）	166.8	114.3	72.4	51.8	29.2
现金流动负债比率（％）	19.9	11.8	3.8	−6.5	−12.5
带息负债比率（％）	31.5	41.6	44.8	57.6	66.7
或有负债比率（％）	0.4	2.3	3.8	8.9	15.0
四、经营增长状况					
销售（营业）增长率（％）	21.9	14.0	−2.0	−14.1	−25.4
资本保值增值率（％）	111.9	105.5	103.2	95.2	90.7
销售（营业）利润增长率（％）	29.5	18.6	6.2	−3.7	−9.5
总资产增长率（％）	17.5	10.9	8.3	−2.3	−7.2
技术投入比率（％）	1.3	1.1	0.8	0.5	0.1
五、补充资料					
存货周转率（次）	22.2	13.0	7.7	4.7	2.9
两金占流动资产比重（％）	0.5	16.9	27.4	35.3	49.2
成本费用总额占营业总收入比重（％）	85.3	90.6	93.4	103.9	114.2
经济增加值率（％）	12.5	6.6	−2.0	−5.0	−6.9
EBITDA率（％）	21.6	15.6	7.4	3.3	−0.7
资本积累率（％）	21.6	10.3	4.0	−1.9	−6.6

肥料制造业

范围：全行业

项　　　目	优秀值	良好值	平均值	较低值	较差值
一、盈利能力状况					
净资产收益率（%）	11.0	6.4	3.0	-1.7	-9.8
总资产报酬率（%）	5.8	4.3	2.6	-1.6	-3.7
销售（营业）利润率（%）	7.2	4.1	2.8	-3.7	-12.8
盈余现金保障倍数	2.7	2.2	1.7	-0.3	-1.5
成本费用利润率（%）	8.7	4.1	2.7	-4.2	-12.2
资本收益率（%）	14.4	8.5	6.5	-0.1	-8.2
二、资产质量状况					
总资产周转率（次）	1.0	0.7	0.5	0.2	0.1
应收账款周转率（次）	24.6	19.5	14.7	6.6	2.4
不良资产比率（%）	0.1	1.3	3.4	7.5	12.2
流动资产周转率（次）	2.6	1.9	1.4	0.4	0.2
资产现金回收率（%）	8.8	5.6	4.2	1.7	-1.2
三、债务风险状况					
资产负债率（%）	48.6	53.6	58.6	68.6	83.6
已获利息倍数	6.8	3.6	1.5	-2.2	-2.9
速动比率（%）	99.9	81.3	52.7	31.2	13.5
现金流动负债比率（%）	18.8	11.4	7.4	1.8	-1.9
带息负债比率（%）	20.5	33.2	50.6	67.5	77.6
或有负债比率（%）	0.8	2.0	6.9	15.8	23.3
四、经营增长状况					
销售（营业）增长率（%）	14.5	5.4	-4.0	-12.0	-25.2
资本保值增值率（%）	114.6	109.2	103.9	97.3	91.5
销售（营业）利润增长率（%）	22.6	12.1	5.5	-4.4	-17.6
总资产增长率（%）	8.2	4.9	3.2	-8.6	-15.8
技术投入比率（%）	2.1	1.7	1.2	0.9	0.7
五、补充资料					
存货周转率（次）	13.0	9.8	6.6	2.6	1.3
两金占流动资产比重（%）	7.2	16.5	22.6	29.9	51.8
成本费用总额占营业总收入比重（%）	95.0	97.3	97.7	107.9	127.2
经济增加值率（%）	7.6	3.8	-0.7	-5.5	-8.2
EBITDA率（%）	21.9	16.6	6.7	2.8	-0.2
资本积累率（%）	16.8	9.2	4.3	-7.6	-16.7

日用和化学产品制造业

范围：全行业

项 目	优秀值	良好值	平均值	较低值	较差值
一、盈利能力状况					
净资产收益率（%）	14.4	4.6	3.5	-1.8	-6.8
总资产报酬率（%）	4.8	3.0	2.0	-1.4	-4.6
销售（营业）利润率（%）	10.4	7.1	3.9	-7.5	-13.1
盈余现金保障倍数	1.7	1.1	0.5	-0.2	-2.5
成本费用利润率（%）	10.9	4.4	4.2	-2.6	-8.8
资本收益率（%）	14.5	8.8	3.6	-4.0	-10.3
二、资产质量状况					
总资产周转率（次）	1.2	0.9	0.5	0.2	0.1
应收账款周转率（次）	18.6	10.2	6.5	2.6	1.0
不良资产比率（%）	0.4	1.5	3.6	10.5	17.2
流动资产周转率（次）	1.9	1.5	0.7	0.2	0.1
资产现金回收率（%）	8.1	3.2	0.9	-5.0	-10.0
三、债务风险状况					
资产负债率（%）	48.3	53.3	58.3	68.3	83.3
已获利息倍数	4.9	2.7	1.1	-0.4	-3.6
速动比率（%）	156.7	112.3	84.2	50.5	42.0
现金流动负债比率（%）	14.7	6.0	2.3	-5.7	-12.3
带息负债比率（%）	27.7	36.0	46.7	59.3	73.5
或有负债比率（%）	0.1	2.2	6.1	15.0	22.5
四、经营增长状况					
销售（营业）增长率（%）	22.2	16.3	1.7	-15.5	-21.3
资本保值增值率（%）	114.0	109.1	103.8	99.5	94.1
销售（营业）利润增长率（%）	24.3	15.3	3.2	-2.0	-10.6
总资产增长率（%）	14.6	4.5	2.2	-7.8	-15.2
技术投入比率（%）	1.2	0.9	0.7	0.4	0.3
五、补充资料					
存货周转率（次）	10.6	7.3	3.6	2.4	1.9
两金占流动资产比重（%）	24.6	35.5	42.0	56.0	62.3
成本费用总额占营业总收入比重（%）	95.4	96.6	100.8	106.8	111.9
经济增加值（%）	10.0	4.2	-2.0	-5.5	-11.5
EBITDA 率（%）	18.6	9.3	6.4	1.0	-12.8
资本积累率（%）	14.5	7.1	2.2	-3.4	-10.8

化纤制造业

范围：全行业

项　　目	优秀值	良好值	平均值	较低值	较差值
一、盈利能力状况					
净资产收益率（%）	7.9	4.7	2.6	-3.7	-11.1
总资产报酬率（%）	6.0	3.3	1.2	-1.5	-5.7
销售（营业）利润率（%）	12.5	8.7	3.4	-3.3	-11.1
盈余现金保障倍数	2.3	2.0	1.6	-0.8	-1.6
成本费用利润率（%）	13.1	10.2	4.2	-2.7	-9.0
资本收益率（%）	17.3	10.1	3.4	-0.7	-8.0
二、资产质量状况					
总资产周转率（次）	0.7	0.5	0.3	0.2	0.1
应收账款周转率（次）	27.2	18.2	10.2	6.0	3.3
不良资产比率（%）	0.6	1.5	4.7	17.9	29.3
流动资产周转率（次）	2.1	1.4	1.1	0.3	0.2
资产现金回收率（%）	8.9	5.6	1.9	-0.8	-1.8
三、债务风险状况					
资产负债率（%）	48.6	53.6	58.6	68.6	83.6
已获利息倍数	4.0	2.3	0.6	-1.4	-2.2
速动比率（%）	100.7	70.4	49.9	31.2	16.5
现金流动负债比率（%）	17.9	12.1	6.5	-0.9	-2.4
带息负债比率（%）	6.9	19.5	36.7	42.7	53.8
或有负债比率（%）	0.3	1.5	6.4	15.3	22.8
四、经营增长状况					
销售（营业）增长率（%）	10.0	3.8	-3.2	-16.5	-24.9
资本保值增值率（%）	106.9	103.7	101.6	96.4	89.0
销售（营业）利润增长率（%）	15.4	8.5	0.3	-17.9	-26.7
总资产增长率（%）	16.9	6.6	0.3	-4.9	-8.9
技术投入比率（%）	1.2	0.9	0.7	0.5	0.4
五、补充资料					
存货周转率（次）	11.8	8.0	5.4	2.5	1.9
两金占流动资产比重（%）	17.6	23.0	28.9	43.6	56.1
成本费用总额占营业总收入比重（%）	93.6	99.0	103.5	109.3	113.4
经济增加值率（%）	3.4	0.1	-4.7	-6.8	-9.6
EBITDA率（%）	26.6	19.7	4.9	-1.3	-6.4
资本积累率（%）	31.5	10.9	0.3	-2.5	-16.2

橡胶制品业

范围：全行业

项　　目	优秀值	良好值	平均值	较低值	较差值
一、盈利能力状况					
净资产收益率（%）	11.0	6.6	3.8	-0.4	-6.5
总资产报酬率（%）	6.6	3.9	2.1	-1.4	-6.7
销售（营业）利润率（%）	7.1	4.2	1.0	-3.3	-11.1
盈余现金保障倍数	8.8	4.6	2.0	-1.0	-1.7
成本费用利润率（%）	7.8	4.2	1.1	-6.5	-17.5
资本收益率（%）	11.0	7.7	3.8	-9.3	-15.9
二、资产质量状况					
总资产周转率（次）	1.3	1.0	0.4	0.2	0.1
应收账款周转率（次）	10.5	7.8	6.2	3.4	2.5
不良资产比率（%）	0.2	1.1	2.1	5.1	13.5
流动资产周转率（次）	2.3	1.9	1.1	0.3	0.2
资产现金回收率（%）	6.7	4.1	3.3	-0.8	-3.3
三、债务风险状况					
资产负债率（%）	48.6	53.6	58.6	68.6	83.6
已获利息倍数	5.5	3.6	1.3	-0.4	-1.4
速动比率（%）	133.6	94.9	65.3	46.6	27.3
现金流动负债比率（%）	14.4	9.7	8.6	-2.2	-10.1
带息负债比率（%）	18.2	35.2	55.4	59.6	67.2
或有负债比率（%）	0.4	1.6	6.5	15.4	22.9
四、经营增长状况					
销售（营业）增长率（%）	11.6	4.8	-3.5	-18.4	-24.7
资本保值增值率（%）	109.5	106.3	101.6	93.2	91.5
销售（营业）利润增长率（%）	11.1	3.2	-4.5	-16.9	-25.6
总资产增长率（%）	20.3	8.8	1.1	-4.7	-13.0
技术投入比率（%）	2.4	2.0	1.3	0.9	0.7
五、补充资料					
存货周转率（次）	7.8	5.9	3.9	2.8	1.8
两金占流动资产比重（%）	26.1	32.0	36.6	49.7	60.4
成本费用总额占营业总收入比重（%）	93.8	97.2	100.7	104.4	110.1
经济增加值率（%）	13.5	4.7	-1.5	-5.5	-7.7
EBITDA 率（%）	20.1	11.5	4.4	1.4	-0.1
资本积累率（%）	26.4	15.1	-1.8	-6.3	-14.9

塑料制品业

范围：全行业

项　　　目	优秀值	良好值	平均值	较低值	较差值
一、盈利能力状况					
净资产收益率（％）	11.8	6.7	5.7	-0.1	-6.7
总资产报酬率（％）	7.0	4.0	3.9	-0.8	-4.4
销售（营业）利润率（％）	9.3	4.8	3.1	-6.2	-11.3
盈余现金保障倍数	3.1	1.3	1.3	-0.1	-0.7
成本费用利润率（％）	10.1	4.8	3.4	-6.8	-11.7
资本收益率（％）	13.3	7.3	6.5	-0.7	-4.7
二、资产质量状况					
总资产周转率（次）	1.2	0.9	0.6	0.2	0.1
应收账款周转率（次）	8.8	6.2	5.0	1.9	1.1
不良资产比率（％）	0.8	1.4	2.0	8.1	19.2
流动资产周转率（次）	1.8	1.4	1.2	0.4	0.2
资产现金回收率（％）	8.0	5.1	4.5	-0.3	-2.1
三、债务风险状况					
资产负债率（％）	48.3	53.3	58.3	68.3	83.3
已获利息倍数	5.5	3.5	1.6	0.1	-2.6
速动比率（％）	154.9	99.8	64.1	44.9	28.0
现金流动负债比率（％）	26.4	11.4	10.7	-0.4	-3.9
带息负债比率（％）	16.4	25.7	41.3	55.7	69.4
或有负债比率（％）	0.4	1.6	6.5	15.4	22.9
四、经营增长状况					
销售（营业）增长率（％）	17.5	7.2	-4.7	-17.2	-22.0
资本保值增值率（％）	110.7	106.8	104.6	97.0	92.7
销售（营业）利润增长率（％）	16.3	9.8	2.2	-8.6	-14.0
总资产增长率（％）	10.0	5.3	4.4	-6.8	-13.8
技术投入比率（％）	2.0	1.5	1.0	0.7	0.5
五、补充资料					
存货周转率（次）	7.9	5.9	4.9	2.0	1.3
两金占流动资产比重（％）	19.5	30.0	42.6	50.4	57.7
成本费用总额占营业总收入比重（％）	92.7	94.1	95.4	102.7	108.2
经济增加值率（％）	10.8	4.3	1.2	-5.5	-7.7
EBITDA 率（％）	14.3	11.1	7.7	0.7	-10.8
资本积累率（％）	13.7	7.5	1.4	-2.8	-10.5

农药制造业

范围：全行业

项　目	优秀值	良好值	平均值	较低值	较差值
一、盈利能力状况					
净资产收益率（%）	13.5	11.1	7.1	1.1	-5.5
总资产报酬率（%）	9.0	6.2	3.6	-1.0	-5.7
销售（营业）利润率（%）	13.9	7.7	4.0	-1.7	-13.6
盈余现金保障倍数	4.7	3.0	1.9	1.0	-1.9
成本费用利润率（%）	10.6	7.2	4.6	0.2	-13.1
资本收益率（%）	13.9	8.8	4.7	0.5	-5.4
二、资产质量状况					
总资产周转率（次）	1.0	0.8	0.5	0.2	0.1
应收账款周转率（次）	21.3	18.4	4.1	4.1	3.4
不良资产比率（%）	0.4	1.3	2.3	6.2	10.1
流动资产周转率（次）	2.0	1.6	1.0	0.7	0.2
资产现金回收率（%）	11.3	8.0	3.9	0.9	-0.4
三、债务风险状况					
资产负债率（%）	48.6	53.6	58.6	68.6	83.6
已获利息倍数	6.1	4.5	2.9	0.7	-4.9
速动比率（%）	111.2	82.5	57.2	44.1	31.2
现金流动负债比率（%）	18.8	13.3	6.3	3.3	-3.7
带息负债比率（%）	27.3	38.7	50.2	58.7	71.6
或有负债比率（%）	0.6	1.8	6.7	15.6	23.1
四、经营增长状况					
销售（营业）增长率（%）	22.3	14.9	5.1	-9.3	-18.2
资本保值增值率（%）	111.7	109.2	106.0	100.0	93.4
销售（营业）利润增长率（%）	17.0	10.9	5.6	-10.0	-16.0
总资产增长率（%）	22.8	14.7	0.7	-0.6	-9.4
技术投入比率（%）	1.7	1.4	1.1	0.7	0.2
五、补充资料					
存货周转率（次）	7.3	5.3	4.0	2.1	1.7
两金占流动资产比重（%）	15.6	30.9	49.1	59.2	61.9
成本费用总额占营业总收入比重（%）	86.5	89.9	91.9	100.3	118.6
经济增加值率（%）	19.6	11.8	0.7	-2.9	-5.3
EBITDA率（%）	27.8	18.7	11.1	7.1	2.1
资本积累率（%）	26.7	15.8	6.6	-0.3	-4.7

森林工业

范围：全行业

项　　目	优秀值	良好值	平均值	较低值	较差值
一、盈利能力状况					
净资产收益率（%）	6.1	3.2	0.7	-6.1	-10.4
总资产报酬率（%）	4.7	2.0	0.3	-2.3	-5.7
销售（营业）利润率（%）	6.8	4.0	1.5	-3.5	-11.9
盈余现金保障倍数	4.1	1.2	-2.0	-4.3	-6.7
成本费用利润率（%）	8.2	5.3	1.0	-5.8	-15.1
资本收益率（%）	6.9	4.2	1.0	-4.9	-9.4
二、资产质量状况					
总资产周转率（次）	1.4	0.8	0.5	0.2	0.1
应收账款周转率（次）	15.4	10.4	7.3	3.9	0.7
不良资产比率（%）	0.2	0.7	1.4	5.1	8.6
流动资产周转率（次）	2.1	1.4	0.9	0.3	0.2
资产现金回收率（%）	9.3	2.0	-0.5	-5.5	-8.7
三、债务风险状况					
资产负债率（%）	48.3	53.3	58.3	68.3	83.3
已获利息倍数	4.6	2.6	1.0	-1.4	-6.0
速动比率（%）	103.9	83.6	68.7	56.8	48.0
现金流动负债比率（%）	10.0	3.7	-2.4	-6.9	-10.2
带息负债比率（%）	34.9	47.6	62.2	75.3	83.1
或有负债比率（%）	0.4	1.2	5.0	13.2	21.0
四、经营增长状况					
销售（营业）增长率（%）	22.9	15.3	10.4	-2.5	-12.4
资本保值增值率（%）	102.1	101.0	100.5	88.2	83.8
销售（营业）利润增长率（%）	17.3	12.0	3.7	-5.7	-14.5
总资产增长率（%）	9.3	7.2	4.4	3.3	1.7
技术投入比率（%）	1.5	1.3	1.2	1.0	0.8
五、补充资料					
存货周转率（次）	7.9	4.1	1.8	0.9	0.6
两金占流动资产比重（%）	5.1	36.0	47.9	55.6	63.5
成本费用总额占营业总收入比重（%）	94.1	96.2	99.9	105.5	116.2
经济增加值率（%）	4.2	2.2	-1.7	-7.4	-13.9
EBITDA率（%）	20.2	14.7	7.6	0.2	-6.4
资本积累率（%）	14.0	8.5	3.0	-4.9	-12.5

森林工业

范围：大型企业

项　　　目	优秀值	良好值	平均值	较低值	较差值
一、盈利能力状况					
净资产收益率（%）	3.6	2.3	0.5	−4.1	−9.6
总资产报酬率（%）	2.5	1.9	0.4	−2.6	−5.1
销售（营业）利润率（%）	7.3	4.5	2.4	−4.2	−8.2
盈余现金保障倍数	5.1	1.9	−1.0	−3.3	−5.6
成本费用利润率（%）	9.3	6.0	2.0	−4.4	−12.3
资本收益率（%）	9.0	5.1	0.3	−6.8	−13.4
二、资产质量状况					
总资产周转率（次）	1.0	0.7	0.4	0.2	0.1
应收账款周转率（次）	14.4	11.2	7.9	3.9	1.0
不良资产比率（%）	0.4	1.5	2.4	5.7	9.4
流动资产周转率（次）	2.5	1.4	1.1	0.4	0.2
资产现金回收率（%）	10.4	3.6	−0.3	−5.2	−9.2
三、债务风险状况					
资产负债率（%）	48.3	53.3	58.3	68.3	83.3
已获利息倍数	4.2	2.4	0.8	−2.1	−9.2
速动比率（%）	101.3	85.5	71.0	57.7	47.9
现金流动负债比率（%）	8.9	3.5	−2.5	−4.0	−8.5
带息负债比率（%）	38.7	54.0	67.0	78.7	87.9
或有负债比率（%）	0.4	1.2	5.0	13.2	21.0
四、经营增长状况					
销售（营业）增长率（%）	11.5	3.8	−1.2	−12.8	−17.4
资本保值增值率（%）	101.3	100.5	100.1	91.1	84.7
销售（营业）利润增长率（%）	9.9	4.0	−4.7	−13.8	−21.8
总资产增长率（%）	7.3	4.7	2.8	1.1	−0.7
技术投入比率（%）	2.1	1.8	1.7	1.6	1.2
五、补充资料					
存货周转率（次）	7.1	2.7	1.2	0.5	0.3
两金占流动资产比重（%）	40.1	41.4	48.0	55.0	55.1
成本费用总额占营业总收入比重（%）	95.3	97.5	101.1	106.7	115.9
经济增加值率（%）	3.0	1.2	−0.9	−3.9	−8.4
EBITDA 率（%）	18.0	15.0	9.7	3.0	−4.8
资本积累率（%）	10.6	6.1	1.5	−6.4	−12.0

森林工业

范围：中型企业

项　　目	优秀值	良好值	平均值	较低值	较差值
一、盈利能力状况					
净资产收益率（%）	4.8	3.8	0.5	-5.4	-13.6
总资产报酬率（%）	3.9	3.2	0.3	-4.6	-8.1
销售（营业）利润率（%）	8.0	6.8	4.0	-1.8	-8.6
盈余现金保障倍数	3.6	0.8	-2.0	-4.5	-7.1
成本费用利润率（%）	6.5	3.0	0.8	-6.2	-14.4
资本收益率（%）	7.0	3.0	0.4	-2.6	-2.7
二、资产质量状况					
总资产周转率（次）	1.3	0.8	0.5	0.2	0.1
应收账款周转率（次）	16.3	12.2	8.2	3.6	0.6
不良资产比率（%）	0.2	0.6	1.3	3.2	7.1
流动资产周转率（次）	2.3	1.6	0.9	0.4	0.2
资产现金回收率（%）	8.1	2.5	-0.5	-7.1	-11.4
三、债务风险状况					
资产负债率（%）	49.0	54.0	59.0	69.0	84.0
已获利息倍数	5.8	3.5	1.3	-0.4	-4.9
速动比率（%）	100.3	80.8	68.4	53.7	42.4
现金流动负债比率（%）	11.0	4.5	-2.2	-7.6	-12.4
带息负债比率（%）	39.8	52.3	62.6	75.7	83.4
或有负债比率（%）	0.4	1.2	5.0	13.2	21.0
四、经营增长状况					
销售（营业）增长率（%）	33.9	26.0	13.1	8.3	0.1
资本保值增值率（%）	106.5	103.0	101.4	93.7	85.5
销售（营业）利润增长率（%）	27.5	17.4	13.2	3.8	-4.9
总资产增长率（%）	9.4	7.5	4.5	3.5	2.4
技术投入比率（%）	2.0	1.8	1.7	1.6	1.2
五、补充资料					
存货周转率（次）	9.1	4.5	2.4	1.8	1.5
两金占流动资产比重（%）	22.7	37.3	44.7	52.4	56.3
成本费用总额占营业总收入比重（%）	95.4	96.9	100.0	106.0	116.9
经济增加值率（%）	0.4	-1.7	-2.0	-8.7	-16.6
EBITDA 率（%）	19.3	16.5	8.2	3.0	-5.4
资本积累率（%）	12.5	9.1	3.8	-6.1	-12.8

森林工业

范围：小型企业

项　　目	优秀值	良好值	平均值	较低值	较差值
一、盈利能力状况					
净资产收益率（％）	7.1	4.0	1.1	-6.3	-13.4
总资产报酬率（％）	4.1	2.6	0.2	-1.8	-4.9
销售（营业）利润率（％）	13.6	7.5	1.4	-2.8	-14.6
盈余现金保障倍数	4.0	0.6	-2.4	-4.7	-7.3
成本费用利润率（％）	8.0	4.2	0.4	-6.0	-13.4
资本收益率（％）	7.4	5.0	1.2	-3.4	-10.7
二、资产质量状况					
总资产周转率（次）	1.5	1.0	0.6	0.2	0.1
应收账款周转率（次）	15.0	10.1	6.8	3.0	0.4
不良资产比率（％）	1.5	4.7	7.6	11.6	16.6
流动资产周转率（次）	2.1	1.3	0.7	0.4	0.2
资产现金回收率（％）	8.0	1.5	-0.3	-3.6	-6.3
三、债务风险状况					
资产负债率（％）	48.6	53.6	58.6	68.6	83.6
已获利息倍数	4.5	1.9	1.1	-1.1	-5.4
速动比率（％）	100.1	78.9	64.9	53.0	49.2
现金流动负债比率（％）	8.4	3.4	-2.8	-6.7	-10.1
带息负债比率（％）	27.9	46.2	60.8	77.8	84.6
或有负债比率（％）	0.4	1.2	5.0	13.2	21.0
四、经营增长状况					
销售（营业）增长率（％）	8.9	2.2	-2.6	-16.8	-24.7
资本保值增值率（％）	102.5	101.4	100.8	88.3	81.4
销售（营业）利润增长率（％）	12.3	7.5	-0.8	-12.0	-21.8
总资产增长率（％）	7.8	5.5	4.4	3.8	1.9
技术投入比率（％）	1.3	1.2	1.1	1.0	0.8
五、补充资料					
存货周转率（次）	12.7	5.5	2.5	1.5	1.1
两金占流动资产比重（％）	12.7	24.6	51.2	70.3	75.3
成本费用总额占营业总收入比重（％）	93.5	94.4	97.3	104.3	113.2
经济增加值率（％）	5.3	1.6	-4.9	-9.6	-17.6
EBITDA 率（％）	11.7	7.3	3.8	0.0	-8.8
资本积累率（％）	16.3	11.3	4.2	-4.1	-13.1

食品工业

范围：全行业

项　　　目	优秀值	良好值	平均值	较低值	较差值
一、盈利能力状况					
净资产收益率（%）	14.4	8.6	5.9	-1.8	-5.5
总资产报酬率（%）	7.4	6.2	4.5	-1.6	-4.6
销售（营业）利润率（%）	6.7	5.3	3.8	-4.9	-15.3
盈余现金保障倍数	2.0	1.6	1.3	-0.4	-1.7
成本费用利润率（%）	7.4	5.5	3.6	-3.5	-5.4
资本收益率（%）	16.2	10.3	6.1	-0.7	-8.8
二、资产质量状况					
总资产周转率（次）	1.9	1.3	1.0	0.2	0.1
应收账款周转率（次）	55.8	30.8	11.7	4.9	2.9
不良资产比率（%）	0.6	1.7	2.1	6.7	11.9
流动资产周转率（次）	3.5	2.5	1.9	0.5	0.2
资产现金回收率（%）	9.6	6.7	5.0	-0.1	-3.0
三、债务风险状况					
资产负债率（%）	48.3	53.3	58.3	68.3	83.3
已获利息倍数	9.9	5.7	2.4	-0.2	-1.9
速动比率（%）	112.0	93.7	71.9	54.3	37.7
现金流动负债比率（%）	20.4	16.2	10.8	-0.1	-6.0
带息负债比率（%）	8.9	21.3	41.1	54.5	66.3
或有负债比率（%）	0.1	0.2	0.3	3.5	7.4
四、经营增长状况					
销售（营业）增长率（%）	23.8	13.8	5.9	-6.6	-14.7
资本保值增值率（%）	112.4	108.8	102.6	99.1	95.8
销售（营业）利润增长率（%）	22.0	11.5	-1.5	-4.4	-10.1
总资产增长率（%）	20.8	11.0	5.1	-6.3	-12.0
技术投入比率（%）	1.2	0.9	0.6	0.4	0.3
五、补充资料					
存货周转率（次）	16.6	10.7	6.0	2.6	1.5
两金占流动资产比重（%）	10.2	26.8	38.7	45.4	58.3
成本费用总额占营业总收入比重（%）	94.0	95.3	96.5	100.4	109.5
经济增加值率（%）	8.9	3.2	-0.1	-6.4	-11.0
EBITDA 率（%）	14.2	8.9	5.1	0.1	-6.7
资本积累率（%）	18.3	11.0	6.6	-4.3	-12.7

食品工业

范围：大型企业

项 目	优秀值	良好值	平均值	较低值	较差值
一、盈利能力状况					
净资产收益率（％）	14.5	10.3	6.4	2.5	-3.0
总资产报酬率（％）	9.5	7.4	5.0	2.4	-1.9
销售（营业）利润率（％）	14.8	9.2	5.9	0.9	-8.0
盈余现金保障倍数	3.9	2.0	1.7	0.8	-0.3
成本费用利润率（％）	11.2	9.8	5.5	1.1	0.2
资本收益率（％）	16.8	10.7	6.4	2.6	-1.2
二、资产质量状况					
总资产周转率（次）	1.5	1.1	1.0	0.6	0.5
应收账款周转率（次）	22.4	16.4	11.7	9.5	4.9
不良资产比率（％）	0.6	0.8	1.9	6.4	10.6
流动资产周转率（次）	3.0	2.2	1.8	1.1	1.0
资产现金回收率（％）	20.0	11.3	7.9	-0.7	-2.3
三、债务风险状况					
资产负债率（％）	48.3	53.3	58.3	68.3	83.3
已获利息倍数	17.0	8.2	3.1	1.4	0.5
速动比率（％）	139.4	122.5	97.0	80.4	65.6
现金流动负债比率（％）	24.5	16.9	11.0	4.9	-3.0
带息负债比率（％）	12.6	20.5	49.5	61.5	71.4
或有负债比率（％）	0.1	1.0	2.0	7.1	13.0
四、经营增长状况					
销售（营业）增长率（％）	21.0	13.1	2.1	-11.1	-21.1
资本保值增值率（％）	113.9	109.5	103.2	99.0	92.8
销售（营业）利润增长率（％）	37.4	19.3	-2.2	-16.7	-29.2
总资产增长率（％）	18.5	12.3	5.1	-4.7	-9.9
技术投入比率（％）	1.3	1.1	0.7	0.5	0.3
五、补充资料					
存货周转率（次）	13.8	10.2	5.1	3.3	2.6
两金占流动资产比重（％）	24.7	34.3	38.2	43.1	55.0
成本费用总额占营业总收入比重（％）	89.2	94.0	94.6	100.0	102.9
经济增加值（％）	12.0	5.8	1.5	-2.0	-11.1
EBITDA 率（％）	22.6	16.2	7.1	5.0	-1.1
资本积累率（％）	13.4	9.6	6.1	-0.7	-15.8

食品工业

范围：中型企业

项　　目	优秀值	良好值	平均值	较低值	较差值
一、盈利能力状况					
净资产收益率（%）	16.1	10.7	6.0	-1.8	-7.0
总资产报酬率（%）	8.1	5.5	4.2	-0.5	-2.6
销售（营业）利润率（%）	6.5	3.6	2.1	-1.7	-11.9
盈余现金保障倍数	2.3	1.1	0.9	-1.0	-2.5
成本费用利润率（%）	7.9	3.9	2.1	-1.8	-8.3
资本收益率（%）	17.6	11.0	7.0	-1.1	-6.1
二、资产质量状况					
总资产周转率（次）	1.9	1.4	1.3	0.5	0.3
应收账款周转率（次）	23.8	18.0	12.7	7.0	4.3
不良资产比率（%）	0.6	1.3	2.2	9.8	20.3
流动资产周转率（次）	3.9	2.7	2.4	0.9	0.7
资产现金回收率（%）	9.7	6.0	3.7	0.4	-5.7
三、债务风险状况					
资产负债率（%）	48.3	53.3	58.3	68.3	83.3
已获利息倍数	13.0	6.6	1.7	0.5	-1.9
速动比率（%）	101.9	84.0	62.6	46.2	32.1
现金流动负债比率（%）	26.1	12.6	10.2	-2.4	-13.2
带息负债比率（%）	4.1	19.4	36.6	49.5	64.0
或有负债比率（%）	0.1	0.2	0.3	3.5	8.3
四、经营增长状况					
销售（营业）增长率（%）	26.9	17.3	8.7	-13.2	-25.2
资本保值增值率（%）	117.9	112.7	102.6	99.1	94.7
销售（营业）利润增长率（%）	19.4	10.7	-1.6	-7.3	-14.4
总资产增长率（%）	21.1	12.0	8.1	-5.6	-9.9
技术投入比率（%）	0.7	0.6	0.5	0.4	0.3
五、补充资料					
存货周转率（次）	17.5	12.3	6.7	3.4	2.2
两金占流动资产比重（%）	20.1	35.6	43.8	50.0	58.7
成本费用总额占营业总收入比重（%）	93.8	96.7	98.1	102.6	111.7
经济增加值率（%）	8.9	3.6	-0.7	-6.3	-9.2
EBITDA率（%）	12.0	8.4	3.5	0.8	-1.7
资本积累率（%）	18.5	12.9	7.9	-4.3	-10.1

食品工业

范围：小型企业

项 目	优秀值	良好值	平均值	较低值	较差值
一、盈利能力状况					
净资产收益率（%）	13.4	9.0	4.6	−1.5	−10.1
总资产报酬率（%）	7.4	4.8	4.1	−1.7	−4.9
销售（营业）利润率（%）	6.2	3.2	2.9	−4.9	−14.4
盈余现金保障倍数	2.0	1.4	0.8	−0.7	−1.7
成本费用利润率（%）	6.6	3.2	2.6	−5.7	−22.2
资本收益率（%）	18.4	11.0	6.1	−0.1	−8.6
二、资产质量状况					
总资产周转率（次）	2.2	1.6	1.4	0.2	0.1
应收账款周转率（次）	22.7	16.1	11.7	4.7	2.8
不良资产比率（%）	1.3	1.8	2.7	13.4	25.9
流动资产周转率（次）	3.9	2.8	2.3	0.5	0.2
资产现金回收率（%）	10.6	5.2	3.2	−0.1	−2.9
三、债务风险状况					
资产负债率（%）	48.3	53.3	58.3	68.3	83.3
已获利息倍数	8.9	4.9	2.5	−0.4	−1.8
速动比率（%）	99.0	78.7	54.3	33.1	20.7
现金流动负债比率（%）	23.4	9.9	7.1	−0.1	−5.9
带息负债比率（%）	16.6	23.5	45.6	64.0	75.1
或有负债比率（%）	0.1	0.2	0.3	3.4	5.9
四、经营增长状况					
销售（营业）增长率（%）	28.7	13.3	5.6	−1.1	−8.0
资本保值增值率（%）	110.4	106.7	103.3	97.8	91.3
销售（营业）利润增长率（%）	23.4	13.5	−0.9	−5.6	−12.8
总资产增长率（%）	25.8	13.6	4.9	−6.4	−12.0
技术投入比率（%）	0.7	0.6	0.5	0.4	0.3
五、补充资料					
存货周转率（次）	16.8	10.6	5.6	2.5	1.5
两金占流动资产比重（%）	3.8	21.8	41.7	51.7	59.2
成本费用总额占营业总收入比重（%）	94.8	95.9	97.0	101.2	109.5
经济增加值率（%）	11.4	4.5	0.3	−6.7	−13.5
EBITDA 率（%）	13.6	8.4	3.8	0.1	−5.3
资本积累率（%）	23.5	11.6	8.9	−4.5	−15.7

食品加工业

范围：全行业

项 目	优秀值	良好值	平均值	较低值	较差值
一、盈利能力状况					
净资产收益率（%）	14.8	9.9	5.7	-1.1	-7.3
总资产报酬率（%）	7.0	4.6	4.1	-1.2	-3.3
销售（营业）利润率（%）	4.8	2.8	2.1	-3.8	-12.1
盈余现金保障倍数	1.8	1.6	1.4	-0.7	-2.2
成本费用利润率（%）	4.7	2.8	2.0	-5.0	-6.9
资本收益率（%）	12.1	9.2	6.1	-0.4	-11.2
二、资产质量状况					
总资产周转率（次）	2.5	1.8	1.3	0.2	0.1
应收账款周转率（次）	25.7	19.6	15.6	5.6	3.0
不良资产比率（%）	0.1	0.8	1.6	4.9	9.0
流动资产周转率（次）	4.1	3.1	2.2	0.4	0.2
资产现金回收率（%）	9.2	6.7	5.0	-0.2	-3.2
三、债务风险状况					
资产负债率（%）	48.3	53.3	58.3	68.3	83.3
已获利息倍数	11.9	5.9	2.5	0.1	-1.5
速动比率（%）	108.6	95.3	68.6	56.1	40.3
现金流动负债比率（%）	16.7	8.3	5.2	-0.4	-6.0
带息负债比率（%）	12.4	25.0	38.9	55.8	64.6
或有负债比率（%）	2.0	2.6	4.6	7.4	10.3
四、经营增长状况					
销售（营业）增长率（%）	16.5	12.1	6.5	-4.3	-12.5
资本保值增值率（%）	109.4	105.8	102.6	98.3	91.9
销售（营业）利润增长率（%）	9.8	4.4	-4.3	-7.5	-14.9
总资产增长率（%）	16.3	10.0	4.9	-6.4	-12.5
技术投入比率（%）	1.6	1.1	0.6	0.4	0.3
五、补充资料					
存货周转率（次）	15.5	10.6	6.6	2.2	1.2
两金占流动资产比重（%）	11.8	26.9	41.8	48.3	61.5
成本费用总额占营业总收入比重（%）	95.9	97.0	98.0	101.2	108.5
经济增加值率（%）	9.7	3.7	-0.2	-6.0	-10.2
EBITDA率（%）	10.2	6.8	3.2	0.3	-9.1
资本积累率（%）	22.6	12.0	3.3	-4.1	-12.8

食品制造业

范围：全行业

项 目	优秀值	良好值	平均值	较低值	较差值
一、盈利能力状况					
净资产收益率（%）	12.9	9.4	6.7	-2.9	-10.0
总资产报酬率（%）	8.0	5.1	4.5	-3.0	-6.0
销售（营业）利润率（%）	9.6	8.9	8.2	4.9	-3.8
盈余现金保障倍数	2.3	1.8	1.2	-0.1	-1.3
成本费用利润率（%）	10.5	9.8	9.1	-1.2	-12.3
资本收益率（%）	14.3	8.3	5.1	-1.5	-18.4
二、资产质量状况					
总资产周转率（次）	1.3	0.9	0.6	0.2	0.1
应收账款周转率（次）	19.3	15.9	7.7	4.1	2.8
不良资产比率（%）	1.2	1.6	2.1	8.6	18.2
流动资产周转率（次）	2.4	1.9	1.4	0.5	0.1
资产现金回收率（%）	10.1	5.9	5.3	-0.2	-2.9
三、债务风险状况					
资产负债率（%）	48.3	53.3	58.3	68.3	83.3
已获利息倍数	8.3	5.2	2.2	-1.3	-2.9
速动比率（%）	130.7	104.0	76.9	51.3	40.5
现金流动负债比率（%）	28.8	16.2	15.3	1.0	-5.9
带息负债比率（%）	14.0	24.5	42.3	53.6	66.9
或有负债比率（%）	0.1	0.2	0.3	8.5	16.3
四、经营增长状况					
销售（营业）增长率（%）	22.3	13.3	0.9	-10.8	-27.1
资本保值增值率（%）	114.2	108.6	101.1	94.1	88.4
销售（营业）利润增长率（%）	15.5	6.6	-0.7	-13.2	-23.3
总资产增长率（%）	15.5	9.3	5.4	-6.1	-11.5
技术投入比率（%）	1.0	0.9	0.8	0.6	0.5
五、补充资料					
存货周转率（次）	11.6	7.0	4.2	2.9	2.1
两金占流动资产比重（%）	8.5	20.5	32.7	41.0	54.6
成本费用总额占营业总收入比重（%）	91.2	92.8	94.4	101.5	112.2
经济增加值率（%）	8.0	3.0	0.2	-7.7	-13.6
EBITDA 率（%）	18.3	12.7	11.9	-1.0	-18.4
资本积累率（%）	14.5	8.8	6.6	-4.4	-12.4

烟草工业

范围：全行业

项　　目	优秀值	良好值	平均值	较低值	较差值
一、盈利能力状况					
净资产收益率（%）	24.0	18.3	15.6	5.6	-1.6
总资产报酬率（%）	21.0	16.5	12.7	5.2	0.3
销售（营业）利润率（%）	25.3	23.0	17.0	13.2	5.2
盈余现金保障倍数	7.7	3.6	1.2	0.6	-2.0
成本费用利润率（%）	26.2	20.8	14.9	4.3	-4.1
资本收益率（%）	28.2	21.3	16.7	8.0	-1.0
二、资产质量状况					
总资产周转率（次）	1.6	1.3	1.0	0.7	0.4
应收账款周转率（次）	35.6	24.2	16.0	8.6	4.6
不良资产比率（%）	0.1	0.4	1.6	4.5	7.7
流动资产周转率（次）	2.6	1.8	1.1	0.8	0.5
资产现金回收率（%）	24.0	18.5	11.0	7.3	3.0
三、债务风险状况					
资产负债率（%）	48.6	53.6	58.6	68.6	83.6
已获利息倍数	9.8	8.9	7.0	6.2	5.3
速动比率（%）	153.2	129.2	113.5	93.0	82.0
现金流动负债比率（%）	46.4	38.9	29.8	22.3	7.3
带息负债比率（%）	11.7	21.5	36.5	49.2	64.7
或有负债比率（%）	0.2	0.8	2.2	5.7	8.0
四、经营增长状况					
销售（营业）增长率（%）	20.5	13.0	6.0	-3.7	-10.3
资本保值增值率（%）	122.7	117.0	112.4	108.9	99.2
销售（营业）利润增长率（%）	18.0	9.2	1.0	-10.0	-18.9
总资产增长率（%）	24.1	21.0	11.7	6.1	-2.5
技术投入比率（%）	1.1	0.8	0.3	0.3	0.1
五、补充资料					
存货周转率（次）	17.5	15.9	14.6	14.6	13.8
两金占流动资产比重（%）	42.9	54.9	60.6	69.0	75.6
成本费用总额占营业总收入比重（%）	77.5	83.0	88.5	92.4	95.4
经济增加值率（%）	9.7	7.9	7.3	3.4	-7.0
EBITDA率（%）	24.1	21.1	10.9	8.1	3.7
资本积累率（%）	30.1	19.9	12.8	10.7	8.2

烟草工业

范围：大型企业

项　　　目	优秀值	良好值	平均值	较低值	较差值
一、盈利能力状况					
净资产收益率（%）	22.6	17.3	13.0	7.0	-1.3
总资产报酬率（%）	20.9	15.3	10.2	4.7	0.2
销售（营业）利润率（%）	25.5	23.2	20.2	16.5	12.8
盈余现金保障倍数	3.9	2.0	0.8	0.2	-1.5
成本费用利润率（%）	31.5	26.4	18.8	7.1	3.5
资本收益率（%）	30.6	26.6	19.3	10.8	7.4
二、资产质量状况					
总资产周转率（次）	1.4	1.2	0.9	0.6	0.3
应收账款周转率（次）	35.9	24.7	16.6	9.8	7.0
不良资产比率（%）	0.1	0.3	0.9	1.3	2.4
流动资产周转率（次）	2.5	2.0	1.4	1.1	0.7
资产现金回收率（%）	16.0	13.0	6.5	2.3	-3.2
三、债务风险状况					
资产负债率（%）	48.6	53.6	58.6	68.6	83.6
已获利息倍数	9.7	9.1	7.8	6.6	5.3
速动比率（%）	158.4	131.6	116.1	90.1	76.3
现金流动负债比率（%）	38.2	30.7	20.5	11.7	-6.3
带息负债比率（%）	13.4	23.7	39.0	51.9	66.5
或有负债比率（%）	0.7	1.4	2.7	6.4	9.1
四、经营增长状况					
销售（营业）增长率（%）	20.5	13.1	6.2	-3.9	-10.0
资本保值增值率（%）	123.4	117.3	112.6	107.2	100.4
销售（营业）利润增长率（%）	19.8	10.9	1.2	-11.7	-21.0
总资产增长率（%）	21.7	16.5	11.9	3.2	-1.9
技术投入比率（%）	1.1	0.9	0.7	0.4	0.2
五、补充资料					
存货周转率（次）	17.2	15.7	14.9	14.6	13.8
两金占流动资产比重（%）	48.4	54.2	62.9	70.9	77.0
成本费用总额占营业总收入比重（%）	77.6	83.0	88.2	92.5	95.8
经济增加值（%）	11.6	8.3	7.9	3.8	2.0
EBITDA 率（%）	21.1	17.6	12.0	6.8	3.7
资本积累率（%）	29.2	23.1	16.3	13.6	9.0

烟草工业

范围：中型企业

项　　目	优秀值	良好值	平均值	较低值	较差值
一、盈利能力状况					
净资产收益率（%）	25.4	19.5	15.6	5.9	-1.9
总资产报酬率（%）	24.1	18.5	14.2	5.2	-1.3
销售（营业）利润率（%）	23.3	21.1	18.4	14.3	5.0
盈余现金保障倍数	6.0	2.4	1.2	0.4	-1.3
成本费用利润率（%）	21.6	16.7	8.9	1.2	-5.7
资本收益率（%）	28.9	23.9	17.1	8.0	-1.8
二、资产质量状况					
总资产周转率（次）	1.4	1.2	1.0	0.8	0.5
应收账款周转率（次）	31.0	21.6	7.8	3.0	0.6
不良资产比率（%）	0.4	0.9	1.5	3.9	8.2
流动资产周转率（次）	2.4	1.5	1.1	0.9	0.6
资产现金回收率（%）	24.7	19.4	13.0	2.0	0.8
三、债务风险状况					
资产负债率（%）	48.6	53.6	58.6	68.6	83.6
已获利息倍数	9.6	8.8	7.6	6.2	5.1
速动比率（%）	155.6	128.5	114.4	95.0	85.3
现金流动负债比率（%）	44.5	38.9	30.8	21.9	6.2
带息负债比率（%）	11.2	20.1	35.6	48.6	64.4
或有负债比率（%）	0.8	1.6	2.4	6.1	8.5
四、经营增长状况					
销售（营业）增长率（%）	12.7	8.2	3.2	-8.5	-17.6
资本保值增值率（%）	114.8	110.1	105.6	100.1	94.4
销售（营业）利润增长率（%）	16.1	10.4	1.1	-4.2	-18.9
总资产增长率（%）	29.5	19.7	11.7	-1.9	-9.5
技术投入比率（%）	1.0	0.7	0.6	0.3	0.1
五、补充资料					
存货周转率（次）	18.5	15.7	14.6	14.4	13.7
两金占流动资产比重（%）	32.2	51.7	57.1	62.3	66.6
成本费用总额占营业总收入比重（%）	67.3	77.7	88.5	90.5	93.8
经济增加值率（%）	9.9	8.4	7.3	3.3	-7.4
EBITDA 率（%）	33.7	22.5	10.6	8.4	7.3
资本积累率（%）	26.5	14.6	8.2	6.5	3.4

烟草工业

范围：小型企业

项　　目	优秀值	良好值	平均值	较低值	较差值
一、盈利能力状况					
净资产收益率（%）	17.0	13.3	8.5	2.7	-3.9
总资产报酬率（%）	13.3	10.5	7.6	2.1	-2.2
销售（营业）利润率（%）	13.3	10.6	6.6	-4.1	-16.0
盈余现金保障倍数	10.8	4.4	0.6	-0.9	-2.4
成本费用利润率（%）	4.8	1.2	0.4	0.2	0.1
资本收益率（%）	20.4	16.5	10.9	3.7	-6.5
二、资产质量状况					
总资产周转率（次）	2.3	2.0	1.5	1.0	0.5
应收账款周转率（次）	9.5	6.6	4.9	4.0	2.9
不良资产比率（%）	0.2	0.9	2.9	7.0	16.0
流动资产周转率（次）	2.9	2.1	1.6	1.1	0.6
资产现金回收率（%）	16.1	8.5	2.3	0.1	-2.2
三、债务风险状况					
资产负债率（%）	48.6	53.6	58.6	68.6	83.6
已获利息倍数	9.2	8.7	7.0	5.9	5.3
速动比率（%）	150.8	127.7	112.7	97.4	80.5
现金流动负债比率（%）	30.4	21.8	15.1	10.1	-3.5
带息负债比率（%）	9.5	18.6	34.6	45.9	62.5
或有负债比率（%）	0.1	0.7	2.0	5.3	7.5
四、经营增长状况					
销售（营业）增长率（%）	21.6	12.4	4.9	-3.3	-10.0
资本保值增值率（%）	116.2	110.7	106.3	99.9	94.4
销售（营业）利润增长率（%）	16.9	10.5	0.3	-11.9	-20.7
总资产增长率（%）	7.2	1.8	-4.1	-14.8	-18.9
技术投入比率（%）	0.8	0.6	0.3	0.2	0.1
五、补充资料					
存货周转率（次）	18.9	16.5	15.1	14.5	13.6
两金占流动资产比重（%）	20.9	26.2	42.2	65.0	73.4
成本费用总额占营业总收入比重（%）	76.5	78.7	89.6	97.3	99.8
经济增加值率（%）	9.0	7.6	7.0	2.2	-9.1
EBITDA 率（%）	26.5	25.8	12.9	4.5	-2.2
资本积累率（%）	39.8	30.5	7.7	7.2	3.3

卷烟制造业

范围：全行业

项　　目	优秀值	良好值	平均值	较低值	较差值
一、盈利能力状况					
净资产收益率（%）	27.0	20.9	15.6	8.6	-1.4
总资产报酬率（%）	25.0	20.0	14.4	7.7	0.4
销售（营业）利润率（%）	22.9	20.4	17.0	12.9	6.6
盈余现金保障倍数	4.1	2.4	1.2	0.7	-1.1
成本费用利润率（%）	27.4	20.7	14.9	4.7	-3.6
资本收益率（%）	30.6	23.5	18.1	11.1	-3.1
二、资产质量状况					
总资产周转率（次）	1.5	1.3	1.0	0.7	0.2
应收账款周转率（次）	36.7	27.5	16.0	9.5	1.7
不良资产比率（%）	0.4	2.3	4.4	7.3	10.5
流动资产周转率（次）	1.9	1.6	1.1	0.8	0.3
资产现金回收率（%）	28.6	22.6	16.7	5.3	0.4
三、债务风险状况					
资产负债率（%）	48.6	53.6	58.6	68.6	83.6
已获利息倍数	9.7	8.3	7.0	6.5	5.5
速动比率（%）	158.8	137.2	113.5	95.5	87.9
现金流动负债比率（%）	55.1	49.5	40.7	31.7	22.6
带息负债比率（%）	13.1	26.7	42.9	55.7	67.8
或有负债比率（%）	0.3	0.7	2.1	5.6	9.4
四、经营增长状况					
销售（营业）增长率（%）	19.1	12.0	5.6	-4.5	-14.2
资本保值增值率（%）	124.6	116.7	108.9	103.4	97.3
销售（营业）利润增长率（%）	14.2	8.2	1.0	-5.6	-14.5
总资产增长率（%）	19.0	16.5	11.7	4.5	-2.8
技术投入比率（%）	0.9	0.6	0.3	0.2	0.1
五、补充资料					
存货周转率（次）	16.4	15.2	14.6	14.4	13.3
两金占流动资产比重（%）	45.9	54.1	60.6	65.8	68.9
成本费用总额占营业总收入比重（%）	78.4	83.6	88.5	92.4	95.2
经济增加值率（%）	15.3	14.6	9.9	7.5	4.8
EBITDA率（%）	20.1	16.7	10.9	5.9	3.4
资本积累率（%）	25.4	18.8	14.8	10.2	8.5

纺织工业

范围：全行业

项　　　目	优秀值	良好值	平均值	较低值	较差值
一、盈利能力状况					
净资产收益率（%）	5.6	3.3	2.7	-0.4	-4.1
总资产报酬率（%）	3.3	2.2	2.0	-0.4	-2.2
销售（营业）利润率（%）	9.3	3.0	1.5	-5.3	-16.7
盈余现金保障倍数	2.1	1.7	1.2	-0.1	-5.1
成本费用利润率（%）	8.5	3.3	1.9	-3.2	-7.1
资本收益率（%）	7.1	3.6	3.0	-0.6	-5.8
二、资产质量状况					
总资产周转率（次）	1.0	0.7	0.5	0.3	0.1
应收账款周转率（次）	19.2	11.0	8.5	3.9	2.3
不良资产比率（%）	0.2	1.2	2.7	6.7	11.6
流动资产周转率（次）	1.9	1.4	1.2	0.5	0.2
资产现金回收率（%）	4.3	3.3	2.3	-1.2	-4.9
三、债务风险状况					
资产负债率（%）	48.6	53.6	58.6	68.6	83.6
已获利息倍数	4.8	2.4	1.5	-0.5	-1.7
速动比率（%）	123.4	98.6	71.3	55.1	45.4
现金流动负债比率（%）	10.2	4.0	3.0	-3.8	-7.6
带息负债比率（%）	6.2	18.3	34.8	49.5	59.8
或有负债比率（%）	2.4	3.2	4.6	7.9	12.5
四、经营增长状况					
销售（营业）增长率（%）	15.5	8.0	-0.1	-8.8	-15.8
资本保值增值率（%）	110.7	104.0	101.7	97.2	92.4
销售（营业）利润增长率（%）	17.9	9.3	2.0	-5.9	-11.9
总资产增长率（%）	10.9	5.6	5.3	-5.0	-9.9
技术投入比率（%）	2.3	2.0	1.8	1.6	1.4
五、补充资料					
存货周转率（次）	9.6	7.7	4.7	1.7	0.9
两金占流动资产比重（%）	16.4	25.3	34.5	50.0	61.0
成本费用总额占营业总收入比重（%）	94.0	98.4	100.0	103.7	115.5
经济增加值率（%）	2.2	-1.6	-1.9	-5.5	-10.8
EBITDA率（%）	18.4	10.6	2.9	0.6	-10.2
资本积累率（%）	9.7	3.8	3.0	-2.8	-7.9

纺织工业

范围：大型企业

项　　目	优秀值	良好值	平均值	较低值	较差值
一、盈利能力状况					
净资产收益率（%）	6.3	5.2	4.0	-0.9	-4.0
总资产报酬率（%）	3.3	2.7	2.4	-0.1	-2.3
销售（营业）利润率（%）	2.4	1.7	1.0	-1.6	-6.4
盈余现金保障倍数	3.5	1.9	1.1	-0.4	-0.7
成本费用利润率（%）	3.0	1.9	1.1	-1.5	-10.7
资本收益率（%）	14.8	11.3	7.6	-0.6	-4.0
二、资产质量状况					
总资产周转率（次）	1.3	0.9	0.6	0.3	0.1
应收账款周转率（次）	21.8	16.9	10.6	5.2	3.7
不良资产比率（%）	0.1	1.0	2.4	6.1	10.5
流动资产周转率（次）	1.4	1.3	1.3	0.8	0.3
资产现金回收率（%）	6.3	2.7	1.8	-1.7	-5.1
三、债务风险状况					
资产负债率（%）	48.6	53.6	58.6	68.6	83.6
已获利息倍数	3.7	2.8	1.7	0.7	-0.6
速动比率（%）	131.4	103.9	76.3	58.4	47.7
现金流动负债比率（%）	18.1	8.6	2.9	-3.4	-7.3
带息负债比率（%）	13.0	24.6	41.2	54.8	66.3
或有负债比率（%）	2.8	3.7	4.6	7.4	12.3
四、经营增长状况					
销售（营业）增长率（%）	16.8	5.9	1.6	-6.8	-12.7
资本保值增值率（%）	106.2	103.6	103.0	96.2	93.5
销售（营业）利润增长率（%）	18.4	11.3	3.9	-3.3	-7.7
总资产增长率（%）	7.8	5.5	2.7	-3.7	-7.3
技术投入比率（%）	2.9	2.5	2.4	2.0	1.8
五、补充资料					
存货周转率（次）	12.7	10.2	5.8	3.5	3.1
两金占流动资产比重（%）	27.0	34.1	40.3	54.0	56.4
成本费用总额占营业总收入比重（%）	98.5	99.7	101.6	110.2	113.5
经济增加值率（%）	2.1	-0.8	-0.8	-5.6	-8.0
EBITDA率（%）	9.7	7.0	2.7	2.3	-4.7
资本积累率（%）	16.6	10.7	4.9	-3.8	-6.0

纺织工业

范围：中型企业

项　　　目	优秀值	良好值	平均值	较低值	较差值
一、盈利能力状况					
净资产收益率（%）	10.4	6.5	4.1	-0.9	-4.9
总资产报酬率（%）	5.7	3.9	2.3	-0.6	-3.7
销售（营业）利润率（%）	10.0	5.4	1.9	-3.1	-11.7
盈余现金保障倍数	2.5	2.0	1.5	-1.3	-5.7
成本费用利润率（%）	6.6	5.2	2.1	-1.9	-8.4
资本收益率（%）	11.1	7.3	4.7	-4.4	-10.1
二、资产质量状况					
总资产周转率（次）	1.0	0.8	0.5	0.3	0.1
应收账款周转率（次）	46.9	28.6	10.7	6.9	4.2
不良资产比率（%）	0.3	1.4	3.0	7.1	13.4
流动资产周转率（次）	2.4	1.9	1.2	0.6	0.3
资产现金回收率（%）	9.5	5.4	3.4	-0.1	-4.7
三、债务风险状况					
资产负债率（%）	48.3	53.3	58.3	68.3	83.3
已获利息倍数	3.3	1.4	0.8	-0.9	-2.3
速动比率（%）	109.9	90.8	63.2	47.7	41.2
现金流动负债比率（%）	13.8	8.8	5.3	1.0	-3.6
带息负债比率（%）	18.8	31.2	47.6	60.3	71.0
或有负债比率（%）	1.8	2.5	4.6	7.5	12.9
四、经营增长状况					
销售（营业）增长率（%）	23.2	6.1	-7.2	-17.5	-25.1
资本保值增值率（%）	107.6	102.5	100.1	96.1	90.9
销售（营业）利润增长率（%）	18.6	10.0	1.7	-7.0	-12.7
总资产增长率（%）	6.7	4.9	3.1	-7.5	-11.6
技术投入比率（%）	2.1	1.8	1.6	1.4	1.3
五、补充资料					
存货周转率（次）	6.9	4.5	3.4	1.9	1.4
两金占流动资产比重（%）	19.6	34.4	46.1	52.8	57.7
成本费用总额占营业总收入比重（%）	96.9	99.6	102.0	108.6	116.8
经济增加值（%）	1.6	-1.7	-3.8	-5.8	-7.7
EBITDA率（%）	11.9	7.7	3.1	0.6	-2.1
资本积累率（%）	6.8	2.5	-1.4	-3.6	-9.5

纺织工业

范围：小型企业

项　　目	优秀值	良好值	平均值	较低值	较差值
一、盈利能力状况					
净资产收益率（％）	8.2	5.0	2.4	−1.0	−3.6
总资产报酬率（％）	5.2	2.5	1.7	−1.7	−3.9
销售（营业）利润率（％）	14.9	6.1	2.6	−3.1	−10.8
盈余现金保障倍数	2.1	1.5	0.9	−3.4	−7.8
成本费用利润率（％）	13.7	5.6	1.8	−5.1	−7.5
资本收益率（％）	9.8	5.8	2.9	−3.7	−11.6
二、资产质量状况					
总资产周转率（次）	1.2	0.7	0.3	0.2	0.1
应收账款周转率（次）	18.8	13.1	6.4	2.6	1.0
不良资产比率（％）	0.1	1.4	3.5	10.2	14.5
流动资产周转率（次）	1.8	1.3	0.7	0.3	0.2
资产现金回收率（％）	7.1	4.4	1.6	−1.8	−6.6
三、债务风险状况					
资产负债率（％）	48.3	53.3	58.3	68.3	83.3
已获利息倍数	8.7	3.5	1.0	−0.5	−1.6
速动比率（％）	134.8	101.9	70.0	52.4	43.5
现金流动负债比率（％）	15.1	5.8	3.8	−2.8	−8.0
带息负债比率（％）	0.3	12.1	32.1	44.8	55.1
或有负债比率（％）	2.4	3.2	4.6	6.8	10.6
四、经营增长状况					
销售（营业）增长率（％）	10.9	2.0	−5.6	−17.9	−26.2
资本保值增值率（％）	108.8	105.1	102.2	99.6	89.8
销售（营业）利润增长率（％）	24.9	15.1	5.2	−1.9	−8.1
总资产增长率（％）	16.2	9.9	6.0	−2.4	−6.8
技术投入比率（％）	1.8	1.5	1.4	1.1	0.8
五、补充资料					
存货周转率（次）	13.4	10.5	6.2	1.6	0.8
两金占流动资产比重（％）	0.7	13.0	26.4	40.3	50.5
成本费用总额占营业总收入比重（％）	90.8	95.8	98.7	108.0	112.6
经济增加值率（％）	5.0	−0.9	−2.6	−5.5	−6.6
EBITDA率（％）	22.4	16.3	5.6	0.5	−4.6
资本积累率（％）	11.7	6.2	4.7	−0.9	−12.4

棉化纤纺织业

范围：全行业

项　　目	优秀值	良好值	平均值	较低值	较差值
一、盈利能力状况					
净资产收益率（％）	5.1	3.5	1.3	-0.3	-3.2
总资产报酬率（％）	3.0	2.2	1.7	-0.5	-2.1
销售（营业）利润率（％）	9.7	3.4	0.3	-5.5	-13.2
盈余现金保障倍数	6.7	3.1	2.2	-0.1	-3.1
成本费用利润率（％）	8.9	2.8	0.3	-7.3	-10.7
资本收益率（％）	7.4	3.9	3.4	-0.1	-4.2
二、资产质量状况					
总资产周转率（次）	0.9	0.7	0.6	0.2	0.1
应收账款周转率（次）	23.5	15.6	10.4	3.3	2.4
不良资产比率（％）	0.5	1.1	2.8	8.8	15.1
流动资产周转率（次）	1.9	1.4	1.2	0.3	0.2
资产现金回收率（％）	8.7	5.1	3.3	0.5	-4.6
三、债务风险状况					
资产负债率（％）	48.6	53.6	58.6	68.6	83.6
已获利息倍数	3.7	2.2	1.2	-0.7	-1.8
速动比率（％）	122.9	95.7	72.1	58.9	45.6
现金流动负债比率（％）	8.9	5.2	4.0	-0.6	-5.8
带息负债比率（％）	6.7	20.9	35.6	47.0	56.9
或有负债比率（％）	2.6	3.5	4.6	9.1	15.2
四、经营增长状况					
销售（营业）增长率（％）	20.1	5.8	-3.0	-11.7	-19.6
资本保值增值率（％）	108.4	104.9	100.8	97.8	93.6
销售（营业）利润增长率（％）	11.2	3.8	-3.4	-15.0	-20.2
总资产增长率（％）	8.0	6.1	4.2	-6.2	-10.4
技术投入比率（％）	1.8	1.6	1.4	1.2	1.0
五、补充资料					
存货周转率（次）	8.9	6.9	4.7	2.1	0.8
两金占流动资产比重（％）	14.6	22.3	33.4	48.7	59.1
成本费用总额占营业总收入比重（％）	95.6	99.2	100.3	113.4	133.3
经济增加值率（％）	3.1	-0.9	-2.8	-5.5	-6.7
EBITDA率（％）	21.7	11.7	2.6	0.8	-12.7
资本积累率（％）	8.0	4.2	1.3	-2.3	-6.3

毛纺织业

范围：全行业

项　　　目	优秀值	良好值	平均值	较低值	较差值
一、盈利能力状况					
净资产收益率（%）	9.7	5.9	3.0	-1.4	-4.7
总资产报酬率（%）	6.9	5.1	2.8	-0.6	-2.6
销售（营业）利润率（%）	11.3	6.7	2.7	-6.5	-14.1
盈余现金保障倍数	6.6	2.8	1.2	-1.7	-5.1
成本费用利润率（%）	8.7	5.7	3.0	-0.3	-6.5
资本收益率（%）	10.2	5.8	2.7	-4.7	-9.7
二、资产质量状况					
总资产周转率（次）	1.3	1.0	0.8	0.5	0.1
应收账款周转率（次）	15.3	10.6	8.5	7.1	5.9
不良资产比率（%）	0.1	2.1	4.2	10.4	15.8
流动资产周转率（次）	2.6	1.9	1.3	0.9	0.5
资产现金回收率（%）	10.8	5.4	1.9	-2.9	-7.2
三、债务风险状况					
资产负债率（%）	48.6	53.6	58.6	68.6	83.6
已获利息倍数	5.2	3.8	2.4	-0.3	-1.7
速动比率（%）	102.7	77.8	53.3	38.8	29.8
现金流动负债比率（%）	15.5	8.2	3.0	-3.5	-8.2
带息负债比率（%）	7.7	19.8	29.7	37.5	49.2
或有负债比率（%）	2.3	3.2	4.6	8.1	14.4
四、经营增长状况					
销售（营业）增长率（%）	10.7	5.1	0.4	-11.8	-18.9
资本保值增值率（%）	107.6	104.4	102.1	98.9	96.2
销售（营业）利润增长率（%）	13.4	5.6	-3.2	-15.5	-22.3
总资产增长率（%）	8.6	5.5	-0.6	-6.8	-7.6
技术投入比率（%）	2.6	2.4	2.1	1.8	1.4
五、补充资料					
存货周转率（次）	6.7	4.1	3.3	2.5	2.0
两金占流动资产比重（%）	22.4	38.3	45.0	55.1	63.3
成本费用总额占营业总收入比重（%）	93.0	96.2	100.0	109.6	116.9
经济增加值率（%）	5.2	2.8	-0.7	-4.1	-9.5
EBITDA率（%）	20.6	11.3	6.9	-2.2	-8.8
资本积累率（%）	17.4	12.4	5.7	2.4	-4.9

麻纺织业

范围：全行业

项 目	优秀值	良好值	平均值	较低值	较差值
一、盈利能力状况					
净资产收益率（%）	7.8	4.2	2.0	-4.1	-7.7
总资产报酬率（%）	3.8	2.5	0.6	-3.9	-7.1
销售（营业）利润率（%）	10.0	5.1	2.0	-3.9	-10.4
盈余现金保障倍数	9.3	5.9	3.4	1.3	-1.9
成本费用利润率（%）	6.7	4.2	2.6	-0.6	-3.2
资本收益率（%）	9.2	3.9	2.0	-4.7	-9.1
二、资产质量状况					
总资产周转率（次）	0.9	0.7	0.5	0.3	0.1
应收账款周转率（次）	15.8	12.2	8.9	5.6	4.6
不良资产比率（%）	0.1	2.4	4.8	7.8	11.5
流动资产周转率（次）	2.7	2.2	1.6	1.2	0.7
资产现金回收率（%）	8.6	6.3	1.0	0.4	-2.2
三、债务风险状况					
资产负债率（%）	48.6	53.6	58.6	68.6	83.6
已获利息倍数	3.8	2.9	1.7	-0.7	-2.6
速动比率（%）	149.4	124.5	105.6	89.5	70.8
现金流动负债比率（%）	10.9	7.8	3.2	1.9	-3.2
带息负债比率（%）	10.2	25.0	38.2	44.5	53.1
或有负债比率（%）	0.7	1.4	2.9	6.4	11.7
四、经营增长状况					
销售（营业）增长率（%）	19.9	12.1	7.7	-2.5	-8.0
资本保值增值率（%）	104.5	101.8	99.1	94.1	89.4
销售（营业）利润增长率（%）	22.6	16.8	7.8	-1.1	-6.8
总资产增长率（%）	13.0	9.9	5.7	-0.6	-4.9
技术投入比率（%）	2.8	2.5	2.4	2.1	1.8
五、补充资料					
存货周转率（次）	7.2	5.3	3.4	2.7	1.8
两金占流动资产比重（%）	17.5	24.0	33.5	48.3	53.9
成本费用总额占营业总收入比重（%）	101.6	102.2	104.3	113.5	119.9
经济增加值率（%）	0.2	-1.1	-3.8	-6.9	-11.7
EBITDA 率（%）	13.2	9.9	2.2	-2.5	-12.4
资本积累率（%）	24.9	8.7	4.7	3.6	-23.3

丝绢纺织业

范围：全行业

项　　目	优秀值	良好值	平均值	较低值	较差值
一、盈利能力状况					
净资产收益率（%）	12.3	8.0	4.6	-0.1	-3.0
总资产报酬率（%）	5.3	3.9	2.2	-0.2	-2.9
销售（营业）利润率（%）	10.6	6.8	3.0	-2.4	-9.5
盈余现金保障倍数	6.9	4.3	1.4	-0.6	-5.3
成本费用利润率（%）	8.3	5.9	3.3	-2.2	-8.0
资本收益率（%）	20.4	16.2	12.2	6.0	0.7
二、资产质量状况					
总资产周转率（次）	1.4	1.1	0.8	0.4	0.2
应收账款周转率（次）	22.6	16.0	12.5	10.4	8.0
不良资产比率（%）	0.1	0.8	1.5	5.7	11.1
流动资产周转率（次）	2.7	1.9	1.1	0.5	0.3
资产现金回收率（%）	11.2	6.3	2.9	-0.1	-5.3
三、债务风险状况					
资产负债率（%）	48.6	53.6	58.6	68.6	83.6
已获利息倍数	3.3	2.1	0.9	-0.8	-2.7
速动比率（%）	117.6	94.1	68.1	55.4	41.8
现金流动负债比率（%）	13.0	8.2	4.7	-1.1	-5.4
带息负债比率（%）	16.8	29.1	47.8	54.8	69.6
或有负债比率（%）	2.0	2.5	4.6	8.1	14.4
四、经营增长状况					
销售（营业）增长率（%）	17.5	12.9	6.6	-5.4	-10.5
资本保值增值率（%）	111.1	106.4	103.8	98.8	95.8
销售（营业）利润增长率（%）	24.7	16.5	8.5	0.6	-3.8
总资产增长率（%）	18.0	11.0	3.5	-3.4	-10.1
技术投入比率（%）	3.4	3.2	3.0	2.7	2.3
五、补充资料					
存货周转率（次）	8.7	5.5	2.4	1.0	0.6
两金占流动资产比重（%）	22.4	45.4	54.6	70.7	76.7
成本费用总额占营业总收入比重（%）	94.7	98.6	100.1	103.2	113.0
经济增加值率（%）	6.2	4.3	0.2	-5.4	-10.3
EBITDA率（%）	31.4	12.3	5.9	2.2	-3.0
资本积累率（%）	30.1	17.4	7.3	0.7	-5.9

医药工业

范围：全行业

项　　目	优秀值	良好值	平均值	较低值	较差值
一、盈利能力状况					
净资产收益率（%）	14.5	10.9	9.7	2.8	-3.3
总资产报酬率（%）	10.6	7.2	6.1	0.1	-4.2
销售（营业）利润率（%）	19.4	12.7	7.3	0.7	-6.6
盈余现金保障倍数	1.8	1.2	0.8	-0.5	-1.9
成本费用利润率（%）	21.1	12.9	7.1	-0.8	-10.0
资本收益率（%）	16.1	11.4	7.3	-0.6	-7.3
二、资产质量状况					
总资产周转率（次）	0.9	0.8	0.5	0.2	0.1
应收账款周转率（次）	17.1	10.0	4.1	3.4	2.6
不良资产比率（%）	1.0	1.5	2.0	4.0	9.6
流动资产周转率（次）	1.6	1.3	1.1	0.5	0.2
资产现金回收率（%）	8.7	5.3	3.7	0.8	-1.3
三、债务风险状况					
资产负债率（%）	48.3	53.3	58.3	68.3	83.3
已获利息倍数	7.0	5.1	4.0	2.3	0.4
速动比率（%）	121.9	103.1	82.2	60.5	43.9
现金流动负债比率（%）	23.6	15.5	6.1	-4.1	-9.1
带息负债比率（%）	8.4	20.7	34.0	45.3	55.6
或有负债比率（%）	0.1	0.2	0.3	6.5	11.3
四、经营增长状况					
销售（营业）增长率（%）	25.2	13.5	0.5	-8.7	-17.9
资本保值增值率（%）	122.3	114.0	108.6	100.1	97.6
销售（营业）利润增长率（%）	17.2	7.2	-1.3	-10.7	-16.6
总资产增长率（%）	22.2	13.8	4.3	-2.0	-6.2
技术投入比率（%）	6.0	3.9	3.0	2.2	1.6
五、补充资料					
存货周转率（次）	6.2	5.0	2.7	1.7	1.2
两金占流动资产比重（%）	38.2	42.0	46.8	54.1	66.5
成本费用总额占营业总收入比重（%）	85.1	89.1	92.7	100.9	105.5
经济增加值率（%）	13.3	7.7	3.5	-5.0	-11.4
EBITDA率（%）	26.2	19.3	10.4	5.3	-9.6
资本积累率（%）	22.3	14.0	8.6	0.4	-8.1

医药工业

范围：大型企业

项　　目	优秀值	良好值	平均值	较低值	较差值
一、盈利能力状况					
净资产收益率（%）	16.2	12.2	10.2	4.1	−6.2
总资产报酬率（%）	10.9	8.6	6.3	3.3	−2.5
销售（营业）利润率（%）	24.6	17.2	6.1	4.8	−6.2
盈余现金保障倍数	1.6	1.3	0.8	0.1	−2.4
成本费用利润率（%）	23.7	18.1	6.4	5.5	−0.2
资本收益率（%）	15.3	11.8	7.9	3.2	−5.3
二、资产质量状况					
总资产周转率（次）	0.8	0.7	0.6	0.4	0.3
应收账款周转率（次）	11.4	8.7	4.1	3.8	3.4
不良资产比率（%）	1.0	1.5	2.0	5.5	9.5
流动资产周转率（次）	2.1	1.9	1.3	0.7	0.5
资产现金回收率（%）	6.5	5.1	3.3	0.3	−2.3
三、债务风险状况					
资产负债率（%）	48.3	53.3	58.3	68.3	83.3
已获利息倍数	6.9	6.2	4.2	2.8	2.2
速动比率（%）	141.3	112.4	87.3	65.6	52.6
现金流动负债比率（%）	25.5	13.0	6.2	0.4	−6.7
带息负债比率（%）	6.1	21.0	33.7	46.3	54.0
或有负债比率（%）	0.1	0.2	0.3	6.6	11.6
四、经营增长状况					
销售（营业）增长率（%）	15.9	9.3	−0.7	−9.2	−13.5
资本保值增值率（%）	114.7	111.5	109.1	101.9	100.0
销售（营业）利润增长率（%）	16.3	6.9	−0.4	−10.7	−17.9
总资产增长率（%）	11.4	9.4	4.0	−1.1	−3.5
技术投入比率（%）	6.0	4.0	2.7	2.2	1.6
五、补充资料					
存货周转率（次）	5.4	4.3	2.9	1.8	1.4
两金占流动资产比重（%）	41.3	49.5	52.4	54.0	58.7
成本费用总额占营业总收入比重（%）	83.0	85.5	94.0	96.4	97.9
经济增加值率（%）	11.8	6.8	4.2	0.4	−7.7
EBITDA 率（%）	30.5	20.9	11.4	9.6	0.6
资本积累率（%）	14.6	10.7	8.5	2.4	−8.2

医药工业

范围：中型企业

项　　目	优秀值	良好值	平均值	较低值	较差值
一、盈利能力状况					
净资产收益率（％）	17.6	14.0	11.8	1.5	－2.4
总资产报酬率（％）	13.4	9.4	7.4	1.1	－2.0
销售（营业）利润率（％）	23.4	14.8	8.2	2.3	－9.6
盈余现金保障倍数	1.8	1.2	0.8	－0.3	－0.7
成本费用利润率（％）	26.3	16.8	8.6	2.1	－5.4
资本收益率（％）	19.6	14.6	9.9	1.7	－3.3
二、资产质量状况					
总资产周转率（次）	0.9	0.7	0.5	0.3	0.1
应收账款周转率（次）	12.2	8.9	5.5	3.5	3.0
不良资产比率（％）	1.0	1.5	2.1	6.1	10.5
流动资产周转率（次）	1.6	1.3	0.9	0.7	0.5
资产现金回收率（％）	11.2	6.4	4.6	0.1	－0.8
三、债务风险状况					
资产负债率（％）	48.3	53.3	58.3	68.3	83.3
已获利息倍数	10.6	9.7	8.2	1.9	－0.4
速动比率（％）	136.1	100.9	77.2	56.0	42.1
现金流动负债比率（％）	36.4	19.8	8.8	3.4	－3.8
带息负债比率（％）	4.4	20.7	33.6	44.3	54.9
或有负债比率（％）	0.1	0.2	0.3	5.1	10.5
四、经营增长状况					
销售（营业）增长率（％）	15.3	7.6	0.5	－12.1	－19.6
资本保值增值率（％）	121.9	117.3	110.7	102.0	98.7
销售（营业）利润增长率（％）	14.8	7.6	0.3	－7.4	－11.9
总资产增长率（％）	23.8	16.6	7.8	－3.6	－7.3
技术投入比率（％）	6.4	4.3	3.8	2.9	2.0
五、补充资料					
存货周转率（次）	3.9	3.3	1.9	1.7	1.3
两金占流动资产比重（％）	16.8	24.3	38.3	44.2	50.0
成本费用总额占营业总收入比重（％）	82.3	87.8	92.6	99.3	107.8
经济增加值率（％）	15.2	11.8	5.3	－1.6	－8.9
EBITDA率（％）	29.4	21.9	15.1	7.1	－7.0
资本积累率（％）	30.0	19.1	12.2	2.0	－4.9

医药工业

项　　目	优秀值	良好值	平均值	较低值	较差值
一、盈利能力状况					
净资产收益率（%）	12.5	6.6	4.0	-4.8	-11.7
总资产报酬率（%）	9.4	5.0	3.1	-0.2	-3.7
销售（营业）利润率（%）	11.3	7.1	5.9	-0.3	-10.2
盈余现金保障倍数	2.4	1.2	1.1	-0.6	-2.3
成本费用利润率（%）	12.0	7.0	6.8	-5.6	-7.2
资本收益率（%）	14.4	8.9	3.1	3.1	-3.6
二、资产质量状况					
总资产周转率（次）	1.2	0.9	0.5	0.2	0.1
应收账款周转率（次）	18.5	11.1	4.4	3.4	2.4
不良资产比率（%）	1.0	1.5	2.0	3.9	11.0
流动资产周转率（次）	2.2	1.7	0.7	0.6	0.3
资产现金回收率（%）	8.7	5.6	2.2	-0.1	-5.6
三、债务风险状况					
资产负债率（%）	48.3	53.3	58.3	68.3	83.3
已获利息倍数	5.8	3.7	2.9	0.3	-4.5
速动比率（%）	107.8	94.9	65.8	53.4	35.3
现金流动负债比率（%）	21.4	12.5	4.7	-0.1	-9.7
带息负债比率（%）	8.3	21.1	37.2	46.8	55.9
或有负债比率（%）	0.1	0.2	0.3	3.9	9.4
四、经营增长状况					
销售（营业）增长率（%）	14.2	5.8	-1.0	-8.6	-20.5
资本保值增值率（%）	115.6	110.2	102.9	99.9	93.8
销售（营业）利润增长率（%）	7.1	-0.8	-8.4	-15.4	-23.6
总资产增长率（%）	23.2	12.6	0.6	-1.3	-5.6
技术投入比率（%）	7.9	3.1	2.8	2.4	1.4
五、补充资料					
存货周转率（次）	12.2	6.0	2.3	1.7	1.2
两金占流动资产比重（%）	15.9	22.0	31.9	40.2	47.8
成本费用总额占营业总收入比重（%）	88.6	93.5	94.2	103.6	114.0
经济增加值率（%）	14.2	6.3	-1.3	-5.5	-20.6
EBITDA率（%）	21.5	14.8	10.4	3.4	-9.9
资本积累率（%）	18.0	11.0	3.1	-0.6	-5.7

化学药品制造业

范围：全行业

项　目	优秀值	良好值	平均值	较低值	较差值
一、盈利能力状况					
净资产收益率（%）	13.8	10.8	9.0	1.1	-3.6
总资产报酬率（%）	10.0	6.6	5.2	0.3	-5.3
销售（营业）利润率（%）	23.2	13.8	4.6	1.0	-15.1
盈余现金保障倍数	1.6	1.1	0.6	-0.8	-2.0
成本费用利润率（%）	23.0	14.1	4.6	0.1	-11.8
资本收益率（%）	13.8	10.1	8.3	2.3	-7.1
二、资产质量状况					
总资产周转率（次）	1.2	0.8	0.4	0.2	0.1
应收账款周转率（次）	9.9	7.6	5.2	3.4	2.4
不良资产比率（%）	0.5	1.0	1.3	5.3	10.4
流动资产周转率（次）	2.6	2.0	1.3	1.0	0.4
资产现金回收率（%）	6.6	3.3	2.3	-0.2	-4.7
三、债务风险状况					
资产负债率（%）	48.6	53.6	58.6	68.6	83.6
已获利息倍数	8.0	5.5	3.6	0.6	-1.6
速动比率（%）	141.6	120.0	80.8	62.7	49.7
现金流动负债比率（%）	17.4	8.5	3.4	-3.3	-9.9
带息负债比率（%）	14.9	25.3	36.9	53.9	63.2
或有负债比率（%）	0.1	0.2	0.3	2.7	6.1
四、经营增长状况					
销售（营业）增长率（%）	16.7	6.0	-2.4	-13.5	-21.5
资本保值增值率（%）	116.9	112.4	107.9	100.7	99.5
销售（营业）利润增长率（%）	16.1	6.8	-2.0	-12.4	-20.9
总资产增长率（%）	19.1	11.3	4.3	-1.7	-5.6
技术投入比率（%）	5.3	3.8	3.2	2.7	1.9
五、补充资料					
存货周转率（次）	5.0	3.8	3.0	2.3	1.7
两金占流动资产比重（%）	39.2	44.5	46.8	49.6	69.2
成本费用总额占营业总收入比重（%）	84.5	88.3	95.4	99.9	108.3
经济增加值率（%）	12.0	6.6	3.1	-5.2	-12.3
EBITDA 率（%）	29.6	20.9	9.5	6.5	-5.7
资本积累率（%）	21.4	14.4	8.7	1.1	-18.2

中药材及中成药加工业

范围：全行业

项　　目	优秀值	良好值	平均值	较低值	较差值
一、盈利能力状况					
净资产收益率（%）	14.5	10.4	9.7	2.0	-3.4
总资产报酬率（%）	9.3	7.1	6.6	0.2	-2.8
销售（营业）利润率（%）	15.0	10.9	9.1	-0.1	-10.5
盈余现金保障倍数	1.7	1.1	0.8	-0.8	-2.1
成本费用利润率（%）	17.4	11.7	9.6	-2.8	-3.3
资本收益率（%）	16.1	11.8	7.2	-6.8	-12.4
二、资产质量状况					
总资产周转率（次）	0.8	0.7	0.6	0.3	0.1
应收账款周转率（次）	10.5	6.4	4.0	3.1	2.4
不良资产比率（%）	0.2	0.6	2.1	5.1	7.9
流动资产周转率（次）	1.4	1.2	1.0	0.5	0.3
资产现金回收率（%）	7.4	4.9	4.1	-0.1	-5.8
三、债务风险状况					
资产负债率（%）	48.3	53.3	58.3	68.3	83.3
已获利息倍数	9.1	6.5	4.5	1.3	-1.4
速动比率（%）	132.9	114.3	95.4	81.5	65.7
现金流动负债比率（%）	23.4	12.6	8.1	-0.2	-5.9
带息负债比率（%）	8.7	13.0	31.0	54.1	65.1
或有负债比率（%）	0.1	0.2	0.3	8.5	16.3
四、经营增长状况					
销售（营业）增长率（%）	27.8	13.6	1.8	-9.1	-19.8
资本保值增值率（%）	117.9	111.9	108.6	99.7	95.2
销售（营业）利润增长率（%）	16.7	8.5	-1.2	-9.8	-18.1
总资产增长率（%）	19.9	12.7	3.3	-2.8	-6.2
技术投入比率（%）	4.2	3.4	2.9	2.4	1.5
五、补充资料					
存货周转率（次）	3.9	3.0	2.7	1.4	1.2
两金占流动资产比重（%）	33.0	39.2	46.9	54.9	63.2
成本费用总额占营业总收入比重（%）	86.3	88.6	91.0	99.3	102.8
经济增加值率（%）	12.4	7.6	3.5	-4.7	-10.5
EBITDA 率（%）	21.8	16.2	10.4	5.3	-10.5
资本积累率（%）	18.7	12.0	7.0	-1.5	-4.6

机械工业

项　　　目	优秀值	良好值	平均值	较低值	较差值
一、盈利能力状况					
净资产收益率（％）	13.9	9.0	4.9	0.1	-6.5
总资产报酬率（％）	6.7	5.5	3.8	0.2	-7.3
销售（营业）利润率（％）	10.3	6.8	5.0	0.1	-7.0
盈余现金保障倍数	2.8	1.4	1.2	-0.3	-1.3
成本费用利润率（％）	11.4	7.0	5.2	0.1	-9.7
资本收益率（％）	14.7	9.4	6.5	0.2	-6.7
二、资产质量状况					
总资产周转率（次）	1.0	0.8	0.6	0.2	0.1
应收账款周转率（次）	6.2	4.8	4.4	1.9	1.3
不良资产比率（％）	0.7	2.1	2.7	3.3	4.5
流动资产周转率（次）	1.5	1.2	1.1	0.4	0.2
资产现金回收率（％）	8.2	6.5	4.5	-0.4	-2.9
三、债务风险状况					
资产负债率（％）	48.3	53.3	58.3	68.3	83.3
已获利息倍数	3.9	3.7	2.8	1.0	-3.4
速动比率（％）	105.4	88.5	80.2	66.6	52.7
现金流动负债比率（％）	11.9	8.9	5.8	-0.8	-6.5
带息负债比率（％）	6.5	19.3	27.2	41.6	61.5
或有负债比率（％）	0.3	0.5	3.5	7.1	9.3
四、经营增长状况					
销售（营业）增长率（％）	28.3	17.4	5.4	-8.6	-20.3
资本保值增值率（％）	116.8	109.9	104.2	95.9	92.7
销售（营业）利润增长率（％）	19.9	10.8	-0.3	-3.7	-10.8
总资产增长率（％）	18.9	10.9	6.6	-3.8	-9.0
技术投入比率（％）	6.0	4.0	3.0	2.1	1.6
五、补充资料					
存货周转率（次）	9.9	6.4	4.0	1.9	1.3
两金占流动资产比重（％）	32.8	40.2	49.8	67.1	74.6
成本费用总额占营业总收入比重（％）	91.5	94.6	95.3	102.3	112.2
经济增加值率（％）	12.7	7.1	1.8	-4.6	-12.7
EBITDA 率（％）	17.0	12.1	7.1	2.6	-6.3
资本积累率（％）	16.9	9.9	6.0	-0.7	-23.0

机械工业

范围：大型企业

项　　目	优秀值	良好值	平均值	较低值	较差值
一、盈利能力状况					
净资产收益率（%）	12.3	9.4	7.2	1.3	-7.3
总资产报酬率（%）	5.9	5.3	4.6	1.0	-3.7
销售（营业）利润率（%）	10.1	7.6	6.1	0.8	-6.6
盈余现金保障倍数	3.2	2.0	1.2	-0.1	-1.1
成本费用利润率（%）	11.0	7.9	6.2	1.0	-5.7
资本收益率（%）	12.2	9.2	4.5	1.2	-2.6
二、资产质量状况					
总资产周转率（次）	0.9	0.8	0.7	0.4	0.3
应收账款周转率（次）	11.7	7.0	4.9	2.6	1.9
不良资产比率（%）	1.2	2.0	2.8	4.0	5.2
流动资产周转率（次）	1.4	1.2	1.1	0.6	0.4
资产现金回收率（%）	3.4	3.1	2.7	-1.4	-4.0
三、债务风险状况					
资产负债率（%）	48.3	53.3	58.3	68.3	83.3
已获利息倍数	6.6	4.6	3.2	1.5	0.4
速动比率（%）	122.7	99.2	81.7	74.1	53.9
现金流动负债比率（%）	20.3	13.9	5.8	-1.7	-8.2
带息负债比率（%）	9.0	19.2	26.4	39.7	60.3
或有负债比率（%）	0.4	0.6	3.2	7.0	9.0
四、经营增长状况					
销售（营业）增长率（%）	23.0	16.0	5.8	-4.4	-13.4
资本保值增值率（%）	114.3	110.0	104.3	100.3	97.1
销售（营业）利润增长率（%）	13.5	4.3	0.6	-4.8	-10.0
总资产增长率（%）	16.4	11.5	6.6	-0.9	-4.3
技术投入比率（%）	6.9	5.0	3.6	2.4	1.7
五、补充资料					
存货周转率（次）	8.6	6.0	4.2	2.3	1.7
两金占流动资产比重（%）	30.0	37.0	45.1	60.6	65.4
成本费用总额占营业总收入比重（%）	92.0	94.4	95.1	100.7	104.6
经济增加值率（%）	9.8	6.7	2.4	-1.9	-12.6
EBITDA 率（%）	15.1	12.0	7.2	4.9	-4.4
资本积累率（%）	16.5	10.2	6.3	0.3	-16.0

机械工业

范围：中型企业

项　　目	优秀值	良好值	平均值	较低值	较差值
一、盈利能力状况					
净资产收益率（%）	13.8	9.4	6.3	0.6	-6.7
总资产报酬率（%）	7.1	4.8	3.0	0.5	-4.5
销售（营业）利润率（%）	9.5	6.3	4.6	0.2	-7.3
盈余现金保障倍数	3.2	1.8	1.0	-0.2	-3.4
成本费用利润率（%）	10.5	6.6	4.1	0.2	-6.8
资本收益率（%）	15.0	9.8	7.3	0.4	-5.3
二、资产质量状况					
总资产周转率（次）	1.0	0.8	0.6	0.3	0.2
应收账款周转率（次）	8.6	5.6	3.0	1.9	1.4
不良资产比率（%）	0.1	1.4	2.7	5.0	6.2
流动资产周转率（次）	1.6	1.2	0.9	0.6	0.4
资产现金回收率（%）	8.3	5.3	4.8	-0.3	-2.6
三、债务风险状况					
资产负债率（%）	48.3	53.3	58.3	68.3	83.3
已获利息倍数	18.2	7.6	1.8	1.1	-0.8
速动比率（%）	105.8	88.0	73.4	64.1	53.6
现金流动负债比率（%）	19.4	11.4	7.3	-0.5	-5.6
带息负债比率（%）	17.3	26.4	31.7	51.2	71.6
或有负债比率（%）	0.8	1.1	2.9	7.5	9.4
四、经营增长状况					
销售（营业）增长率（%）	28.9	18.3	4.4	-7.8	-17.0
资本保值增值率（%）	116.6	110.3	103.9	99.8	94.1
销售（营业）利润增长率（%）	10.7	1.6	-1.9	-5.2	-12.2
总资产增长率（%）	17.1	10.5	7.0	-3.1	-7.3
技术投入比率（%）	3.8	3.4	2.9	1.9	1.1
五、补充资料					
存货周转率（次）	9.2	6.1	3.3	1.9	1.4
两金占流动资产比重（%）	35.6	45.6	54.9	68.4	72.8
成本费用总额占营业总收入比重（%）	92.2	94.8	96.3	101.9	108.3
经济增加值率（%）	12.4	7.3	0.7	-3.4	-13.7
EBITDA率（%）	15.3	11.6	6.6	3.1	-4.1
资本积累率（%）	16.4	10.1	6.6	-0.3	-17.9

机械工业

范围：小型企业

项　　　目	优秀值	良好值	平均值	较低值	较差值
一、盈利能力状况					
净资产收益率（％）	15.3	9.7	4.0	-2.0	-10.3
总资产报酬率（％）	7.3	4.6	2.5	0.1	-9.2
销售（营业）利润率（％）	10.3	6.4	3.8	-2.1	-11.0
盈余现金保障倍数	2.3	1.1	0.6	-0.4	-1.6
成本费用利润率（％）	11.7	6.9	3.4	-0.6	-9.6
资本收益率（％）	16.9	10.4	5.5	0.1	-8.5
二、资产质量状况					
总资产周转率（次）	1.1	0.9	0.4	0.2	0.1
应收账款周转率（次）	8.4	5.4	2.7	1.8	1.2
不良资产比率（％）	0.2	0.8	2.2	4.4	6.5
流动资产周转率（次）	1.6	1.2	0.7	0.4	0.2
资产现金回收率（％）	8.2	4.0	1.4	-0.7	-3.6
三、债务风险状况					
资产负债率（％）	48.3	53.3	58.3	68.3	83.3
已获利息倍数	16.0	7.4	1.5	0.5	-1.8
速动比率（％）	117.3	89.0	76.2	65.2	52.5
现金流动负债比率（％）	19.6	8.7	4.4	-1.5	-7.9
带息负债比率（％）	13.8	21.6	26.4	53.7	73.2
或有负债比率（％）	0.3	0.5	3.5	7.1	9.3
四、经营增长状况					
销售（营业）增长率（％）	22.6	13.7	0.8	-9.1	-16.1
资本保值增值率（％）	111.1	107.0	103.0	98.6	91.0
销售（营业）利润增长率（％）	15.9	5.5	0.7	-4.0	-9.1
总资产增长率（％）	9.4	8.3	5.6	1.9	-1.3
技术投入比率（％）	3.8	3.4	2.6	2.0	1.2
五、补充资料					
存货周转率（次）	11.1	6.8	3.3	1.8	1.2
两金占流动资产比重（％）	27.2	35.5	48.6	70.9	76.5
成本费用总额占营业总收入比重（％）	91.3	94.6	96.3	102.8	117.2
经济增加值率（％）	16.0	8.8	-1.9	-5.0	-15.8
EBITDA率（％）	17.8	11.8	5.9	1.9	-5.5
资本积累率（％）	18.3	10.5	3.0	-1.3	-22.3

金属制品业

范围：全行业

项　　　目	优秀值	良好值	平均值	较低值	较差值
一、盈利能力状况					
净资产收益率（%）	14.5	9.3	6.6	0.4	-8.3
总资产报酬率（%）	8.6	5.9	4.4	0.2	-6.4
销售（营业）利润率（%）	9.1	6.9	5.4	0.4	-8.9
盈余现金保障倍数	2.7	1.6	1.0	-0.2	-1.8
成本费用利润率（%）	9.9	6.8	5.8	0.4	-8.8
资本收益率（%）	14.8	9.7	7.3	0.3	-5.9
二、资产质量状况					
总资产周转率（次）	1.3	1.1	0.9	0.4	0.2
应收账款周转率（次）	14.3	8.5	6.5	3.1	2.3
不良资产比率（%）	0.2	1.8	4.7	9.5	15.3
流动资产周转率（次）	2.1	1.7	1.7	0.8	0.4
资产现金回收率（%）	9.2	5.4	3.1	-0.1	-5.4
三、债务风险状况					
资产负债率（%）	48.3	53.3	58.3	68.3	83.3
已获利息倍数	28.1	12.4	5.7	1.1	0.0
速动比率（%）	137.9	103.8	77.9	50.5	29.3
现金流动负债比率（%）	20.6	13.5	11.2	-0.2	-5.9
带息负债比率（%）	16.7	27.4	38.6	54.0	70.6
或有负债比率（%）	0.5	1.4	4.1	8.7	17.3
四、经营增长状况					
销售（营业）增长率（%）	18.5	11.6	4.3	-8.9	-18.6
资本保值增值率（%）	115.1	108.3	102.8	99.0	92.7
销售（营业）利润增长率（%）	18.2	10.5	2.6	-5.6	-15.4
总资产增长率（%）	17.5	10.5	6.9	-2.8	-6.3
技术投入比率（%）	3.1	2.2	1.6	1.1	0.3
五、补充资料					
存货周转率（次）	11.2	8.8	6.4	3.0	2.1
两金占流动资产比重（%）	37.7	49.3	54.7	62.4	71.1
成本费用总额占营业总收入比重（%）	91.6	94.1	95.4	100.4	106.8
经济增加值率（%）	12.3	5.0	1.6	-3.9	-5.5
EBITDA率（%）	14.2	11.0	6.7	3.1	1.1
资本积累率（%）	14.9	9.2	3.8	-0.8	-6.3

金属工具制造业

范围：全行业

项　目	优秀值	良好值	平均值	较低值	较差值
一、盈利能力状况					
净资产收益率（%）	10.7	8.1	4.4	−0.5	−4.4
总资产报酬率（%）	6.5	4.9	3.2	−0.6	−3.4
销售（营业）利润率（%）	23.7	13.9	5.9	−3.2	−13.0
盈余现金保障倍数	4.9	3.2	1.2	−0.1	−1.7
成本费用利润率（%）	13.9	11.0	7.9	3.1	−1.9
资本收益率（%）	11.9	8.4	4.9	−3.1	−7.0
二、资产质量状况					
总资产周转率（次）	1.3	0.8	0.5	0.3	0.1
应收账款周转率（次）	8.6	5.9	2.9	1.8	0.8
不良资产比率（%）	0.3	1.4	4.4	8.6	17.4
流动资产周转率（次）	2.2	1.6	1.0	0.6	0.3
资产现金回收率（%）	7.4	5.6	2.0	−1.8	−5.5
三、债务风险状况					
资产负债率（%）	48.6	53.6	58.6	68.6	83.6
已获利息倍数	4.7	3.5	2.0	0.1	−2.0
速动比率（%）	116.0	86.5	63.5	48.5	33.0
现金流动负债比率（%）	12.9	7.8	3.6	−2.3	−6.3
带息负债比率（%）	17.0	26.9	38.8	54.9	73.0
或有负债比率（%）	0.3	1.4	6.1	12.6	19.4
四、经营增长状况					
销售（营业）增长率（%）	14.7	6.4	0.2	−8.0	−14.2
资本保值增值率（%）	110.5	106.7	103.9	98.0	92.6
销售（营业）利润增长率（%）	13.9	6.4	0.2	−7.5	−14.2
总资产增长率（%）	12.0	8.5	0.3	−7.5	−13.3
技术投入比率（%）	6.4	4.6	3.9	1.7	0.6
五、补充资料					
存货周转率（次）	7.1	4.9	3.2	2.2	1.7
两金占流动资产比重（%）	46.3	52.8	60.4	68.2	79.1
成本费用总额占营业总收入比重（%）	89.2	92.9	97.8	100.6	111.1
经济增加值率（%）	8.1	4.1	1.2	−2.7	−7.9
EBITDA 率（%）	18.5	10.9	6.9	−0.1	−6.3
资本积累率（%）	21.1	13.2	9.1	1.7	−5.8

通用设备制造业

范围：全行业

项　　目	优秀值	良好值	平均值	较低值	较差值
一、盈利能力状况					
净资产收益率（%）	10.8	7.2	4.3	-4.1	-9.3
总资产报酬率（%）	5.3	3.5	2.7	-0.9	-6.5
销售（营业）利润率（%）	8.1	5.1	4.1	-1.3	-17.9
盈余现金保障倍数	5.1	2.8	1.5	-0.3	-1.4
成本费用利润率（%）	8.5	5.3	4.2	-2.0	-12.0
资本收益率（%）	11.8	7.5	4.5	-1.6	-8.2
二、资产质量状况					
总资产周转率（次）	0.9	0.7	0.5	0.2	0.1
应收账款周转率（次）	6.8	4.9	3.9	1.7	1.1
不良资产比率（%）	0.3	1.0	2.7	9.1	16.9
流动资产周转率（次）	1.3	1.0	0.8	0.4	0.2
资产现金回收率（%）	6.3	3.3	2.0	-0.2	-3.1
三、债务风险状况					
资产负债率（%）	48.6	53.6	58.6	68.6	83.6
已获利息倍数	5.0	4.1	1.9	0.2	-2.0
速动比率（%）	128.6	107.1	77.7	53.5	30.2
现金流动负债比率（%）	14.0	10.9	6.5	-1.2	-5.3
带息负债比率（%）	2.0	11.4	25.4	39.2	53.8
或有负债比率（%）	0.9	2.6	5.3	14.8	24.1
四、经营增长状况					
销售（营业）增长率（%）	19.1	12.5	6.1	-1.7	-14.0
资本保值增值率（%）	114.8	108.3	103.3	98.4	91.5
销售（营业）利润增长率（%）	11.2	3.1	-5.8	-17.9	-26.5
总资产增长率（%）	15.9	9.4	7.5	-4.1	-9.8
技术投入比率（%）	4.9	4.2	3.6	2.8	2.0
五、补充资料					
存货周转率（次）	6.2	4.3	2.9	1.4	0.9
两金占流动资产比重（%）	34.7	41.5	51.5	65.1	70.4
成本费用总额占营业总收入比重（%）	93.2	95.9	96.6	102.5	109.2
经济增加值率（%）	10.6	5.9	1.2	-5.3	-7.3
EBITDA率（%）	14.3	10.3	5.8	-1.1	-9.6
资本积累率（%）	14.9	8.3	5.4	-1.6	-8.5

通用设备制造业

范围：大型企业

项　　　目	优秀值	良好值	平均值	较低值	较差值
一、盈利能力状况					
净资产收益率（%）	8.9	7.3	5.0	1.0	−10.1
总资产报酬率（%）	4.9	3.8	3.2	0.8	−4.8
销售（营业）利润率（%）	8.4	5.1	4.8	0.4	−5.7
盈余现金保障倍数	3.5	2.8	1.8	−0.2	−3.6
成本费用利润率（%）	9.1	5.3	5.1	0.7	−5.0
资本收益率（%）	8.3	7.0	4.9	0.9	−8.7
二、资产质量状况					
总资产周转率（次）	0.7	0.6	0.5	0.3	0.2
应收账款周转率（次）	6.6	5.0	4.5	2.4	1.8
不良资产比率（%）	0.4	1.1	2.4	7.0	13.5
流动资产周转率（次）	1.0	1.0	0.8	0.5	0.4
资产现金回收率（%）	5.5	4.5	2.4	−0.1	−6.6
三、债务风险状况					
资产负债率（%）	48.6	53.6	58.6	68.6	83.6
已获利息倍数	6.5	4.8	3.3	1.9	−2.3
速动比率（%）	145.5	119.8	88.9	73.8	54.6
现金流动负债比率（%）	23.5	17.2	9.4	0.3	−6.7
带息负债比率（%）	2.0	9.0	21.8	37.3	54.7
或有负债比率（%）	0.9	2.6	6.3	14.8	24.1
四、经营增长状况					
销售（营业）增长率（%）	18.0	12.5	6.1	−2.6	−13.5
资本保值增值率（%）	111.3	106.6	104.0	100.9	98.5
销售（营业）利润增长率（%）	10.2	1.7	−7.2	−16.8	−24.9
总资产增长率（%）	13.2	9.4	7.7	−1.4	−6.2
技术投入比率（%）	5.2	3.9	3.5	2.6	1.8
五、补充资料					
存货周转率（次）	4.5	3.9	3.2	1.8	1.4
两金占流动资产比重（%）	34.0	38.5	48.4	59.8	63.7
成本费用总额占营业总收入比重（%）	94.2	95.1	96.0	101.2	106.0
经济增加值率（%）	7.4	4.6	2.7	−2.2	−10.0
EBITDA 率（%）	13.6	11.0	6.1	4.2	−3.3
资本积累率（%）	12.4	6.3	6.1	0.4	−7.4

通用设备制造业

范围：中型企业

项　　目	优秀值	良好值	平均值	较低值	较差值
一、盈利能力状况					
净资产收益率（%）	9.7	6.9	2.8	-3.6	-8.6
总资产报酬率（%）	5.2	3.5	1.3	-2.4	-7.8
销售（营业）利润率（%）	7.6	5.6	2.4	-2.7	-7.5
盈余现金保障倍数	2.8	1.7	0.9	-0.3	-2.4
成本费用利润率（%）	7.7	5.5	1.5	-1.0	-10.9
资本收益率（%）	10.7	7.2	2.3	-3.2	-9.4
二、资产质量状况					
总资产周转率（次）	0.8	0.6	0.4	0.3	0.2
应收账款周转率（次）	6.2	4.4	2.9	1.6	1.2
不良资产比率（%）	0.4	1.1	3.7	10.8	18.0
流动资产周转率（次）	1.1	0.9	0.7	0.5	0.3
资产现金回收率（%）	6.2	2.7	1.1	-0.7	-3.4
三、债务风险状况					
资产负债率（%）	48.3	53.3	58.3	68.3	83.3
已获利息倍数	5.8	3.2	1.6	-0.3	-3.2
速动比率（%）	117.6	91.9	72.9	50.9	33.4
现金流动负债比率（%）	13.0	6.5	3.9	-1.9	-6.6
带息负债比率（%）	7.1	19.8	31.4	43.2	55.8
或有负债比率（%）	0.9	1.6	6.3	14.8	24.1
四、经营增长状况					
销售（营业）增长率（%）	17.3	10.5	3.0	-10.7	-20.5
资本保值增值率（%）	114.0	108.4	102.0	98.6	92.0
销售（营业）利润增长率（%）	17.4	7.2	-2.2	-16.5	-25.3
总资产增长率（%）	14.0	9.4	7.2	-3.2	-9.6
技术投入比率（%）	8.0	6.3	5.1	4.0	2.6
五、补充资料					
存货周转率（次）	4.7	3.6	2.2	1.3	1.0
两金占流动资产比重（%）	35.2	45.1	55.0	66.3	69.2
成本费用总额占营业总收入比重（%）	93.9	96.1	98.9	104.9	114.0
经济增加值率（%）	8.2	4.5	-1.6	-4.6	-7.8
EBITDA率（%）	13.7	10.5	4.7	3.1	-5.9
资本积累率（%）	13.5	8.3	5.6	-1.5	-8.4

通用设备制造业

范围：小型企业

项　　目	优秀值	良好值	平均值	较低值	较差值
一、盈利能力状况					
净资产收益率（%）	14.0	8.4	4.7	-1.3	-9.0
总资产报酬率（%）	7.1	4.2	2.2	-1.0	-7.7
销售（营业）利润率（%）	8.7	5.0	3.7	-1.4	-9.1
盈余现金保障倍数	1.8	1.1	0.9	-0.4	-1.8
成本费用利润率（%）	9.7	6.1	3.2	-0.6	-15.0
资本收益率（%）	15.1	9.2	6.9	0.5	-13.7
二、资产质量状况					
总资产周转率（次）	1.1	0.8	0.5	0.2	0.1
应收账款周转率（次）	7.1	5.0	3.0	1.8	1.1
不良资产比率（%）	0.3	0.7	3.0	10.4	14.9
流动资产周转率（次）	1.4	1.1	0.8	0.4	0.2
资产现金回收率（%）	6.7	3.7	1.9	-1.1	-3.8
三、债务风险状况					
资产负债率（%）	48.6	53.6	58.6	68.6	83.6
已获利息倍数	4.3	3.4	1.6	0.1	-3.5
速动比率（%）	136.3	111.8	80.5	42.6	30.4
现金流动负债比率（%）	16.9	8.1	4.2	-1.8	-6.4
带息负债比率（%）	8.3	20.8	33.2	44.2	57.0
或有负债比率（%）	0.9	1.6	5.3	14.8	24.1
四、经营增长状况					
销售（营业）增长率（%）	29.4	14.5	0.9	-13.0	-23.1
资本保值增值率（%）	111.8	107.0	103.2	97.7	89.6
销售（营业）利润增长率（%）	24.9	16.3	7.3	-0.1	-9.4
总资产增长率（%）	19.3	11.0	7.0	-6.2	-13.5
技术投入比率（%）	3.3	2.6	2.1	1.7	1.3
五、补充资料					
存货周转率（次）	7.9	4.8	2.9	1.4	0.8
两金占流动资产比重（%）	26.8	41.6	51.6	69.8	74.2
成本费用总额占营业总收入比重（%）	92.2	95.3	96.1	106.1	117.4
经济增加值率（%）	13.8	9.0	-1.1	-5.2	-8.9
EBITDA率（%）	14.7	10.4	6.1	1.4	-11.3
资本积累率（%）	16.8	10.5	0.6	-2.3	-10.1

锅炉及原动机制造业

范围：全行业

项　　　目	优秀值	良好值	平均值	较低值	较差值
一、盈利能力状况					
净资产收益率（%）	9.0	7.4	5.0	0.1	-6.9
总资产报酬率（%）	8.0	5.4	3.1	0.2	-3.5
销售（营业）利润率（%）	6.1	5.5	4.9	0.3	-4.7
盈余现金保障倍数	4.1	2.9	2.1	-0.1	-4.1
成本费用利润率（%）	7.5	6.3	5.1	0.5	-5.0
资本收益率（%）	10.0	7.4	3.5	0.2	-17.0
二、资产质量状况					
总资产周转率（次）	0.8	0.7	0.5	0.2	0.1
应收账款周转率（次）	9.5	5.8	5.4	1.7	1.1
不良资产比率（%）	1.4	2.2	3.1	5.9	14.6
流动资产周转率（次）	1.1	1.0	0.8	0.3	0.2
资产现金回收率（%）	6.8	4.3	1.8	-3.9	-6.5
三、债务风险状况					
资产负债率（%）	48.6	53.6	58.6	68.6	83.6
已获利息倍数	9.5	6.6	3.5	1.3	1.0
速动比率（%）	140.0	116.4	91.2	70.0	53.2
现金流动负债比率（%）	13.1	7.2	2.4	-5.8	-16.7
带息负债比率（%）	4.8	7.9	18.3	31.9	48.5
或有负债比率（%）	0.2	0.6	5.3	13.8	23.1
四、经营增长状况					
销售（营业）增长率（%）	24.8	17.2	9.4	-4.2	-16.1
资本保值增值率（%）	112.4	107.4	104.0	99.1	95.5
销售（营业）利润增长率（%）	4.7	-3.8	-11.4	-21.3	-25.8
总资产增长率（%）	9.0	6.3	1.8	-6.6	-16.5
技术投入比率（%）	5.5	4.8	4.3	3.5	2.7
五、补充资料					
存货周转率（次）	6.0	4.7	2.3	1.4	0.8
两金占流动资产比重（%）	28.6	37.5	47.4	56.3	63.8
成本费用总额占营业总收入比重（%）	94.2	95.9	98.4	101.5	108.4
经济增加值率（%）	8.2	6.1	4.0	-4.4	-12.5
EBITDA率（%）	13.1	9.5	5.8	3.0	-13.9
资本积累率（%）	11.8	10.2	8.7	-0.6	-12.0

金属加工机械制造业

范围：全行业

项　　　目	优秀值	良好值	平均值	较低值	较差值
一、盈利能力状况					
净资产收益率（％）	10.9	5.7	2.0	-1.7	-6.4
总资产报酬率（％）	4.8	2.7	1.0	-1.9	-3.8
销售（营业）利润率（％）	6.1	3.6	0.1	-3.2	-12.0
盈余现金保障倍数	1.6	1.0	0.4	-0.2	-4.1
成本费用利润率（％）	6.4	3.8	0.6	-3.6	-13.4
资本收益率（％）	14.7	7.1	1.5	-1.2	-14.4
二、资产质量状况					
总资产周转率（次）	0.9	0.6	0.3	0.2	0.1
应收账款周转率（次）	9.5	6.1	3.0	1.7	1.1
不良资产比率（％）	0.1	0.7	3.4	7.8	15.2
流动资产周转率（次）	1.3	1.0	0.6	0.3	0.2
资产现金回收率（％）	5.0	1.6	0.3	-0.3	-3.0
三、债务风险状况					
资产负债率（％）	48.3	53.3	58.3	68.3	83.3
已获利息倍数	7.4	3.1	1.6	-1.0	-5.6
速动比率（％）	136.0	123.2	74.7	57.8	46.2
现金流动负债比率（％）	10.3	7.2	4.1	-1.1	-7.5
带息负债比率（％）	13.0	26.4	37.3	49.9	63.8
或有负债比率（％）	0.1	1.8	4.5	13.0	22.3
四、经营增长状况					
销售（营业）增长率（％）	12.7	6.0	-1.7	-12.2	-23.4
资本保值增值率（％）	115.8	107.4	101.0	95.6	90.6
销售（营业）利润增长率（％）	10.4	4.1	-7.1	-27.8	-36.2
总资产增长率（％）	7.4	3.2	1.0	-6.2	-11.6
技术投入比率（％）	7.3	5.5	3.5	2.6	0.9
五、补充资料					
存货周转率（次）	5.0	3.5	1.9	1.1	0.6
两金占流动资产比重（％）	39.7	47.6	57.6	65.6	72.0
成本费用总额占营业总收入比重（％）	97.5	99.2	100.8	106.7	117.3
经济增加值率（％）	8.1	3.8	-3.4	-7.4	-10.6
EBITDA率（％）	13.4	8.7	5.3	-2.4	-14.3
资本积累率（％）	15.8	7.4	2.0	-4.6	-9.9

其他通用设备制造业

范围：全行业

项　　目	优秀值	良好值	平均值	较低值	较差值
一、盈利能力状况					
净资产收益率（%）	12.7	9.0	5.4	0.1	-6.0
总资产报酬率（%）	6.6	5.0	3.2	0.3	-5.5
销售（营业）利润率（%）	10.9	6.8	4.8	0.1	-9.0
盈余现金保障倍数	2.3	1.3	1.0	-0.1	-1.5
成本费用利润率（%）	11.7	7.1	5.1	0.2	-9.8
资本收益率（%）	13.4	9.1	5.8	0.2	-12.4
二、资产质量状况					
总资产周转率（次）	0.9	0.7	0.6	0.3	0.2
应收账款周转率（次）	6.4	4.4	3.4	1.7	1.3
不良资产比率（%）	0.1	1.4	3.0	9.4	17.2
流动资产周转率（次）	1.2	1.0	0.8	0.5	0.3
资产现金回收率（%）	8.5	4.7	3.1	-0.2	-4.2
三、债务风险状况					
资产负债率（%）	48.3	53.3	58.3	68.3	83.3
已获利息倍数	6.7	4.8	2.7	0.2	-4.4
速动比率（%）	137.0	117.0	80.6	56.4	40.8
现金流动负债比率（%）	17.2	8.9	6.5	-0.4	-4.3
带息负债比率（%）	8.4	22.5	36.0	49.2	66.3
或有负债比率（%）	0.2	0.3	5.0	13.5	22.8
四、经营增长状况					
销售（营业）增长率（%）	22.7	13.6	6.4	-13.6	-23.3
资本保值增值率（%）	111.1	107.9	104.3	100.8	94.6
销售（营业）利润增长率（%）	21.8	11.9	1.1	-11.4	-21.5
总资产增长率（%）	18.5	13.7	8.6	-2.8	-7.1
技术投入比率（%）	4.6	4.1	3.6	2.5	0.9
五、补充资料					
存货周转率（次）	5.2	4.1	3.2	1.7	1.2
两金占流动资产比重（%）	38.0	43.7	49.6	65.3	71.7
成本费用总额占营业总收入比重（%）	92.2	94.2	96.4	101.4	108.1
经济增加值率（%）	15.7	8.7	1.4	-4.1	-5.5
EBITDA 率（%）	13.6	10.8	6.6	-2.0	-8.3
资本积累率（%）	14.9	9.4	4.9	-0.3	-7.4

轴承制造业

范围：全行业

项　　目	优秀值	良好值	平均值	较低值	较差值
一、盈利能力状况					
净资产收益率（%）	15.1	9.5	4.2	-0.2	-4.9
总资产报酬率（%）	8.3	5.7	3.6	-0.2	-2.3
销售（营业）利润率（%）	18.4	12.7	4.5	-1.1	-12.4
盈余现金保障倍数	5.9	3.3	1.3	-0.8	-2.5
成本费用利润率（%）	14.6	9.9	4.9	-0.1	-10.1
资本收益率（%）	13.4	7.7	2.7	-2.0	-11.3
二、资产质量状况					
总资产周转率（次）	1.2	0.8	0.5	0.3	0.2
应收账款周转率（次）	7.1	5.1	2.1	1.5	1.1
不良资产比率（%）	0.1	0.4	2.4	5.2	9.1
流动资产周转率（次）	2.2	1.2	0.7	0.4	0.3
资产现金回收率（%）	8.2	5.2	2.1	-0.1	-2.3
三、债务风险状况					
资产负债率（%）	48.6	53.6	58.6	68.6	83.6
已获利息倍数	4.9	3.0	1.5	0.5	-2.3
速动比率（%）	131.9	114.0	79.7	51.3	38.3
现金流动负债比率（%）	16.0	10.7	5.3	-0.7	-2.9
带息负债比率（%）	2.0	23.3	39.0	48.1	55.6
或有负债比率（%）	0.2	0.9	4.4	12.9	22.2
四、经营增长状况					
销售（营业）增长率（%）	17.6	11.2	3.2	-11.3	-19.9
资本保值增值率（%）	113.8	107.7	102.8	99.8	93.5
销售（营业）利润增长率（%）	21.0	10.1	0.9	-10.5	-18.6
总资产增长率（%）	11.7	8.3	4.4	-4.2	-11.0
技术投入比率（%）	5.7	5.4	4.7	4.2	2.8
五、补充资料					
存货周转率（次）	5.9	3.7	2.9	2.0	1.7
两金占流动资产比重（%）	46.3	52.1	57.9	65.6	75.0
成本费用总额占营业总收入比重（%）	84.9	89.4	98.0	103.3	109.8
经济增加值率（%）	10.2	4.7	-0.9	-5.8	-11.2
EBITDA 率（%）	29.1	16.2	6.0	1.3	-2.4
资本积累率（%）	23.7	17.7	6.7	-0.4	-5.8

专用设备制造业

范围：全行业

项 目	优秀值	良好值	平均值	较低值	较差值
一、盈利能力状况					
净资产收益率（%）	14.4	9.2	5.3	0.1	-4.8
总资产报酬率（%）	6.4	4.2	3.4	0.2	-3.1
销售（营业）利润率（%）	9.9	6.4	4.7	-0.8	-7.5
盈余现金保障倍数	2.4	1.2	0.9	-0.5	-2.0
成本费用利润率（%）	11.0	6.9	4.5	-0.2	-10.0
资本收益率（%）	14.9	9.7	5.4	0.2	-10.7
二、资产质量状况					
总资产周转率（次）	0.9	0.7	0.5	0.2	0.1
应收账款周转率（次）	6.3	4.2	2.8	1.5	1.0
不良资产比率（%）	0.2	1.1	2.4	8.1	14.0
流动资产周转率（次）	1.2	0.9	0.7	0.4	0.2
资产现金回收率（%）	6.2	3.2	2.8	-0.9	-3.7
三、债务风险状况					
资产负债率（%）	48.6	53.6	58.6	68.6	83.6
已获利息倍数	12.9	6.9	2.0	1.1	-3.5
速动比率（%）	146.5	116.7	80.5	59.4	41.2
现金流动负债比率（%）	13.2	9.7	5.1	-1.5	-6.8
带息负债比率（%）	11.8	24.1	35.1	48.2	62.3
或有负债比率（%）	0.3	1.0	4.0	12.5	21.8
四、经营增长状况					
销售（营业）增长率（%）	29.1	15.9	2.0	-13.8	-22.4
资本保值增值率（%）	112.1	107.4	103.6	99.7	93.7
销售（营业）利润增长率（%）	24.4	14.3	4.2	-10.3	-19.9
总资产增长率（%）	20.3	11.2	5.9	-3.8	-9.1
技术投入比率（%）	5.6	4.6	3.8	2.6	0.5
五、补充资料					
存货周转率（次）	5.6	3.8	2.2	1.3	0.9
两金占流动资产比重（%）	38.4	49.0	54.0	64.1	71.6
成本费用总额占营业总收入比重（%）	91.2	94.2	96.9	101.6	109.2
经济增加值率（%）	15.0	7.9	0.6	-4.5	-5.8
EBITDA率（%）	16.0	11.7	7.9	2.4	-5.1
资本积累率（%）	18.2	11.0	5.1	-0.3	-6.3

专用设备制造业

范围：大型企业

项　　目	优秀值	良好值	平均值	较低值	较差值
一、盈利能力状况					
净资产收益率（％）	10.4	6.9	5.8	0.4	-6.3
总资产报酬率（％）	5.5	4.6	3.7	0.9	-1.4
销售（营业）利润率（％）	10.6	6.2	5.6	0.2	-2.2
盈余现金保障倍数	3.1	1.9	1.0	-0.6	-2.7
成本费用利润率（％）	11.3	6.8	5.8	0.5	-1.2
资本收益率（％）	9.7	7.0	6.0	0.4	-1.9
二、资产质量状况					
总资产周转率（次）	0.7	0.6	0.5	0.3	0.2
应收账款周转率（次）	6.2	4.4	3.0	1.8	1.4
不良资产比率（％）	0.2	1.1	1.9	5.9	10.7
流动资产周转率（次）	1.1	0.9	0.7	0.5	0.4
资产现金回收率（％）	7.3	5.1	2.8	-0.3	-2.6
三、债务风险状况					
资产负债率（％）	48.6	53.6	58.6	68.6	83.6
已获利息倍数	6.0	4.4	2.9	1.2	0.4
速动比率（％）	121.6	115.3	82.9	66.4	51.5
现金流动负债比率（％）	17.7	10.8	5.8	-0.8	-7.0
带息负债比率（％）	19.0	31.8	42.2	54.3	66.5
或有负债比率（％）	0.1	1.2	4.0	12.5	21.8
四、经营增长状况					
销售（营业）增长率（％）	21.1	13.6	2.6	-9.7	-15.6
资本保值增值率（％）	114.5	110.5	103.4	100.6	99.2
销售（营业）利润增长率（％）	22.1	13.7	6.4	-5.1	-16.7
总资产增长率（％）	18.1	12.5	6.2	0.7	-2.8
技术投入比率（％）	7.1	5.5	4.0	2.7	0.5
五、补充资料					
存货周转率（次）	5.0	4.1	2.1	1.4	1.0
两金占流动资产比重（％）	36.7	46.5	51.7	58.7	64.4
成本费用总额占营业总收入比重（％）	92.2	94.5	98.7	101.4	105.0
经济增加值率（％）	8.4	4.9	0.9	-2.7	-4.8
EBITDA率（％）	16.4	12.2	8.6	4.9	-1.3
资本积累率（％）	18.7	11.2	5.0	1.0	-0.3

专用设备制造业

范围：中型企业

项　　目	优秀值	良好值	平均值	较低值	较差值
一、盈利能力状况					
净资产收益率（%）	13.3	9.0	5.9	0.8	-4.9
总资产报酬率（%）	6.0	4.3	2.9	0.5	-1.4
销售（营业）利润率（%）	8.6	5.8	4.1	0.2	-6.2
盈余现金保障倍数	4.0	1.9	1.0	-0.4	-2.8
成本费用利润率（%）	10.0	6.5	3.6	0.3	-8.0
资本收益率（%）	15.2	10.5	4.7	-1.8	-13.2
二、资产质量状况					
总资产周转率（次）	0.8	0.7	0.5	0.3	0.2
应收账款周转率（次）	5.5	4.0	2.5	1.6	1.3
不良资产比率（%）	0.4	1.2	3.4	8.6	12.4
流动资产周转率（次）	1.1	0.9	0.8	0.5	0.3
资产现金回收率（%）	6.7	3.6	1.9	-0.1	-3.9
三、债务风险状况					
资产负债率（%）	48.6	53.6	58.6	68.6	83.6
已获利息倍数	14.7	7.4	1.9	1.2	0.4
速动比率（%）	137.3	119.9	77.9	59.2	39.2
现金流动负债比率（%）	12.5	6.8	3.0	-0.9	-6.6
带息负债比率（%）	8.9	19.9	31.0	44.6	60.7
或有负债比率（%）	0.3	1.0	4.0	12.5	21.8
四、经营增长状况					
销售（营业）增长率（%）	25.7	15.5	1.9	-11.1	-19.2
资本保值增值率（%）	114.6	111.0	104.8	100.6	96.1
销售（营业）利润增长率（%）	19.6	11.1	0.8	-9.8	-23.5
总资产增长率（%）	17.0	10.4	4.8	-3.2	-7.3
技术投入比率（%）	4.2	3.4	2.0	1.2	0.1
五、补充资料					
存货周转率（次）	5.1	3.6	2.3	1.4	1.0
两金占流动资产比重（%）	37.6	47.0	57.4	72.6	77.6
成本费用总额占营业总收入比重（%）	92.9	94.8	95.8	100.7	105.9
经济增加值率（%）	13.9	7.6	2.2	-2.1	-9.7
EBITDA 率（%）	13.6	10.7	6.3	3.0	-4.5
资本积累率（%）	17.8	11.7	7.5	0.5	-13.9

专用设备制造业

范围：小型企业

项　　目	优秀值	良好值	平均值	较低值	较差值
一、盈利能力状况					
净资产收益率（%）	12.0	6.4	3.3	-2.1	-10.5
总资产报酬率（%）	6.8	4.5	2.6	0.2	-5.3
销售（营业）利润率（%）	9.5	6.7	4.3	0.7	-10.4
盈余现金保障倍数	2.0	0.8	0.4	-0.5	-2.0
成本费用利润率（%）	10.6	7.0	3.8	0.2	-14.7
资本收益率（%）	11.7	6.0	2.9	-7.9	-17.3
二、资产质量状况					
总资产周转率（次）	1.0	0.8	0.4	0.3	0.1
应收账款周转率（次）	6.9	4.3	2.2	1.5	0.9
不良资产比率（%）	0.5	1.5	4.8	9.7	21.0
流动资产周转率（次）	1.2	1.0	0.6	0.4	0.2
资产现金回收率（%）	5.7	2.4	1.0	-1.3	-4.2
三、债务风险状况					
资产负债率（%）	48.3	53.3	58.3	68.3	83.3
已获利息倍数	9.3	5.6	1.2	1.0	-6.7
速动比率（%）	155.9	123.7	78.2	52.5	39.6
现金流动负债比率（%）	11.9	4.5	2.9	-2.0	-7.5
带息负债比率（%）	9.0	24.0	39.3	53.8	66.9
或有负债比率（%）	0.3	0.9	4.0	12.5	21.8
四、经营增长状况					
销售（营业）增长率（%）	28.8	16.0	-2.0	-13.8	-24.2
资本保值增值率（%）	109.6	105.3	103.0	98.9	91.0
销售（营业）利润增长率（%）	11.7	3.6	-7.6	-17.3	-27.6
总资产增长率（%）	25.6	13.3	6.1	-5.9	-11.5
技术投入比率（%）	3.3	2.2	1.6	1.3	0.1
五、补充资料					
存货周转率（次）	6.5	4.0	2.5	1.3	0.9
两金占流动资产比重（%）	30.3	42.4	52.1	65.9	71.2
成本费用总额占营业总收入比重（%）	90.9	94.0	95.8	102.2	113.5
经济增加值率（%）	17.6	10.4	-1.2	-4.8	-6.8
EBITDA率（%）	15.7	11.4	6.3	-0.6	-9.8
资本积累率（%）	18.7	11.4	2.9	-11.6	-19.8

矿山冶金建筑设备制造业

范围：全行业

项　目	优秀值	良好值	平均值	较低值	较差值
一、盈利能力状况					
净资产收益率（%）	14.6	9.8	4.9	-2.5	-5.9
总资产报酬率（%）	6.0	3.9	2.1	-2.6	-4.1
销售（营业）利润率（%）	8.8	5.8	4.2	0.1	-5.9
盈余现金保障倍数	2.7	1.4	0.8	-0.2	-1.4
成本费用利润率（%）	9.6	6.6	4.1	-0.9	-6.6
资本收益率（%）	15.1	10.3	3.9	0.4	-8.0
二、资产质量状况					
总资产周转率（次）	0.8	0.7	0.5	0.3	0.1
应收账款周转率（次）	5.3	3.8	2.6	1.4	1.0
不良资产比率（%）	0.2	0.7	1.4	4.7	10.6
流动资产周转率（次）	1.1	0.9	0.7	0.4	0.3
资产现金回收率（%）	5.9	3.2	1.6	-0.4	-2.5
三、债务风险状况					
资产负债率（%）	48.6	53.6	58.6	68.6	83.6
已获利息倍数	9.8	6.1	2.0	1.1	-3.7
速动比率（%）	137.6	114.2	86.1	65.9	55.6
现金流动负债比率（%）	11.8	8.5	3.6	-0.7	-8.1
带息负债比率（%）	14.1	23.0	36.3	47.4	67.0
或有负债比率（%）	0.3	0.6	5.3	13.8	23.1
四、经营增长状况					
销售（营业）增长率（%）	20.4	13.0	4.8	-14.6	-24.7
资本保值增值率（%）	116.6	110.5	103.9	100.2	96.6
销售（营业）利润增长率（%）	24.2	17.5	6.6	-3.0	-14.3
总资产增长率（%）	16.5	9.8	7.1	-3.2	-7.3
技术投入比率（%）	5.8	4.9	4.0	2.8	0.5
五、补充资料					
存货周转率（次）	4.7	3.2	2.0	1.2	0.8
两金占流动资产比重（%）	40.2	47.6	56.4	63.3	77.7
成本费用总额占营业总收入比重（%）	91.9	94.4	97.7	100.8	107.3
经济增加值率（%）	14.5	8.8	1.8	-3.5	-5.5
EBITDA率（%）	15.4	11.5	7.0	3.1	-4.0
资本积累率（%）	16.5	11.6	4.3	0.3	-12.2

矿山机械制造业

范围：全行业

项　　　目	优秀值	良好值	平均值	较低值	较差值
一、盈利能力状况					
净资产收益率（%）	12.5	8.7	3.9	-3.1	-8.4
总资产报酬率（%）	5.4	3.3	3.0	-1.5	-4.2
销售（营业）利润率（%）	8.4	5.5	2.7	-4.4	-8.8
盈余现金保障倍数	7.4	3.9	2.0	1.5	-2.1
成本费用利润率（%）	9.1	6.0	5.1	0.1	-8.3
资本收益率（%）	13.9	9.3	4.6	-4.7	-11.2
二、资产质量状况					
总资产周转率（次）	0.9	0.7	0.4	0.2	0.1
应收账款周转率（次）	3.9	3.3	2.0	1.2	0.8
不良资产比率（%）	0.1	0.5	1.4	3.5	7.6
流动资产周转率（次）	1.0	0.9	0.6	0.4	0.2
资产现金回收率（%）	8.8	5.2	1.9	-2.2	-5.9
三、债务风险状况					
资产负债率（%）	48.6	53.6	58.6	68.6	83.6
已获利息倍数	7.9	5.1	1.4	-0.6	-4.4
速动比率（%）	131.6	109.6	83.8	67.4	46.5
现金流动负债比率（%）	11.2	6.5	3.3	0.3	-2.5
带息负债比率（%）	7.9	16.4	26.2	38.1	53.4
或有负债比率（%）	0.3	1.6	4.9	10.3	16.5
四、经营增长状况					
销售（营业）增长率（%）	19.8	11.7	4.0	-6.4	-16.6
资本保值增值率（%）	114.7	108.9	102.9	100.0	97.9
销售（营业）利润增长率（%）	29.9	17.0	7.9	-3.5	-14.5
总资产增长率（%）	16.3	10.0	7.2	-2.6	-6.5
技术投入比率（%）	8.4	6.0	3.9	1.4	0.4
五、补充资料					
存货周转率（次）	4.0	2.8	1.6	1.1	0.8
两金占流动资产比重（%）	47.2	54.2	61.0	72.6	81.3
成本费用总额占营业总收入比重（%）	92.0	94.6	96.2	101.2	111.4
经济增加值率（%）	12.7	6.7	0.9	-3.5	-5.5
EBITDA率（%）	15.2	11.6	7.0	3.8	-6.0
资本积累率（%）	14.8	9.3	4.4	0.2	-12.8

建筑工程用机械制造业

范围：全行业

项　　目	优秀值	良好值	平均值	较低值	较差值
一、盈利能力状况					
净资产收益率（%）	16.6	11.5	4.9	-4.8	-11.2
总资产报酬率（%）	7.6	4.5	2.2	-3.2	-7.3
销售（营业）利润率（%）	10.0	6.2	5.2	-0.1	-6.3
盈余现金保障倍数	2.5	1.6	0.4	-0.5	-1.2
成本费用利润率（%）	13.6	7.2	5.9	-0.5	-6.4
资本收益率（%）	16.4	11.2	4.1	-7.8	-18.4
二、资产质量状况					
总资产周转率（次）	1.0	0.7	0.5	0.2	0.1
应收账款周转率（次）	6.8	4.4	3.2	1.4	0.9
不良资产比率（%）	0.1	0.6	1.2	2.8	5.8
流动资产周转率（次）	1.2	1.0	0.8	0.4	0.1
资产现金回收率（%）	6.0	2.8	2.1	-0.4	-8.7
三、债务风险状况					
资产负债率（%）	48.3	53.3	58.3	68.3	83.3
已获利息倍数	7.3	3.5	2.3	1.3	0.8
速动比率（%）	149.8	121.6	95.8	60.7	35.8
现金流动负债比率（%）	11.7	4.8	4.0	-1.1	-14.4
带息负债比率（%）	14.8	23.6	36.4	51.0	64.6
或有负债比率（%）	0.2	1.7	4.9	10.4	16.5
四、经营增长状况					
销售（营业）增长率（%）	24.9	15.4	8.1	-5.9	-20.2
资本保值增值率（%）	116.2	111.9	104.9	101.3	98.7
销售（营业）利润增长率（%）	32.3	26.6	13.0	-0.6	-8.4
总资产增长率（%）	25.6	16.8	7.0	-2.7	-12.8
技术投入比率（%）	8.0	4.6	2.1	1.2	0.3
五、补充资料					
存货周转率（次）	5.5	4.3	4.2	1.5	1.0
两金占流动资产比重（%）	42.8	49.1	56.3	63.5	77.6
成本费用总额占营业总收入比重（%）	90.8	95.1	98.3	100.0	103.8
经济增加值率（%）	14.5	6.4	3.9	-3.9	-5.5
EBITDA率（%）	17.8	12.2	6.9	-0.3	-4.3
资本积累率（%）	16.9	12.4	5.0	1.4	-13.0

冶金专用设备制造业

范围：全行业

项　　　目	优秀值	良好值	平均值	较低值	较差值
一、盈利能力状况					
净资产收益率（％）	13.4	11.1	2.5	−0.2	−2.7
总资产报酬率（％）	6.7	3.8	1.7	0.3	−2.0
销售（营业）利润率（％）	9.1	5.6	1.8	−2.6	−8.5
盈余现金保障倍数	2.2	1.6	0.2	−1.1	−3.6
成本费用利润率（％）	10.0	6.1	1.0	0.1	−9.8
资本收益率（％）	14.6	11.3	2.7	−0.5	−2.1
二、资产质量状况					
总资产周转率（次）	0.9	0.8	0.4	0.3	0.2
应收账款周转率（次）	5.3	4.6	2.3	1.9	1.4
不良资产比率（％）	0.2	0.7	1.3	2.4	4.6
流动资产周转率（次）	1.3	1.0	0.5	0.4	0.3
资产现金回收率（％）	7.4	5.0	0.3	−0.3	−3.0
三、债务风险状况					
资产负债率（％）	48.6	53.6	58.6	68.6	83.6
已获利息倍数	5.3	3.2	1.3	−0.3	−1.8
速动比率（％）	134.3	104.2	80.7	60.8	38.9
现金流动负债比率（％）	16.6	11.4	3.4	−1.3	−4.9
带息负债比率（％）	12.9	21.2	32.3	43.7	54.7
或有负债比率（％）	0.3	1.6	5.3	10.4	17.4
四、经营增长状况					
销售（营业）增长率（％）	18.0	12.0	4.8	−2.0	−11.7
资本保值增值率（％）	120.7	113.9	103.5	99.8	94.6
销售（营业）利润增长率（％）	14.6	4.9	−4.3	−10.7	−20.7
总资产增长率（％）	11.5	3.6	0.5	−5.2	−10.0
技术投入比率（％）	10.8	8.0	5.4	1.6	0.6
五、补充资料					
存货周转率（次）	5.2	3.8	1.6	1.4	1.0
两金占流动资产比重（％）	62.3	64.5	65.2	72.7	82.8
成本费用总额占营业总收入比重（％）	91.7	94.4	98.4	101.9	113.7
经济增加值率（％）	12.3	5.2	1.1	−1.6	−5.6
EBITDA率（％）	15.0	11.4	4.7	1.1	−1.7
资本积累率（％）	21.0	14.9	−0.1	−0.3	−5.1

化工木材非金属加工设备制造业

范围：全行业

项　　目	优秀值	良好值	平均值	较低值	较差值
一、盈利能力状况					
净资产收益率（%）	6.1	2.8	1.9	-1.3	-4.1
总资产报酬率（%）	3.1	2.3	2.1	-0.1	-0.9
销售（营业）利润率（%）	5.1	2.8	2.3	-2.7	-7.5
盈余现金保障倍数	2.7	2.3	1.9	-0.8	-1.8
成本费用利润率（%）	4.3	2.7	2.4	-2.7	-7.2
资本收益率（%）	6.3	4.8	3.2	-1.2	-5.5
二、资产质量状况					
总资产周转率（次）	0.9	0.7	0.5	0.2	0.1
应收账款周转率（次）	7.8	4.4	2.8	1.5	1.0
不良资产比率（%）	0.1	0.7	2.3	5.4	9.2
流动资产周转率（次）	1.4	1.1	0.9	0.4	0.2
资产现金回收率（%）	4.9	4.1	3.4	-1.5	-6.5
三、债务风险状况					
资产负债率（%）	48.3	53.3	58.3	68.3	83.3
已获利息倍数	7.2	4.8	0.8	-0.2	-1.1
速动比率（%）	156.0	130.9	87.6	72.1	58.6
现金流动负债比率（%）	12.3	5.4	3.9	-2.9	-7.9
带息负债比率（%）	16.8	24.4	35.1	46.5	58.3
或有负债比率（%）	0.4	1.3	4.0	12.5	21.8
四、经营增长状况					
销售（营业）增长率（%）	15.8	11.0	1.7	-11.6	-19.9
资本保值增值率（%）	109.5	106.1	101.2	99.1	93.2
销售（营业）利润增长率（%）	29.4	22.4	14.9	1.8	-5.4
总资产增长率（%）	12.5	7.4	2.1	-3.9	-7.8
技术投入比率（%）	4.3	3.8	3.1	2.5	1.1
五、补充资料					
存货周转率（次）	6.3	4.3	2.7	1.2	0.8
两金占流动资产比重（%）	44.7	49.7	56.5	62.7	73.2
成本费用总额占营业总收入比重（%）	95.2	96.9	97.8	104.1	110.1
经济增加值率（%）	11.1	4.8	-1.9	-6.5	-14.7
EBITDA 率（%）	16.3	9.2	4.4	-4.6	-14.1
资本积累率（%）	34.5	21.6	7.7	-6.9	-12.0

轻纺设备制造业

范围：全行业

项　　　目	优秀值	良好值	平均值	较低值	较差值
一、盈利能力状况					
净资产收益率（%）	6.3	2.9	1.7	-3.9	-8.7
总资产报酬率（%）	3.8	2.7	1.3	-1.8	-5.4
销售（营业）利润率（%）	15.3	9.4	2.4	-2.0	-12.8
盈余现金保障倍数	7.4	3.8	1.6	0.7	-0.5
成本费用利润率（%）	8.5	5.2	2.6	-4.2	-11.6
资本收益率（%）	10.0	6.2	4.0	-2.9	-10.1
二、资产质量状况					
总资产周转率（次）	1.1	0.7	0.3	0.2	0.1
应收账款周转率（次）	8.1	7.2	6.0	1.9	1.2
不良资产比率（%）	0.1	1.7	3.9	7.0	12.7
流动资产周转率（次）	1.5	0.9	0.6	0.3	0.2
资产现金回收率（%）	4.7	3.8	1.8	-1.1	-2.6
三、债务风险状况					
资产负债率（%）	48.6	53.6	58.6	68.6	83.6
已获利息倍数	6.4	4.3	2.4	-0.4	-3.5
速动比率（%）	145.7	103.4	75.2	53.9	33.6
现金流动负债比率（%）	11.1	9.4	7.6	-2.8	-9.9
带息负债比率（%）	22.2	33.0	49.3	61.9	71.4
或有负债比率（%）	0.5	1.6	4.0	12.5	21.8
四、经营增长状况					
销售（营业）增长率（%）	9.4	1.9	-4.0	-15.7	-28.8
资本保值增值率（%）	106.2	102.9	101.1	99.3	92.9
销售（营业）利润增长率（%）	9.6	1.1	-7.2	-17.1	-24.8
总资产增长率（%）	10.5	5.0	1.3	-5.8	-12.0
技术投入比率（%）	4.6	4.3	3.9	3.4	2.5
五、补充资料					
存货周转率（次）	5.9	3.8	2.8	2.0	1.8
两金占流动资产比重（%）	18.9	26.2	42.3	52.2	62.2
成本费用总额占营业总收入比重（%）	91.1	96.3	98.7	103.0	107.8
经济增加值率（%）	12.0	4.7	-0.4	-5.4	-9.2
EBITDA率（%）	25.2	14.8	5.9	0.2	-8.7
资本积累率（%）	11.9	4.5	1.9	-0.8	-7.3

农林牧渔水利业机械制造业

范围：全行业

项 目	优秀值	良好值	平均值	较低值	较差值
一、盈利能力状况					
净资产收益率（%）	12.2	6.9	3.6	-1.6	-13.2
总资产报酬率（%）	7.0	4.9	2.6	-1.0	-4.6
销售（营业）利润率（%）	7.1	4.6	2.0	-7.3	-22.1
盈余现金保障倍数	2.2	1.9	1.5	-0.3	-0.9
成本费用利润率（%）	9.7	5.8	2.2	-7.7	-14.6
资本收益率（%）	8.3	5.3	3.0	-8.1	-15.5
二、资产质量状况					
总资产周转率（次）	1.6	1.2	0.6	0.2	0.1
应收账款周转率（次）	12.8	7.6	3.7	1.1	0.5
不良资产比率（%）	0.2	1.0	4.4	6.3	10.7
流动资产周转率（次）	2.0	1.4	0.9	0.3	0.2
资产现金回收率（%）	6.0	4.5	3.3	-1.1	-3.5
三、债务风险状况					
资产负债率（%）	48.3	53.3	58.3	68.3	83.3
已获利息倍数	3.6	2.0	1.4	-1.1	-6.9
速动比率（%）	143.7	108.2	80.4	59.6	49.4
现金流动负债比率（%）	10.9	8.5	4.6	-2.7	-6.4
带息负债比率（%）	11.4	15.0	37.3	47.1	56.9
或有负债比率（%）	0.2	0.3	5.0	13.5	22.8
四、经营增长状况					
销售（营业）增长率（%）	10.6	2.7	-3.9	-13.8	-24.7
资本保值增值率（%）	106.8	104.4	101.1	93.3	82.6
销售（营业）利润增长率（%）	21.1	10.0	1.3	-8.1	-14.3
总资产增长率（%）	16.8	12.6	5.2	-4.0	-12.9
技术投入比率（%）	3.2	3.0	2.7	2.1	1.4
五、补充资料					
存货周转率（次）	7.4	5.9	4.5	1.6	0.9
两金占流动资产比重（%）	24.2	30.7	42.1	50.7	53.8
成本费用总额占营业总收入比重（%）	94.4	95.8	97.3	105.9	109.3
经济增加值率（%）	4.6	2.1	-0.9	-8.9	-16.0
EBITDA 率（%）	24.0	10.9	3.7	2.2	-6.2
资本积累率（%）	17.5	1.7	-0.1	-12.4	-17.0

医疗仪器设备制造业

范围：全行业

项　目	优秀值	良好值	平均值	较低值	较差值
一、盈利能力状况					
净资产收益率（%）	10.1	7.9	5.3	-2.0	-7.1
总资产报酬率（%）	6.3	4.9	3.8	-0.7	-4.9
销售（营业）利润率（%）	10.8	8.7	6.5	0.7	-5.6
盈余现金保障倍数	2.0	1.8	1.7	-1.7	-2.5
成本费用利润率（%）	12.4	10.3	8.2	3.0	-0.2
资本收益率（%）	13.1	7.5	5.9	-0.1	-13.2
二、资产质量状况					
总资产周转率（次）	1.2	0.9	0.7	0.2	0.1
应收账款周转率（次）	12.8	8.2	4.7	2.4	1.7
不良资产比率（%）	0.3	0.7	2.7	6.2	9.0
流动资产周转率（次）	1.7	1.5	1.2	0.3	0.1
资产现金回收率（%）	12.5	7.0	6.4	-1.1	-7.5
三、债务风险状况					
资产负债率（%）	48.3	53.3	58.3	68.3	83.3
已获利息倍数	9.6	6.4	3.7	-1.3	-5.9
速动比率（%）	163.1	137.1	101.1	87.7	71.2
现金流动负债比率（%）	13.5	9.4	5.0	1.0	-13.4
带息负债比率（%）	4.6	16.1	33.4	47.0	57.9
或有负债比率（%）	0.4	1.1	4.8	13.3	22.6
四、经营增长状况					
销售（营业）增长率（%）	14.7	7.8	0.7	-6.4	-20.4
资本保值增值率（%）	110.3	107.9	104.2	98.6	93.9
销售（营业）利润增长率（%）	16.7	8.9	-0.2	-9.7	-16.1
总资产增长率（%）	9.3	5.6	-1.0	-1.8	-5.4
技术投入比率（%）	6.4	4.3	2.6	1.3	0.1
五、补充资料					
存货周转率（次）	4.4	3.2	2.1	1.1	1.0
两金占流动资产比重（%）	41.0	53.6	55.9	61.9	75.8
成本费用总额占营业总收入比重（%）	88.2	92.9	98.5	108.0	119.5
经济增加值率（%）	9.9	2.7	0.5	-8.8	-18.9
EBITDA率（%）	23.5	15.3	6.8	-4.3	-11.3
资本积累率（%）	19.6	11.7	4.1	-3.7	-14.2

电子和电工机械专用设备制造业

范围：全行业

项　　目	优秀值	良好值	平均值	较低值	较差值
一、盈利能力状况					
净资产收益率（％）	12.3	8.6	4.4	0.4	-6.3
总资产报酬率（％）	7.0	5.1	3.4	0.2	-5.0
销售（营业）利润率（％）	11.0	8.7	4.0	0.1	-10.7
盈余现金保障倍数	2.0	1.2	0.7	-0.3	-1.3
成本费用利润率（％）	12.7	9.5	4.5	0.2	-12.3
资本收益率（％）	12.2	8.0	3.9	0.4	-9.5
二、资产质量状况					
总资产周转率（次）	0.9	0.7	0.5	0.2	0.1
应收账款周转率（次）	5.0	4.2	2.8	1.2	0.8
不良资产比率（％）	0.1	0.8	1.9	5.0	10.6
流动资产周转率（次）	1.1	0.9	0.7	0.3	0.2
资产现金回收率（％）	8.1	3.3	0.8	-1.7	-6.0
三、债务风险状况					
资产负债率（％）	48.3	53.3	58.3	68.3	83.3
已获利息倍数	13.8	8.3	3.7	1.2	-3.1
速动比率（％）	162.4	131.5	91.8	62.7	31.8
现金流动负债比率（％）	20.1	7.3	2.2	-3.5	-9.5
带息负债比率（％）	8.7	15.7	25.5	43.7	64.1
或有负债比率（％）	0.3	0.5	4.0	9.4	16.5
四、经营增长状况					
销售（营业）增长率（％）	32.9	19.6	5.5	-5.0	-15.3
资本保值增值率（％）	120.0	112.9	107.1	101.0	96.9
销售（营业）利润增长率（％）	31.1	18.2	8.6	-6.9	-16.2
总资产增长率（％）	30.1	20.5	13.8	-2.6	-8.4
技术投入比率（％）	12.4	6.7	2.6	1.3	0.1
五、补充资料					
存货周转率（次）	6.6	3.6	2.2	1.1	0.8
两金占流动资产比重（％）	47.6	52.7	57.1	69.0	75.0
成本费用总额占营业总收入比重（％）	90.4	93.3	96.8	102.2	110.7
经济增加值率（％）	14.3	8.2	3.6	-3.7	-5.5
EBITDA率（％）	18.2	13.2	10.6	2.3	-3.6
资本积累率（％）	25.7	16.4	8.7	1.0	-3.9

交通运输设备制造业

范围：全行业

项　　目	优秀值	良好值	平均值	较低值	较差值
一、盈利能力状况					
净资产收益率（%）	13.6	9.7	7.1	0.3	-5.6
总资产报酬率（%）	8.8	7.3	4.6	0.3	-4.7
销售（营业）利润率（%）	10.8	7.2	6.1	0.2	-5.5
盈余现金保障倍数	3.1	1.6	1.1	-0.3	-1.2
成本费用利润率（%）	11.6	7.4	6.1	0.2	-7.1
资本收益率（%）	14.6	10.2	5.2	0.3	-13.9
二、资产质量状况					
总资产周转率（次）	1.1	0.8	0.7	0.3	0.1
应收账款周转率（次）	11.7	6.7	5.2	2.3	1.6
不良资产比率（%）	0.4	0.8	2.2	7.4	14.9
流动资产周转率（次）	1.6	1.3	1.2	0.5	0.2
资产现金回收率（%）	9.2	5.5	5.0	-0.2	-2.5
三、债务风险状况					
资产负债率（%）	48.3	53.3	58.3	68.3	83.3
已获利息倍数	5.9	5.4	3.0	1.1	-1.5
速动比率（%）	149.7	118.1	88.0	63.0	49.1
现金流动负债比率（%）	22.3	13.6	10.2	-0.3	-6.5
带息负债比率（%）	6.4	21.0	34.0	46.7	57.2
或有负债比率（%）	0.5	2.1	4.8	7.8	10.1
四、经营增长状况					
销售（营业）增长率（%）	17.8	11.9	5.2	-10.8	-23.3
资本保值增值率（%）	114.0	109.9	102.8	99.7	93.8
销售（营业）利润增长率（%）	17.2	6.3	-0.3	-15.8	-24.0
总资产增长率（%）	17.6	11.0	6.4	-3.4	-8.0
技术投入比率（%）	4.8	4.3	3.6	2.7	1.1
五、补充资料					
存货周转率（次）	10.4	7.2	4.4	2.2	1.6
两金占流动资产比重（%）	29.6	37.9	46.7	58.0	64.6
成本费用总额占营业总收入比重（%）	91.5	94.7	95.1	102.2	107.2
经济增加值率（%）	12.2	7.4	2.1	-4.4	-5.5
EBITDA率（%）	16.7	12.3	7.1	-1.9	-6.8
资本积累率（%）	15.8	9.5	6.5	-0.3	-6.3

交通运输设备制造业

范围：大型企业

项　　目	优秀值	良好值	平均值	较低值	较差值
一、盈利能力状况					
净资产收益率（％）	12.7	10.3	7.4	1.3	-4.0
总资产报酬率（％）	7.8	6.4	4.9	-0.8	-6.0
销售（营业）利润率（％）	10.1	7.5	6.2	0.7	-3.2
盈余现金保障倍数	3.2	1.9	1.2	-0.2	-1.0
成本费用利润率（％）	11.2	7.8	6.3	0.8	-3.0
资本收益率（％）	12.8	10.2	5.0	-2.1	-14.5
二、资产质量状况					
总资产周转率（次）	1.0	0.8	0.7	0.4	0.3
应收账款周转率（次）	14.2	8.7	5.7	2.9	2.2
不良资产比率（％）	0.2	0.4	1.7	5.9	10.8
流动资产周转率（次）	1.6	1.3	1.2	0.6	0.5
资产现金回收率（％）	8.9	6.2	5.5	1.4	-5.9
三、债务风险状况					
资产负债率（％）	48.3	53.3	58.3	68.3	83.3
已获利息倍数	8.1	7.0	5.9	1.5	-0.3
速动比率（％）	145.2	118.5	90.5	60.9	44.5
现金流动负债比率（％）	20.9	15.0	11.8	5.0	-18.4
带息负债比率（％）	5.9	19.2	32.3	42.8	53.6
或有负债比率（％）	0.6	2.3	4.9	7.0	10.1
四、经营增长状况					
销售（营业）增长率（％）	22.6	15.9	5.8	-6.0	-16.9
资本保值增值率（％）	113.0	109.9	104.7	101.1	97.4
销售（营业）利润增长率（％）	16.9	8.0	0.5	-9.4	-23.2
总资产增长率（％）	15.6	11.2	6.4	-1.7	-4.8
技术投入比率（％）	6.6	5.0	3.8	2.9	1.2
五、补充资料					
存货周转率（次）	9.5	6.9	4.6	2.4	1.7
两金占流动资产比重（％）	29.2	35.3	44.4	54.1	60.1
成本费用总额占营业总收入比重（％）	92.0	94.5	95.0	101.1	105.1
经济增加值率（％）	10.2	7.1	2.5	-2.1	-4.3
EBITDA 率（％）	14.9	11.9	7.1	4.6	3.0
资本积累率（％）	16.2	10.6	6.5	0.3	-2.5

交通运输设备制造业

范围：中型企业

项　　目	优秀值	良好值	平均值	较低值	较差值
一、盈利能力状况					
净资产收益率（％）	14.6	10.5	7.3	0.7	-5.9
总资产报酬率（％）	7.4	5.2	3.3	0.6	-5.8
销售（营业）利润率（％）	10.4	7.3	5.8	0.3	-3.7
盈余现金保障倍数	3.3	1.9	0.9	-0.2	-1.1
成本费用利润率（％）	11.4	7.9	4.7	0.4	-3.8
资本收益率（％）	16.6	11.2	7.6	0.5	-12.2
二、资产质量状况					
总资产周转率（次）	1.1	0.9	0.5	0.4	0.2
应收账款周转率（次）	11.1	6.5	3.0	2.2	1.6
不良资产比率（％）	0.4	1.5	4.3	10.6	18.2
流动资产周转率（次）	1.7	1.4	0.9	0.6	0.4
资产现金回收率（％）	10.6	6.3	2.9	-0.1	-2.6
三、债务风险状况					
资产负债率（％）	48.3	53.3	58.3	68.3	83.3
已获利息倍数	6.2	4.8	3.4	1.1	-1.4
速动比率（％）	159.5	125.0	92.2	70.2	58.9
现金流动负债比率（％）	24.6	15.1	7.2	-0.2	-5.5
带息负债比率（％）	10.0	23.9	39.3	52.5	62.8
或有负债比率（％）	0.3	2.0	4.7	7.9	10.3
四、经营增长状况					
销售（营业）增长率（％）	28.7	19.5	5.1	-4.7	-16.0
资本保值增值率（％）	115.4	110.8	106.2	100.0	95.7
销售（营业）利润增长率（％）	114.8	64.4	-0.6	-8.8	-41.6
总资产增长率（％）	17.2	11.4	7.4	-2.0	-5.9
技术投入比率（％）	3.4	2.4	1.4	1.1	0.4
五、补充资料					
存货周转率（次）	10.0	7.2	3.6	2.3	1.6
两金占流动资产比重（％）	35.2	45.2	53.5	60.9	65.2
成本费用总额占营业总收入比重（％）	91.4	94.5	95.7	102.4	110.7
经济增加值率（％）	12.8	8.3	1.5	-3.4	-5.5
EBITDA率（％）	15.9	12.4	7.2	3.4	-4.6
资本积累率（％）	15.0	10.5	7.5	1.0	-4.8

交通运输设备制造业

范围：小型企业

项　　目	优秀值	良好值	平均值	较低值	较差值
一、盈利能力状况					
净资产收益率（％）	14.0	8.7	3.8	−3.2	−8.8
总资产报酬率（％）	6.6	4.3	2.1	−3.1	−5.9
销售（营业）利润率（％）	9.9	5.9	2.9	−0.2	−10.5
盈余现金保障倍数	2.4	1.3	0.5	−0.4	−1.4
成本费用利润率（％）	10.7	6.2	2.3	−0.4	−10.6
资本收益率（％）	8.7	5.9	3.2	−8.9	−19.3
二、资产质量状况					
总资产周转率（次）	1.2	0.9	0.4	0.2	0.1
应收账款周转率（次）	9.9	5.8	2.6	2.0	1.4
不良资产比率（％）	0.3	0.7	1.5	7.6	16.5
流动资产周转率（次）	1.8	1.4	0.7	0.4	0.2
资产现金回收率（％）	9.1	4.9	1.0	−0.3	−3.1
三、债务风险状况					
资产负债率（％）	48.3	53.3	58.3	68.3	83.3
已获利息倍数	5.0	3.5	2.2	−0.5	−4.4
速动比率（％）	159.5	127.2	86.5	61.4	44.4
现金流动负债比率（％）	21.2	11.0	4.7	−0.6	−8.3
带息负债比率（％）	7.3	22.6	42.6	54.8	68.4
或有负债比率（％）	0.5	2.2	4.8	8.0	10.5
四、经营增长状况					
销售（营业）增长率（％）	15.8	8.6	−2.0	−10.0	−19.0
资本保值增值率（％）	109.7	106.8	102.8	98.1	90.0
销售（营业）利润增长率（％）	14.4	6.7	−3.2	−18.3	−27.0
总资产增长率（％）	20.2	10.6	4.7	−6.1	−12.9
技术投入比率（％）	1.3	1.0	0.8	0.6	0.3
五、补充资料					
存货周转率（次）	11.5	7.7	4.1	2.3	1.6
两金占流动资产比重（％）	17.8	31.3	44.6	56.1	64.4
成本费用总额占营业总收入比重（％）	92.2	95.4	97.2	105.0	115.1
经济增加值率（％）	15.2	7.8	−2.5	−5.3	−7.8
EBITDA 率（％）	16.3	11.1	5.5	1.5	−0.7
资本积累率（％）	15.1	8.4	4.9	−1.9	−10.0

铁路运输设备制造业

范围：全行业

项　　目	优秀值	良好值	平均值	较低值	较差值
一、盈利能力状况					
净资产收益率（%）	13.4	11.0	8.0	1.1	0.3
总资产报酬率（%）	7.9	5.3	4.6	0.6	0.1
销售（营业）利润率（%）	15.1	9.8	7.7	0.9	-5.8
盈余现金保障倍数	2.2	0.9	0.3	-0.7	-2.7
成本费用利润率（%）	15.8	9.9	8.2	1.0	0.3
资本收益率（%）	15.6	9.5	5.5	1.1	-5.3
二、资产质量状况					
总资产周转率（次）	0.9	0.7	0.5	0.3	0.1
应收账款周转率（次）	5.4	3.9	2.8	1.5	1.1
不良资产比率（%）	1.2	1.9	2.1	2.9	3.7
流动资产周转率（次）	1.3	1.1	0.8	0.4	0.2
资产现金回收率（%）	5.6	3.1	1.2	-2.1	-4.5
三、债务风险状况					
资产负债率（%）	48.3	53.3	58.3	68.3	83.3
已获利息倍数	9.0	7.9	4.8	2.3	1.3
速动比率（%）	116.9	100.2	89.0	78.5	65.0
现金流动负债比率（%）	15.5	7.9	3.0	-4.0	-11.5
带息负债比率（%）	24.2	32.6	38.5	56.7	63.5
或有负债比率（%）	0.4	1.1	4.6	7.4	10.7
四、经营增长状况					
销售（营业）增长率（%）	17.2	5.8	-4.0	-5.4	-8.7
资本保值增值率（%）	114.6	109.6	106.9	100.8	99.9
销售（营业）利润增长率（%）	14.2	7.7	0.8	-9.4	-13.6
总资产增长率（%）	14.1	9.1	4.2	-4.4	-8.6
技术投入比率（%）	4.3	3.7	2.4	1.8	1.1
五、补充资料					
存货周转率（次）	8.8	5.8	3.1	2.0	1.6
两金占流动资产比重（%）	44.2	52.6	56.0	63.6	76.8
成本费用总额占营业总收入比重（%）	88.9	93.2	94.2	100.1	102.6
经济增加值率（%）	17.1	10.2	4.8	-2.7	-4.5
EBITDA率（%）	23.3	14.3	8.5	4.4	2.4
资本积累率（%）	14.8	9.6	6.2	0.8	-13.3

汽车制造业

范围：全行业

项　　目	优秀值	良好值	平均值	较低值	较差值
一、盈利能力状况					
净资产收益率（%）	14.0	11.3	7.6	-0.3	-7.8
总资产报酬率（%）	10.2	6.5	5.7	-0.2	-4.5
销售（营业）利润率（%）	8.0	7.2	5.4	-2.6	-8.3
盈余现金保障倍数	3.4	1.7	1.4	-0.3	-1.1
成本费用利润率（%）	8.1	7.4	6.0	-3.4	-6.5
资本收益率（%）	17.4	12.4	8.4	-0.2	-8.6
二、资产质量状况					
总资产周转率（次）	1.3	1.0	0.8	0.3	0.1
应收账款周转率（次）	13.4	10.3	7.1	2.8	2.0
不良资产比率（%）	1.0	1.6	2.7	4.9	7.5
流动资产周转率（次）	2.1	1.7	1.4	0.6	0.3
资产现金回收率（%）	10.9	6.4	5.0	-1.4	-4.9
三、债务风险状况					
资产负债率（%）	48.3	53.3	58.3	68.3	83.3
已获利息倍数	12.2	8.5	3.6	-0.8	-4.3
速动比率（%）	109.8	99.6	87.4	63.0	45.3
现金流动负债比率（%）	23.0	14.9	12.8	-3.4	-10.1
带息负债比率（%）	6.6	18.8	29.9	42.1	57.0
或有负债比率（%）	0.5	1.4	8.4	16.0	22.9
四、经营增长状况					
销售（营业）增长率（%）	13.8	10.2	4.5	-5.4	-15.4
资本保值增值率（%）	112.4	107.4	104.4	100.8	96.9
销售（营业）利润增长率（%）	12.2	6.4	-1.1	-5.5	-8.2
总资产增长率（%）	19.7	11.6	7.1	-4.8	-9.9
技术投入比率（%）	3.1	2.8	2.6	2.2	1.9
五、补充资料					
存货周转率（次）	12.4	9.0	8.5	3.6	2.4
两金占流动资产比重（%）	33.1	43.7	52.8	65.6	74.2
成本费用总额占营业总收入比重（%）	94.0	94.7	95.5	103.4	110.9
经济增加值率（%）	14.9	7.8	3.7	-5.5	-14.4
EBITDA 率（%）	13.4	9.8	7.0	0.9	-7.6
资本积累率（%）	14.0	7.6	5.5	-5.4	-14.7

汽车制造业

范围：大型企业

项　　目	优秀值	良好值	平均值	较低值	较差值
一、盈利能力状况					
净资产收益率（%）	19.9	10.9	8.7	0.2	-6.5
总资产报酬率（%）	12.3	8.1	6.2	0.1	-4.3
销售（营业）利润率（%）	8.5	7.2	5.9	-0.1	-7.3
盈余现金保障倍数	3.5	2.1	1.4	-0.3	-1.1
成本费用利润率（%）	9.3	7.8	6.2	-1.3	-7.4
资本收益率（%）	21.3	11.4	9.2	0.2	-6.1
二、资产质量状况					
总资产周转率（次）	1.3	1.1	0.9	0.5	0.3
应收账款周转率（次）	18.3	11.0	8.0	3.8	2.6
不良资产比率（%）	1.1	1.7	2.2	4.3	7.1
流动资产周转率（次）	2.2	1.9	1.8	0.9	0.6
资产现金回收率（%）	13.9	8.8	6.3	-2.0	-4.7
三、债务风险状况					
资产负债率（%）	50.1	55.8	58.6	68.6	83.6
已获利息倍数	9.4	8.3	2.9	-0.4	-3.0
速动比率（%）	111.5	98.4	88.4	66.9	52.6
现金流动负债比率（%）	24.4	17.6	12.8	-3.3	-11.0
带息负债比率（%）	4.8	17.9	28.3	40.0	53.9
或有负债比率（%）	0.2	1.0	8.0	13.3	22.2
四、经营增长状况					
销售（营业）增长率（%）	15.9	11.7	5.5	-5.3	-15.0
资本保值增值率（%）	113.5	108.9	104.5	101.5	96.9
销售（营业）利润增长率（%）	16.3	10.1	0.3	-5.5	-8.1
总资产增长率（%）	17.6	11.6	7.1	-3.3	-8.1
技术投入比率（%）	6.4	4.5	3.8	2.7	1.8
五、补充资料					
存货周转率（次）	14.3	9.9	8.8	5.1	4.2
两金占流动资产比重（%）	26.1	35.3	42.0	50.4	59.0
成本费用总额占营业总收入比重（%）	88.7	94.5	95.3	104.2	109.7
经济增加值率（%）	16.5	10.0	4.4	-3.7	-15.3
EBITDA 率（%）	12.0	9.5	7.2	2.3	-7.2
资本积累率（%）	15.0	8.6	6.2	-3.7	-19.4

汽车制造业

范围：中型企业

项　　目	优秀值	良好值	平均值	较低值	较差值
一、盈利能力状况					
净资产收益率（%）	15.7	7.9	6.5	-0.3	-5.0
总资产报酬率（%）	6.6	4.0	1.5	-0.1	-4.5
销售（营业）利润率（%）	5.7	4.7	3.8	-2.8	-11.4
盈余现金保障倍数	3.5	2.0	0.9	-0.2	-1.1
成本费用利润率（%）	5.5	4.4	3.4	-2.8	-12.4
资本收益率（%）	21.0	9.7	6.4	0.1	-7.3
二、资产质量状况					
总资产周转率（次）	1.4	1.1	0.7	0.4	0.2
应收账款周转率（次）	9.6	6.1	3.5	2.9	2.2
不良资产比率（%）	0.6	1.4	2.9	6.9	15.3
流动资产周转率（次）	2.2	1.7	1.2	0.8	0.5
资产现金回收率（%）	12.5	7.0	3.7	-2.7	-4.9
三、债务风险状况					
资产负债率（%）	48.3	53.3	58.3	68.3	83.3
已获利息倍数	9.3	6.5	1.7	-1.9	-5.0
速动比率（%）	102.9	97.0	82.9	65.5	56.5
现金流动负债比率（%）	25.9	15.2	6.4	-6.1	-14.5
带息负债比率（%）	19.5	31.7	41.7	54.4	68.9
或有负债比率（%）	3.3	4.1	9.1	18.7	25.6
四、经营增长状况					
销售（营业）增长率（%）	18.0	11.2	2.3	-7.8	-15.0
资本保值增值率（%）	112.2	109.9	105.4	99.4	96.7
销售（营业）利润增长率（%）	17.4	10.3	0.6	-5.4	-7.5
总资产增长率（%）	17.9	11.8	3.1	-4.0	-8.9
技术投入比率（%）	2.7	1.7	1.5	1.1	0.5
五、补充资料					
存货周转率（次）	12.4	8.9	5.9	2.1	1.6
两金占流动资产比重（%）	38.8	48.7	56.0	62.7	68.1
成本费用总额占营业总收入比重（%）	95.0	96.9	98.3	104.4	110.4
经济增加值率（%）	14.9	8.7	-0.6	-5.4	-10.3
EBITDA率（%）	11.7	8.8	4.7	0.9	-5.0
资本积累率（%）	16.4	9.0	3.4	-4.0	-9.2

汽车制造业

范围：小型企业

项　　　目	优秀值	良好值	平均值	较低值	较差值
一、盈利能力状况					
净资产收益率（%）	11.5	8.0	2.6	-1.3	-9.1
总资产报酬率（%）	5.9	3.6	1.2	-0.2	-6.3
销售（营业）利润率（%）	7.7	4.4	1.4	-2.7	-11.4
盈余现金保障倍数	2.3	1.4	1.1	-0.3	-1.0
成本费用利润率（%）	7.8	4.8	1.5	-2.6	-11.1
资本收益率（%）	11.9	8.8	2.4	-0.8	-9.1
二、资产质量状况					
总资产周转率（次）	1.4	1.1	0.6	0.3	0.2
应收账款周转率（次）	14.8	7.2	4.3	2.5	2.0
不良资产比率（%）	1.2	1.8	2.6	4.8	10.8
流动资产周转率（次）	2.2	1.7	1.0	0.6	0.3
资产现金回收率（%）	10.0	5.0	3.3	-2.5	-6.2
三、债务风险状况					
资产负债率（%）	48.3	53.3	58.3	68.3	83.3
已获利息倍数	6.4	5.3	3.6	-1.1	-7.1
速动比率（%）	138.7	112.3	75.7	47.2	25.2
现金流动负债比率（%）	19.6	11.0	6.3	-4.9	-12.8
带息负债比率（%）	9.5	22.0	33.2	42.2	50.0
或有负债比率（%）	3.5	4.4	9.4	17.5	26.2
四、经营增长状况					
销售（营业）增长率（%）	11.6	7.5	0.9	-9.1	-21.3
资本保值增值率（%）	107.2	104.7	101.6	97.7	93.2
销售（营业）利润增长率（%）	13.9	4.5	-2.3	-6.9	-8.5
总资产增长率（%）	15.6	10.4	4.4	-6.8	-13.3
技术投入比率（%）	1.4	1.0	0.8	0.7	0.4
五、补充资料					
存货周转率（次）	11.9	8.6	5.3	3.2	2.2
两金占流动资产比重（%）	31.5	43.7	50.4	62.5	70.7
成本费用总额占营业总收入比重（%）	93.6	96.5	98.3	105.7	115.3
经济增加值率（%）	15.3	6.5	-2.0	-6.2	-12.3
EBITDA率（%）	14.0	9.6	4.4	0.6	-3.5
资本积累率（%）	13.2	6.2	0.4	-6.5	-19.1

汽车整车制造业

范围：全行业

项　　目	优秀值	良好值	平均值	较低值	较差值
一、盈利能力状况					
净资产收益率（%）	18.0	13.7	7.6	−5.5	−17.1
总资产报酬率（%）	15.6	10.4	7.0	−3.5	−10.2
销售（营业）利润率（%）	11.6	10.3	6.0	−3.5	−9.5
盈余现金保障倍数	3.0	1.7	0.6	0.0	−1.7
成本费用利润率（%）	17.4	10.6	7.5	−3.6	−13.1
资本收益率（%）	35.9	20.9	10.0	−15.4	−24.9
二、资产质量状况					
总资产周转率（次）	3.5	3.1	2.1	1.6	0.5
应收账款周转率（次）	43.3	24.8	10.6	5.6	0.9
不良资产比率（%）	1.1	1.5	2.8	6.5	15.3
流动资产周转率（次）	4.2	3.4	2.2	1.6	0.6
资产现金回收率（%）	24.0	15.7	5.7	−6.8	−13.6
三、债务风险状况					
资产负债率（%）	48.6	53.6	58.6	68.6	83.6
已获利息倍数	9.4	7.7	5.6	2.7	0.3
速动比率（%）	146.4	120.4	83.4	61.1	29.9
现金流动负债比率（%）	46.9	28.2	12.8	−11.4	−25.4
带息负债比率（%）	0.4	6.9	21.0	47.1	67.3
或有负债比率（%）	1.9	3.4	4.8	14.4	17.8
四、经营增长状况					
销售（营业）增长率（%）	15.5	11.4	5.2	2.3	−5.8
资本保值增值率（%）	118.1	112.4	105.2	96.6	84.8
销售（营业）利润增长率（%）	18.6	12.1	6.9	1.3	−5.9
总资产增长率（%）	19.5	14.0	7.1	1.5	−7.9
技术投入比率（%）	6.3	5.0	2.9	1.3	0.3
五、补充资料					
存货周转率（次）	24.8	15.5	9.7	5.3	2.1
两金占流动资产比重（%）	38.8	46.0	55.0	64.5	76.2
成本费用总额占营业总收入比重（%）	85.7	88.7	94.8	101.0	109.9
经济增加值率（%）	14.7	10.6	4.4	−8.9	−19.4
EBITDA率（%）	24.8	16.0	9.7	1.1	−5.1
资本积累率（%）	33.6	22.7	9.9	−8.4	−31.6

汽车零部件及配件制造业

范围：全行业

项　　　目	优秀值	良好值	平均值	较低值	较差值
一、盈利能力状况					
净资产收益率（%）	14.4	8.5	7.4	0.4	-5.6
总资产报酬率（%）	6.7	5.5	4.2	-2.6	-6.7
销售（营业）利润率（%）	8.8	5.4	4.9	-1.1	-7.7
盈余现金保障倍数	2.9	1.8	1.4	-0.2	-0.9
成本费用利润率（%）	9.8	5.6	4.9	-1.1	-8.2
资本收益率（%）	17.5	10.0	8.3	1.1	-15.4
二、资产质量状况					
总资产周转率（次）	1.2	1.0	0.8	0.4	0.2
应收账款周转率（次）	7.8	5.7	4.2	3.0	2.4
不良资产比率（%）	0.3	1.2	2.0	8.1	16.2
流动资产周转率（次）	2.0	1.7	1.4	0.7	0.5
资产现金回收率（%）	11.6	7.4	4.9	-0.5	-6.0
三、债务风险状况					
资产负债率（%）	48.3	53.3	58.3	68.3	83.3
已获利息倍数	8.9	7.8	3.6	-0.4	-3.1
速动比率（%）	123.0	110.9	87.6	60.9	33.6
现金流动负债比率（%）	27.5	17.2	15.8	-2.7	-10.9
带息负债比率（%）	13.2	18.0	32.4	52.1	68.4
或有负债比率（%）	0.4	1.9	4.8	9.2	13.7
四、经营增长状况					
销售（营业）增长率（%）	21.0	13.2	3.0	-10.9	-22.8
资本保值增值率（%）	115.0	108.3	101.3	96.9	88.9
销售（营业）利润增长率（%）	10.7	3.7	-3.4	-9.6	-15.9
总资产增长率（%）	17.1	10.6	8.2	-3.9	-8.4
技术投入比率（%）	7.6	4.7	2.6	1.3	0.1
五、补充资料					
存货周转率（次）	12.2	8.7	7.3	3.7	2.8
两金占流动资产比重（%）	15.8	26.3	36.2	45.3	51.1
成本费用总额占营业总收入比重（%）	92.3	93.9	95.5	103.5	111.0
经济增加值（%）	14.9	8.1	2.5	-5.4	-8.2
EBITDA 率（%）	14.5	10.9	6.4	2.5	-5.5
资本积累率（%）	13.5	7.8	4.4	-3.4	-11.5

摩托车制造业

范围：全行业

项　　目	优秀值	良好值	平均值	较低值	较差值
一、盈利能力状况					
净资产收益率（%）	5.7	4.6	1.9	-2.4	-5.3
总资产报酬率（%）	4.6	2.9	1.5	-1.2	-4.0
销售（营业）利润率（%）	7.7	4.1	0.4	-4.8	-10.4
盈余现金保障倍数	12.3	5.7	2.5	-0.8	-1.8
成本费用利润率（%）	5.3	4.0	0.8	-2.8	-11.7
资本收益率（%）	7.2	3.1	0.2	-6.3	-12.7
二、资产质量状况					
总资产周转率（次）	1.6	1.4	0.9	0.6	0.4
应收账款周转率（次）	19.0	12.4	7.2	4.7	2.9
不良资产比率（%）	0.1	2.8	9.9	21.1	34.2
流动资产周转率（次）	3.0	2.4	1.4	1.1	0.5
资产现金回收率（%）	12.0	7.5	2.0	-3.1	-6.2
三、债务风险状况					
资产负债率（%）	49.0	54.0	59.0	69.0	84.0
已获利息倍数	10.0	6.2	3.2	1.6	-1.6
速动比率（%）	126.2	97.0	74.3	53.9	38.1
现金流动负债比率（%）	13.9	9.3	3.8	-3.2	-9.7
带息负债比率（%）	12.3	25.1	35.8	46.8	68.6
或有负债比率（%）	0.4	0.6	5.3	13.8	23.1
四、经营增长状况					
销售（营业）增长率（%）	21.8	13.1	1.8	-8.3	-15.9
资本保值增值率（%）	107.0	105.4	100.9	96.0	91.1
销售（营业）利润增长率（%）	46.5	31.4	13.1	-1.7	-13.9
总资产增长率（%）	11.9	8.2	-0.9	-11.7	-21.2
技术投入比率（%）	4.4	3.3	2.6	1.9	1.6
五、补充资料					
存货周转率（次）	12.5	9.0	6.7	3.5	1.0
两金占流动资产比重（%）	30.5	42.1	55.0	66.6	78.9
成本费用总额占营业总收入比重（%）	94.1	96.1	98.4	102.8	107.1
经济增加值率（%）	2.5	1.6	-1.5	-9.2	-13.8
EBITDA 率（%）	7.7	5.0	1.1	-3.9	-7.0
资本积累率（%）	36.8	19.2	4.8	-4.0	-15.1

自行车制造业

范围：全行业

项　　　目	优秀值	良好值	平均值	较低值	较差值
一、盈利能力状况					
净资产收益率（％）	9.2	6.8	2.6	-2.3	-11.3
总资产报酬率（％）	2.7	1.9	0.8	-1.7	-8.1
销售（营业）利润率（％）	8.1	5.0	1.6	-8.3	-14.7
盈余现金保障倍数	8.1	5.2	3.3	1.7	0.6
成本费用利润率（％）	5.7	4.8	2.0	-4.3	-11.7
资本收益率（％）	14.0	9.1	4.4	-0.9	-6.1
二、资产质量状况					
总资产周转率（次）	3.0	2.4	1.2	0.6	0.3
应收账款周转率（次）	12.7	7.1	3.4	2.8	2.6
不良资产比率（％）	2.9	3.9	11.9	30.2	51.0
流动资产周转率（次）	3.5	2.5	1.3	0.7	0.4
资产现金回收率（％）	8.9	4.1	2.0	-1.5	-6.2
三、债务风险状况					
资产负债率（％）	49.0	54.0	59.0	69.0	84.0
已获利息倍数	5.4	4.5	3.1	2.5	1.0
速动比率（％）	150.4	111.1	78.9	51.4	36.6
现金流动负债比率（％）	12.7	8.6	4.0	-1.6	-7.2
带息负债比率（％）	6.8	13.2	26.3	37.5	48.5
或有负债比率（％）	0.3	0.8	5.5	14.0	24.6
四、经营增长状况					
销售（营业）增长率（％）	7.8	6.1	5.4	2.6	0.3
资本保值增值率（％）	107.3	105.1	102.0	98.0	89.2
销售（营业）利润增长率（％）	18.3	10.7	4.1	-2.9	-11.9
总资产增长率（％）	17.0	12.8	7.7	2.7	-9.3
技术投入比率（％）	1.0	0.9	0.6	0.4	0.2
五、补充资料					
存货周转率（次）	13.3	11.0	7.7	5.8	5.4
两金占流动资产比重（％）	15.6	23.7	34.0	50.0	60.9
成本费用总额占营业总收入比重（％）	93.2	94.5	95.8	98.0	101.7
经济增加值率（％）	3.8	2.4	-1.7	-5.2	-11.2
EBITDA率（％）	7.4	5.9	4.2	1.3	-1.6
资本积累率（％）	20.9	20.6	14.1	-4.7	-16.1

船舶制造业

范围：全行业

项 目	优秀值	良好值	平均值	较低值	较差值
一、盈利能力状况					
净资产收益率（%）	11.4	4.9	3.6	-2.9	-10.3
总资产报酬率（%）	4.7	2.9	1.9	-1.6	-5.7
销售（营业）利润率（%）	9.6	5.3	2.0	-1.7	-7.5
盈余现金保障倍数	4.8	2.0	1.0	-0.4	-1.6
成本费用利润率（%）	11.3	6.2	1.4	-2.8	-10.8
资本收益率（%）	13.5	6.3	3.4	-5.1	-11.1
二、资产质量状况					
总资产周转率（次）	0.7	0.5	0.3	0.2	0.1
应收账款周转率（次）	9.5	5.7	4.8	1.9	1.4
不良资产比率（%）	0.2	0.7	2.5	8.3	15.1
流动资产周转率（次）	1.1	0.9	0.5	0.3	0.2
资产现金回收率（%）	8.6	4.6	1.8	-0.4	-2.4
三、债务风险状况					
资产负债率（%）	48.3	53.3	58.3	68.3	83.3
已获利息倍数	9.9	3.8	2.1	-0.3	-3.0
速动比率（%）	154.1	117.4	84.2	71.2	53.8
现金流动负债比率（%）	19.5	12.4	6.3	-1.2	-6.4
带息负债比率（%）	16.4	23.8	33.9	48.7	60.8
或有负债比率（%）	0.4	0.8	4.5	10.7	17.7
四、经营增长状况					
销售（营业）增长率（%）	7.3	2.2	-8.2	-12.1	-28.1
资本保值增值率（%）	111.2	106.0	101.3	99.4	94.8
销售（营业）利润增长率（%）	10.0	3.9	-11.9	-21.8	-30.9
总资产增长率（%）	13.6	6.3	4.5	-5.6	-12.1
技术投入比率（%）	8.3	5.4	3.7	2.5	1.2
五、补充资料					
存货周转率（次）	6.4	3.8	1.9	1.5	1.2
两金占流动资产比重（%）	32.7	39.5	42.8	61.9	70.2
成本费用总额占营业总收入比重（%）	93.4	96.5	99.4	104.6	110.5
经济增加值率（%）	8.0	2.5	-2.0	-4.8	-11.9
EBITDA率（%）	18.6	12.0	5.6	2.8	-11.9
资本积累率（%）	17.7	7.9	5.5	-0.5	-7.8

船舶制造业

范围：大型企业

项　　目	优秀值	良好值	平均值	较低值	较差值
一、盈利能力状况					
净资产收益率（%）	12.4	8.1	3.8	−2.6	−9.0
总资产报酬率（%）	7.0	5.1	1.9	−1.9	−4.9
销售（营业）利润率（%）	10.6	6.9	2.0	−1.6	−5.5
盈余现金保障倍数	7.2	2.9	1.0	−0.2	−1.9
成本费用利润率（%）	9.6	6.1	1.5	−4.0	−9.0
资本收益率（%）	9.0	4.6	3.4	−4.1	−9.3
二、资产质量状况					
总资产周转率（次）	0.5	0.4	0.3	0.2	0.1
应收账款周转率（次）	13.4	10.4	5.1	2.2	1.9
不良资产比率（%）	0.2	0.6	2.3	6.0	13.1
流动资产周转率（次）	0.7	0.7	0.5	0.4	0.2
资产现金回收率（%）	7.3	5.2	1.8	−0.3	−5.3
三、债务风险状况					
资产负债率（%）	48.3	53.3	58.3	68.3	83.3
已获利息倍数	9.6	3.9	2.5	−1.8	−4.1
速动比率（%）	151.8	118.2	87.4	68.3	57.8
现金流动负债比率（%）	19.6	12.7	6.6	−1.4	−6.2
带息负债比率（%）	14.5	21.7	31.7	45.9	58.1
或有负债比率（%）	0.1	1.7	3.3	8.0	13.7
四、经营增长状况					
销售（营业）增长率（%）	18.2	11.6	−8.9	−11.3	−21.2
资本保值增值率（%）	109.5	104.5	101.4	99.0	94.9
销售（营业）利润增长率（%）	13.0	6.8	−14.5	−22.5	−30.9
总资产增长率（%）	13.7	7.0	4.2	−4.8	−10.2
技术投入比率（%）	9.5	6.1	4.2	3.0	1.4
五、补充资料					
存货周转率（次）	3.1	2.9	1.9	1.6	1.4
两金占流动资产比重（%）	13.0	24.1	33.0	51.9	57.6
成本费用总额占营业总收入比重（%）	94.6	97.0	99.5	105.9	110.1
经济增加值率（%）	2.7	−0.4	−1.8	−4.8	−6.8
EBITDA 率（%）	14.2	11.1	5.6	3.4	−0.8
资本积累率（%）	20.3	9.4	5.8	−0.9	−5.7

船舶制造业

范围：中型企业

项 目	优秀值	良好值	平均值	较低值	较差值
一、盈利能力状况					
净资产收益率（%）	5.9	3.5	1.4	0.5	-8.6
总资产报酬率（%）	3.2	2.2	1.3	0.4	-5.9
销售（营业）利润率（%）	6.6	3.6	1.9	0.2	-5.9
盈余现金保障倍数	8.3	3.6	1.9	-0.5	-2.5
成本费用利润率（%）	8.0	3.6	1.3	0.2	-7.5
资本收益率（%）	10.4	4.8	1.1	0.3	-9.2
二、资产质量状况					
总资产周转率（次）	0.8	0.6	0.3	0.2	0.2
应收账款周转率（次）	8.8	7.1	4.1	2.0	1.3
不良资产比率（%）	0.1	0.5	2.2	7.3	14.7
流动资产周转率（次）	1.4	1.1	0.6	0.5	0.3
资产现金回收率（%）	12.1	5.2	2.2	-3.1	-9.4
三、债务风险状况					
资产负债率（%）	48.3	53.3	58.3	68.3	83.3
已获利息倍数	5.7	2.8	1.5	1.0	-0.9
速动比率（%）	175.1	135.9	59.9	58.3	35.1
现金流动负债比率（%）	21.1	13.6	4.6	-4.1	-11.1
带息负债比率（%）	25.7	33.3	45.3	61.2	72.0
或有负债比率（%）	1.1	1.5	5.3	11.3	20.0
四、经营增长状况					
销售（营业）增长率（%）	23.2	16.0	5.7	-5.6	-12.5
资本保值增值率（%）	110.5	105.2	101.3	100.0	97.5
销售（营业）利润增长率（%）	7.5	2.2	-4.9	-16.0	-26.0
总资产增长率（%）	6.8	5.5	4.2	-2.9	-6.1
技术投入比率（%）	7.4	4.7	3.1	2.1	1.0
五、补充资料					
存货周转率（次）	4.8	3.4	1.8	1.5	1.2
两金占流动资产比重（%）	31.6	37.4	49.9	59.8	63.8
成本费用总额占营业总收入比重（%）	95.7	97.0	98.3	103.7	108.8
经济增加值率（%）	6.0	1.3	-2.8	-3.9	-5.5
EBITDA率（%）	16.2	11.4	5.1	3.5	0.8
资本积累率（%）	11.7	8.5	5.3	-8.0	-12.4

船舶制造业

范围：小型企业

项 目	优秀值	良好值	平均值	较低值	较差值
一、盈利能力状况					
净资产收益率（％）	12.9	8.0	2.3	−5.3	−12.5
总资产报酬率（％）	7.1	4.4	1.7	−2.4	−6.8
销售（营业）利润率（％）	9.9	6.4	2.5	−0.4	−11.3
盈余现金保障倍数	2.4	1.4	0.6	−0.6	−1.5
成本费用利润率（％）	11.0	6.5	2.1	−2.6	−11.9
资本收益率（％）	16.8	10.6	3.0	−2.4	−8.8
二、资产质量状况					
总资产周转率（次）	1.0	0.8	0.5	0.2	0.1
应收账款周转率（次）	5.6	4.2	2.2	1.8	1.2
不良资产比率（％）	0.3	0.9	3.6	8.7	15.4
流动资产周转率（次）	1.2	1.0	0.7	0.3	0.2
资产现金回收率（％）	8.7	4.8	1.0	−0.7	−10.1
三、债务风险状况					
资产负债率（％）	48.3	53.3	58.3	68.3	83.3
已获利息倍数	9.6	4.7	1.4	−0.5	−3.0
速动比率（％）	155.9	116.5	79.1	63.3	46.4
现金流动负债比率（％）	16.9	7.1	2.3	−1.2	−10.9
带息负债比率（％）	37.4	45.5	59.1	73.4	84.9
或有负债比率（％）	0.5	1.0	4.9	11.4	20.6
四、经营增长状况					
销售（营业）增长率（％）	27.3	17.9	−4.8	−14.2	−22.0
资本保值增值率（％）	108.8	104.1	101.3	97.4	90.7
销售（营业）利润增长率（％）	13.4	7.5	−6.5	−29.5	−63.1
总资产增长率（％）	14.4	8.2	4.6	−9.5	−13.1
技术投入比率（％）	5.9	4.0	2.4	1.2	0.5
五、补充资料					
存货周转率（次）	11.3	6.3	2.3	1.8	1.3
两金占流动资产比重（％）	28.6	38.2	49.1	63.3	72.4
成本费用总额占营业总收入比重（％）	93.9	96.2	97.8	103.5	108.6
经济增加值率（％）	14.8	6.9	−5.1	−5.4	−10.2
EBITDA 率（％）	13.8	11.7	5.1	−0.5	−11.2
资本积累率（％）	15.9	7.5	−2.3	−5.9	−9.5

电气机械及器材制造业

范围：全行业

项　　目	优秀值	良好值	平均值	较低值	较差值
一、盈利能力状况					
净资产收益率（%）	14.7	8.6	6.5	0.6	-10.2
总资产报酬率（%）	6.3	4.3	4.0	0.5	-2.5
销售（营业）利润率（%）	9.2	7.4	5.7	0.2	-2.2
盈余现金保障倍数	3.6	1.5	1.0	-0.3	-1.5
成本费用利润率（%）	10.7	8.4	6.0	0.4	-8.9
资本收益率（%）	12.7	9.3	4.7	0.6	-14.9
二、资产质量状况					
总资产周转率（次）	1.1	0.9	0.6	0.3	0.1
应收账款周转率（次）	5.6	4.1	2.5	1.6	1.2
不良资产比率（%）	0.1	1.2	2.7	7.3	14.7
流动资产周转率（次）	1.4	1.1	0.9	0.4	0.2
资产现金回收率（%）	8.7	5.1	2.1	-0.7	-3.7
三、债务风险状况					
资产负债率（%）	48.3	53.3	58.3	68.3	83.3
已获利息倍数	9.5	5.5	2.1	1.1	-1.7
速动比率（%）	146.6	119.3	87.4	68.7	42.4
现金流动负债比率（%）	18.9	9.8	7.8	-1.3	-7.0
带息负债比率（%）	0.6	16.6	29.4	44.5	51.6
或有负债比率（%）	3.2	4.0	8.8	17.2	26.6
四、经营增长状况					
销售（营业）增长率（%）	18.9	13.3	5.4	-10.5	-18.8
资本保值增值率（%）	113.7	109.4	103.9	100.0	95.1
销售（营业）利润增长率（%）	17.5	11.0	1.8	-16.4	-30.2
总资产增长率（%）	13.5	9.8	6.9	-4.8	-10.3
技术投入比率（%）	5.0	4.3	3.4	2.7	2.0
五、补充资料					
存货周转率（次）	10.3	7.0	4.2	2.3	1.7
两金占流动资产比重（%）	39.4	44.4	50.6	59.7	66.7
成本费用总额占营业总收入比重（%）	93.5	94.5	95.5	100.7	107.0
经济增加值率（%）	12.0	6.3	2.5	-3.5	-12.0
EBITDA 率（%）	16.4	10.0	6.9	2.6	-6.8
资本积累率（%）	17.8	9.5	4.4	-3.0	-21.0

电气机械及器材制造业

范围：大型企业

项　　　目	优秀值	良好值	平均值	较低值	较差值
一、盈利能力状况					
净资产收益率（%）	12.1	8.3	6.9	2.8	0.4
总资产报酬率（%）	6.5	5.5	4.3	1.5	−0.4
销售（营业）利润率（%）	13.3	9.2	6.9	1.2	−3.3
盈余现金保障倍数	2.9	1.4	1.0	0.1	−0.9
成本费用利润率（%）	14.7	10.0	7.1	1.4	0.7
资本收益率（%）	11.4	7.8	3.9	−1.2	−12.6
二、资产质量状况					
总资产周转率（次）	0.8	0.7	0.5	0.4	0.2
应收账款周转率（次）	5.2	4.1	2.5	1.8	1.5
不良资产比率（%）	0.1	1.3	2.5	6.1	10.2
流动资产周转率（次）	1.2	1.1	0.8	0.6	0.5
资产现金回收率（%）	9.6	6.4	2.9	0.1	−5.0
三、债务风险状况					
资产负债率（%）	48.3	53.3	58.3	68.3	83.3
已获利息倍数	5.9	3.8	2.3	1.8	1.4
速动比率（%）	139.5	118.5	89.3	70.7	47.2
现金流动负债比率（%）	20.0	14.0	8.0	0.5	−7.2
带息负债比率（%）	0.4	11.5	27.6	41.2	48.0
或有负债比率（%）	3.2	4.0	8.8	17.2	26.6
四、经营增长状况					
销售（营业）增长率（%）	18.8	12.6	6.9	−3.3	−14.8
资本保值增值率（%）	108.9	107.1	105.9	100.4	96.6
销售（营业）利润增长率（%）	13.0	7.7	2.4	−10.5	−25.5
总资产增长率（%）	14.6	11.9	7.9	−0.6	−4.9
技术投入比率（%）	7.2	5.2	4.3	3.6	2.6
五、补充资料					
存货周转率（次）	7.0	5.5	4.0	3.0	2.5
两金占流动资产比重（%）	39.3	46.8	50.5	63.4	67.7
成本费用总额占营业总收入比重（%）	93.4	94.0	94.7	100.6	106.1
经济增加值率（%）	9.4	6.2	3.5	−0.4	−6.2
EBITDA率（%）	17.9	13.7	7.8	5.0	3.1
资本积累率（%）	9.7	6.8	6.1	0.5	−3.0

电气机械及器材制造业

范围：中型企业

项　　目	优秀值	良好值	平均值	较低值	较差值
一、盈利能力状况					
净资产收益率（%）	16.0	8.8	8.0	1.0	-3.7
总资产报酬率（%）	6.5	4.7	4.0	0.9	-2.8
销售（营业）利润率（%）	6.3	4.4	3.5	0.3	-5.0
盈余现金保障倍数	4.0	2.0	1.1	-0.2	-1.2
成本费用利润率（%）	6.5	5.0	4.3	0.4	-8.5
资本收益率（%）	17.0	9.5	8.4	0.9	-8.2
二、资产质量状况					
总资产周转率（次）	1.2	1.0	0.9	0.5	0.3
应收账款周转率（次）	6.0	4.3	2.7	1.8	1.5
不良资产比率（%）	0.2	1.0	2.8	9.2	15.9
流动资产周转率（次）	1.7	1.3	1.1	0.7	0.5
资产现金回收率（%）	8.3	5.2	1.9	-0.3	-4.1
三、债务风险状况					
资产负债率（%）	48.6	53.6	58.6	68.6	83.6
已获利息倍数	9.4	4.5	2.0	1.1	-0.2
速动比率（%）	135.8	111.8	82.8	61.6	32.8
现金流动负债比率（%）	17.1	9.6	7.3	-0.4	-5.3
带息负债比率（%）	0.3	13.7	26.0	40.1	48.6
或有负债比率（%）	3.2	4.0	8.8	17.2	26.6
四、经营增长状况					
销售（营业）增长率（%）	18.0	12.3	5.4	-6.6	-14.1
资本保值增值率（%）	117.0	112.6	103.9	100.3	96.7
销售（营业）利润增长率（%）	28.5	20.1	3.8	-6.6	-15.1
总资产增长率（%）	16.5	9.7	6.5	-4.9	-9.0
技术投入比率（%）	5.9	4.6	3.4	2.7	1.9
五、补充资料					
存货周转率（次）	9.9	7.2	4.8	2.5	2.0
两金占流动资产比重（%）	50.3	56.6	60.7	74.0	76.4
成本费用总额占营业总收入比重（%）	94.3	95.9	96.8	100.2	103.1
经济增加值率（%）	13.6	7.3	2.3	-2.2	-4.4
EBITDA 率（%）	10.3	7.6	5.4	3.3	1.7
资本积累率（%）	18.6	9.9	9.6	0.1	-3.4

电气机械及器材制造业

范围：小型企业

项　　目	优秀值	良好值	平均值	较低值	较差值
一、盈利能力状况					
净资产收益率（%）	14.5	9.5	3.2	0.6	−7.7
总资产报酬率（%）	6.2	4.1	2.3	0.5	−4.4
销售（营业）利润率（%）	9.3	4.6	3.9	0.1	−5.9
盈余现金保障倍数	4.1	1.4	1.0	−0.5	−1.9
成本费用利润率（%）	11.1	5.1	3.9	0.3	−5.6
资本收益率（%）	15.9	10.0	3.3	0.5	−11.7
二、资产质量状况					
总资产周转率（次）	1.2	1.0	0.5	0.2	0.1
应收账款周转率（次）	5.6	4.0	2.4	1.5	1.2
不良资产比率（%）	0.1	1.1	3.4	8.7	15.2
流动资产周转率（次）	1.5	1.2	0.8	0.4	0.2
资产现金回收率（%）	8.9	4.7	2.2	−1.5	−4.0
三、债务风险状况					
资产负债率（%）	48.3	53.3	58.3	68.3	83.3
已获利息倍数	7.4	4.5	2.1	1.0	−3.9
速动比率（%）	152.0	121.4	85.5	56.5	44.1
现金流动负债比率（%）	19.6	8.4	4.5	−2.9	−10.6
带息负债比率（%）	0.4	14.0	34.3	48.7	53.1
或有负债比率（%）	3.2	4.0	8.8	17.2	26.6
四、经营增长状况					
销售（营业）增长率（%）	20.7	14.5	2.6	−10.5	−12.0
资本保值增值率（%）	113.1	106.7	103.9	99.8	94.5
销售（营业）利润增长率（%）	16.3	11.6	−7.4	−17.4	−29.4
总资产增长率（%）	14.1	9.4	1.2	−2.7	−7.1
技术投入比率（%）	4.1	3.6	3.1	2.6	1.9
五、补充资料					
存货周转率（次）	11.8	7.0	4.2	2.1	1.5
两金占流动资产比重（%）	39.0	47.2	57.1	71.5	78.1
成本费用总额占营业总收入比重（%）	93.0	95.0	96.9	101.7	109.0
经济增加值率（%）	12.2	6.9	−2.2	−3.8	−5.5
EBITDA率（%）	19.6	10.7	5.4	1.8	0.5
资本积累率（%）	20.3	11.4	3.1	−0.3	−12.9

电机制造业

范围：全行业

项　　　目	优秀值	良好值	平均值	较低值	较差值
一、盈利能力状况					
净资产收益率（%）	14.3	8.1	6.0	1.1	-6.7
总资产报酬率（%）	6.3	3.2	2.7	0.4	-3.8
销售（营业）利润率（%）	11.4	5.6	4.5	0.4	-7.3
盈余现金保障倍数	1.9	1.2	0.9	-0.3	-4.2
成本费用利润率（%）	10.5	5.6	4.6	0.1	-10.8
资本收益率（%）	15.3	8.6	6.7	1.1	-9.8
二、资产质量状况					
总资产周转率（次）	1.2	0.8	0.4	0.2	0.1
应收账款周转率（次）	9.4	6.9	4.7	2.1	1.4
不良资产比率（%）	1.0	1.9	3.4	8.0	18.8
流动资产周转率（次）	1.6	1.0	0.7	0.3	0.1
资产现金回收率（%）	5.6	2.8	1.5	-1.6	-3.6
三、债务风险状况					
资产负债率（%）	48.3	53.3	58.3	68.3	83.3
已获利息倍数	5.4	4.1	2.6	0.8	-1.6
速动比率（%）	151.5	122.2	97.9	80.2	74.9
现金流动负债比率（%）	10.6	6.3	5.4	-4.1	-9.4
带息负债比率（%）	11.6	22.8	32.0	45.1	58.4
或有负债比率（%）	0.2	0.3	5.0	13.5	22.8
四、经营增长状况					
销售（营业）增长率（%）	19.9	14.9	10.7	-5.9	-17.1
资本保值增值率（%）	112.5	108.4	104.3	100.6	99.3
销售（营业）利润增长率（%）	22.8	15.8	8.3	-8.7	-18.7
总资产增长率（%）	13.1	12.0	4.0	-6.9	-10.5
技术投入比率（%）	3.9	3.4	2.9	2.2	1.2
五、补充资料					
存货周转率（次）	8.0	5.5	2.8	1.8	1.0
两金占流动资产比重（%）	40.6	46.7	52.4	59.6	71.8
成本费用总额占营业总收入比重（%）	93.9	95.3	96.8	100.9	110.7
经济增加值率（%）	11.5	6.7	1.4	-3.3	-14.9
EBITDA率（%）	17.6	9.8	5.1	1.8	-10.1
资本积累率（%）	17.2	9.4	4.3	0.7	-16.0

输配电及控制设备制造业

范围：全行业

项　　目	优秀值	良好值	平均值	较低值	较差值
一、盈利能力状况					
净资产收益率（%）	15.7	9.5	6.9	1.0	-3.4
总资产报酬率（%）	6.4	5.5	4.7	1.1	-2.7
销售（营业）利润率（%）	10.4	9.2	8.0	0.8	-1.6
盈余现金保障倍数	5.7	2.5	1.1	-0.1	-2.2
成本费用利润率（%）	11.7	10.2	8.6	0.9	0.2
资本收益率（%）	16.2	9.6	4.4	1.0	-5.8
二、资产质量状况					
总资产周转率（次）	1.0	0.9	0.5	0.3	0.2
应收账款周转率（次）	3.7	2.7	1.8	1.5	1.1
不良资产比率（%）	0.2	1.1	2.5	7.2	11.4
流动资产周转率（次）	1.2	1.1	0.8	0.5	0.3
资产现金回收率（%）	9.6	6.7	2.3	-1.6	-5.9
三、债务风险状况					
资产负债率（%）	48.3	53.3	58.3	68.3	83.3
已获利息倍数	5.9	4.1	2.4	1.2	-0.4
速动比率（%）	154.5	130.1	93.9	75.6	57.4
现金流动负债比率（%）	19.1	12.1	9.8	0.7	-6.0
带息负债比率（%）	10.5	20.3	36.0	47.2	60.1
或有负债比率（%）	2.5	3.1	5.8	14.4	23.7
四、经营增长状况					
销售（营业）增长率（%）	19.7	13.8	6.2	-10.6	-23.3
资本保值增值率（%）	115.2	109.5	104.1	100.2	97.4
销售（营业）利润增长率（%）	17.1	9.8	3.0	-6.0	-13.4
总资产增长率（%）	16.2	9.5	8.1	-5.3	-11.7
技术投入比率（%）	6.3	5.4	4.6	4.1	2.8
五、补充资料					
存货周转率（次）	9.6	6.7	3.9	2.6	2.0
两金占流动资产比重（%）	47.9	55.6	63.2	72.0	81.6
成本费用总额占营业总收入比重（%）	91.8	92.6	93.5	99.6	102.0
经济增加值率（%）	13.5	7.0	3.3	-2.8	-9.3
EBITDA率（%）	18.7	11.3	9.2	3.8	-9.9
资本积累率（%）	18.5	9.6	3.4	0.3	-30.9

电工器材制造业

范围：全行业

项　　目	优秀值	良好值	平均值	较低值	较差值
一、盈利能力状况					
净资产收益率（%）	11.9	8.7	3.1	−2.5	−8.3
总资产报酬率（%）	7.2	4.3	3.8	0.1	−1.4
销售（营业）利润率（%）	6.5	3.8	2.0	−0.4	−6.5
盈余现金保障倍数	2.0	1.2	0.5	−0.8	−2.6
成本费用利润率（%）	7.5	4.0	2.1	−0.1	−7.1
资本收益率（%）	13.9	10.6	4.9	0.4	−8.1
二、资产质量状况					
总资产周转率（次）	1.6	1.4	1.2	0.4	0.1
应收账款周转率（次）	8.3	5.5	3.6	2.3	1.6
不良资产比率（%）	0.1	0.7	3.9	7.6	11.8
流动资产周转率（次）	2.5	2.2	1.9	0.7	0.3
资产现金回收率（%）	10.1	5.1	1.9	−0.8	−3.6
三、债务风险状况					
资产负债率（%）	48.6	53.6	58.6	68.6	83.6
已获利息倍数	9.2	5.3	2.0	1.0	−2.7
速动比率（%）	151.9	124.0	86.3	67.5	55.9
现金流动负债比率（%）	16.8	10.9	3.4	−1.8	−8.7
带息负债比率（%）	8.3	24.3	38.8	53.1	63.0
或有负债比率（%）	0.6	0.8	3.8	12.3	21.6
四、经营增长状况					
销售（营业）增长率（%）	19.7	13.9	1.2	−10.0	−18.9
资本保值增值率（%）	110.7	107.7	102.4	98.5	93.0
销售（营业）利润增长率（%）	11.3	2.7	−5.9	−10.4	−21.3
总资产增长率（%）	19.5	10.7	1.5	−7.0	−19.8
技术投入比率（%）	3.4	2.9	2.2	1.8	1.2
五、补充资料					
存货周转率（次）	11.6	7.7	5.2	3.0	2.2
两金占流动资产比重（%）	38.3	45.8	53.1	59.2	65.6
成本费用总额占营业总收入比重（%）	94.6	96.8	98.1	102.2	107.9
经济增加值率（%）	13.0	7.4	1.2	−3.8	−5.5
EBITDA 率（%）	12.3	7.4	3.3	1.5	−2.6
资本积累率（%）	15.9	10.3	6.6	−2.5	−7.8

家用电器制造业

范围：全行业

项　　目	优秀值	良好值	平均值	较低值	较差值
一、盈利能力状况					
净资产收益率（%）	11.3	6.8	3.5	-6.7	-13.3
总资产报酬率（%）	7.9	5.7	3.4	-2.9	-5.3
销售（营业）利润率（%）	16.8	10.5	5.2	-3.6	-13.2
盈余现金保障倍数	7.4	3.6	1.0	-0.1	-1.8
成本费用利润率（%）	9.4	7.4	4.7	-3.4	-9.1
资本收益率（%）	10.6	5.2	1.4	-9.6	-14.2
二、资产质量状况					
总资产周转率（次）	2.0	1.6	1.2	0.8	0.6
应收账款周转率（次）	16.2	13.2	9.1	5.4	3.0
不良资产比率（%）	0.3	0.8	1.9	5.9	8.5
流动资产周转率（次）	2.2	1.7	1.3	0.9	0.7
资产现金回收率（%）	11.8	5.4	3.3	-0.2	-5.2
三、债务风险状况					
资产负债率（%）	49.0	54.0	59.0	69.0	84.0
已获利息倍数	7.8	6.1	3.2	0.3	-2.3
速动比率（%）	121.1	103.5	79.5	61.2	31.3
现金流动负债比率（%）	14.0	7.2	5.2	-2.8	-9.3
带息负债比率（%）	7.0	14.1	27.9	46.7	63.2
或有负债比率（%）	34.5	35.4	39.8	48.6	57.6
四、经营增长状况					
销售（营业）增长率（%）	18.0	9.6	2.2	-18.7	-28.9
资本保值增值率（%）	112.4	107.3	104.9	95.5	89.0
销售（营业）利润增长率（%）	14.9	8.4	2.9	-18.2	-28.9
总资产增长率（%）	11.8	8.7	3.8	-1.4	-9.9
技术投入比率（%）	3.1	2.1	1.8	1.4	1.1
五、补充资料					
存货周转率（次）	8.6	5.3	4.1	2.6	1.9
两金占流动资产比重（%）	29.4	38.5	48.0	57.6	62.5
成本费用总额占营业总收入比重（%）	93.8	98.4	99.5	104.0	110.7
经济增加值率（%）	9.0	4.6	2.3	-10.2	-19.0
EBITDA 率（%）	7.4	6.7	5.9	-2.6	-5.9
资本积累率（%）	28.3	24.7	21.3	-3.2	-9.6

照明器具制造业

范围：全行业

项　　目	优秀值	良好值	平均值	较低值	较差值
一、盈利能力状况					
净资产收益率（％）	11.9	8.7	5.0	1.5	-3.0
总资产报酬率（％）	10.1	6.7	4.1	1.3	0.7
销售（营业）利润率（％）	14.2	8.3	3.2	-4.8	-11.0
盈余现金保障倍数	4.7	2.9	1.2	0.2	-3.1
成本费用利润率（％）	8.4	6.5	4.6	0.9	-9.7
资本收益率（％）	10.8	6.5	0.9	-8.0	-12.0
二、资产质量状况					
总资产周转率（次）	1.7	1.1	0.6	0.3	0.1
应收账款周转率（次）	11.4	6.7	3.7	1.2	0.3
不良资产比率（％）	0.4	1.9	4.6	7.8	12.1
流动资产周转率（次）	2.6	1.8	1.0	0.5	0.2
资产现金回收率（％）	10.9	4.5	1.4	-1.8	-5.2
三、债务风险状况					
资产负债率（％）	49.0	54.0	59.0	69.0	84.0
已获利息倍数	5.3	2.9	1.2	0.0	-1.2
速动比率（％）	134.9	98.2	74.2	50.4	38.5
现金流动负债比率（％）	29.3	23.6	17.9	11.4	6.0
带息负债比率（％）	0.2	13.7	37.6	48.0	59.2
或有负债比率（％）	0.3	0.9	4.8	13.3	20.1
四、经营增长状况					
销售（营业）增长率（％）	18.1	7.4	-1.8	-11.8	-21.4
资本保值增值率（％）	109.8	107.3	104.0	102.4	97.1
销售（营业）利润增长率（％）	15.7	9.2	2.9	-10.4	-19.3
总资产增长率（％）	19.5	11.9	3.2	-7.3	-14.8
技术投入比率（％）	5.2	4.6	3.2	2.8	2.4
五、补充资料					
存货周转率（次）	13.2	8.1	4.8	2.6	1.5
两金占流动资产比重（％）	48.1	56.4	59.4	61.0	69.4
成本费用总额占营业总收入比重（％）	75.8	86.0	92.4	97.1	103.9
经济增加值率（％）	8.0	4.5	1.3	-5.0	-13.8
EBITDA率（％）	25.4	10.6	7.7	-1.6	-4.6
资本积累率（％）	24.9	14.0	7.7	-3.6	-38.1

仪器仪表及文化办公用制造业

范围：全行业

项　　　目	优秀值	良好值	平均值	较低值	较差值
一、盈利能力状况					
净资产收益率（%）	9.9	7.4	5.3	-1.2	-8.3
总资产报酬率（%）	7.8	5.8	3.5	-0.1	-5.1
销售（营业）利润率（%）	17.9	12.4	6.0	-2.2	-7.4
盈余现金保障倍数	8.1	3.5	0.8	-0.3	-3.1
成本费用利润率（%）	13.4	11.7	6.6	-0.6	-9.2
资本收益率（%）	19.1	11.9	3.8	-2.7	-10.3
二、资产质量状况					
总资产周转率（次）	1.2	0.7	0.5	0.3	0.1
应收账款周转率（次）	10.9	6.6	2.7	1.8	1.0
不良资产比率（%）	0.1	1.3	2.5	8.1	14.6
流动资产周转率（次）	2.3	1.4	0.7	0.4	0.2
资产现金回收率（%）	11.2	7.4	2.3	-3.6	-10.7
三、债务风险状况					
资产负债率（%）	48.6	53.6	58.6	68.6	83.6
已获利息倍数	5.2	4.6	3.1	2.2	0.6
速动比率（%）	158.8	125.3	88.0	67.8	49.6
现金流动负债比率（%）	18.2	10.1	3.3	-4.0	-11.0
带息负债比率（%）	5.9	19.1	37.7	50.4	60.6
或有负债比率（%）	0.1	1.8	3.5	8.0	14.6
四、经营增长状况					
销售（营业）增长率（%）	21.0	13.6	5.1	-5.0	-14.9
资本保值增值率（%）	110.8	107.0	104.2	99.0	91.1
销售（营业）利润增长率（%）	31.6	16.4	5.9	-4.6	-9.7
总资产增长率（%）	19.1	12.5	5.2	-6.8	-14.3
技术投入比率（%）	10.6	8.6	6.7	5.0	3.3
五、补充资料					
存货周转率（次）	7.8	4.3	2.2	1.3	0.8
两金占流动资产比重（%）	29.1	34.9	46.6	56.8	64.7
成本费用总额占营业总收入比重（%）	81.2	88.8	95.7	103.3	108.6
经济增加值率（%）	8.1	5.4	1.6	-3.9	-10.2
EBITDA 率（%）	17.6	13.3	8.1	2.8	-2.6
资本积累率（%）	28.2	19.7	8.0	-0.6	-15.9

仪器仪表及文化办公用制造业

范围：大型企业

项　　　目	优秀值	良好值	平均值	较低值	较差值
一、盈利能力状况					
净资产收益率（%）	13.1	9.7	8.3	4.7	-0.5
总资产报酬率（%）	7.3	5.3	3.0	1.7	0.0
销售（营业）利润率（%）	12.8	9.0	6.0	-0.4	-5.4
盈余现金保障倍数	9.2	4.2	1.2	0.2	-1.1
成本费用利润率（%）	11.8	9.3	7.1	3.1	1.1
资本收益率（%）	17.6	12.9	8.9	5.1	0.8
二、资产质量状况					
总资产周转率（次）	0.8	0.5	0.4	0.3	0.1
应收账款周转率（次）	6.1	4.3	2.4	1.5	0.7
不良资产比率（%）	0.1	1.3	2.6	9.9	14.6
流动资产周转率（次）	1.9	1.4	1.2	1.0	0.3
资产现金回收率（%）	5.9	4.2	3.2	-0.2	-4.9
三、债务风险状况					
资产负债率（%）	48.6	53.6	58.6	68.6	83.6
已获利息倍数	5.2	4.3	3.3	2.7	2.1
速动比率（%）	112.1	86.5	73.8	63.1	50.0
现金流动负债比率（%）	19.1	12.8	7.3	3.3	-1.8
带息负债比率（%）	2.7	32.7	45.9	58.1	69.8
或有负债比率（%）	0.1	1.8	3.5	8.1	15.2
四、经营增长状况					
销售（营业）增长率（%）	16.0	8.8	5.2	-6.7	-15.2
资本保值增值率（%）	113.9	109.3	107.2	104.1	100.5
销售（营业）利润增长率（%）	24.7	14.6	5.8	0.2	-5.1
总资产增长率（%）	16.2	8.9	2.2	-6.9	-10.3
技术投入比率（%）	11.1	9.2	7.3	6.4	5.5
五、补充资料					
存货周转率（次）	4.2	3.4	2.7	2.0	1.7
两金占流动资产比重（%）	27.6	33.8	41.8	49.5	52.3
成本费用总额占营业总收入比重（%）	81.4	88.7	95.2	104.7	108.7
经济增加值率（%）	11.6	8.6	4.5	-0.3	-5.7
EBITDA率（%）	17.7	13.7	8.5	3.3	-2.8
资本积累率（%）	28.5	24.8	11.1	1.5	-7.4

仪器仪表及文化办公用制造业

范围：中型企业

项　　　目	优秀值	良好值	平均值	较低值	较差值
一、盈利能力状况					
净资产收益率（％）	12.2	9.5	7.2	-1.1	-8.1
总资产报酬率（％）	10.5	7.8	5.6	-0.1	-2.4
销售（营业）利润率（％）	17.7	13.9	5.0	-3.2	-8.4
盈余现金保障倍数	6.6	3.0	0.3	-0.8	-3.9
成本费用利润率（％）	12.4	10.6	6.0	2.4	-4.1
资本收益率（％）	20.6	11.8	7.5	2.9	-4.3
二、资产质量状况					
总资产周转率（次）	1.1	0.7	0.5	0.3	0.1
应收账款周转率（次）	10.7	6.9	2.8	1.9	1.1
不良资产比率（％）	0.1	1.5	2.9	7.4	15.3
流动资产周转率（次）	2.0	1.6	0.8	0.6	0.4
资产现金回收率（％）	17.0	7.4	1.6	-2.2	-5.3
三、债务风险状况					
资产负债率（％）	48.6	53.6	58.6	68.6	83.6
已获利息倍数	6.2	4.7	3.9	3.1	1.4
速动比率（％）	158.8	128.1	91.8	71.7	48.1
现金流动负债比率（％）	18.2	10.1	2.8	-4.4	-9.1
带息负债比率（％）	8.1	19.1	35.2	47.8	60.6
或有负债比率（％）	0.1	1.8	3.6	8.3	15.0
四、经营增长状况					
销售（营业）增长率（％）	21.0	13.6	5.1	4.0	-3.0
资本保值增值率（％）	112.6	108.1	106.1	101.3	92.5
销售（营业）利润增长率（％）	31.3	18.6	6.0	-12.0	-19.6
总资产增长率（％）	25.2	17.6	8.3	-2.2	-13.6
技术投入比率（％）	7.9	6.9	6.1	5.4	4.4
五、补充资料					
存货周转率（次）	5.8	4.1	2.1	1.1	0.6
两金占流动资产比重（％）	33.5	41.3	50.0	57.1	63.0
成本费用总额占营业总收入比重（％）	81.7	89.2	96.2	103.8	109.3
经济增加值率（％）	10.1	7.4	3.4	-2.5	-8.9
EBITDA率（％）	17.0	12.9	7.4	2.6	-2.6
资本积累率（％）	38.8	22.1	10.0	5.3	0.2

仪器仪表及文化办公用制造业

范围：小型企业

项　　　目	优秀值	良好值	平均值	较低值	较差值
一、盈利能力状况					
净资产收益率（%）	9.9	7.5	4.5	-0.9	-6.6
总资产报酬率（%）	9.4	7.3	3.3	-0.4	-5.2
销售（营业）利润率（%）	32.2	26.6	6.2	-0.7	-7.4
盈余现金保障倍数	5.7	2.7	0.3	-0.3	-2.5
成本费用利润率（%）	25.6	17.6	6.7	-1.4	-9.5
资本收益率（%）	19.1	11.9	3.8	-2.7	-10.3
二、资产质量状况					
总资产周转率（次）	2.2	1.6	0.5	0.3	0.1
应收账款周转率（次）	17.9	11.3	4.0	2.4	1.6
不良资产比率（%）	0.1	1.2	2.4	10.1	33.5
流动资产周转率（次）	2.3	1.7	0.6	0.4	0.2
资产现金回收率（%）	17.2	10.2	0.8	0.1	-12.0
三、债务风险状况					
资产负债率（%）	48.6	53.6	58.6	68.6	83.6
已获利息倍数	9.6	7.3	2.6	-0.1	-6.8
速动比率（%）	134.2	113.1	98.8	78.0	53.7
现金流动负债比率（%）	18.9	14.1	1.9	-6.7	-16.1
带息负债比率（%）	6.8	20.4	41.4	63.6	74.8
或有负债比率（%）	0.1	1.6	3.2	7.3	13.7
四、经营增长状况					
销售（营业）增长率（%）	26.8	18.3	5.0	-20.5	-34.0
资本保值增值率（%）	109.3	106.2	103.5	97.1	91.8
销售（营业）利润增长率（%）	25.4	15.1	5.8	-14.1	-30.6
总资产增长率（%）	36.1	23.0	10.4	-4.1	-18.0
技术投入比率（%）	14.3	11.1	4.7	3.2	1.2
五、补充资料					
存货周转率（次）	13.7	8.6	2.8	1.4	0.3
两金占流动资产比重（%）	32.2	45.6	55.4	62.7	69.2
成本费用总额占营业总收入比重（%）	74.5	85.8	95.8	102.9	113.3
经济增加值率（%）	8.8	6.3	0.8	-3.6	-9.8
EBITDA率（%）	31.4	22.0	10.7	1.6	-2.8
资本积累率（%）	36.6	23.7	7.2	-5.1	-19.7

通用仪器仪表制造业

范围：全行业

项　　目	优秀值	良好值	平均值	较低值	较差值
一、盈利能力状况					
净资产收益率（%）	13.8	9.8	5.7	1.1	-6.6
总资产报酬率（%）	9.3	7.2	4.7	0.5	-0.4
销售（营业）利润率（%）	13.1	9.8	6.4	0.7	-5.7
盈余现金保障倍数	2.3	1.8	1.4	-0.2	-1.0
成本费用利润率（%）	15.2	10.5	4.7	0.7	-4.9
资本收益率（%）	17.6	13.9	5.1	1.3	-12.5
二、资产质量状况					
总资产周转率（次）	1.0	0.8	0.5	0.3	0.1
应收账款周转率（次）	6.9	4.5	1.9	1.5	1.2
不良资产比率（%）	0.1	1.4	2.7	7.6	12.9
流动资产周转率（次）	1.3	1.0	0.7	0.5	0.3
资产现金回收率（%）	10.6	7.0	4.3	-0.6	-5.7
三、债务风险状况					
资产负债率（%）	48.3	53.3	58.3	68.3	83.3
已获利息倍数	3.8	3.2	2.0	1.3	0.5
速动比率（%）	142.8	118.7	88.4	69.6	50.9
现金流动负债比率（%）	20.3	15.0	8.8	-1.2	-7.1
带息负债比率（%）	9.3	17.9	31.0	42.5	51.4
或有负债比率（%）	0.1	1.8	3.5	12.0	21.3
四、经营增长状况					
销售（营业）增长率（%）	20.1	10.7	2.4	-3.3	-17.1
资本保值增值率（%）	112.7	108.9	104.6	100.2	96.9
销售（营业）利润增长率（%）	29.5	16.2	-2.7	-16.9	-21.3
总资产增长率（%）	19.8	10.3	4.0	-4.1	-10.1
技术投入比率（%）	7.0	6.0	4.6	3.8	2.8
五、补充资料					
存货周转率（次）	6.8	5.6	3.3	2.1	1.3
两金占流动资产比重（%）	33.3	43.8	52.1	66.4	73.3
成本费用总额占营业总收入比重（%）	89.9	94.0	95.1	101.5	110.5
经济增加值率（%）	23.5	11.8	1.4	-2.5	-10.2
EBITDA 率（%）	16.1	11.9	6.8	2.0	-4.4
资本积累率（%）	19.7	12.3	6.8	0.2	-21.1

专用仪器仪表制造业

范围：全行业

项 目	优秀值	良好值	平均值	较低值	较差值
一、盈利能力状况					
净资产收益率（%）	15.8	11.7	6.0	1.1	−5.7
总资产报酬率（%）	8.2	6.2	3.1	2.0	−0.1
销售（营业）利润率（%）	14.6	8.7	8.0	0.5	−7.0
盈余现金保障倍数	1.6	1.1	0.7	−0.3	−1.6
成本费用利润率（%）	14.3	10.6	8.1	0.7	−3.9
资本收益率（%）	16.0	11.0	4.4	0.8	−10.2
二、资产质量状况					
总资产周转率（次）	0.8	0.7	0.5	0.4	0.3
应收账款周转率（次）	4.7	3.7	2.9	1.5	1.2
不良资产比率（%）	0.4	1.3	2.7	8.3	15.7
流动资产周转率（次）	1.0	0.8	0.7	0.5	0.4
资产现金回收率（%）	7.8	5.2	1.2	−1.3	−12.7
三、债务风险状况					
资产负债率（%）	48.3	53.3	58.3	68.3	83.3
已获利息倍数	4.5	3.8	2.9	1.8	−2.7
速动比率（%）	161.6	130.5	92.5	72.8	52.1
现金流动负债比率（%）	16.9	11.0	7.8	−3.6	−13.7
带息负债比率（%）	0.6	12.8	31.9	43.6	53.8
或有负债比率（%）	0.1	1.3	2.5	11.0	20.3
四、经营增长状况					
销售（营业）增长率（%）	29.4	16.9	7.5	−7.4	−18.1
资本保值增值率（%）	117.5	110.1	104.6	99.8	95.8
销售（营业）利润增长率（%）	29.2	18.4	6.6	−4.8	−16.4
总资产增长率（%）	18.4	12.9	10.6	−1.4	−6.5
技术投入比率（%）	12.2	10.8	8.1	5.9	5.0
五、补充资料					
存货周转率（次）	5.0	3.4	2.1	1.1	0.8
两金占流动资产比重（%）	40.6	47.3	49.6	58.6	68.3
成本费用总额占营业总收入比重（%）	88.9	91.5	93.3	99.4	101.3
经济增加值率（%）	18.2	11.0	5.9	−2.6	−5.5
EBITDA 率（%）	20.0	12.7	11.3	−2.6	−6.7
资本积累率（%）	19.3	12.4	10.8	−0.5	−7.5

文化办公用机械制造业

范围：全行业

项　　目	优秀值	良好值	平均值	较低值	较差值
一、盈利能力状况					
净资产收益率（%）	11.5	7.2	4.0	−5.5	−9.5
总资产报酬率（%）	6.8	4.2	1.9	−1.9	−3.6
销售（营业）利润率（%）	18.4	12.5	3.4	−3.5	−11.7
盈余现金保障倍数	9.9	5.1	1.0	−1.8	−2.9
成本费用利润率（%）	15.2	10.3	4.6	−1.5	−14.1
资本收益率（%）	11.6	8.5	3.8	−7.0	−14.5
二、资产质量状况					
总资产周转率（次）	1.2	0.7	0.5	0.3	0.1
应收账款周转率（次）	10.3	8.0	5.7	3.6	1.9
不良资产比率（%）	0.2	0.6	1.7	5.0	9.8
流动资产周转率（次）	2.7	2.1	1.4	1.0	0.5
资产现金回收率（%）	12.3	6.1	1.6	−3.4	−10.4
三、债务风险状况					
资产负债率（%）	49.0	54.0	59.0	69.0	84.0
已获利息倍数	3.7	3.0	2.3	1.5	−1.6
速动比率（%）	164.8	133.1	104.7	87.5	58.9
现金流动负债比率（%）	16.4	11.7	4.7	−7.5	−15.6
带息负债比率（%）	4.1	18.6	38.9	50.9	56.9
或有负债比率（%）	0.1	1.3	2.5	11.0	20.3
四、经营增长状况					
销售（营业）增长率（%）	14.6	8.0	2.7	−6.4	−16.5
资本保值增值率（%）	110.0	105.6	103.0	93.5	90.5
销售（营业）利润增长率（%）	42.4	30.4	11.0	−1.4	−9.6
总资产增长率（%）	17.2	11.6	3.8	−8.1	−18.5
技术投入比率（%）	7.1	6.8	6.7	6.2	5.7
五、补充资料					
存货周转率（次）	10.5	7.5	5.2	4.3	2.5
两金占流动资产比重（%）	31.3	36.3	42.6	51.7	65.9
成本费用总额占营业总收入比重（%）	83.5	90.6	95.7	101.9	107.8
经济增加值率（%）	7.8	3.2	0.4	−5.9	−18.6
EBITDA率（%）	21.7	19.9	8.1	4.4	0.7
资本积累率（%）	32.9	14.9	6.7	−2.1	−15.3

钟表制造业

范围：全行业

项　　目	优秀值	良好值	平均值	较低值	较差值
一、盈利能力状况					
净资产收益率（％）	11.8	8.8	6.3	-3.7	-9.6
总资产报酬率（％）	9.7	5.5	4.0	0.4	-6.0
销售（营业）利润率（％）	17.6	12.7	6.9	-1.5	-30.9
盈余现金保障倍数	6.9	2.9	0.8	-0.4	-6.0
成本费用利润率（％）	12.2	9.7	8.5	-2.8	-7.0
资本收益率（％）	10.4	6.7	3.8	-6.9	-14.1
二、资产质量状况					
总资产周转率（次）	1.3	0.7	0.5	0.3	0.1
应收账款周转率（次）	16.2	8.2	5.7	4.9	4.1
不良资产比率（％）	0.1	2.6	5.2	12.3	16.6
流动资产周转率（次）	2.2	1.1	0.7	0.5	0.3
资产现金回收率（％）	7.9	3.6	0.4	-1.6	-5.1
三、债务风险状况					
资产负债率（％）	49.0	54.0	59.0	69.0	84.0
已获利息倍数	9.4	8.9	8.2	7.6	6.2
速动比率（％）	145.6	118.3	82.3	45.8	30.8
现金流动负债比率（％）	11.6	4.2	0.6	-1.8	-7.0
带息负债比率（％）	0.6	12.0	24.6	33.5	49.4
或有负债比率（％）	2.0	2.7	4.6	13.1	22.4
四、经营增长状况					
销售（营业）增长率（％）	21.4	8.3	-1.3	-11.1	-22.2
资本保值增值率（％）	109.7	107.3	105.2	95.6	89.4
销售（营业）利润增长率（％）	3.5	-1.5	-8.5	-14.6	-28.4
总资产增长率（％）	12.3	5.0	-2.9	-9.2	-18.6
技术投入比率（％）	4.4	3.8	3.4	3.0	2.7
五、补充资料					
存货周转率（次）	5.9	4.0	1.7	1.3	0.8
两金占流动资产比重（％）	13.9	35.5	53.6	65.7	69.5
成本费用总额占营业总收入比重（％）	55.5	59.8	76.9	87.4	94.2
经济增加值率（％）	8.9	5.0	2.6	-3.2	-11.3
EBITDA率（％）	21.7	17.8	13.3	4.7	0.7
资本积累率（％）	30.3	26.9	9.0	1.8	-21.4

电子工业

范围：全行业

项　　目	优秀值	良好值	平均值	较低值	较差值
一、盈利能力状况					
净资产收益率（%）	12.0	8.8	6.1	0.1	-6.1
总资产报酬率（%）	7.2	4.4	3.5	-1.6	-5.8
销售（营业）利润率（%）	13.9	9.0	5.4	2.7	-7.7
盈余现金保障倍数	2.1	1.7	1.3	-0.2	-2.8
成本费用利润率（%）	15.3	9.3	4.8	-0.2	-6.2
资本收益率（%）	13.8	10.4	6.4	3.0	-3.7
二、资产质量状况					
总资产周转率（次）	1.2	0.9	0.6	0.2	0.1
应收账款周转率（次）	6.0	5.0	3.6	2.1	1.5
不良资产比率（%）	0.9	1.5	2.8	4.2	6.3
流动资产周转率（次）	1.6	1.2	1.0	0.4	0.2
资产现金回收率（%）	9.9	5.5	2.4	-0.3	-3.9
三、债务风险状况					
资产负债率（%）	48.3	53.3	58.3	68.3	83.3
已获利息倍数	4.6	3.7	2.6	1.1	-2.0
速动比率（%）	127.7	108.2	97.8	81.9	63.1
现金流动负债比率（%）	23.5	12.3	6.8	-1.4	-8.6
带息负债比率（%）	9.7	24.1	37.3	50.4	61.5
或有负债比率（%）	2.8	5.2	8.5	15.7	24.8
四、经营增长状况					
销售（营业）增长率（%）	14.9	10.3	6.0	-2.0	-8.0
资本保值增值率（%）	111.8	107.5	105.2	98.9	93.0
销售（营业）利润增长率（%）	10.3	3.8	0.6	-9.6	-15.3
总资产增长率（%）	19.2	13.8	6.9	-3.5	-9.4
技术投入比率（%）	6.2	5.4	5.0	3.8	3.3
五、补充资料					
存货周转率（次）	11.2	7.4	4.3	2.1	1.6
两金占流动资产比重（%）	23.8	33.9	46.8	55.9	61.9
成本费用总额占营业总收入比重（%）	88.8	92.9	95.6	102.5	113.9
经济增加值率（%）	7.1	4.0	2.3	-4.5	-10.6
EBITDA率（%）	17.8	11.4	6.5	2.6	-3.3
资本积累率（%）	23.0	13.7	8.8	-1.1	-7.0

电子工业

范围：大型企业

项　　　目	优秀值	良好值	平均值	较低值	较差值
一、盈利能力状况					
净资产收益率（%）	11.7	6.7	5.2	1.3	−4.1
总资产报酬率（%）	7.5	5.3	3.2	0.8	−1.8
销售（营业）利润率（%）	11.8	8.9	5.3	1.0	−4.6
盈余现金保障倍数	3.3	2.0	1.7	0.1	−2.1
成本费用利润率（%）	13.1	9.4	4.4	1.1	−9.2
资本收益率（%）	14.7	10.6	6.7	1.0	−5.8
二、资产质量状况					
总资产周转率（次）	1.0	0.7	0.5	0.4	0.2
应收账款周转率（次）	6.9	5.2	3.8	2.6	1.1
不良资产比率（%）	1.0	1.3	2.6	3.8	6.1
流动资产周转率（次）	1.6	1.2	1.0	0.6	0.4
资产现金回收率（%）	10.4	6.9	5.4	2.1	−0.9
三、债务风险状况					
资产负债率（%）	48.3	53.3	58.3	68.3	83.3
已获利息倍数	7.0	5.9	4.4	0.3	−2.8
速动比率（%）	146.1	128.2	109.0	81.5	42.8
现金流动负债比率（%）	26.2	15.5	9.1	−2.2	−6.2
带息负债比率（%）	10.3	24.2	38.1	53.3	65.2
或有负债比率（%）	2.8	5.2	8.5	15.7	24.8
四、经营增长状况					
销售（营业）增长率（%）	20.6	13.1	6.3	−2.6	−12.1
资本保值增值率（%）	111.1	108.3	105.6	100.9	98.4
销售（营业）利润增长率（%）	9.3	5.0	−1.4	−13.7	−25.6
总资产增长率（%）	17.2	12.8	10.6	−0.5	−4.6
技术投入比率（%）	6.7	5.9	5.2	4.2	3.7
五、补充资料					
存货周转率（次）	11.6	9.1	4.2	2.5	1.8
两金占流动资产比重（%）	28.5	34.9	45.8	54.8	59.6
成本费用总额占营业总收入比重（%）	90.8	93.7	96.0	99.8	105.1
经济增加值率（%）	13.9	9.0	1.2	−1.4	−3.4
EBITDA率（%）	19.9	15.7	6.1	5.0	−3.0
资本积累率（%）	18.1	12.2	8.9	0.9	−1.6

电子工业

范围：中型企业

项 目	优秀值	良好值	平均值	较低值	较差值
一、盈利能力状况					
净资产收益率（%）	13.4	8.5	6.4	-0.2	-3.2
总资产报酬率（%）	9.5	7.3	4.3	0.1	-2.7
销售（营业）利润率（%）	15.2	9.0	7.3	0.6	-4.2
盈余现金保障倍数	2.4	1.4	0.7	-0.1	-4.0
成本费用利润率（%）	17.3	10.3	7.2	0.4	-7.5
资本收益率（%）	14.2	11.2	6.7	-0.1	-6.1
二、资产质量状况					
总资产周转率（次）	1.1	0.9	0.5	0.3	0.2
应收账款周转率（次）	6.4	4.7	2.7	2.2	1.7
不良资产比率（%）	0.8	3.0	5.4	8.5	15.8
流动资产周转率（次）	1.5	1.2	0.9	0.6	0.4
资产现金回收率（%）	10.4	7.0	3.0	-0.7	-3.5
三、债务风险状况					
资产负债率（%）	48.3	53.3	58.3	68.3	83.3
已获利息倍数	5.6	3.9	2.6	1.2	-1.8
速动比率（%）	143.0	117.7	99.1	74.0	50.9
现金流动负债比率（%）	25.5	15.9	10.5	-1.3	-6.7
带息负债比率（%）	7.0	20.4	34.8	42.8	52.2
或有负债比率（%）	2.8	5.2	8.5	15.7	24.8
四、经营增长状况					
销售（营业）增长率（%）	19.5	12.4	5.3	-6.2	-18.4
资本保值增值率（%）	114.2	109.6	106.2	100.0	93.0
销售（营业）利润增长率（%）	15.9	11.3	4.8	-7.5	-16.7
总资产增长率（%）	18.8	15.4	10.7	-2.4	-8.0
技术投入比率（%）	4.4	3.9	3.4	2.8	2.4
五、补充资料					
存货周转率（次）	9.3	6.9	3.7	2.2	1.5
两金占流动资产比重（%）	32.0	42.9	49.8	56.1	61.5
成本费用总额占营业总收入比重（%）	88.3	92.3	96.8	100.8	107.6
经济增加值率（%）	22.3	13.9	2.7	-2.7	-5.5
EBITDA率（%）	21.4	15.6	10.2	3.3	0.1
资本积累率（%）	27.9	16.5	9.0	-3.2	-6.8

电子工业

范围：小型企业

项　目	优秀值	良好值	平均值	较低值	较差值
一、盈利能力状况					
净资产收益率（%）	12.3	8.8	6.6	-0.3	-7.9
总资产报酬率（%）	8.9	5.6	4.6	-0.6	-4.2
销售（营业）利润率（%）	13.7	9.2	4.9	0.1	-8.0
盈余现金保障倍数	1.7	0.9	0.2	-0.3	-1.2
成本费用利润率（%）	15.8	9.7	4.7	-3.8	-12.5
资本收益率（%）	11.4	8.0	5.4	-3.0	-9.7
二、资产质量状况					
总资产周转率（次）	1.3	1.0	0.6	0.2	0.1
应收账款周转率（次）	7.9	5.2	3.2	1.9	1.4
不良资产比率（%）	0.5	4.1	7.9	11.6	64.6
流动资产周转率（次）	1.6	1.2	1.0	0.4	0.2
资产现金回收率（%）	8.3	3.8	1.4	-1.3	-4.8
三、债务风险状况					
资产负债率（%）	48.3	53.3	58.3	68.3	83.3
已获利息倍数	5.0	4.2	3.4	-0.4	-3.6
速动比率（%）	123.5	108.1	88.5	66.6	40.3
现金流动负债比率（%）	16.8	8.8	3.1	-2.8	-11.9
带息负债比率（%）	9.1	25.2	39.0	48.3	58.2
或有负债比率（%）	2.8	5.2	8.5	15.7	24.8
四、经营增长状况					
销售（营业）增长率（%）	14.5	9.5	4.1	-6.8	-17.0
资本保值增值率（%）	113.3	108.2	105.2	98.4	91.0
销售（营业）利润增长率（%）	14.1	7.6	4.6	-5.2	-9.6
总资产增长率（%）	20.6	14.3	5.8	-4.4	-11.8
技术投入比率（%）	4.5	3.2	2.2	1.8	1.5
五、补充资料					
存货周转率（次）	12.2	6.4	4.5	2.0	1.5
两金占流动资产比重（%）	14.9	38.3	49.6	52.4	55.0
成本费用总额占营业总收入比重（%）	89.1	93.0	95.6	98.2	102.5
经济增加值率（%）	24.3	14.9	1.8	-4.1	-6.2
EBITDA率（%）	19.8	12.6	6.0	1.3	-4.6
资本积累率（%）	25.5	13.9	6.2	-1.7	-9.0

通信设备制造业

范围：全行业

项　　目	优秀值	良好值	平均值	较低值	较差值
一、盈利能力状况					
净资产收益率（%）	16.2	10.3	6.1	-0.9	-5.7
总资产报酬率（%）	8.4	6.1	3.5	-2.1	-5.9
销售（营业）利润率（%）	14.4	8.4	2.9	-0.2	-10.4
盈余现金保障倍数	2.8	1.4	1.0	-0.2	-3.0
成本费用利润率（%）	15.3	10.2	3.0	-0.2	-13.4
资本收益率（%）	16.9	10.7	6.3	-0.6	-8.9
二、资产质量状况					
总资产周转率（次）	1.0	0.7	0.7	0.2	0.1
应收账款周转率（次）	6.5	3.9	3.8	1.6	1.1
不良资产比率（%）	0.1	0.7	2.0	5.7	10.0
流动资产周转率（次）	1.8	1.4	1.1	0.3	0.1
资产现金回收率（%）	9.6	4.9	3.4	-1.4	-11.9
三、债务风险状况					
资产负债率（%）	48.3	53.3	58.3	68.3	83.3
已获利息倍数	7.2	5.7	2.9	0.9	-0.5
速动比率（%）	154.5	128.2	98.8	80.7	62.0
现金流动负债比率（%）	25.6	12.4	7.8	-2.4	-12.1
带息负债比率（%）	12.2	25.5	36.5	50.0	57.5
或有负债比率（%）	3.3	3.6	5.5	12.8	24.3
四、经营增长状况					
销售（营业）增长率（%）	15.2	7.0	0.8	-11.5	-22.6
资本保值增值率（%）	115.8	108.9	105.0	97.6	91.0
销售（营业）利润增长率（%）	12.6	5.6	2.5	-7.2	-19.6
总资产增长率（%）	16.5	8.7	4.2	-4.9	-11.0
技术投入比率（%）	8.5	5.8	5.0	4.4	3.4
五、补充资料					
存货周转率（次）	10.3	7.2	3.5	1.8	1.4
两金占流动资产比重（%）	36.4	42.6	53.3	58.1	67.8
成本费用总额占营业总收入比重（%）	90.0	93.7	98.1	100.8	106.2
经济增加值（%）	18.2	11.7	3.7	-3.5	-5.5
EBITDA 率（%）	22.7	13.5	4.0	1.4	-6.9
资本积累率（%）	15.8	9.0	0.2	-2.7	-9.0

广播电视设备制造业

范围：全行业

项　　目	优秀值	良好值	平均值	较低值	较差值
一、盈利能力状况					
净资产收益率（％）	8.3	4.9	3.7	-2.0	-9.4
总资产报酬率（％）	8.0	4.4	3.5	-0.6	-2.7
销售（营业）利润率（％）	16.7	11.8	5.6	1.6	-8.8
盈余现金保障倍数	3.7	2.1	1.0	-1.4	-3.9
成本费用利润率（％）	12.3	8.8	5.7	-1.7	-11.1
资本收益率（％）	9.9	6.7	4.4	-1.6	-9.2
二、资产质量状况					
总资产周转率（次）	1.5	1.2	0.9	0.7	0.5
应收账款周转率（次）	7.7	6.0	2.7	1.3	0.7
不良资产比率（％）	2.9	3.8	4.7	6.1	7.0
流动资产周转率（次）	2.2	1.8	1.1	0.8	0.6
资产现金回收率（％）	11.6	5.4	0.7	-0.8	-6.8
三、债务风险状况					
资产负债率（％）	48.6	53.6	58.6	68.6	83.6
已获利息倍数	7.9	6.5	4.4	1.5	-2.0
速动比率（％）	147.4	115.3	91.3	69.5	39.4
现金流动负债比率（％）	19.7	15.7	7.6	-12.0	-17.0
带息负债比率（％）	13.6	21.9	32.9	46.7	61.2
或有负债比率（％）	2.1	3.2	5.4	11.9	20.7
四、经营增长状况					
销售（营业）增长率（％）	19.5	13.2	3.5	-3.2	-4.5
资本保值增值率（％）	110.5	107.3	104.5	99.1	92.8
销售（营业）利润增长率（％）	18.0	14.2	6.2	-7.8	-13.7
总资产增长率（％）	19.7	13.5	8.3	-4.0	-10.6
技术投入比率（％）	8.6	7.4	5.5	4.6	4.3
五、补充资料					
存货周转率（次）	15.6	8.5	4.5	2.4	1.7
两金占流动资产比重（％）	27.0	28.1	53.1	59.4	66.3
成本费用总额占营业总收入比重（％）	89.2	93.0	96.3	101.7	105.7
经济增加值率（％）	4.3	1.7	-2.5	-6.2	-12.8
EBITDA 率（％）	10.5	6.9	3.0	-0.4	-5.3
资本积累率（％）	19.5	14.6	6.8	-10.9	-24.5

电子计算机制造业

范围：全行业

项　　目	优秀值	良好值	平均值	较低值	较差值
一、盈利能力状况					
净资产收益率（%）	8.7	5.8	3.4	-1.8	-3.9
总资产报酬率（%）	7.1	3.2	2.3	-1.5	-3.4
销售（营业）利润率（%）	13.3	6.1	3.1	0.3	-7.8
盈余现金保障倍数	1.9	1.0	0.7	-0.6	-1.6
成本费用利润率（%）	8.1	5.1	3.1	-2.0	-8.4
资本收益率（%）	12.2	9.4	6.4	1.2	-4.5
二、资产质量状况					
总资产周转率（次）	2.3	1.8	1.0	0.3	0.1
应收账款周转率（次）	7.2	5.2	4.3	3.7	2.2
不良资产比率（%）	1.7	2.8	3.6	6.1	10.1
流动资产周转率（次）	2.6	2.1	1.5	0.5	0.3
资产现金回收率（%）	12.7	7.8	1.6	-0.2	-3.7
三、债务风险状况					
资产负债率（%）	48.6	53.6	58.6	68.6	83.6
已获利息倍数	5.6	4.5	3.4	-2.2	-9.3
速动比率（%）	125.3	116.6	96.7	74.8	43.7
现金流动负债比率（%）	20.9	15.2	7.7	-1.5	-13.1
带息负债比率（%）	20.6	36.5	46.6	62.7	75.6
或有负债比率（%）	1.3	2.8	4.7	11.9	23.5
四、经营增长状况					
销售（营业）增长率（%）	15.5	8.4	5.1	-6.0	-14.5
资本保值增值率（%）	111.1	108.1	105.1	97.8	92.6
销售（营业）利润增长率（%）	3.2	-4.2	-7.7	-16.8	-27.0
总资产增长率（%）	16.8	11.0	6.9	-1.7	-6.5
技术投入比率（%）	5.4	3.8	3.0	2.4	1.9
五、补充资料					
存货周转率（次）	10.3	8.1	5.3	4.3	2.0
两金占流动资产比重（%）	39.4	53.0	58.0	70.1	75.1
成本费用总额占营业总收入比重（%）	92.4	95.7	98.1	100.2	102.9
经济增加值率（%）	20.7	11.3	3.2	-3.4	-5.5
EBITDA 率（%）	18.0	9.3	4.4	1.6	-3.4
资本积累率（%）	37.5	16.0	3.6	-1.7	-6.3

电子元器件制造业

范围：全行业

项 目	优秀值	良好值	平均值	较低值	较差值
一、盈利能力状况					
净资产收益率（%）	11.3	8.3	4.8	0.2	-2.8
总资产报酬率（%）	10.1	7.2	2.7	-0.2	-2.1
销售（营业）利润率（%）	13.9	9.4	5.2	-3.1	-11.7
盈余现金保障倍数	2.2	1.7	1.2	-0.2	-0.8
成本费用利润率（%）	16.1	10.3	4.7	-0.1	-6.7
资本收益率（%）	11.8	8.1	4.9	-0.7	-6.4
二、资产质量状况					
总资产周转率（次）	1.0	0.8	0.4	0.2	0.1
应收账款周转率（次）	7.0	5.3	3.9	2.4	1.8
不良资产比率（%）	1.6	2.5	3.6	6.5	12.0
流动资产周转率（次）	1.6	1.3	1.0	0.5	0.2
资产现金回收率（%）	9.7	5.8	1.8	-0.3	-1.6
三、债务风险状况					
资产负债率（%）	48.3	53.3	58.3	68.3	83.3
已获利息倍数	5.2	4.2	3.0	-2.0	-8.9
速动比率（%）	123.1	118.3	96.7	74.0	43.2
现金流动负债比率（%）	29.0	15.1	6.7	-0.7	-6.6
带息负债比率（%）	19.8	35.4	45.6	61.7	75.5
或有负债比率（%）	2.1	3.3	4.6	11.9	23.4
四、经营增长状况					
销售（营业）增长率（%）	20.1	13.6	9.8	-5.9	-9.2
资本保值增值率（%）	111.1	107.7	105.2	100.0	94.7
销售（营业）利润增长率（%）	15.3	8.2	-8.3	-13.2	-17.4
总资产增长率（%）	19.4	11.5	6.5	-1.7	-6.2
技术投入比率（%）	4.3	3.5	3.0	2.3	1.8
五、补充资料					
存货周转率（次）	10.3	7.2	6.2	2.4	1.6
两金占流动资产比重（%）	25.9	38.9	44.0	61.7	69.1
成本费用总额占营业总收入比重（%）	88.2	92.1	95.1	100.1	107.5
经济增加值率（%）	10.9	7.0	-0.7	-4.6	-6.1
EBITDA率（%）	16.3	11.7	7.0	4.7	-1.1
资本积累率（%）	28.5	15.9	10.7	-0.9	-19.9

家用影视设备制造业

范围：全行业

项　　　目	优秀值	良好值	平均值	较低值	较差值
一、盈利能力状况					
净资产收益率（%）	9.7	6.5	4.1	-2.1	-5.1
总资产报酬率（%）	6.6	4.1	3.0	0.3	-3.2
销售（营业）利润率（%）	8.6	5.9	2.1	-2.0	-11.9
盈余现金保障倍数	4.4	2.7	1.7	-1.0	-3.9
成本费用利润率（%）	8.0	6.6	5.7	1.5	-5.3
资本收益率（%）	11.1	8.4	6.3	2.8	-5.1
二、资产质量状况					
总资产周转率（次）	2.2	1.5	1.0	0.5	0.1
应收账款周转率（次）	15.9	9.9	6.0	2.8	2.0
不良资产比率（%）	1.9	2.0	4.5	7.2	11.5
流动资产周转率（次）	2.4	2.0	1.5	0.8	0.3
资产现金回收率（%）	9.4	4.0	1.8	-3.8	-10.3
三、债务风险状况					
资产负债率（%）	48.6	53.6	58.6	68.6	83.6
已获利息倍数	5.4	3.9	1.7	-0.9	-1.6
速动比率（%）	142.1	116.1	93.7	67.7	52.5
现金流动负债比率（%）	29.3	17.3	8.2	-6.8	-13.3
带息负债比率（%）	31.2	46.8	58.2	73.5	89.7
或有负债比率（%）	3.7	4.3	5.2	12.6	23.8
四、经营增长状况					
销售（营业）增长率（%）	9.9	6.4	0.3	-9.1	-21.0
资本保值增值率（%）	106.9	103.6	101.5	95.7	93.2
销售（营业）利润增长率（%）	8.4	1.6	-6.6	-16.3	-23.4
总资产增长率（%）	12.7	6.3	4.0	-6.3	-10.5
技术投入比率（%）	7.9	7.4	7.0	6.3	5.8
五、补充资料					
存货周转率（次）	9.1	6.5	3.4	2.6	1.0
两金占流动资产比重（%）	26.7	34.4	39.8	67.9	78.4
成本费用总额占营业总收入比重（%）	96.2	98.5	100.9	102.7	108.2
经济增加值率（%）	11.0	7.2	0.6	-5.4	-7.0
EBITDA率（%）	11.5	6.7	2.9	0.3	-4.2
资本积累率（%）	7.1	4.8	1.5	-4.3	-6.8

电力热力燃气工业

范围：全行业

项　　目	优秀值	良好值	平均值	较低值	较差值
一、盈利能力状况					
净资产收益率（%）	12.5	9.1	5.1	2.2	-1.3
总资产报酬率（%）	7.9	6.1	4.0	0.2	-0.6
销售（营业）利润率（%）	11.9	8.9	6.3	2.6	-4.2
盈余现金保障倍数	3.8	2.4	1.8	0.4	-0.1
成本费用利润率（%）	8.9	6.8	5.0	1.1	-4.5
资本收益率（%）	10.9	8.0	5.5	1.0	-4.1
二、资产质量状况					
总资产周转率（次）	0.5	0.4	0.3	0.2	0.1
应收账款周转率（次）	16.4	10.0	6.8	1.2	0.8
不良资产比率（%）	0.1	0.4	1.2	1.6	2.3
流动资产周转率（次）	1.9	1.7	1.5	0.3	0.2
资产现金回收率（%）	10.1	7.1	5.7	0.7	-2.7
三、债务风险状况					
资产负债率（%）	48.3	53.3	58.3	68.3	83.3
已获利息倍数	4.9	3.4	2.4	1.3	1.0
速动比率（%）	76.2	57.0	46.6	35.7	26.5
现金流动负债比率（%）	35.6	27.5	20.0	8.5	-2.5
带息负债比率（%）	50.7	59.4	67.6	76.0	82.9
或有负债比率（%）	0.4	2.0	6.0	10.7	16.3
四、经营增长状况					
销售（营业）增长率（%）	21.7	10.2	0.8	-6.1	-11.3
资本保值增值率（%）	108.7	106.0	104.2	100.0	95.7
销售（营业）利润增长率（%）	14.6	6.5	-1.5	-7.7	-16.8
总资产增长率（%）	18.6	8.1	4.4	-3.1	-5.9
技术投入比率（%）	1.6	1.1	0.7	0.5	0.3
五、补充资料					
存货周转率（次）	30.5	21.5	14.6	6.1	2.0
两金占流动资产比重（%）	12.6	26.0	35.7	46.5	53.4
成本费用总额占营业总收入比重（%）	84.7	90.0	94.8	99.9	106.9
经济增加值率（%）	4.2	1.6	-1.5	-5.2	-5.5
EBITDA 率（%）	19.2	12.3	6.5	-2.7	-7.1
资本积累率（%）	22.3	12.3	5.9	0.5	-4.3

电力热力燃气工业

范围：大型企业

项　　　目	优秀值	良好值	平均值	较低值	较差值
一、盈利能力状况					
净资产收益率（％）	11.7	8.3	4.4	1.9	-2.1
总资产报酬率（％）	7.1	5.4	3.7	0.6	0.2
销售（营业）利润率（％）	11.2	8.3	5.1	1.3	-5.7
盈余现金保障倍数	5.2	3.0	2.0	0.5	-0.4
成本费用利润率（％）	8.5	6.3	4.3	0.6	-2.8
资本收益率（％）	11.7	8.2	4.7	2.4	-4.4
二、资产质量状况					
总资产周转率（次）	0.6	0.4	0.3	0.2	0.1
应收账款周转率（次）	18.2	13.7	9.5	4.6	2.4
不良资产比率（％）	0.2	0.9	2.1	3.3	4.5
流动资产周转率（次）	3.4	2.3	2.0	0.4	0.2
资产现金回收率（％）	11.3	8.9	6.8	2.9	-1.3
三、债务风险状况					
资产负债率（％）	48.3	53.3	58.3	68.3	83.3
已获利息倍数	6.0	3.8	2.5	1.2	0.9
速动比率（％）	72.5	52.5	42.0	30.9	22.3
现金流动负债比率（％）	36.0	33.5	22.3	11.5	1.8
带息负债比率（％）	48.9	58.1	67.3	73.9	81.6
或有负债比率（％）	0.4	2.0	6.0	10.6	15.4
四、经营增长状况					
销售（营业）增长率（％）	13.2	6.1	0.2	-5.5	-8.6
资本保值增值率（％）	110.2	107.0	104.4	100.1	97.7
销售（营业）利润增长率（％）	14.5	6.1	-1.7	-7.2	-16.9
总资产增长率（％）	16.8	8.4	4.5	-3.2	-5.4
技术投入比率（％）	2.1	1.3	1.1	0.8	0.5
五、补充资料					
存货周转率（次）	31.3	22.7	14.7	6.5	2.8
两金占流动资产比重（％）	19.5	32.7	39.8	50.4	61.3
成本费用总额占营业总收入比重（％）	86.0	91.5	96.1	100.8	105.8
经济增加值率（％）	2.2	0.2	-1.7	-4.9	-5.5
EBITDA率（％）	19.3	12.0	5.7	-3.0	-6.1
资本积累率（％）	17.5	10.6	5.9	0.1	-2.3

电力热力燃气工业

范围：中型企业

项　　目	优秀值	良好值	平均值	较低值	较差值
一、盈利能力状况					
净资产收益率（%）	13.6	9.7	6.5	0.7	-3.5
总资产报酬率（%）	7.9	6.1	3.5	0.6	-2.1
销售（营业）利润率（%）	14.7	11.5	8.7	0.9	-2.8
盈余现金保障倍数	4.2	2.5	1.6	0.8	-0.3
成本费用利润率（%）	11.3	8.7	6.8	0.6	-3.8
资本收益率（%）	14.2	9.9	6.9	0.3	-3.7
二、资产质量状况					
总资产周转率（次）	0.6	0.4	0.3	0.2	0.1
应收账款周转率（次）	16.7	11.3	6.7	2.2	1.2
不良资产比率（%）	0.5	1.2	2.9	5.0	6.8
流动资产周转率（次）	2.8	1.8	1.1	0.4	0.2
资产现金回收率（%）	11.1	8.0	5.5	0.4	-0.6
三、债务风险状况					
资产负债率（%）	48.6	53.6	58.6	68.6	83.6
已获利息倍数	5.9	3.6	2.1	1.2	0.7
速动比率（%）	84.6	72.7	58.7	47.2	36.7
现金流动负债比率（%）	27.8	20.3	14.6	2.1	-15.6
带息负债比率（%）	50.6	58.7	68.1	75.7	88.2
或有负债比率（%）	0.3	1.4	4.4	10.5	17.2
四、经营增长状况					
销售（营业）增长率（%）	16.7	8.4	0.1	-5.9	-10.7
资本保值增值率（%）	107.4	105.8	104.2	100.0	96.0
销售（营业）利润增长率（%）	18.1	10.2	1.5	-6.0	-12.2
总资产增长率（%）	15.0	7.8	3.9	-3.7	-13.7
技术投入比率（%）	1.5	0.9	0.5	0.3	0.2
五、补充资料					
存货周转率（次）	26.7	18.0	11.2	5.4	1.6
两金占流动资产比重（%）	4.1	16.5	26.5	36.8	45.2
成本费用总额占营业总收入比重（%）	81.7	88.4	93.9	99.8	106.3
经济增加值率（%）	3.9	1.4	-1.2	-4.5	-5.5
EBITDA率（%）	22.7	15.6	10.0	-1.6	-6.0
资本积累率（%）	19.6	11.9	4.3	-0.5	-9.6

电力热力燃气工业

范围：小型企业

项 目	优秀值	良好值	平均值	较低值	较差值
一、盈利能力状况					
净资产收益率（%）	11.8	10.4	7.3	1.9	-2.4
总资产报酬率（%）	8.2	6.3	4.8	0.3	-1.0
销售（营业）利润率（%）	21.8	17.7	14.6	2.6	-1.1
盈余现金保障倍数	3.8	2.4	1.6	0.6	-0.1
成本费用利润率（%）	14.0	12.0	10.5	1.4	-3.8
资本收益率（%）	10.5	8.9	6.2	-1.9	-8.6
二、资产质量状况					
总资产周转率（次）	0.8	0.5	0.3	0.2	0.1
应收账款周转率（次）	13.3	10.2	2.7	1.1	0.8
不良资产比率（%）	0.1	0.3	0.7	1.3	1.9
流动资产周转率（次）	1.7	1.1	0.8	0.3	0.2
资产现金回收率（%）	10.1	7.2	5.7	0.1	-2.9
三、债务风险状况					
资产负债率（%）	48.6	53.6	58.6	68.6	83.6
已获利息倍数	4.9	3.4	2.3	1.4	1.0
速动比率（%）	84.1	74.1	58.3	50.3	36.3
现金流动负债比率（%）	27.7	20.0	13.5	1.2	-8.8
带息负债比率（%）	45.7	55.1	68.1	84.1	93.0
或有负债比率（%）	0.3	1.7	5.3	11.1	18.9
四、经营增长状况					
销售（营业）增长率（%）	24.2	11.4	1.7	-5.8	-11.3
资本保值增值率（%）	108.5	106.8	104.9	99.9	95.5
销售（营业）利润增长率（%）	13.5	6.1	-4.2	-12.1	-19.3
总资产增长率（%）	14.1	10.1	5.3	-3.0	-12.9
技术投入比率（%）	1.5	1.0	0.7	0.4	0.1
五、补充资料					
存货周转率（次）	25.7	16.7	10.0	2.8	1.7
两金占流动资产比重（%）	3.1	15.6	34.9	44.2	54.0
成本费用总额占营业总收入比重（%）	77.2	84.2	87.8	98.8	105.4
经济增加值率（%）	4.9	2.1	-0.6	-5.0	-5.5
EBITDA 率（%）	23.8	16.7	10.5	-1.8	-9.9
资本积累率（%）	19.7	13.4	7.1	-0.1	-9.6

电力生产业

项　　目	优秀值	良好值	平均值	较低值	较差值
一、盈利能力状况					
净资产收益率（%）	12.6	9.5	6.3	2.3	-6.1
总资产报酬率（%）	7.7	6.3	4.9	0.5	-0.9
销售（营业）利润率（%）	13.5	9.8	6.9	2.3	-1.5
盈余现金保障倍数	4.0	2.7	1.9	0.5	-0.7
成本费用利润率（%）	14.9	10.0	7.2	4.7	-4.1
资本收益率（%）	11.7	10.0	6.8	1.7	-4.8
二、资产质量状况					
总资产周转率（次）	0.5	0.4	0.3	0.2	0.1
应收账款周转率（次）	9.7	6.4	5.8	1.0	0.7
不良资产比率（%）	0.2	1.1	1.7	4.7	10.7
流动资产周转率（次）	3.1	1.9	1.1	0.4	0.3
资产现金回收率（%）	10.3	7.5	5.7	0.2	-0.6
三、债务风险状况					
资产负债率（%）	48.8	53.8	58.6	68.8	83.8
已获利息倍数	4.2	3.2	2.4	0.7	-1.5
速动比率（%）	100.0	74.4	52.3	44.0	28.2
现金流动负债比率（%）	38.0	24.8	15.9	1.5	-12.3
带息负债比率（%）	47.0	59.3	72.9	81.9	87.1
或有负债比率（%）	0.1	1.0	6.0	13.2	24.3
四、经营增长状况					
销售（营业）增长率（%）	18.8	9.6	1.0	-8.2	-22.3
资本保值增值率（%）	109.7	106.1	104.0	100.0	96.6
销售（营业）利润增长率（%）	16.8	9.8	3.4	-2.1	-11.6
总资产增长率（%）	11.3	5.9	3.3	-5.9	-11.6
技术投入比率（%）	1.8	1.2	0.8	0.3	0.1
五、补充资料					
存货周转率（次）	24.5	19.6	14.5	7.7	5.2
两金占流动资产比重（%）	14.4	29.2	36.0	42.3	55.6
成本费用总额占营业总收入比重（%）	66.3	76.9	88.9	95.6	100.7
经济增加值率（%）	5.5	3.6	1.4	-3.0	-5.5
EBITDA率（%）	32.2	23.2	13.1	0.6	-14.5
资本积累率（%）	22.9	12.6	7.5	0.0	-3.4

电力生产业

范围：大型企业

项 目	优秀值	良好值	平均值	较低值	较差值
一、盈利能力状况					
净资产收益率（%）	11.7	9.2	7.0	1.6	-6.3
总资产报酬率（%）	7.2	5.7	5.0	0.8	0.3
销售（营业）利润率（%）	15.2	12.3	9.3	2.9	-2.7
盈余现金保障倍数	4.5	2.9	2.0	0.7	-0.2
成本费用利润率（%）	14.5	9.7	6.6	2.8	-3.8
资本收益率（%）	10.5	8.3	6.4	1.3	-2.9
二、资产质量状况					
总资产周转率（次）	0.5	0.4	0.3	0.2	0.1
应收账款周转率（次）	12.7	9.6	7.0	3.2	1.7
不良资产比率（%）	0.3	1.2	2.1	4.4	8.7
流动资产周转率（次）	3.3	2.1	1.3	0.3	0.2
资产现金回收率（%）	11.3	8.9	6.4	4.1	0.5
三、债务风险状况					
资产负债率（%）	48.6	53.6	58.6	68.6	83.6
已获利息倍数	5.2	3.7	2.5	1.3	-0.9
速动比率（%）	99.0	72.8	50.6	39.5	27.5
现金流动负债比率（%）	46.8	33.8	20.8	13.3	0.6
带息负债比率（%）	46.0	56.7	72.5	90.7	96.1
或有负债比率（%）	0.1	0.8	5.4	12.1	22.9
四、经营增长状况					
销售（营业）增长率（%）	14.6	10.4	0.8	-5.6	-8.6
资本保值增值率（%）	109.8	106.1	104.8	100.0	97.5
销售（营业）利润增长率（%）	16.2	11.9	3.5	-0.2	-9.8
总资产增长率（%）	13.1	8.5	4.9	-4.1	-6.0
技术投入比率（%）	2.0	1.3	1.0	0.3	0.1
五、补充资料					
存货周转率（次）	20.3	16.3	11.5	5.9	2.7
两金占流动资产比重（%）	23.3	32.4	36.6	47.6	59.2
成本费用总额占营业总收入比重（%）	75.4	82.1	87.9	100.1	105.6
经济增加值率（%）	5.6	3.7	1.5	-2.6	-5.5
EBITDA 率（%）	32.3	23.1	13.3	-1.2	-14.7
资本积累率（%）	20.7	11.9	8.1	0.1	-2.3

电力生产业

范围：中型企业

项　　目	优秀值	良好值	平均值	较低值	较差值
一、盈利能力状况					
净资产收益率（%）	12.7	8.6	6.7	2.2	-4.6
总资产报酬率（%）	7.9	6.4	4.9	1.0	-1.6
销售（营业）利润率（%）	13.8	9.3	6.3	1.6	-1.4
盈余现金保障倍数	4.4	2.6	1.9	0.5	-0.2
成本费用利润率（%）	14.0	10.1	7.3	1.5	-8.2
资本收益率（%）	10.2	8.6	6.5	1.1	-5.7
二、资产质量状况					
总资产周转率（次）	0.5	0.4	0.3	0.2	0.1
应收账款周转率（次）	12.2	9.0	4.9	1.5	0.9
不良资产比率（%）	0.2	0.6	3.1	5.8	11.1
流动资产周转率（次）	3.4	2.0	1.1	0.4	0.2
资产现金回收率（%）	11.8	8.8	6.4	1.3	-0.3
三、债务风险状况					
资产负债率（%）	48.6	53.6	58.6	68.6	83.6
已获利息倍数	4.2	3.1	2.1	1.2	0.8
速动比率（%）	109.7	84.4	63.5	43.9	31.3
现金流动负债比率（%）	33.6	23.0	10.9	6.9	-5.5
带息负债比率（%）	46.7	59.0	73.4	79.8	88.6
或有负债比率（%）	0.1	0.9	5.9	13.0	23.7
四、经营增长状况					
销售（营业）增长率（%）	15.6	7.9	-1.3	-5.6	-9.6
资本保值增值率（%）	108.9	106.3	104.4	100.0	96.0
销售（营业）利润增长率（%）	17.3	10.0	3.4	-7.0	-15.9
总资产增长率（%）	11.5	6.4	3.2	-4.4	-7.1
技术投入比率（%）	1.2	1.0	0.7	0.3	0.1
五、补充资料					
存货周转率（次）	22.1	16.6	10.8	3.7	1.1
两金占流动资产比重（%）	12.7	25.7	36.9	44.7	53.4
成本费用总额占营业总收入比重（%）	70.2	80.8	89.8	98.9	104.6
经济增加值率（%）	5.2	2.7	0.4	-4.3	-5.5
EBITDA率（%）	31.6	19.8	11.8	1.8	-10.5
资本积累率（%）	20.6	12.4	4.7	-7.1	-15.2

电力生产业

范围：小型企业

项　　目	优秀值	良好值	平均值	较低值	较差值
一、盈利能力状况					
净资产收益率（%）	10.7	7.3	5.6	1.5	−7.1
总资产报酬率（%）	8.0	6.5	4.9	0.8	−1.6
销售（营业）利润率（%）	15.0	11.7	8.5	5.0	−1.8
盈余现金保障倍数	4.0	2.7	1.7	0.1	−1.2
成本费用利润率（%）	20.5	12.7	9.5	6.7	−4.2
资本收益率（%）	11.2	9.6	7.2	3.4	−5.8
二、资产质量状况					
总资产周转率（次）	0.5	0.4	0.3	0.2	0.1
应收账款周转率（次）	9.7	4.8	2.2	1.0	0.7
不良资产比率（%）	0.2	0.6	1.7	4.4	8.4
流动资产周转率（次）	2.8	1.9	0.7	0.3	0.2
资产现金回收率（%）	10.2	7.6	5.7	2.0	−1.6
三、债务风险状况					
资产负债率（%）	48.6	53.6	58.6	68.6	83.6
已获利息倍数	4.3	3.3	2.3	1.5	−1.4
速动比率（%）	99.2	73.9	56.3	36.4	21.8
现金流动负债比率（%）	30.8	21.1	11.1	−7.6	−13.3
带息负债比率（%）	49.2	62.4	73.4	83.9	89.3
或有负债比率（%）	0.1	1.2	6.8	13.6	24.4
四、经营增长状况					
销售（营业）增长率（%）	21.7	10.7	1.9	−4.7	−8.8
资本保值增值率（%）	108.3	105.9	103.9	100.0	96.4
销售（营业）利润增长率（%）	11.4	7.9	−1.6	−14.6	−28.8
总资产增长率（%）	14.3	10.1	5.1	−7.7	−12.5
技术投入比率（%）	0.9	0.6	0.5	0.2	0.1
五、补充资料					
存货周转率（次）	24.5	20.8	16.3	10.8	8.3
两金占流动资产比重（%）	7.3	19.1	35.4	39.2	53.4
成本费用总额占营业总收入比重（%）	61.6	67.9	82.2	93.7	99.7
经济增加值率（%）	4.3	3.1	1.0	−4.4	−5.5
EBITDA率（%）	31.7	22.1	13.4	−0.9	−18.3
资本积累率（%）	20.5	12.7	7.3	−3.6	−11.8

火力发电业

范围：全行业

项目	优秀值	良好值	平均值	较低值	较差值
一、盈利能力状况					
净资产收益率（%）	10.5	6.5	4.4	1.8	−4.4
总资产报酬率（%）	8.2	6.1	3.3	1.1	−0.5
销售（营业）利润率（%）	13.3	9.0	4.0	−1.8	−8.1
盈余现金保障倍数	5.4	3.3	2.3	0.9	−0.7
成本费用利润率（%）	10.1	7.9	4.4	−1.5	−11.0
资本收益率（%）	14.7	9.7	3.8	−0.4	−3.5
二、资产质量状况					
总资产周转率（次）	0.6	0.5	0.3	0.2	0.1
应收账款周转率（次）	13.7	10.8	7.0	6.0	4.3
不良资产比率（%）	0.2	0.7	1.7	4.5	11.7
流动资产周转率（次）	3.5	2.7	1.7	0.6	0.2
资产现金回收率（%）	13.5	10.8	5.7	0.2	−0.3
三、债务风险状况					
资产负债率（%）	58.8	65.3	71.3	79.3	87.3
已获利息倍数	5.1	3.2	2.0	0.9	−1.5
速动比率（%）	74.9	63.1	48.9	30.1	20.4
现金流动负债比率（%）	37.6	24.5	15.9	5.4	−3.7
带息负债比率（%）	47.3	52.2	67.3	82.9	87.5
或有负债比率（%）	0.7	2.6	6.6	10.8	18.9
四、经营增长状况					
销售（营业）增长率（%）	8.9	3.3	−2.3	−8.2	−11.8
资本保值增值率（%）	108.6	105.2	102.3	98.5	93.0
销售（营业）利润增长率（%）	10.8	8.2	3.4	−2.7	−12.2
总资产增长率（%）	7.3	3.9	2.2	−5.9	−8.4
技术投入比率（%）	1.5	1.1	0.8	0.3	0.1
五、补充资料					
存货周转率（次）	35.5	23.8	18.4	12.1	8.7
两金占流动资产比重（%）	30.0	36.2	40.9	53.2	63.3
成本费用总额占营业总收入比重（%）	83.1	90.8	93.3	102.9	113.8
经济增加值率（%）	5.4	2.6	0.1	−5.2	−9.9
EBITDA 率（%）	32.4	22.6	12.6	2.5	−10.0
资本积累率（%）	15.5	8.6	6.3	−1.4	−11.4

火力发电业

范围：大型企业

项　　目	优秀值	良好值	平均值	较低值	较差值
一、盈利能力状况					
净资产收益率（%）	10.2	6.0	4.5	0.2	-4.3
总资产报酬率（%）	7.7	4.9	3.7	0.1	-1.1
销售（营业）利润率（%）	13.5	8.3	4.6	-4.6	-11.1
盈余现金保障倍数	5.7	3.7	2.4	-0.1	-1.0
成本费用利润率（%）	10.0	7.2	4.6	-0.9	-9.5
资本收益率（%）	9.5	6.5	3.7	0.3	-3.4
二、资产质量状况					
总资产周转率（次）	0.7	0.5	0.3	0.2	0.1
应收账款周转率（次）	11.6	8.3	6.9	6.1	4.4
不良资产比率（%）	0.2	0.5	1.6	3.1	7.8
流动资产周转率（次）	3.5	2.9	1.7	1.1	0.5
资产现金回收率（%）	13.2	10.8	6.4	3.0	-1.0
三、债务风险状况					
资产负债率（%）	58.8	65.3	71.3	79.3	87.3
已获利息倍数	4.9	3.4	2.0	1.1	-1.3
速动比率（%）	73.2	62.1	47.4	37.2	28.7
现金流动负债比率（%）	24.9	19.0	13.6	3.5	-1.1
带息负债比率（%）	43.2	50.0	63.0	71.5	78.0
或有负债比率（%）	0.7	2.7	6.6	10.8	17.9
四、经营增长状况					
销售（营业）增长率（%）	7.3	2.8	-1.6	-6.7	-10.1
资本保值增值率（%）	108.2	105.2	102.8	98.7	94.2
销售（营业）利润增长率（%）	10.3	7.1	5.9	-1.7	-9.4
总资产增长率（%）	9.3	3.9	3.7	-5.3	-6.7
技术投入比率（%）	1.7	1.2	0.9	0.3	0.1
五、补充资料					
存货周转率（次）	40.1	28.3	19.5	14.0	8.4
两金占流动资产比重（%）	31.4	36.7	41.4	50.9	60.5
成本费用总额占营业总收入比重（%）	86.8	91.7	98.0	103.1	109.1
经济增加值率（%）	5.4	3.5	0.7	-4.2	-5.5
EBITDA率（%）	34.6	24.0	12.4	3.5	-10.0
资本积累率（%）	14.4	8.1	7.0	-1.1	-13.2

火力发电业

范围：中型企业

项　　目	优秀值	良好值	平均值	较低值	较差值
一、盈利能力状况					
净资产收益率（%）	10.6	6.6	4.3	-2.3	-7.7
总资产报酬率（%）	8.3	5.4	3.6	1.3	-1.3
销售（营业）利润率（%）	15.0	8.5	3.2	-4.1	-11.3
盈余现金保障倍数	6.1	3.4	2.2	0.4	-1.2
成本费用利润率（%）	7.2	6.1	3.7	-2.2	-11.7
资本收益率（%）	8.8	6.0	4.7	0.4	-3.9
二、资产质量状况					
总资产周转率（次）	0.7	0.6	0.4	0.3	0.2
应收账款周转率（次）	13.3	9.1	7.8	6.6	5.5
不良资产比率（%）	0.3	0.7	1.9	6.3	18.1
流动资产周转率（次）	3.6	3.1	2.0	1.5	0.6
资产现金回收率（%）	15.4	12.8	7.9	0.5	-1.5
三、债务风险状况					
资产负债率（%）	58.3	64.8	70.8	78.8	86.8
已获利息倍数	5.3	3.3	2.1	0.8	-0.1
速动比率（%）	85.7	68.8	46.8	29.3	19.4
现金流动负债比率（%）	39.3	30.1	18.5	13.3	3.2
带息负债比率（%）	50.3	60.0	67.5	82.8	87.8
或有负债比率（%）	0.9	2.6	6.1	10.2	20.0
四、经营增长状况					
销售（营业）增长率（%）	6.8	2.3	-3.3	-8.8	-11.7
资本保值增值率（%）	110.1	107.0	102.7	97.9	90.7
销售（营业）利润增长率（%）	15.6	8.4	0.1	-6.5	-16.2
总资产增长率（%）	8.5	-0.2	-0.8	-7.1	-9.4
技术投入比率（%）	1.5	0.9	0.7	0.3	0.1
五、补充资料					
存货周转率（次）	34.5	24.9	16.1	10.5	6.0
两金占流动资产比重（%）	21.8	32.9	42.8	52.4	59.6
成本费用总额占营业总收入比重（%）	84.7	89.9	92.3	102.0	112.0
经济增加值率（%）	5.5	1.8	-0.4	-4.9	-6.1
EBITDA率（%）	30.2	22.9	12.7	2.1	-6.6
资本积累率（%）	16.7	8.9	3.1	-1.7	-9.0

火力发电业

范围：小型企业

项　　目	优秀值	良好值	平均值	较低值	较差值
一、盈利能力状况					
净资产收益率（%）	11.1	5.5	3.4	-3.1	-8.3
总资产报酬率（%）	8.1	5.4	3.3	1.2	-0.9
销售（营业）利润率（%）	18.0	11.4	5.9	-0.4	-10.2
盈余现金保障倍数	4.5	3.2	1.6	0.1	-1.2
成本费用利润率（%）	9.5	7.9	5.6	-1.3	-11.2
资本收益率（%）	12.3	6.5	4.8	-1.0	-6.7
二、资产质量状况					
总资产周转率（次）	0.7	0.5	0.4	0.2	0.1
应收账款周转率（次）	15.4	11.8	6.8	5.6	3.7
不良资产比率（%）	0.1	0.5	1.4	2.1	6.8
流动资产周转率（次）	3.4	2.6	1.6	0.3	0.2
资产现金回收率（%）	12.8	10.2	5.2	0.1	-0.8
三、债务风险状况					
资产负债率（%）	58.3	64.8	70.8	78.8	86.8
已获利息倍数	5.0	2.9	1.8	0.8	-2.8
速动比率（%）	86.0	69.5	51.3	29.5	19.8
现金流动负债比率（%）	33.1	24.9	14.5	2.0	-3.6
带息负债比率（%）	47.3	59.4	69.7	81.9	87.8
或有负债比率（%）	1.1	2.8	6.7	11.8	21.1
四、经营增长状况					
销售（营业）增长率（%）	13.7	4.7	-3.6	-8.9	-16.2
资本保值增值率（%）	109.7	106.5	102.0	98.7	92.1
销售（营业）利润增长率（%）	11.4	5.1	-1.2	-13.1	-22.9
总资产增长率（%）	6.1	1.2	0.3	-6.7	-9.9
技术投入比率（%）	1.4	0.9	0.7	0.4	0.1
五、补充资料					
存货周转率（次）	33.7	25.6	16.4	11.6	8.5
两金占流动资产比重（%）	11.9	23.1	35.9	50.5	62.3
成本费用总额占营业总收入比重（%）	85.7	90.3	93.0	102.8	114.3
经济增加值率（%）	5.2	2.4	0.7	-5.3	-8.0
EBITDA率（%）	22.3	16.2	12.1	-1.5	-6.9
资本积累率（%）	13.9	8.9	6.6	-1.4	-8.6

水力发电业

范围：全行业

项　　目	优秀值	良好值	平均值	较低值	较差值
一、盈利能力状况					
净资产收益率（%）	11.8	7.9	6.3	0.2	−5.6
总资产报酬率（%）	7.7	6.6	5.5	1.3	−2.5
销售（营业）利润率（%）	36.0	26.4	16.8	2.8	0.8
盈余现金保障倍数	3.3	2.1	1.7	−0.1	−1.2
成本费用利润率（%）	37.1	23.7	16.5	1.4	0.1
资本收益率（%）	12.2	9.9	7.5	0.4	−5.9
二、资产质量状况					
总资产周转率（次）	0.5	0.4	0.3	0.2	0.1
应收账款周转率（次）	11.6	8.2	5.8	5.1	3.4
不良资产比率（%）	0.1	0.7	1.5	3.8	8.2
流动资产周转率（次）	2.8	1.8	0.9	0.3	0.2
资产现金回收率（%）	9.8	7.3	4.7	0.1	−1.1
三、债务风险状况					
资产负债率（%）	48.3	53.3	58.3	68.3	83.3
已获利息倍数	5.1	4.1	3.0	0.6	0.1
速动比率（%）	82.2	67.1	54.0	37.7	28.3
现金流动负债比率（%）	44.8	30.8	22.8	13.8	3.1
带息负债比率（%）	47.2	66.1	82.3	93.3	98.7
或有负债比率（%）	0.8	2.8	4.8	12.1	23.2
四、经营增长状况					
销售（营业）增长率（%）	19.5	11.3	4.7	−10.1	−20.2
资本保值增值率（%）	111.8	107.5	104.0	96.4	91.5
销售（营业）利润增长率（%）	15.9	8.7	4.5	−3.7	−13.0
总资产增长率（%）	7.7	4.9	3.3	−8.1	−19.4
技术投入比率（%）	2.1	1.2	0.9	0.4	0.1
五、补充资料					
存货周转率（次）	45.5	32.7	14.5	11.6	7.3
两金占流动资产比重（%）	4.7	14.0	25.4	32.6	45.9
成本费用总额占营业总收入比重（%）	59.5	65.8	77.1	99.9	113.7
经济增加值率（%）	7.0	4.0	2.0	−5.5	−6.2
EBITDA 率（%）	40.2	29.7	17.4	−0.7	−16.0
资本积累率（%）	14.1	9.6	7.9	−3.4	−8.4

水力发电业

范围：大型企业

项　　　目	优秀值	良好值	平均值	较低值	较差值
一、盈利能力状况					
净资产收益率（％）	11.4	8.8	7.7	1.9	−3.1
总资产报酬率（％）	8.0	6.1	5.5	1.6	−1.4
销售（营业）利润率（％）	35.9	28.5	20.3	12.2	2.5
盈余现金保障倍数	3.8	3.0	1.6	1.0	−0.2
成本费用利润率（％）	35.7	28.9	23.1	7.5	−0.8
资本收益率（％）	11.5	8.4	8.1	1.5	−2.5
二、资产质量状况					
总资产周转率（次）	0.5	0.4	0.3	0.2	0.1
应收账款周转率（次）	12.0	9.1	8.5	8.0	7.3
不良资产比率（％）	0.6	1.0	1.5	3.0	6.0
流动资产周转率（次）	2.7	1.7	1.1	0.3	0.2
资产现金回收率（％）	12.6	8.8	6.5	1.5	0.2
三、债务风险状况					
资产负债率（％）	48.3	53.3	58.3	68.3	83.3
已获利息倍数	6.0	4.6	2.9	1.4	1.1
速动比率（％）	69.3	56.8	46.0	33.7	26.8
现金流动负债比率（％）	42.5	30.6	22.8	15.3	8.6
带息负债比率（％）	60.2	76.6	86.5	94.8	96.5
或有负债比率（％）	2.2	3.5	4.9	9.7	17.1
四、经营增长状况					
销售（营业）增长率（％）	12.5	8.0	0.2	−3.7	−8.7
资本保值增值率（％）	110.2	108.0	106.0	100.2	98.8
销售（营业）利润增长率（％）	16.5	10.7	5.5	−2.4	−10.8
总资产增长率（％）	9.2	8.3	6.2	−4.1	−6.3
技术投入比率（％）	1.7	1.1	0.9	0.5	0.3
五、补充资料					
存货周转率（次）	43.4	33.8	20.3	15.5	11.6
两金占流动资产比重（％）	15.3	22.2	32.7	41.7	50.8
成本费用总额占营业总收入比重（％）	59.1	62.8	75.1	96.4	105.3
经济增加值率（％）	7.2	4.6	2.7	−3.6	−5.5
EBITDA率（％）	38.8	32.4	22.1	8.3	−4.3
资本积累率（％）	13.6	11.2	9.8	5.4	−1.2

水力发电业

范围：中型企业

项　　目	优秀值	良好值	平均值	较低值	较差值
一、盈利能力状况					
净资产收益率（%）	10.4	6.7	5.9	0.8	-4.3
总资产报酬率（%）	7.5	5.7	4.2	0.7	-1.3
销售（营业）利润率（%）	31.2	23.6	15.2	9.6	-1.5
盈余现金保障倍数	3.4	2.0	1.8	-0.3	-1.0
成本费用利润率（%）	35.8	29.1	12.0	2.3	-3.6
资本收益率（%）	11.6	9.4	7.4	1.2	-5.4
二、资产质量状况					
总资产周转率（次）	0.5	0.4	0.3	0.2	0.1
应收账款周转率（次）	10.7	7.6	5.4	4.3	2.4
不良资产比率（%）	0.6	1.0	1.5	3.0	6.0
流动资产周转率（次）	2.9	1.9	0.8	0.3	0.2
资产现金回收率（%）	9.9	7.4	6.6	1.2	0.5
三、债务风险状况					
资产负债率（%）	48.6	53.6	58.6	68.6	83.6
已获利息倍数	5.1	3.2	3.0	0.8	0.1
速动比率（%）	78.6	66.4	55.5	40.9	33.1
现金流动负债比率（%）	40.8	31.2	23.0	8.3	0.0
带息负债比率（%）	43.6	58.5	69.3	74.8	79.1
或有负债比率（%）	2.0	3.3	4.6	9.5	16.9
四、经营增长状况					
销售（营业）增长率（%）	20.0	12.7	7.1	-5.9	-11.9
资本保值增值率（%）	109.8	107.5	104.8	97.5	93.5
销售（营业）利润增长率（%）	13.1	6.6	4.1	1.4	-3.5
总资产增长率（%）	8.2	3.9	3.2	-3.9	-6.0
技术投入比率（%）	1.7	1.1	0.9	0.5	0.3
五、补充资料					
存货周转率（次）	42.3	29.1	17.8	13.1	11.4
两金占流动资产比重（%）	10.0	17.3	23.7	34.3	44.0
成本费用总额占营业总收入比重（%）	62.9	66.6	77.9	100.0	112.6
经济增加值率（%）	7.5	5.0	3.3	-5.0	-5.5
EBITDA 率（%）	32.8	25.0	7.1	4.3	-7.6
资本积累率（%）	12.8	7.7	6.5	-2.5	-6.2

水力发电业

范围：小型企业

项　　目	优秀值	良好值	平均值	较低值	较差值
一、盈利能力状况					
净资产收益率（％）	13.5	8.6	6.7	-1.3	-6.0
总资产报酬率（％）	8.3	6.0	4.4	0.3	-1.4
销售（营业）利润率（％）	34.3	24.0	15.3	7.6	-4.1
盈余现金保障倍数	3.5	2.3	1.0	-0.1	-1.4
成本费用利润率（％）	34.6	22.6	14.0	4.2	-0.6
资本收益率（％）	13.9	9.6	7.6	2.4	-2.9
二、资产质量状况					
总资产周转率（次）	0.5	0.4	0.3	0.2	0.1
应收账款周转率（次）	9.9	8.4	5.6	4.2	0.4
不良资产比率（％）	0.6	1.0	1.5	3.0	6.0
流动资产周转率（次）	2.5	1.7	0.7	0.5	0.3
资产现金回收率（％）	10.2	8.2	4.3	3.8	1.9
三、债务风险状况					
资产负债率（％）	48.6	53.6	58.6	68.6	83.6
已获利息倍数	5.2	2.8	2.1	0.6	0.2
速动比率（％）	78.7	65.0	53.6	38.3	29.5
现金流动负债比率（％）	39.0	30.5	21.8	11.7	4.0
带息负债比率（％）	45.0	63.0	72.5	84.2	88.0
或有负债比率（％）	2.3	3.6	4.9	9.8	17.2
四、经营增长状况					
销售（营业）增长率（％）	16.9	11.2	-6.3	-12.0	-21.7
资本保值增值率（％）	108.1	105.7	103.3	97.7	92.1
销售（营业）利润增长率（％）	4.7	-3.8	-10.2	-19.3	-24.2
总资产增长率（％）	7.0	4.4	3.6	-4.8	-7.1
技术投入比率（％）	1.6	1.1	0.9	0.5	0.3
五、补充资料					
存货周转率（次）	32.7	22.1	13.9	7.4	4.9
两金占流动资产比重（％）	6.5	13.8	18.7	27.1	37.9
成本费用总额占营业总收入比重（％）	60.1	68.5	79.1	96.0	106.4
经济增加值率（％）	5.0	2.7	1.0	-5.5	-6.7
EBITDA率（％）	40.9	34.0	23.3	7.5	-6.0
资本积累率（％）	12.6	6.0	1.1	-4.4	-10.5

电力供应业

项 目	优秀值	良好值	平均值	较低值	较差值
一、盈利能力状况					
净资产收益率（%）	8.2	5.1	2.3	0.6	-4.1
总资产报酬率（%）	8.1	5.0	2.0	0.5	0.1
销售（营业）利润率（%）	6.0	3.6	1.4	0.2	-1.5
盈余现金保障倍数	4.5	3.2	2.0	-0.6	-3.8
成本费用利润率（%）	4.1	2.7	1.4	0.2	-2.7
资本收益率（%）	8.6	5.9	2.6	0.2	-5.4
二、资产质量状况					
总资产周转率（次）	0.9	0.6	0.4	0.2	0.1
应收账款周转率（次）	38.4	19.5	13.8	4.2	2.5
不良资产比率（%）	0.1	0.6	1.2	5.0	6.4
流动资产周转率（次）	4.1	3.7	3.3	1.2	0.4
资产现金回收率（%）	9.5	7.0	3.9	-0.2	-0.3
三、债务风险状况					
资产负债率（%）	53.3	58.3	63.3	73.3	83.3
已获利息倍数	7.0	4.0	2.0	1.1	0.7
速动比率（%）	67.7	48.6	36.5	25.6	17.4
现金流动负债比率（%）	35.0	27.6	21.6	15.2	7.7
带息负债比率（%）	28.5	45.2	54.8	60.8	79.7
或有负债比率（%）	0.2	1.0	3.4	7.7	12.8
四、经营增长状况					
销售（营业）增长率（%）	8.4	5.5	1.3	-8.0	-19.1
资本保值增值率（%）	106.9	104.7	102.9	99.4	96.2
销售（营业）利润增长率（%）	8.8	1.2	-2.7	-12.3	-23.0
总资产增长率（%）	14.8	8.5	3.6	-2.1	-8.3
技术投入比率（%）	1.1	0.8	0.5	0.4	0.3
五、补充资料					
存货周转率（次）	35.3	27.1	14.5	10.4	6.7
两金占流动资产比重（%）	5.7	15.7	29.3	37.8	56.7
成本费用总额占营业总收入比重（%）	89.9	95.7	96.4	100.0	103.6
经济增加值（%）	3.8	-0.2	-3.3	-5.7	-8.7
EBITDA率（%）	21.8	13.6	10.0	3.7	-1.0
资本积累率（%）	18.3	8.5	2.8	-0.9	-14.6

电力供应业

范围：大型企业

项　　目	优秀值	良好值	平均值	较低值	较差值
一、盈利能力状况					
净资产收益率（%）	5.3	3.7	2.2	-0.5	-4.1
总资产报酬率（%）	4.1	2.8	1.7	-0.4	-3.8
销售（营业）利润率（%）	8.9	5.4	1.2	-0.8	-2.6
盈余现金保障倍数	9.8	6.5	2.3	-0.4	-3.2
成本费用利润率（%）	8.8	5.0	1.2	-0.2	-1.4
资本收益率（%）	5.7	4.3	2.3	-0.7	-4.9
二、资产质量状况					
总资产周转率（次）	1.0	0.9	0.6	0.3	0.2
应收账款周转率（次）	52.3	33.8	18.4	9.8	1.8
不良资产比率（%）	0.1	0.8	1.8	3.8	5.0
流动资产周转率（次）	10.7	7.5	3.7	1.3	0.5
资产现金回收率（%）	12.3	10.0	3.9	0.1	-1.0
三、债务风险状况					
资产负债率（%）	53.3	58.3	63.3	73.3	83.3
已获利息倍数	5.9	2.3	1.9	0.8	0.5
速动比率（%）	67.1	48.1	35.2	25.9	16.5
现金流动负债比率（%）	39.1	30.1	22.0	13.2	6.6
带息负债比率（%）	31.2	45.3	55.0	64.6	80.6
或有负债比率（%）	0.2	1.0	3.4	7.7	12.8
四、经营增长状况					
销售（营业）增长率（%）	8.1	3.4	0.4	-1.7	-5.0
资本保值增值率（%）	109.3	106.6	103.1	100.6	99.2
销售（营业）利润增长率（%）	9.9	1.5	-22.7	-32.3	-42.6
总资产增长率（%）	9.8	6.1	3.6	-0.1	-2.2
技术投入比率（%）	1.1	0.8	0.5	0.4	0.3
五、补充资料					
存货周转率（次）	35.6	28.0	14.5	10.4	6.7
两金占流动资产比重（%）	11.1	20.1	29.1	39.0	60.3
成本费用总额占营业总收入比重（%）	90.3	96.2	99.7	100.8	102.5
经济增加值率（%）	-1.1	-2.3	-3.5	-4.9	-5.5
EBITDA率（%）	19.1	11.6	7.9	1.8	-3.6
资本积累率（%）	9.9	6.3	2.7	0.6	-6.3

电力供应业

范围：中型企业

项　　目	优秀值	良好值	平均值	较低值	较差值
一、盈利能力状况					
净资产收益率（％）	8.8	5.0	4.2	0.4	-4.0
总资产报酬率（％）	8.3	4.9	4.0	0.3	-2.4
销售（营业）利润率（％）	8.0	5.6	3.6	0.3	-0.6
盈余现金保障倍数	7.9	2.9	1.0	0.0	-6.5
成本费用利润率（％）	4.9	4.0	2.5	0.8	-2.6
资本收益率（％）	10.7	6.3	5.8	0.4	-5.6
二、资产质量状况					
总资产周转率（次）	1.4	0.8	0.3	0.2	0.1
应收账款周转率（次）	33.2	17.6	8.8	3.6	1.8
不良资产比率（％）	0.1	1.1	2.7	7.6	17.3
流动资产周转率（次）	4.8	2.2	1.3	0.5	0.1
资产现金回收率（％）	10.1	7.7	3.9	1.8	-2.0
三、债务风险状况					
资产负债率（％）	53.3	58.3	63.3	73.3	83.3
已获利息倍数	7.5	4.5	2.9	1.3	1.0
速动比率（％）	93.3	71.9	59.6	48.9	39.3
现金流动负债比率（％）	36.3	27.5	15.3	11.3	-2.1
带息负债比率（％）	23.3	32.2	44.9	61.0	74.4
或有负债比率（％）	0.2	1.1	3.5	7.9	13.8
四、经营增长状况					
销售（营业）增长率（％）	8.4	5.0	1.2	-4.4	-11.2
资本保值增值率（％）	109.3	106.5	103.2	100.3	96.8
销售（营业）利润增长率（％）	15.0	7.5	2.3	-8.2	-18.7
总资产增长率（％）	9.4	7.3	4.5	-2.3	-10.8
技术投入比率（％）	0.9	0.8	0.6	0.4	0.2
五、补充资料					
存货周转率（次）	31.0	23.7	11.5	7.2	3.6
两金占流动资产比重（％）	5.7	15.9	37.6	43.8	51.0
成本费用总额占营业总收入比重（％）	90.4	94.4	97.5	100.9	109.1
经济增加值率（％）	3.2	-0.5	-1.7	-4.6	-5.3
EBITDA 率（％）	23.5	14.7	10.3	4.6	0.9
资本积累率（％）	19.9	11.5	2.8	0.3	-11.0

电力供应业

范围：小型企业

项　　目	优秀值	良好值	平均值	较低值	较差值
一、盈利能力状况					
净资产收益率（%）	7.2	5.2	3.4	1.0	-4.6
总资产报酬率（%）	6.4	4.4	3.0	0.6	-3.7
销售（营业）利润率（%）	7.5	5.3	3.1	0.6	-1.4
盈余现金保障倍数	5.4	2.1	1.3	-2.1	-5.8
成本费用利润率（%）	8.3	6.3	3.9	1.8	-5.5
资本收益率（%）	9.2	7.6	5.2	-0.5	-7.5
二、资产质量状况					
总资产周转率（次）	0.9	0.6	0.4	0.2	0.1
应收账款周转率（次）	76.8	25.6	6.0	4.4	2.4
不良资产比率（%）	0.1	0.4	1.0	5.2	12.5
流动资产周转率（次）	4.2	2.8	1.4	0.2	0.1
资产现金回收率（%）	10.0	6.9	3.8	0.9	-3.7
三、债务风险状况					
资产负债率（%）	53.3	58.3	63.3	73.3	83.3
已获利息倍数	4.9	2.2	1.9	1.0	0.6
速动比率（%）	80.7	59.1	46.2	35.1	25.7
现金流动负债比率（%）	30.4	23.1	14.0	6.6	-8.8
带息负债比率（%）	28.5	37.3	54.4	75.1	85.6
或有负债比率（%）	0.2	1.3	3.6	8.1	14.8
四、经营增长状况					
销售（营业）增长率（%）	12.9	8.3	3.8	-5.1	-12.9
资本保值增值率（%）	107.3	104.6	102.4	99.2	94.5
销售（营业）利润增长率（%）	14.2	5.2	0.2	-11.1	-24.0
总资产增长率（%）	10.0	7.0	3.9	-0.2	-7.2
技术投入比率（%）	0.6	0.5	0.4	0.2	0.1
五、补充资料					
存货周转率（次）	32.4	26.6	13.8	9.3	5.4
两金占流动资产比重（%）	5.1	17.3	49.8	56.5	62.9
成本费用总额占营业总收入比重（%）	84.5	91.1	94.6	99.6	109.6
经济增加值率（%）	3.4	0.9	-1.0	-5.9	-9.4
EBITDA 率（%）	20.6	12.4	7.0	0.4	-4.8
资本积累率（%）	19.5	12.0	4.5	-1.5	-14.9

热力生产和供应业

范围：全行业

项　　目	优秀值	良好值	平均值	较低值	较差值
一、盈利能力状况					
净资产收益率（%）	9.3	5.6	1.6	-0.5	-6.9
总资产报酬率（%）	6.0	3.7	1.5	-0.2	-4.8
销售（营业）利润率（%）	12.8	6.4	0.5	-7.3	-14.7
盈余现金保障倍数	4.9	3.3	1.7	0.1	-1.3
成本费用利润率（%）	14.2	7.4	1.0	-5.7	-15.8
资本收益率（%）	13.1	7.1	2.3	-2.4	-7.0
二、资产质量状况					
总资产周转率（次）	0.5	0.4	0.3	0.2	0.1
应收账款周转率（次）	15.6	10.2	6.5	3.7	2.1
不良资产比率（%）	0.2	0.8	1.5	6.4	12.4
流动资产周转率（次）	1.5	1.2	0.6	0.4	0.1
资产现金回收率（%）	10.0	5.9	2.5	-2.7	-6.2
三、债务风险状况					
资产负债率（%）	48.3	53.3	58.3	68.3	83.3
已获利息倍数	5.4	2.8	1.4	0.2	-2.5
速动比率（%）	110.5	94.3	72.6	55.8	35.1
现金流动负债比率（%）	29.4	16.0	9.2	-4.2	-11.0
带息负债比率（%）	16.8	27.9	40.9	64.8	81.0
或有负债比率（%）	0.4	2.4	4.4	9.1	16.6
四、经营增长状况					
销售（营业）增长率（%）	17.6	15.8	4.5	-2.7	-13.9
资本保值增值率（%）	131.4	115.7	102.4	99.2	91.0
销售（营业）利润增长率（%）	13.1	6.7	0.9	-9.2	-16.6
总资产增长率（%）	12.4	10.1	5.6	-8.0	-22.3
技术投入比率（%）	2.1	1.5	0.4	0.2	0.1
五、补充资料					
存货周转率（次）	31.3	21.2	14.3	9.0	6.1
两金占流动资产比重（%）	11.0	19.2	27.1	35.9	49.3
成本费用总额占营业总收入比重（%）	90.8	96.5	100.4	107.4	114.1
经济增加值率（%）	5.8	0.6	-3.7	-5.5	-8.6
EBITDA 率（%）	20.0	12.8	5.6	-4.4	-13.9
资本积累率（%）	29.7	15.2	10.0	-1.0	-9.1

燃气生产和供应业

范围：全行业

项　　目	优秀值	良好值	平均值	较低值	较差值
一、盈利能力状况					
净资产收益率（%）	8.7	6.7	5.3	-0.2	-7.7
总资产报酬率（%）	6.2	5.0	3.3	-0.1	-4.5
销售（营业）利润率（%）	16.0	11.8	5.4	1.3	-22.0
盈余现金保障倍数	1.7	1.4	1.1	0.5	-2.7
成本费用利润率（%）	15.2	10.6	5.5	0.3	-12.0
资本收益率（%）	10.1	8.0	6.4	-2.2	-10.2
二、资产质量状况					
总资产周转率（次）	1.0	0.8	0.6	0.2	0.1
应收账款周转率（次）	32.2	23.5	15.3	7.9	5.2
不良资产比率（%）	0.2	1.0	2.2	4.4	8.5
流动资产周转率（次）	2.9	2.2	1.8	0.7	0.2
资产现金回收率（%）	8.1	6.9	3.6	3.0	-0.5
三、债务风险状况					
资产负债率（%）	48.3	53.3	58.3	68.3	83.3
已获利息倍数	11.8	8.6	5.8	1.4	-0.7
速动比率（%）	142.3	109.4	76.7	48.2	26.8
现金流动负债比率（%）	24.5	20.5	16.5	8.6	0.7
带息负债比率（%）	21.5	31.4	40.8	59.3	76.5
或有负债比率（%）	0.3	1.5	5.5	12.8	23.9
四、经营增长状况					
销售（营业）增长率（%）	18.7	7.6	-4.4	-14.6	-22.9
资本保值增值率（%）	108.2	105.8	104.2	99.9	95.9
销售（营业）利润增长率（%）	12.0	4.7	-2.8	-26.7	-36.0
总资产增长率（%）	14.0	9.4	5.2	-7.9	-18.7
技术投入比率（%）	0.6	0.5	0.4	0.3	0.1
五、补充资料					
存货周转率（次）	35.0	26.2	16.7	9.1	5.3
两金占流动资产比重（%）	3.4	9.4	15.9	26.7	40.3
成本费用总额占营业总收入比重（%）	85.6	89.5	95.1	99.3	103.6
经济增加值率（%）	9.8	6.1	2.4	-4.7	-8.5
EBITDA 率（%）	22.0	17.6	10.7	6.5	0.4
资本积累率（%）	19.1	11.9	6.5	-0.1	-10.7

水生产与供应业

范围：全行业

项　目	优秀值	良好值	平均值	较低值	较差值
一、盈利能力状况					
净资产收益率（%）	8.2	5.4	3.2	-2.0	-7.3
总资产报酬率（%）	5.1	3.3	2.5	0.6	-3.8
销售（营业）利润率（%）	18.4	14.6	10.1	-6.0	-21.4
盈余现金保障倍数	2.6	2.0	1.4	0.3	-1.8
成本费用利润率（%）	22.0	14.7	10.1	-7.0	-20.3
资本收益率（%）	9.9	5.4	3.7	-3.6	-10.9
二、资产质量状况					
总资产周转率（次）	0.5	0.4	0.3	0.2	0.1
应收账款周转率（次）	17.2	11.4	5.6	2.7	1.7
不良资产比率（%）	0.1	0.3	0.5	1.3	2.8
流动资产周转率（次）	1.4	1.0	0.6	0.4	0.2
资产现金回收率（%）	7.6	4.0	2.6	0.1	-2.0
三、债务风险状况					
资产负债率（%）	48.6	53.6	58.6	68.6	83.6
已获利息倍数	7.7	4.2	2.1	1.0	-1.6
速动比率（%）	145.3	115.0	97.6	72.5	40.9
现金流动负债比率（%）	30.4	15.9	8.3	-1.9	-5.2
带息负债比率（%）	23.9	33.8	46.8	65.7	76.1
或有负债比率（%）	0.1	2.3	4.6	13.1	22.4
四、经营增长状况					
销售（营业）增长率（%）	20.4	13.2	6.5	-1.8	-9.1
资本保值增值率（%）	105.4	103.4	102.2	99.7	96.2
销售（营业）利润增长率（%）	16.9	8.2	-1.3	-13.3	-20.2
总资产增长率（%）	19.3	10.9	5.2	-0.9	-12.6
技术投入比率（%）	2.1	0.8	0.3	0.2	0.1
五、补充资料					
存货周转率（次）	41.1	27.4	12.1	7.6	4.7
两金占流动资产比重（%）	6.5	13.3	24.5	37.2	47.3
成本费用总额占营业总收入比重（%）	78.7	86.8	95.1	101.5	110.0
经济增加值率（%）	3.1	-0.2	-2.5	-5.5	-6.7
EBITDA率（%）	45.0	37.0	23.2	5.7	-2.9
资本积累率（%）	20.7	10.5	5.3	-0.3	-3.9

轻工业

范围：全行业

项　　目	优秀值	良好值	平均值	较低值	较差值
一、盈利能力状况					
净资产收益率（%）	13.6	7.7	5.2	-0.7	-5.4
总资产报酬率（%）	8.2	4.8	3.3	-0.6	-3.2
销售（营业）利润率（%）	13.3	8.3	5.5	-0.2	-4.3
盈余现金保障倍数	1.8	1.0	0.5	0.2	-1.9
成本费用利润率（%）	15.8	9.1	7.9	-5.3	-15.6
资本收益率（%）	15.1	8.3	4.7	-5.8	-13.4
二、资产质量状况					
总资产周转率（次）	1.0	0.7	0.5	0.2	0.1
应收账款周转率（次）	20.0	13.2	7.4	3.7	2.1
不良资产比率（%）	0.2	1.1	2.3	10.0	25.0
流动资产周转率（次）	1.8	1.3	0.8	0.3	0.2
资产现金回收率（%）	7.5	3.2	1.6	-0.1	-6.0
三、债务风险状况					
资产负债率（%）	48.3	53.3	58.3	68.3	83.3
已获利息倍数	6.9	4.2	2.5	1.7	-2.9
速动比率（%）	151.8	121.5	85.0	59.0	42.7
现金流动负债比率（%）	23.4	10.5	9.3	1.7	-6.2
带息负债比率（%）	17.5	30.8	42.4	63.4	76.4
或有负债比率（%）	0.1	2.4	4.6	12.9	21.7
四、经营增长状况					
销售（营业）增长率（%）	16.2	5.8	-2.7	-22.7	-34.9
资本保值增值率（%）	109.0	105.9	102.7	96.8	89.2
销售（营业）利润增长率（%）	15.0	8.1	2.6	-12.0	-25.0
总资产增长率（%）	14.0	10.6	7.1	-4.4	-10.0
技术投入比率（%）	2.2	1.7	1.5	1.3	1.1
五、补充资料					
存货周转率（次）	11.4	6.9	3.3	1.5	0.7
两金占流动资产比重（%）	12.7	26.3	41.7	51.1	58.9
成本费用总额占营业总收入比重（%）	89.1	93.2	97.0	106.0	116.8
经济增加值率（%）	9.8	3.5	0.8	-5.5	-9.1
EBITDA率（%）	23.1	16.7	10.5	1.3	-6.5
资本积累率（%）	16.1	12.3	8.6	-3.1	-10.6

轻工业

范围：大型企业

项　　目	优秀值	良好值	平均值	较低值	较差值
一、盈利能力状况					
净资产收益率（%）	11.9	9.1	6.4	-1.0	-4.4
总资产报酬率（%）	10.2	7.0	4.4	1.6	-1.2
销售（营业）利润率（%）	22.6	12.8	7.2	1.7	-2.3
盈余现金保障倍数	7.4	3.4	0.5	-0.1	-0.7
成本费用利润率（%）	18.1	14.4	7.9	-2.1	-11.8
资本收益率（%）	21.9	15.4	6.6	-0.5	-7.9
二、资产质量状况					
总资产周转率（次）	1.0	0.8	0.5	0.3	0.2
应收账款周转率（次）	20.2	15.1	8.7	6.4	2.8
不良资产比率（%）	0.2	1.1	1.8	8.8	26.1
流动资产周转率（次）	1.9	1.4	0.7	0.6	0.4
资产现金回收率（%）	8.9	6.1	2.1	1.8	-0.5
三、债务风险状况					
资产负债率（%）	48.3	53.3	58.3	68.3	83.3
已获利息倍数	7.7	5.0	2.3	1.0	-1.0
速动比率（%）	158.9	114.5	88.6	69.3	54.7
现金流动负债比率（%）	28.3	17.0	10.9	4.4	-2.2
带息负债比率（%）	5.8	18.5	32.4	53.8	68.3
或有负债比率（%）	0.1	2.4	4.7	12.9	21.8
四、经营增长状况					
销售（营业）增长率（%）	9.4	3.2	-2.1	-11.2	-20.5
资本保值增值率（%）	110.1	107.9	104.9	99.1	92.0
销售（营业）利润增长率（%）	24.3	18.2	11.9	5.1	-12.8
总资产增长率（%）	14.8	9.5	8.0	-2.3	-4.9
技术投入比率（%）	2.9	2.8	2.7	2.0	1.8
五、补充资料					
存货周转率（次）	6.6	5.3	3.2	1.3	0.9
两金占流动资产比重（%）	22.9	32.1	47.0	50.6	58.8
成本费用总额占营业总收入比重（%）	82.0	88.6	93.6	99.2	101.9
经济增加值率（%）	16.5	12.5	2.2	-2.2	-3.7
EBITDA率（%）	28.8	22.4	12.1	4.6	-5.6
资本积累率（%）	21.3	13.0	10.0	0.5	-1.3

轻工业

范围：中型企业

项　　目	优秀值	良好值	平均值	较低值	较差值
一、盈利能力状况					
净资产收益率（%）	11.1	6.6	4.3	-1.9	-7.2
总资产报酬率（%）	8.8	5.9	3.2	-0.2	-5.4
销售（营业）利润率（%）	11.7	7.9	5.0	-1.3	-8.4
盈余现金保障倍数	2.5	1.3	0.9	0.3	-1.0
成本费用利润率（%）	13.1	8.9	5.4	-2.8	-12.1
资本收益率（%）	17.4	10.2	4.7	0.3	-10.8
二、资产质量状况					
总资产周转率（次）	1.3	0.9	0.5	0.3	0.2
应收账款周转率（次）	21.9	15.0	6.3	4.9	2.9
不良资产比率（%）	0.3	1.2	2.4	8.3	21.3
流动资产周转率（次）	2.5	1.8	1.1	0.6	0.4
资产现金回收率（%）	8.7	4.6	2.5	-0.1	-2.2
三、债务风险状况					
资产负债率（%）	48.3	53.3	58.3	68.3	83.3
已获利息倍数	7.0	4.9	2.5	0.8	-1.2
速动比率（%）	129.9	104.7	69.6	47.8	31.9
现金流动负债比率（%）	22.9	11.8	7.4	-0.2	-7.0
带息负债比率（%）	24.4	34.4	44.3	66.7	76.8
或有负债比率（%）	0.1	2.3	4.6	12.8	21.7
四、经营增长状况					
销售（营业）增长率（%）	13.9	7.1	-3.2	-17.8	-27.7
资本保值增值率（%）	113.0	107.7	103.9	98.5	90.6
销售（营业）利润增长率（%）	17.6	10.5	4.9	-8.9	-23.6
总资产增长率（%）	16.2	8.7	4.6	-4.0	-7.9
技术投入比率（%）	2.4	2.1	1.8	1.6	1.5
五、补充资料					
存货周转率（次）	8.5	6.7	3.8	2.0	1.2
两金占流动资产比重（%）	16.0	20.1	40.8	47.4	55.2
成本费用总额占营业总收入比重（%）	91.1	93.7	96.0	104.1	112.3
经济增加值率（%）	11.8	5.8	-1.5	-4.5	-6.0
EBITDA 率（%）	19.4	15.5	8.1	-4.9	-6.5
资本积累率（%）	19.0	11.0	4.9	-0.7	-7.6

轻工业

范围：小型企业

项　　目	优秀值	良好值	平均值	较低值	较差值
一、盈利能力状况					
净资产收益率（%）	11.6	6.9	4.4	-1.8	-8.1
总资产报酬率（%）	7.7	3.9	2.9	-1.7	-4.7
销售（营业）利润率（%）	12.6	7.6	6.2	-1.9	-9.4
盈余现金保障倍数	1.7	0.9	0.6	-0.5	-2.1
成本费用利润率（%）	15.2	8.6	5.1	-2.9	-14.9
资本收益率（%）	13.1	7.8	5.6	-3.8	-12.8
二、资产质量状况					
总资产周转率（次）	1.0	0.7	0.5	0.2	0.1
应收账款周转率（次）	20.0	13.8	6.7	3.7	2.2
不良资产比率（%）	0.3	0.9	4.8	12.9	30.8
流动资产周转率（次）	1.7	1.2	0.9	0.4	0.2
资产现金回收率（%）	7.4	3.3	1.6	-0.8	-8.0
三、债务风险状况					
资产负债率（%）	48.3	53.3	58.3	68.3	83.3
已获利息倍数	6.8	3.8	2.1	-0.8	-3.0
速动比率（%）	150.5	122.9	74.8	54.6	38.0
现金流动负债比率（%）	18.1	10.8	5.8	-4.4	-8.6
带息负债比率（%）	13.6	25.3	37.5	56.8	72.3
或有负债比率（%）	0.1	2.3	4.6	12.8	21.7
四、经营增长状况					
销售（营业）增长率（%）	18.2	7.0	-2.3	-24.3	-34.1
资本保值增值率（%）	109.7	106.9	101.7	96.6	88.7
销售（营业）利润增长率（%）	18.8	11.8	-1.4	-11.1	-23.2
总资产增长率（%）	13.4	5.7	5.1	-4.7	-10.7
技术投入比率（%）	1.4	1.2	1.1	0.8	0.7
五、补充资料					
存货周转率（次）	17.2	9.2	3.6	1.5	0.7
两金占流动资产比重（%）	3.3	19.3	39.9	50.0	57.2
成本费用总额占营业总收入比重（%）	89.6	93.7	97.0	102.4	114.0
经济增加值率（%）	8.2	3.3	-1.8	-6.6	-11.9
EBITDA率（%）	22.3	15.5	8.2	-0.3	-14.1
资本积累率（%）	13.5	7.4	1.8	-5.9	-13.4

采盐业

范围：全行业

项 目	优秀值	良好值	平均值	较低值	较差值
一、盈利能力状况					
净资产收益率（%）	12.4	6.4	2.4	-8.8	-14.7
总资产报酬率（%）	5.4	3.4	1.5	-2.1	-4.5
销售（营业）利润率（%）	18.1	11.3	4.6	-5.1	-16.6
盈余现金保障倍数	2.3	1.9	1.5	0.3	-0.6
成本费用利润率（%）	20.2	12.7	7.4	-1.4	-6.0
资本收益率（%）	13.9	9.8	3.2	-4.9	-10.1
二、资产质量状况					
总资产周转率（次）	0.6	0.5	0.3	0.2	0.1
应收账款周转率（次）	19.6	15.8	10.8	4.4	3.7
不良资产比率（%）	0.5	0.6	2.6	5.7	9.1
流动资产周转率（次）	2.0	1.6	0.6	0.4	0.2
资产现金回收率（%）	7.6	5.3	2.2	-0.6	-2.5
三、债务风险状况					
资产负债率（%）	48.3	53.3	58.3	68.3	83.3
已获利息倍数	6.3	4.2	2.8	1.1	-1.6
速动比率（%）	152.6	122.8	75.5	60.9	36.2
现金流动负债比率（%）	21.3	15.2	6.9	-1.1	-2.6
带息负债比率（%）	24.7	33.6	42.9	54.7	71.7
或有负债比率（%）	0.1	2.3	4.6	12.8	21.7
四、经营增长状况					
销售（营业）增长率（%）	17.9	9.3	-5.2	-6.6	-13.8
资本保值增值率（%）	114.3	107.7	103.2	99.3	96.4
销售（营业）利润增长率（%）	19.0	9.6	-1.6	-19.7	-34.5
总资产增长率（%）	16.8	8.1	1.5	0.4	-1.6
技术投入比率（%）	1.7	1.3	1.0	0.8	0.7
五、补充资料					
存货周转率（次）	10.7	7.8	5.2	2.3	1.6
两金占流动资产比重（%）	12.7	18.0	26.4	40.7	47.1
成本费用总额占营业总收入比重（%）	84.2	90.5	94.2	107.0	118.8
经济增加值率（%）	8.3	3.5	-2.6	-5.3	-6.3
EBITDA 率（%）	32.9	25.6	10.3	6.7	-10.1
资本积累率（%）	14.2	7.4	6.1	-0.7	-14.7

酒和饮料制造业

范围：全行业

项　　目	优秀值	良好值	平均值	较低值	较差值
一、盈利能力状况					
净资产收益率（％）	17.0	14.0	10.9	6.1	-4.5
总资产报酬率（％）	10.7	9.0	7.2	-0.5	-3.0
销售（营业）利润率（％）	16.8	11.1	7.7	-4.2	-13.8
盈余现金保障倍数	8.2	2.1	0.5	-1.3	-1.8
成本费用利润率（％）	19.0	11.0	8.3	-5.3	-10.7
资本收益率（％）	12.5	9.3	6.3	-3.9	-9.1
二、资产质量状况					
总资产周转率（次）	1.0	0.8	0.5	0.2	0.1
应收账款周转率（次）	32.4	19.6	9.1	4.8	2.4
不良资产比率（％）	0.2	1.0	1.7	6.1	14.5
流动资产周转率（次）	2.0	1.5	0.8	0.3	0.1
资产现金回收率（％）	11.4	7.3	5.6	-0.6	-4.7
三、债务风险状况					
资产负债率（％）	48.3	53.3	58.3	68.3	83.3
已获利息倍数	5.2	3.6	2.4	-0.1	-1.1
速动比率（％）	131.1	110.1	75.9	56.1	38.8
现金流动负债比率（％）	20.1	16.1	10.2	-4.6	-12.7
带息负债比率（％）	3.6	15.1	23.8	41.9	53.0
或有负债比率（％）	0.1	2.3	4.6	12.8	21.7
四、经营增长状况					
销售（营业）增长率（％）	16.7	7.2	-0.9	-17.7	-27.4
资本保值增值率（％）	110.3	107.4	105.7	98.9	90.9
销售（营业）利润增长率（％）	25.8	17.9	8.3	-6.4	-15.1
总资产增长率（％）	15.7	9.4	5.9	-4.2	-8.0
技术投入比率（％）	1.6	1.5	1.3	1.2	1.1
五、补充资料					
存货周转率（次）	6.1	4.1	2.4	0.8	0.4
两金占流动资产比重（％）	17.7	31.8	39.2	49.4	57.7
成本费用总额占营业总收入比重（％）	86.5	91.4	93.4	101.0	109.9
经济增加值率（％）	15.1	5.0	4.8	-5.5	-8.7
EBITDA 率（％）	25.1	19.2	11.7	2.9	-4.1
资本积累率（％）	22.0	12.1	10.7	-3.2	-10.3

酒和饮料制造业

范围：大型企业

项　　　目	优秀值	良好值	平均值	较低值	较差值
一、盈利能力状况					
净资产收益率（%）	24.6	21.4	15.5	4.1	1.8
总资产报酬率（%）	17.8	15.0	10.4	3.9	1.7
销售（营业）利润率（%）	20.5	14.2	8.5	3.6	-7.6
盈余现金保障倍数	2.7	1.4	0.5	-0.4	-1.3
成本费用利润率（%）	21.7	17.3	13.3	6.9	-3.7
资本收益率（%）	16.3	13.7	7.9	4.1	0.3
二、资产质量状况					
总资产周转率（次）	1.2	1.0	0.5	0.4	0.3
应收账款周转率（次）	34.0	25.2	17.0	12.5	8.0
不良资产比率（%）	0.2	1.1	2.1	7.4	14.3
流动资产周转率（次）	2.0	1.6	0.7	0.6	0.4
资产现金回收率（%）	13.2	8.7	5.6	-1.1	-2.2
三、债务风险状况					
资产负债率（%）	48.3	53.3	58.3	68.3	83.3
已获利息倍数	9.1	8.5	7.0	5.0	2.5
速动比率（%）	123.1	112.3	85.0	68.4	54.6
现金流动负债比率（%）	31.9	25.8	13.4	1.7	-12.2
带息负债比率（%）	1.9	13.4	23.7	41.5	50.4
或有负债比率（%）	0.1	2.3	4.6	12.8	21.7
四、经营增长状况					
销售（营业）增长率（%）	8.3	2.8	-0.2	-10.0	-21.2
资本保值增值率（%）	120.4	117.6	112.4	100.9	99.4
销售（营业）利润增长率（%）	17.5	10.8	4.7	-12.4	-20.4
总资产增长率（%）	17.2	12.9	7.8	-2.7	-5.2
技术投入比率（%）	1.6	1.5	1.3	1.2	1.1
五、补充资料					
存货周转率（次）	5.8	4.8	2.4	1.0	0.7
两金占流动资产比重（%）	14.4	24.1	32.3	41.5	59.0
成本费用总额占营业总收入比重（%）	76.4	81.1	90.5	94.6	98.9
经济增加值率（%）	22.2	16.6	7.4	-1.2	-2.9
EBITDA 率（%）	37.9	26.4	15.4	9.8	7.6
资本积累率（%）	24.5	19.1	11.4	0.7	-1.0

酒和饮料制造业

范围：中型企业

项　　目	优秀值	良好值	平均值	较低值	较差值
一、盈利能力状况					
净资产收益率（％）	16.1	11.3	6.5	-0.2	-11.7
总资产报酬率（％）	10.6	6.5	4.2	-2.0	-9.4
销售（营业）利润率（％）	14.7	9.3	6.4	-2.2	-11.7
盈余现金保障倍数	8.6	2.8	0.4	-0.4	-1.1
成本费用利润率（％）	15.5	10.3	6.6	-1.2	-10.1
资本收益率（％）	13.9	9.9	4.5	-0.5	-10.0
二、资产质量状况					
总资产周转率（次）	1.4	1.0	0.6	0.3	0.1
应收账款周转率（次）	26.3	20.0	13.6	9.1	4.2
不良资产比率（％）	0.2	0.3	0.6	3.3	9.5
流动资产周转率（次）	2.8	1.9	1.2	0.5	0.3
资产现金回收率（％）	8.2	3.6	1.6	-0.1	-2.7
三、债务风险状况					
资产负债率（％）	48.3	53.3	58.3	68.3	83.3
已获利息倍数	5.7	4.4	1.6	-0.2	-1.1
速动比率（％）	122.6	92.4	50.7	37.7	22.4
现金流动负债比率（％）	20.8	9.9	4.8	-0.2	-11.1
带息负债比率（％）	20.9	30.6	37.5	60.7	74.3
或有负债比率（％）	0.1	2.3	4.6	12.8	21.7
四、经营增长状况					
销售（营业）增长率（％）	12.3	6.0	-5.8	-24.3	-34.6
资本保值增值率（％）	114.6	109.9	105.0	97.4	90.4
销售（营业）利润增长率（％）	22.4	15.1	8.4	-12.9	-19.9
总资产增长率（％）	13.3	9.2	5.6	-5.2	-8.5
技术投入比率（％）	1.6	1.5	1.3	1.2	1.1
五、补充资料					
存货周转率（次）	6.1	4.5	2.8	1.0	0.5
两金占流动资产比重（％）	45.7	54.1	61.8	69.2	74.9
成本费用总额占营业总收入比重（％）	89.4	93.0	95.2	97.2	103.1
经济增加值率（％）	18.3	5.0	-1.2	-5.2	-7.4
EBITDA率（％）	19.4	15.9	7.7	2.3	-0.9
资本积累率（％）	25.9	12.9	7.0	-1.1	-7.5

酒和饮料制造业

范围：小型企业

项　　目	优秀值	良好值	平均值	较低值	较差值
一、盈利能力状况					
净资产收益率（％）	13.2	8.9	4.8	−3.8	−9.3
总资产报酬率（％）	7.6	5.2	3.2	−3.0	−5.3
销售（营业）利润率（％）	14.1	8.6	5.0	−1.1	−10.1
盈余现金保障倍数	8.2	2.3	0.5	−1.1	−2.4
成本费用利润率（％）	15.3	8.5	7.6	−0.2	−8.1
资本收益率（％）	9.2	7.1	4.7	−5.6	−11.5
二、资产质量状况					
总资产周转率（次）	0.9	0.8	0.6	0.2	0.1
应收账款周转率（次）	23.7	15.3	9.1	2.7	1.8
不良资产比率（％）	0.2	0.4	1.7	11.5	25.2
流动资产周转率（次）	1.8	1.3	1.1	0.4	0.2
资产现金回收率（％）	6.3	4.7	1.5	−0.2	−2.3
三、债务风险状况					
资产负债率（％）	48.3	53.3	58.3	68.3	83.3
已获利息倍数	7.8	5.1	1.6	−0.2	−1.3
速动比率（％）	135.0	112.9	65.5	41.8	34.0
现金流动负债比率（％）	12.1	8.2	4.3	−4.3	−12.6
带息负债比率（％）	10.4	20.9	28.8	44.8	66.2
或有负债比率（％）	0.1	2.3	4.6	12.8	21.7
四、经营增长状况					
销售（营业）增长率（％）	15.3	7.6	0.3	−11.3	−19.0
资本保值增值率（％）	109.3	106.6	103.5	95.6	87.7
销售（营业）利润增长率（％）	23.6	15.6	2.8	−8.7	−15.3
总资产增长率（％）	17.9	10.4	4.0	−4.0	−7.5
技术投入比率（％）	1.5	1.4	1.3	1.2	1.1
五、补充资料					
存货周转率（次）	7.2	3.9	2.5	0.7	0.4
两金占流动资产比重（％）	13.2	33.5	52.3	56.7	62.5
成本费用总额占营业总收入比重（％）	89.9	92.3	95.9	121.1	152.7
经济增加值（％）	8.3	3.5	−0.3	−8.6	−14.6
EBITDA 率（％）	23.0	18.8	10.1	−1.8	−14.8
资本积累率（％）	16.2	10.4	5.4	−6.4	−13.5

白酒制造业

范围：全行业

项　　　目	优秀值	良好值	平均值	较低值	较差值
一、盈利能力状况					
净资产收益率（%）	19.2	15.7	13.2	6.0	-5.7
总资产报酬率（%）	14.8	10.6	8.6	-0.2	-5.6
销售（营业）利润率（%）	19.2	14.7	6.5	-4.7	-21.7
盈余现金保障倍数	6.7	3.1	0.4	-0.1	-3.7
成本费用利润率（%）	18.8	13.3	7.5	0.8	-6.2
资本收益率（%）	16.1	12.0	9.0	2.6	-14.9
二、资产质量状况					
总资产周转率（次）	0.9	0.7	0.4	0.2	0.1
应收账款周转率（次）	24.6	18.5	11.7	5.7	3.6
不良资产比率（%）	0.2	1.0	2.1	7.4	14.1
流动资产周转率（次）	1.3	1.0	0.5	0.3	0.2
资产现金回收率（%）	11.7	5.9	2.3	-0.6	-3.9
三、债务风险状况					
资产负债率（%）	48.3	53.3	58.3	68.3	83.3
已获利息倍数	4.2	3.1	2.2	0.3	-2.5
速动比率（%）	159.5	112.9	78.2	40.3	28.7
现金流动负债比率（%）	28.1	19.2	10.2	-3.6	-14.1
带息负债比率（%）	10.8	19.0	24.1	35.1	42.8
或有负债比率（%）	0.1	2.3	4.6	12.8	21.7
四、经营增长状况					
销售（营业）增长率（%）	19.9	14.7	3.9	-2.5	-6.6
资本保值增值率（%）	120.7	117.2	113.5	108.2	99.9
销售（营业）利润增长率（%）	28.1	22.0	12.4	-5.0	-15.6
总资产增长率（%）	25.5	16.7	8.5	-4.3	-10.7
技术投入比率（%）	2.6	2.3	2.0	1.8	1.6
五、补充资料					
存货周转率（次）	1.9	1.4	0.6	0.4	0.3
两金占流动资产比重（%）	19.8	37.3	49.8	60.5	64.7
成本费用总额占营业总收入比重（%）	80.7	88.3	92.4	111.1	119.0
经济增加值率（%）	17.8	13.3	11.5	-6.3	-11.3
EBITDA率（%）	29.9	22.5	11.7	-3.4	-12.8
资本积累率（%）	30.5	18.4	13.3	-4.5	-18.3

啤酒制造业

范围：全行业

项　　目	优秀值	良好值	平均值	较低值	较差值
一、盈利能力状况					
净资产收益率（%）	13.9	9.1	7.5	2.7	-4.6
总资产报酬率（%）	10.5	7.3	5.9	1.0	-3.6
销售（营业）利润率（%）	14.7	11.2	7.7	1.2	-2.2
盈余现金保障倍数	10.6	4.2	1.4	0.4	-0.7
成本费用利润率（%）	16.7	12.1	8.3	0.9	-6.4
资本收益率（%）	12.1	7.3	4.9	-3.4	-11.0
二、资产质量状况					
总资产周转率（次）	1.2	1.0	0.9	0.5	0.2
应收账款周转率（次）	36.6	23.9	17.2	12.8	7.0
不良资产比率（%）	0.2	0.8	2.6	6.0	12.4
流动资产周转率（次）	3.7	2.9	1.6	1.2	0.5
资产现金回收率（%）	14.0	9.1	6.6	0.3	-2.5
三、债务风险状况					
资产负债率（%）	48.3	53.3	58.3	68.3	83.3
已获利息倍数	8.0	6.4	3.5	-0.3	-4.1
速动比率（%）	140.4	104.1	69.4	47.9	25.9
现金流动负债比率（%）	21.3	18.0	15.0	1.5	-7.7
带息负债比率（%）	2.5	13.4	22.2	40.3	58.3
或有负债比率（%）	0.1	2.3	4.6	12.8	21.7
四、经营增长状况					
销售（营业）增长率（%）	9.6	1.8	-1.9	-11.4	-23.1
资本保值增值率（%）	112.6	108.7	106.4	102.4	95.2
销售（营业）利润增长率（%）	14.2	9.3	4.2	-10.5	-23.9
总资产增长率（%）	11.4	5.4	2.6	-7.3	-16.4
技术投入比率（%）	1.9	1.4	1.0	0.6	0.3
五、补充资料					
存货周转率（次）	6.6	5.1	4.3	2.7	2.1
两金占流动资产比重（%）	13.1	18.4	25.6	36.8	46.6
成本费用总额占营业总收入比重（%）	88.4	90.3	95.2	98.2	105.7
经济增加值率（%）	15.8	11.5	3.8	-3.3	-11.4
EBITDA 率（%）	21.3	17.8	8.3	-8.6	-16.2
资本积累率（%）	12.5	8.1	4.8	-1.5	-10.9

制茶业

项　　目	优秀值	良好值	平均值	较低值	较差值
一、盈利能力状况					
净资产收益率（%）	14.3	10.6	6.2	-0.1	-5.9
总资产报酬率（%）	10.6	8.3	4.0	0.2	-2.2
销售（营业）利润率（%）	21.6	15.3	7.1	-3.7	-19.5
盈余现金保障倍数	9.3	7.8	6.2	4.3	1.9
成本费用利润率（%）	15.0	11.5	8.0	2.7	-5.0
资本收益率（%）	13.3	9.8	4.1	-2.3	-8.6
二、资产质量状况					
总资产周转率（次）	2.4	1.7	1.0	0.6	0.3
应收账款周转率（次）	18.9	10.9	5.0	4.7	4.3
不良资产比率（%）	0.3	0.7	1.7	18.7	35.9
流动资产周转率（次）	3.7	2.5	1.3	0.8	0.4
资产现金回收率（%）	9.8	5.8	4.5	-0.4	-2.6
三、债务风险状况					
资产负债率（%）	48.6	53.6	58.6	68.6	83.6
已获利息倍数	9.4	4.6	3.3	1.9	-2.2
速动比率（%）	131.5	99.1	63.3	44.4	28.8
现金流动负债比率（%）	17.3	10.9	5.5	-1.6	-4.4
带息负债比率（%）	16.0	24.6	33.7	48.3	63.2
或有负债比率（%）	0.1	2.3	4.6	12.8	21.7
四、经营增长状况					
销售（营业）增长率（%）	36.8	16.8	3.3	-8.0	-22.5
资本保值增值率（%）	114.7	111.3	105.7	99.5	97.2
销售（营业）利润增长率（%）	20.8	16.9	9.3	-1.1	-12.9
总资产增长率（%）	13.8	10.1	2.9	-4.1	-6.4
技术投入比率（%）	1.7	1.6	1.5	1.4	1.3
五、补充资料					
存货周转率（次）	3.8	2.6	1.4	0.9	0.5
两金占流动资产比重（%）	59.0	64.5	72.5	80.3	91.3
成本费用总额占营业总收入比重（%）	86.6	91.5	93.8	100.1	113.3
经济增加值率（%）	11.4	3.5	2.8	-5.5	-5.9
EBITDA 率（%）	16.8	14.0	11.1	4.6	-7.7
资本积累率（%）	19.0	9.5	4.3	-0.8	-4.1

纺织服装服饰业

范围：全行业

项　　目	优秀值	良好值	平均值	较低值	较差值
一、盈利能力状况					
净资产收益率（%）	9.8	4.4	0.3	-2.1	-9.2
总资产报酬率（%）	7.7	4.0	0.2	-1.4	-6.7
销售（营业）利润率（%）	7.9	3.0	0.2	-10.2	-31.5
盈余现金保障倍数	5.8	2.1	0.9	-0.2	-1.7
成本费用利润率（%）	8.8	3.6	0.4	-6.7	-24.3
资本收益率（%）	10.0	4.4	0.2	-8.0	-14.8
二、资产质量状况					
总资产周转率（次）	1.1	0.7	0.4	0.3	0.2
应收账款周转率（次）	20.2	12.7	4.8	2.3	0.7
不良资产比率（%）	0.2	0.9	6.1	15.3	26.4
流动资产周转率（次）	1.9	1.2	0.7	0.4	0.3
资产现金回收率（%）	10.5	5.0	0.1	-0.2	-7.3
三、债务风险状况					
资产负债率（%）	48.3	53.3	58.3	68.3	83.3
已获利息倍数	7.1	4.3	1.9	1.0	-5.2
速动比率（%）	164.8	142.8	94.1	71.9	60.3
现金流动负债比率（%）	26.8	17.4	6.5	-3.7	-13.2
带息负债比率（%）	19.1	25.8	36.3	60.2	66.4
或有负债比率（%）	0.2	1.5	4.6	14.8	23.7
四、经营增长状况					
销售（营业）增长率（%）	14.1	2.3	-8.6	-19.2	-26.2
资本保值增值率（%）	109.7	103.7	100.0	93.6	87.0
销售（营业）利润增长率（%）	7.7	0.6	-7.9	-22.8	-34.1
总资产增长率（%）	8.2	3.8	-0.1	-8.0	-15.7
技术投入比率（%）	2.0	1.9	1.8	1.7	1.6
五、补充资料					
存货周转率（次）	17.7	11.8	3.7	2.4	0.4
两金占流动资产比重（%）	10.9	25.0	30.6	42.2	57.7
成本费用总额占营业总收入比重（%）	94.5	98.0	99.4	104.3	112.0
经济增加值率（%）	5.6	0.4	-5.0	-7.1	-14.5
EBITDA 率（%）	17.5	11.7	4.8	0.3	-11.0
资本积累率（%）	5.4	1.8	-2.6	-5.8	-13.0

皮革毛皮羽绒及其制品业

范围：全行业

项　　　目	优秀值	良好值	平均值	较低值	较差值
一、盈利能力状况					
净资产收益率（%）	13.5	9.5	5.5	-3.5	-8.7
总资产报酬率（%）	8.5	6.6	3.5	-2.4	-7.3
销售（营业）利润率（%）	13.3	8.1	3.9	-3.8	-18.2
盈余现金保障倍数	8.5	4.6	0.7	-3.3	-8.3
成本费用利润率（%）	9.0	6.8	4.1	-5.1	-14.3
资本收益率（%）	11.7	7.4	3.6	-6.7	-12.0
二、资产质量状况					
总资产周转率（次）	1.4	1.0	0.8	0.5	0.2
应收账款周转率（次）	17.5	8.3	6.8	2.0	1.0
不良资产比率（%）	0.2	1.0	6.0	12.5	25.4
流动资产周转率（次）	1.5	1.2	1.1	0.6	0.3
资产现金回收率（%）	15.7	8.7	2.4	-1.1	-10.5
三、债务风险状况					
资产负债率（%）	48.3	53.3	58.3	68.3	83.3
已获利息倍数	8.2	6.9	3.5	1.3	-2.1
速动比率（%）	142.5	119.5	86.0	64.2	52.7
现金流动负债比率（%）	20.2	13.1	7.5	1.2	-11.1
带息负债比率（%）	0.1	9.0	18.5	38.7	55.4
或有负债比率（%）	0.1	1.1	2.2	10.7	19.5
四、经营增长状况					
销售（营业）增长率（%）	12.0	3.2	-4.6	-16.6	-24.5
资本保值增值率（%）	112.7	108.5	104.4	96.3	90.2
销售（营业）利润增长率（%）	23.0	14.0	4.7	-2.7	-14.1
总资产增长率（%）	9.7	4.8	2.4	-5.9	-12.5
技术投入比率（%）	4.0	2.8	2.3	2.0	1.5
五、补充资料					
存货周转率（次）	9.8	5.8	4.3	1.5	0.4
两金占流动资产比重（%）	21.8	31.0	37.4	46.5	56.8
成本费用总额占营业总收入比重（%）	89.1	92.1	95.6	99.0	102.6
经济增加值率（%）	11.6	6.7	1.8	-5.6	-6.8
EBITDA率（%）	12.0	9.6	4.6	1.2	-40.3
资本积累率（%）	12.9	5.4	4.5	-1.4	-10.6

家具制造业

范围：全行业

项　　　目	优秀值	良好值	平均值	较低值	较差值
一、盈利能力状况					
净资产收益率（％）	8.7	4.7	1.8	−5.0	−10.5
总资产报酬率（％）	4.0	2.3	1.0	−1.8	−5.6
销售（营业）利润率（％）	13.6	10.3	3.2	−6.8	−15.6
盈余现金保障倍数	7.3	2.8	1.2	0.2	−2.6
成本费用利润率（％）	7.9	6.5	4.7	−4.2	−7.8
资本收益率（％）	9.6	5.5	3.1	−7.5	−11.9
二、资产质量状况					
总资产周转率（次）	1.0	0.7	0.4	0.3	0.1
应收账款周转率（次）	16.1	7.8	3.3	2.0	0.8
不良资产比率（％）	0.2	1.1	5.8	12.2	23.8
流动资产周转率（次）	1.7	1.5	0.9	0.4	0.3
资产现金回收率（％）	7.8	3.0	1.1	−0.3	−2.7
三、债务风险状况					
资产负债率（％）	48.6	53.6	58.6	68.6	83.6
已获利息倍数	7.2	6.1	4.0	2.2	0.8
速动比率（％）	137.5	96.5	63.1	42.3	19.7
现金流动负债比率（％）	10.9	7.8	2.9	−1.5	−2.6
带息负债比率（％）	3.7	13.9	22.2	51.3	64.1
或有负债比率（％）	0.1	2.3	4.6	12.8	21.7
四、经营增长状况					
销售（营业）增长率（％）	23.1	16.1	−5.6	−14.7	−25.6
资本保值增值率（％）	108.9	104.8	102.6	95.6	88.6
销售（营业）利润增长率（％）	14.2	5.5	−2.1	−12.1	−23.3
总资产增长率（％）	25.5	16.0	8.0	−11.7	−20.0
技术投入比率（％）	3.3	3.0	2.8	2.6	2.3
五、补充资料					
存货周转率（次）	10.8	7.6	2.3	2.1	1.4
两金占流动资产比重（％）	14.8	23.1	47.2	64.1	67.1
成本费用总额占营业总收入比重（％）	91.8	94.0	95.8	99.5	110.7
经济增加值率（％）	14.6	0.4	−7.7	−10.2	−24.7
EBITDA 率（％）	12.3	9.3	5.5	−8.5	−26.0
资本积累率（％）	28.0	16.2	9.7	−14.9	−39.4

造纸及纸制品业

范围：全行业

项　　目	优秀值	良好值	平均值	较低值	较差值
一、盈利能力状况					
净资产收益率（%）	5.8	3.7	2.9	-1.5	-5.9
总资产报酬率（%）	4.1	3.3	2.4	-0.7	-2.5
销售（营业）利润率（%）	7.6	6.2	3.9	-2.3	-19.9
盈余现金保障倍数	7.6	4.1	1.3	0.9	-1.1
成本费用利润率（%）	10.2	6.5	4.2	-6.5	-15.0
资本收益率（%）	7.4	4.3	2.5	-7.1	-15.0
二、资产质量状况					
总资产周转率（次）	0.9	0.6	0.4	0.2	0.1
应收账款周转率（次）	15.9	11.2	6.9	3.5	1.4
不良资产比率（%）	0.2	1.2	2.7	10.2	26.4
流动资产周转率（次）	1.7	1.3	0.7	0.2	0.1
资产现金回收率（%）	5.9	4.8	3.1	-0.1	-2.7
三、债务风险状况					
资产负债率（%）	48.3	53.3	58.3	68.3	83.3
已获利息倍数	7.2	4.9	3.1	1.4	-1.7
速动比率（%）	173.9	128.4	79.0	50.5	27.5
现金流动负债比率（%）	18.9	15.1	9.9	-0.2	-3.6
带息负债比率（%）	27.6	41.0	50.2	68.5	81.5
或有负债比率（%）	0.9	2.1	4.6	8.1	17.4
四、经营增长状况					
销售（营业）增长率（%）	15.0	2.3	-6.9	-18.1	-28.5
资本保值增值率（%）	105.9	103.5	100.9	98.4	93.2
销售（营业）利润增长率（%）	12.4	7.3	2.9	-10.0	-20.9
总资产增长率（%）	6.3	2.5	-0.7	-4.3	-8.6
技术投入比率（%）	2.8	2.5	2.4	2.3	2.0
五、补充资料					
存货周转率（次）	9.1	6.5	4.3	2.1	0.9
两金占流动资产比重（%）	20.2	37.2	47.0	54.2	59.6
成本费用总额占营业总收入比重（%）	93.5	95.3	97.2	106.8	113.2
经济增加值率（%）	4.5	0.2	-2.0	-5.5	-7.3
EBITDA率（%）	19.3	13.7	6.6	0.4	-7.4
资本积累率（%）	9.3	6.6	3.8	-1.5	-6.5

印刷业记录媒介的复制业

范围：全行业

项　目	优秀值	良好值	平均值	较低值	较差值
一、盈利能力状况					
净资产收益率（%）	9.8	6.7	3.9	-0.9	-5.1
总资产报酬率（%）	8.4	5.8	2.9	0.8	-2.1
销售（营业）利润率（%）	13.8	8.6	4.1	-2.5	-12.6
盈余现金保障倍数	11.0	3.9	1.0	-1.0	-1.6
成本费用利润率（%）	15.4	11.2	4.0	-0.6	-7.1
资本收益率（%）	11.4	8.2	5.4	-0.9	-10.0
二、资产质量状况					
总资产周转率（次）	1.2	0.9	0.8	0.3	0.1
应收账款周转率（次）	20.0	12.8	6.0	3.4	2.1
不良资产比率（%）	0.6	1.3	2.3	5.0	15.2
流动资产周转率（次）	1.8	1.5	1.3	0.5	0.2
资产现金回收率（%）	7.1	2.9	0.6	-0.7	-3.3
三、债务风险状况					
资产负债率（%）	48.3	53.3	58.3	68.3	83.3
已获利息倍数	8.1	5.9	3.7	-1.9	-3.7
速动比率（%）	159.5	140.3	82.7	60.3	38.9
现金流动负债比率（%）	29.8	13.6	1.5	-6.0	-9.4
带息负债比率（%）	6.8	18.0	29.2	44.1	66.2
或有负债比率（%）	1.6	2.5	4.6	8.7	18.0
四、经营增长状况					
销售（营业）增长率（%）	12.4	8.9	5.3	-11.8	-21.6
资本保值增值率（%）	109.3	106.5	104.8	100.3	94.6
销售（营业）利润增长率（%）	15.6	6.9	-2.3	-12.2	-21.0
总资产增长率（%）	15.8	8.4	2.2	-4.0	-8.4
技术投入比率（%）	2.7	2.6	2.4	2.0	1.7
五、补充资料					
存货周转率（次）	18.0	11.7	6.5	3.1	2.3
两金占流动资产比重（%）	3.4	18.7	29.1	38.7	46.5
成本费用总额占营业总收入比重（%）	88.6	92.4	96.5	106.9	119.5
经济增加值率（%）	14.0	7.7	-1.1	-5.5	-7.2
EBITDA 率（%）	22.4	16.3	4.6	2.9	-10.8
资本积累率（%）	20.6	10.7	2.0	-1.4	-9.4

文教体育用品制造业

范围：全行业

项　　目	优秀值	良好值	平均值	较低值	较差值
一、盈利能力状况					
净资产收益率（%）	7.8	6.3	3.2	-2.8	-9.6
总资产报酬率（%）	7.3	6.0	2.7	-1.9	-5.5
销售（营业）利润率（%）	18.2	10.3	3.8	-1.7	-17.3
盈余现金保障倍数	7.5	4.8	1.3	0.2	-4.9
成本费用利润率（%）	12.2	7.9	4.0	-2.9	-10.4
资本收益率（%）	8.3	7.0	4.0	-3.2	-13.3
二、资产质量状况					
总资产周转率（次）	0.9	0.6	0.4	0.2	0.1
应收账款周转率（次）	15.6	9.9	4.8	2.2	1.9
不良资产比率（%）	0.3	1.2	2.6	6.2	13.5
流动资产周转率（次）	1.1	0.9	0.7	0.3	0.2
资产现金回收率（%）	6.3	4.8	3.3	-0.3	-8.1
三、债务风险状况					
资产负债率（%）	48.3	53.3	58.3	68.3	83.3
已获利息倍数	5.3	3.6	1.2	-1.3	-4.6
速动比率（%）	149.2	111.9	63.6	43.1	21.5
现金流动负债比率（%）	23.5	10.1	3.4	-4.2	-12.3
带息负债比率（%）	6.5	15.2	24.4	48.2	59.0
或有负债比率（%）	1.6	2.6	4.6	9.3	18.6
四、经营增长状况					
销售（营业）增长率（%）	18.0	12.3	-4.4	-16.3	-24.5
资本保值增值率（%）	107.1	104.7	102.5	96.7	90.9
销售（营业）利润增长率（%）	22.0	12.2	-0.9	-10.1	-18.5
总资产增长率（%）	19.1	7.1	6.4	-6.7	-13.3
技术投入比率（%）	2.8	2.5	2.4	2.0	1.6
五、补充资料					
存货周转率（次）	3.9	2.8	1.9	0.4	0.3
两金占流动资产比重（%）	18.3	38.1	46.9	56.6	62.1
成本费用总额占营业总收入比重（%）	85.9	92.7	96.7	103.7	107.5
经济增加值率（%）	8.1	4.5	2.6	-6.0	-10.8
EBITDA率（%）	26.7	15.3	5.7	0.1	-5.1
资本积累率（%）	16.4	7.5	5.1	-8.0	-17.4

工艺品及其他制造业

范围：全行业

项　　　目	优秀值	良好值	平均值	较低值	较差值
一、盈利能力状况					
净资产收益率（%）	10.9	7.8	4.4	-1.7	-6.6
总资产报酬率（%）	5.7	4.8	3.6	-0.7	-4.2
销售（营业）利润率（%）	10.4	6.2	4.8	0.4	-2.3
盈余现金保障倍数	3.3	2.2	1.7	0.1	-0.7
成本费用利润率（%）	11.7	6.9	4.3	0.5	-6.7
资本收益率（%）	10.9	8.2	4.3	-4.0	-9.4
二、资产质量状况					
总资产周转率（次）	1.0	0.8	0.6	0.2	0.1
应收账款周转率（次）	10.7	7.6	4.9	3.4	2.7
不良资产比率（%）	0.3	0.5	0.9	3.3	5.6
流动资产周转率（次）	1.6	1.3	1.1	0.6	0.4
资产现金回收率（%）	11.7	7.4	2.9	-0.9	-2.9
三、债务风险状况					
资产负债率（%）	48.3	53.3	58.3	68.3	83.3
已获利息倍数	10.5	5.3	1.6	-1.1	-2.7
速动比率（%）	148.5	123.2	81.9	61.8	38.3
现金流动负债比率（%）	31.2	21.8	14.1	5.9	-4.3
带息负债比率（%）	15.6	25.8	35.4	46.7	57.7
或有负债比率（%）	0.1	1.0	1.9	6.6	15.9
四、经营增长状况					
销售（营业）增长率（%）	16.6	10.6	5.5	-6.9	-16.6
资本保值增值率（%）	114.3	107.0	103.4	100.3	97.1
销售（营业）利润增长率（%）	29.7	18.9	9.2	-0.8	-10.1
总资产增长率（%）	19.6	13.5	5.7	-6.2	-14.7
技术投入比率（%）	2.6	2.3	2.0	1.7	1.3
五、补充资料					
存货周转率（次）	8.9	6.7	5.4	2.6	2.1
两金占流动资产比重（%）	8.3	16.0	36.6	45.2	52.7
成本费用总额占营业总收入比重（%）	91.1	95.8	96.3	100.3	107.2
经济增加值率（%）	11.7	5.7	1.2	-3.9	-5.4
EBITDA率（%）	16.4	13.6	5.7	4.1	-9.0
资本积累率（%）	15.7	7.3	3.0	0.3	-18.6

其他工业

范围：全行业

项　　目	优秀值	良好值	平均值	较低值	较差值
一、盈利能力状况					
净资产收益率（%）	8.8	4.4	1.8	−2.1	−6.7
总资产报酬率（%）	7.2	2.9	1.6	−0.4	−3.1
销售（营业）利润率（%）	16.4	8.9	2.9	−1.2	−4.6
盈余现金保障倍数	2.1	1.5	1.0	−1.2	−3.0
成本费用利润率（%）	17.2	9.1	2.9	−0.5	−3.9
资本收益率（%）	11.5	6.0	1.9	−3.3	−7.6
二、资产质量状况					
总资产周转率（次）	0.9	0.6	0.5	0.2	0.1
应收账款周转率（次）	11.6	7.2	4.0	1.9	0.9
不良资产比率（%）	0.5	1.2	2.6	3.9	5.8
流动资产周转率（次）	1.5	1.0	0.7	0.4	0.2
资产现金回收率（%）	7.6	4.3	3.5	−0.4	−4.4
三、债务风险状况					
资产负债率（%）	48.3	53.3	58.3	68.3	83.3
已获利息倍数	12.5	4.2	2.5	1.0	−1.0
速动比率（%）	120.1	100.1	83.4	75.8	61.4
现金流动负债比率（%）	15.5	7.3	4.9	−0.7	−7.0
带息负债比率（%）	29.6	38.6	46.4	53.9	62.9
或有负债比率（%）	0.8	1.7	2.8	4.4	6.7
四、经营增长状况					
销售（营业）增长率（%）	11.0	3.0	−2.6	−8.6	−14.8
资本保值增值率（%）	106.8	102.6	100.6	97.4	91.0
销售（营业）利润增长率（%）	20.1	9.1	1.9	−2.7	−9.6
总资产增长率（%）	16.4	8.3	2.6	−4.5	−9.4
技术投入比率（%）	10.7	5.2	2.4	1.3	0.5
五、补充资料					
存货周转率（次）	16.9	12.6	9.2	4.7	3.4
两金占流动资产比重（%）	36.9	44.0	50.9	61.4	69.8
成本费用总额占营业总收入比重（%）	90.4	95.5	98.4	102.4	107.0
经济增加值率（%）	9.1	2.2	−3.0	−5.5	−7.9
EBITDA 率（%）	32.3	18.6	4.4	2.7	0.0
资本积累率（%）	18.6	8.1	0.6	−1.9	−8.0

其他工业

范围：大型企业

项　　　目	优秀值	良好值	平均值	较低值	较差值
一、盈利能力状况					
净资产收益率（%）	7.5	4.3	1.5	-1.5	-7.8
总资产报酬率（%）	4.0	2.7	1.3	-0.7	-3.4
销售（营业）利润率（%）	16.6	6.0	1.1	-1.4	-6.1
盈余现金保障倍数	3.5	2.3	1.6	-0.3	-1.8
成本费用利润率（%）	17.4	5.5	1.1	-1.8	-5.2
资本收益率（%）	13.7	6.7	1.6	-1.5	-7.2
二、资产质量状况					
总资产周转率（次）	1.1	0.9	0.6	0.3	0.2
应收账款周转率（次）	11.6	9.0	4.8	3.4	2.6
不良资产比率（%）	0.5	1.8	3.0	4.3	6.4
流动资产周转率（次）	2.1	1.9	1.2	0.7	0.3
资产现金回收率（%）	7.8	5.1	2.0	-0.2	-3.6
三、债务风险状况					
资产负债率（%）	48.3	53.3	58.3	68.3	83.3
已获利息倍数	8.9	4.9	1.8	0.2	-2.2
速动比率（%）	117.1	98.3	84.9	74.0	55.4
现金流动负债比率（%）	16.8	10.6	7.0	-0.7	-7.9
带息负债比率（%）	19.1	28.3	36.2	43.1	52.0
或有负债比率（%）	0.5	1.4	2.5	4.2	6.3
四、经营增长状况					
销售（营业）增长率（%）	21.3	3.1	-3.6	-11.5	-19.0
资本保值增值率（%）	110.4	105.0	100.5	98.4	92.1
销售（营业）利润增长率（%）	22.9	1.2	-3.5	-9.0	-15.2
总资产增长率（%）	9.8	3.7	3.1	-2.2	-6.0
技术投入比率（%）	10.6	4.8	2.7	1.6	0.2
五、补充资料					
存货周转率（次）	22.1	16.2	12.5	8.4	4.7
两金占流动资产比重（%）	29.2	32.4	39.3	50.5	54.7
成本费用总额占营业总收入比重（%）	96.5	98.1	99.6	102.8	106.4
经济增加值率（%）	4.6	1.6	-3.0	-5.6	-11.1
EBITDA 率（%）	19.0	9.5	3.7	-3.9	-7.7
资本积累率（%）	9.3	4.9	-0.5	-0.9	-7.2

其他工业

范围：中型企业

项　　目	优秀值	良好值	平均值	较低值	较差值
一、盈利能力状况					
净资产收益率（%）	11.0	8.1	5.2	-1.5	-7.0
总资产报酬率（%）	7.8	4.6	2.9	-0.3	-5.1
销售（营业）利润率（%）	13.4	10.3	6.1	-3.2	-6.6
盈余现金保障倍数	3.4	2.1	1.5	-0.8	-2.4
成本费用利润率（%）	15.5	11.2	6.4	-3.0	-6.0
资本收益率（%）	20.6	13.7	6.8	-0.8	-2.6
二、资产质量状况					
总资产周转率（次）	0.9	0.7	0.5	0.2	0.1
应收账款周转率（次）	11.3	7.7	3.5	2.0	1.2
不良资产比率（%）	0.3	1.4	2.4	3.9	6.0
流动资产周转率（次）	1.9	1.3	1.1	0.7	0.3
资产现金回收率（%）	8.4	5.4	3.9	0.2	-4.5
三、债务风险状况					
资产负债率（%）	48.3	53.3	58.3	68.3	83.3
已获利息倍数	11.6	4.8	3.5	2.2	1.3
速动比率（%）	111.7	94.2	81.2	65.9	49.1
现金流动负债比率（%）	19.9	15.4	12.0	1.3	-4.6
带息负债比率（%）	25.5	35.9	43.8	50.6	57.1
或有负债比率（%）	0.6	1.7	3.0	4.7	8.4
四、经营增长状况					
销售（营业）增长率（%）	9.5	3.2	-2.6	-6.8	-15.9
资本保值增值率（%）	112.2	108.1	103.7	99.1	91.9
销售（营业）利润增长率（%）	15.9	9.3	2.7	-3.8	-10.9
总资产增长率（%）	19.5	11.6	6.7	-2.8	-8.2
技术投入比率（%）	7.5	4.2	2.4	1.2	0.1
五、补充资料					
存货周转率（次）	18.6	12.1	8.6	4.1	2.4
两金占流动资产比重（%）	23.1	30.3	40.8	50.6	54.3
成本费用总额占营业总收入比重（%）	87.2	90.2	93.8	99.6	104.1
经济增加值率（%）	8.7	5.1	1.6	-5.8	-7.5
EBITDA 率（%）	17.4	14.6	10.3	2.3	-6.4
资本积累率（%）	27.7	14.7	7.8	-0.8	-7.3

其他工业

范围：小型企业

项　　目	优秀值	良好值	平均值	较低值	较差值
一、盈利能力状况					
净资产收益率（％）	9.3	6.3	3.9	-0.7	-5.1
总资产报酬率（％）	5.8	3.1	1.9	-0.2	-3.0
销售（营业）利润率（％）	13.6	8.2	4.1	-1.6	-4.8
盈余现金保障倍数	2.5	1.2	0.6	-1.9	-3.8
成本费用利润率（％）	11.5	6.1	1.9	-0.6	-5.3
资本收益率（％）	12.9	6.6	2.5	-2.7	-8.0
二、资产质量状况					
总资产周转率（次）	0.9	0.6	0.3	0.2	0.1
应收账款周转率（次）	8.5	5.2	4.3	1.6	0.7
不良资产比率（％）	0.3	1.1	2.0	3.6	5.5
流动资产周转率（次）	1.4	0.9	0.6	0.3	0.2
资产现金回收率（％）	5.2	2.4	0.9	-0.3	-8.4
三、债务风险状况					
资产负债率（％）	48.3	53.3	58.3	68.3	83.3
已获利息倍数	9.5	3.0	1.9	0.7	-0.7
速动比率（％）	109.1	90.3	77.9	63.6	44.3
现金流动负债比率（％）	13.5	9.1	4.7	-1.0	-10.6
带息负债比率（％）	36.2	45.3	52.2	59.8	67.9
或有负债比率（％）	0.9	1.8	3.3	5.2	9.6
四、经营增长状况					
销售（营业）增长率（％）	9.2	3.1	-3.0	-7.3	-15.9
资本保值增值率（％）	109.7	106.1	102.9	97.9	91.0
销售（营业）利润增长率（％）	19.0	7.6	1.0	-6.8	-15.1
总资产增长率（％）	14.6	5.5	0.1	-2.3	-7.9
技术投入比率（％）	5.3	2.6	1.2	0.6	0.1
五、补充资料					
存货周转率（次）	10.6	7.4	4.1	1.2	0.5
两金占流动资产比重（％）	21.6	36.6	51.8	65.3	76.9
成本费用总额占营业总收入比重（％）	88.1	91.3	95.3	100.7	105.4
经济增加值率（％）	5.8	2.8	-4.1	-5.5	-7.8
EBITDA率（％）	18.4	10.5	5.1	-1.5	-6.4
资本积累率（％）	20.6	9.7	1.5	-1.5	-8.8

建筑业

项 目	优秀值	良好值	平均值	较低值	较差值
一、盈利能力状况					
净资产收益率（%）	13.8	7.5	5.0	2.3	-0.3
总资产报酬率（%）	4.3	2.7	2.4	0.7	-0.1
销售（营业）利润率（%）	10.1	5.3	3.4	0.6	-0.9
盈余现金保障倍数	2.8	1.6	0.9	-0.5	-2.8
成本费用利润率（%）	9.4	4.5	3.4	0.5	-1.0
资本收益率（%）	13.9	7.9	5.8	0.9	-3.4
二、资产质量状况					
总资产周转率（次）	1.0	0.7	0.5	0.2	0.1
应收账款周转率（次）	8.6	5.5	4.1	1.5	0.9
不良资产比率（%）	1.1	1.5	4.0	4.7	5.3
流动资产周转率（次）	1.3	0.9	0.8	0.4	0.2
资产现金回收率（%）	5.4	1.9	1.6	-0.3	-3.4
三、债务风险状况					
资产负债率（%）	64.9	68.9	72.3	83.9	89.3
已获利息倍数	6.5	4.5	3.1	1.1	0.4
速动比率（%）	126.0	108.1	88.0	73.6	53.6
现金流动负债比率（%）	10.1	5.3	3.3	-0.8	-6.5
带息负债比率（%）	18.0	26.5	32.8	40.6	57.2
或有负债比率（%）	0.1	0.8	3.4	6.2	8.7
四、经营增长状况					
销售（营业）增长率（%）	21.3	15.3	9.4	-1.5	-10.5
资本保值增值率（%）	117.6	112.5	104.0	99.9	95.7
销售（营业）利润增长率（%）	18.3	7.9	5.2	-10.6	-28.6
总资产增长率（%）	23.5	15.9	10.0	-1.8	-8.2
技术投入比率（%）	2.0	1.5	0.9	0.6	0.4
五、补充资料					
存货周转率（次）	9.0	5.9	3.0	1.3	0.3
两金占流动资产比重（%）	27.1	35.2	39.3	51.5	59.3
成本费用总额占营业总收入比重（%）	90.9	94.9	96.7	98.4	100.4
经济增加值率（%）	11.1	3.4	-0.9	-4.8	-5.6
EBITDA率（%）	14.0	8.3	4.6	1.4	0.2
资本积累率（%）	26.7	13.0	10.0	-0.1	-3.9

建筑业

范围：大型企业

项　　目	优秀值	良好值	平均值	较低值	较差值
一、盈利能力状况					
净资产收益率（％）	15.3	11.4	6.9	1.8	0.2
总资产报酬率（％）	4.1	3.6	3.1	0.9	0.1
销售（营业）利润率（％）	5.4	4.4	3.3	0.7	0.3
盈余现金保障倍数	4.4	2.3	0.8	−0.7	−2.6
成本费用利润率（％）	4.8	3.2	1.9	0.6	0.1
资本收益率（％）	16.0	11.1	9.1	1.5	0.2
二、资产质量状况					
总资产周转率（次）	1.2	1.0	0.7	0.3	0.1
应收账款周转率（次）	8.0	5.9	5.0	2.5	1.8
不良资产比率（％）	0.5	0.9	1.5	3.0	7.4
流动资产周转率（次）	1.5	1.3	1.0	0.5	0.2
资产现金回收率（％）	6.1	3.4	1.8	−0.5	−3.0
三、债务风险状况					
资产负债率（％）	65.1	70.6	74.3	86.8	90.9
已获利息倍数	6.5	4.7	3.6	1.7	1.2
速动比率（％）	126.8	114.2	89.3	85.5	74.6
现金流动负债比率（％）	8.7	5.0	3.3	−0.8	−4.6
带息负债比率（％）	14.6	18.5	26.7	39.2	48.0
或有负债比率（％）	0.2	0.4	0.5	5.3	7.6
四、经营增长状况					
销售（营业）增长率（％）	29.5	20.7	10.5	−0.5	−9.8
资本保值增值率（％）	119.2	113.0	107.6	102.2	98.8
销售（营业）利润增长率（％）	22.7	13.3	6.7	−9.7	−26.0
总资产增长率（％）	23.0	15.3	10.5	3.1	−4.2
技术投入比率（％）	4.0	2.9	1.7	1.5	1.3
五、补充资料					
存货周转率（次）	8.6	5.5	4.5	3.5	2.7
两金占流动资产比重（％）	27.0	31.8	37.2	46.6	57.7
成本费用总额占营业总收入比重（％）	94.8	95.5	96.7	99.3	101.7
经济增加值率（％）	14.6	8.4	1.4	−2.8	−5.0
EBITDA 率（％）	8.7	5.7	4.5	2.2	1.4
资本积累率（％）	28.6	15.6	12.8	0.2	−1.4

建筑业

范围：中型企业

项　　目	优秀值	良好值	平均值	较低值	较差值
一、盈利能力状况					
净资产收益率（％）	14.2	8.3	2.7	0.3	-4.5
总资产报酬率（％）	4.6	3.1	1.2	0.2	-2.6
销售（营业）利润率（％）	8.4	4.8	3.0	0.4	-1.0
盈余现金保障倍数	3.7	1.8	1.3	-0.8	-3.1
成本费用利润率（％）	8.6	4.5	2.8	0.3	-4.5
资本收益率（％）	14.8	9.3	3.1	-1.9	-6.4
二、资产质量状况					
总资产周转率（次）	1.1	0.8	0.4	0.2	0.1
应收账款周转率（次）	7.8	5.1	2.6	1.6	1.0
不良资产比率（％）	0.1	2.1	3.0	3.7	4.4
流动资产周转率（次）	1.3	1.0	0.4	0.3	0.2
资产现金回收率（％）	6.3	2.7	1.3	-1.0	-4.0
三、债务风险状况					
资产负债率（％）	56.0	62.0	66.0	80.8	86.8
已获利息倍数	5.2	4.0	2.3	1.1	0.1
速动比率（％）	124.6	99.7	85.9	67.8	55.8
现金流动负债比率（％）	11.5	5.0	3.9	-1.8	-6.9
带息负债比率（％）	22.8	28.2	39.0	49.1	59.8
或有负债比率（％）	0.1	1.1	3.5	6.3	9.1
四、经营增长状况					
销售（营业）增长率（％）	18.7	13.1	7.3	-4.9	-21.1
资本保值增值率（％）	111.0	104.6	102.4	100.0	96.0
销售（营业）利润增长率（％）	17.6	5.7	-2.6	-17.0	-35.1
总资产增长率（％）	21.0	14.6	9.0	-2.4	-8.4
技术投入比率（％）	1.3	1.1	1.0	0.9	0.7
五、补充资料					
存货周转率（次）	10.4	9.2	4.5	1.6	0.6
两金占流动资产比重（％）	18.2	31.6	41.5	52.1	59.2
成本费用总额占营业总收入比重（％）	91.9	95.2	96.6	99.7	102.5
经济增加值率（％）	11.5	4.8	-3.9	-5.1	-5.5
EBITDA 率（％）	14.9	8.4	4.4	1.5	0.6
资本积累率（％）	16.4	10.8	5.9	-2.0	-3.4

建筑业

范围：小型企业

项　　目	优秀值	良好值	平均值	较低值	较差值
一、盈利能力状况					
净资产收益率（%）	9.8	5.8	0.9	-4.3	-8.7
总资产报酬率（%）	4.7	2.3	0.6	-0.8	-3.6
销售（营业）利润率（%）	13.5	7.5	4.7	0.3	-1.4
盈余现金保障倍数	1.9	1.4	0.9	-0.4	-2.7
成本费用利润率（%）	12.5	6.2	3.6	-0.1	-1.3
资本收益率（%）	11.0	5.6	1.2	-5.2	-8.3
二、资产质量状况					
总资产周转率（次）	1.0	0.6	0.3	0.2	0.1
应收账款周转率（次）	9.3	5.4	1.4	1.1	0.6
不良资产比率（%）	0.2	1.0	4.1	6.1	10.2
流动资产周转率（次）	1.2	0.7	0.4	0.3	0.2
资产现金回收率（%）	5.0	1.1	0.7	-0.2	-3.6
三、债务风险状况					
资产负债率（%）	33.9	41.1	49.1	66.2	74.3
已获利息倍数	6.9	3.6	1.1	0.2	-1.1
速动比率（%）	109.6	96.3	76.1	56.5	37.5
现金流动负债比率（%）	11.8	5.5	3.0	-0.8	-9.4
带息负债比率（%）	20.8	31.8	39.0	51.4	61.6
或有负债比率（%）	0.1	1.0	3.5	7.2	9.3
四、经营增长状况					
销售（营业）增长率（%）	19.3	11.4	3.3	-5.8	-18.9
资本保值增值率（%）	112.4	104.8	101.9	99.3	94.3
销售（营业）利润增长率（%）	14.5	4.3	-4.0	-19.9	-31.9
总资产增长率（%）	26.6	16.3	8.9	-2.5	-13.1
技术投入比率（%）	1.1	0.9	0.8	0.5	0.3
五、补充资料					
存货周转率（次）	9.9	8.1	2.6	0.4	0.3
两金占流动资产比重（%）	6.6	21.6	39.4	54.0	61.0
成本费用总额占营业总收入比重（%）	87.6	92.9	95.1	97.4	99.5
经济增加值率（%）	9.9	1.2	-4.8	-5.5	-6.2
EBITDA 率（%）	11.8	8.5	6.0	0.8	-1.8
资本积累率（%）	19.4	11.8	5.6	-0.6	-5.8

房屋和土木工程建筑业

范围：全行业

项 目	优秀值	良好值	平均值	较低值	较差值
一、盈利能力状况					
净资产收益率（%）	13.3	7.1	6.1	0.9	-2.6
总资产报酬率（%）	3.8	3.2	2.5	0.5	-1.2
销售（营业）利润率（%）	9.0	4.7	3.5	0.2	-2.1
盈余现金保障倍数	3.2	2.1	0.8	-0.7	-3.2
成本费用利润率（%）	7.4	4.4	3.4	0.1	-2.1
资本收益率（%）	14.5	7.6	6.7	1.1	-0.1
二、资产质量状况					
总资产周转率（次）	1.0	0.7	0.6	0.3	0.2
应收账款周转率（次）	9.4	5.8	3.9	1.6	0.9
不良资产比率（%）	0.6	1.2	2.9	5.1	11.7
流动资产周转率（次）	1.2	1.0	0.9	0.4	0.3
资产现金回收率（%）	5.3	3.0	1.6	-0.3	-3.2
三、债务风险状况					
资产负债率（%）	65.9	71.0	75.3	86.2	91.9
已获利息倍数	6.8	4.5	3.4	1.1	0.7
速动比率（%）	123.3	101.6	86.8	70.6	53.3
现金流动负债比率（%）	9.7	5.0	3.1	-0.8	-5.9
带息负债比率（%）	21.1	27.0	30.8	44.7	54.7
或有负债比率（%）	1.0	2.0	4.6	13.3	22.5
四、经营增长状况					
销售（营业）增长率（%）	21.5	15.4	9.5	-2.2	-13.8
资本保值增值率（%）	118.2	113.4	105.0	100.0	96.3
销售（营业）利润增长率（%）	16.7	8.2	6.3	-11.8	-29.0
总资产增长率（%）	27.1	17.0	10.5	-0.9	-6.8
技术投入比率（%）	0.8	0.7	0.6	0.5	0.3
五、补充资料					
存货周转率（次）	9.2	6.0	3.4	1.3	0.9
两金占流动资产比重（%）	17.1	31.2	39.0	48.3	63.7
成本费用总额占营业总收入比重（%）	92.0	95.0	96.7	99.0	101.3
经济增加值率（%）	10.5	3.2	-0.1	-4.4	-7.3
EBITDA 率（%）	8.9	6.8	4.6	1.4	0.3
资本积累率（%）	29.5	13.8	10.7	-1.9	-3.5

房屋和土木工程建筑业

范围：大型企业

项 目	优秀值	良好值	平均值	较低值	较差值
一、盈利能力状况					
净资产收益率（％）	16.6	11.7	8.9	1.1	0.2
总资产报酬率（％）	5.6	4.3	3.4	0.8	0.1
销售（营业）利润率（％）	5.6	4.5	3.5	0.7	0.3
盈余现金保障倍数	4.5	2.3	0.7	-0.7	-2.8
成本费用利润率（％）	5.0	4.2	3.6	0.5	0.1
资本收益率（％）	16.3	11.5	9.8	1.0	0.1
二、资产质量状况					
总资产周转率（次）	1.2	1.0	0.7	0.3	0.2
应收账款周转率（次）	8.6	6.2	5.2	2.5	1.9
不良资产比率（％）	0.3	0.5	1.4	4.6	9.9
流动资产周转率（次）	1.5	1.3	1.1	0.4	0.3
资产现金回收率（％）	6.2	3.4	1.8	-0.5	-3.1
三、债务风险状况					
资产负债率（％）	70.0	75.5	81.8	90.8	95.2
已获利息倍数	7.3	5.2	4.0	1.6	1.2
速动比率（％）	109.0	98.6	86.8	75.0	65.6
现金流动负债比率（％）	8.6	5.0	2.9	-0.8	-4.7
带息负债比率（％）	17.3	21.5	26.4	33.4	49.8
或有负债比率（％）	1.0	2.0	4.6	13.3	22.5
四、经营增长状况					
销售（营业）增长率（％）	25.2	17.9	10.8	0.4	-11.0
资本保值增值率（％）	119.9	115.8	107.8	100.2	98.9
销售（营业）利润增长率（％）	21.1	13.2	7.5	-9.8	-28.8
总资产增长率（％）	24.2	15.8	11.2	5.1	-4.6
技术投入比率（％）	0.9	0.8	0.7	0.6	0.4
五、补充资料					
存货周转率（次）	8.7	5.9	4.5	4.0	2.5
两金占流动资产比重（％）	21.8	32.2	38.8	47.0	58.5
成本费用总额占营业总收入比重（％）	94.9	95.5	96.8	99.3	101.3
经济增加值率（％）	9.5	6.8	2.3	-2.8	-5.1
EBITDA率（％）	8.6	5.5	4.6	2.2	1.4
资本积累率（％）	30.8	22.5	14.1	0.2	-1.3

房屋和土木工程建筑业

范围：中型企业

项　　目	优秀值	良好值	平均值	较低值	较差值
一、盈利能力状况					
净资产收益率（%）	14.9	8.9	1.8	0.2	-2.0
总资产报酬率（%）	4.2	2.9	1.3	0.1	-1.9
销售（营业）利润率（%）	8.6	4.6	3.2	0.4	-1.3
盈余现金保障倍数	3.8	2.7	1.6	-0.8	-3.3
成本费用利润率（%）	8.8	4.6	2.8	0.2	-0.7
资本收益率（%）	13.0	8.6	3.0	-0.4	-2.5
二、资产质量状况					
总资产周转率（次）	1.1	0.8	0.3	0.2	0.1
应收账款周转率（次）	10.3	5.8	2.7	1.6	1.0
不良资产比率（%）	0.6	1.3	2.0	7.9	16.6
流动资产周转率（次）	1.3	1.0	0.5	0.3	0.2
资产现金回收率（%）	6.4	2.7	1.5	-0.8	-3.6
三、债务风险状况					
资产负债率（%）	58.6	65.1	68.3	83.2	89.7
已获利息倍数	4.9	3.4	2.3	1.1	0.3
速动比率（%）	120.9	106.1	90.4	73.1	57.3
现金流动负债比率（%）	11.9	5.0	3.9	-1.5	-5.7
带息负债比率（%）	23.5	32.2	42.4	47.4	58.8
或有负债比率（%）	1.0	2.0	4.6	13.3	22.5
四、经营增长状况					
销售（营业）增长率（%）	21.2	16.3	9.8	-2.8	-15.1
资本保值增值率（%）	109.8	103.2	101.6	100.0	96.4
销售（营业）利润增长率（%）	12.1	2.5	-4.8	-17.3	-36.2
总资产增长率（%）	16.3	13.7	8.3	-2.5	-12.2
技术投入比率（%）	0.5	0.4	0.3	0.2	0.1
五、补充资料					
存货周转率（次）	11.2	7.9	1.8	1.5	0.5
两金占流动资产比重（%）	14.6	31.9	41.6	59.5	69.1
成本费用总额占营业总收入比重（%）	92.3	95.4	96.7	99.7	102.6
经济增加值率（%）	10.9	4.1	-3.7	-5.2	-11.0
EBITDA 率（%）	16.6	8.2	4.1	1.4	0.5
资本积累率（%）	30.6	14.7	3.7	-5.3	-10.5

房屋和土木工程建筑业

范围：小型企业

项　　目	优秀值	良好值	平均值	较低值	较差值
一、盈利能力状况					
净资产收益率（%）	9.6	3.5	0.7	-4.4	-9.4
总资产报酬率（%）	3.3	1.5	0.5	-1.2	-4.7
销售（营业）利润率（%）	13.9	6.4	4.2	-0.5	-2.2
盈余现金保障倍数	2.1	1.7	1.3	-0.6	-3.1
成本费用利润率（%）	10.6	4.4	2.6	-0.1	-3.2
资本收益率（%）	12.2	4.6	1.0	-5.5	-11.1
二、资产质量状况					
总资产周转率（次）	0.9	0.4	0.3	0.2	0.1
应收账款周转率（次）	9.5	5.5	1.4	1.0	0.4
不良资产比率（%）	0.6	1.4	3.0	6.1	15.6
流动资产周转率（次）	1.2	0.6	0.4	0.3	0.2
资产现金回收率（%）	4.3	0.8	0.5	-0.1	-3.5
三、债务风险状况					
资产负债率（%）	31.4	39.7	47.2	65.8	73.5
已获利息倍数	7.8	3.9	0.8	0.2	-0.5
速动比率（%）	151.8	115.8	87.5	69.1	44.6
现金流动负债比率（%）	10.0	4.9	3.8	-0.7	-9.7
带息负债比率（%）	27.2	34.1	39.9	53.9	64.4
或有负债比率（%）	1.0	2.0	4.6	14.0	22.5
四、经营增长状况					
销售（营业）增长率（%）	18.2	13.6	3.8	-4.3	-15.6
资本保值增值率（%）	114.4	104.7	100.7	99.1	93.7
销售（营业）利润增长率（%）	16.9	9.0	-1.4	-22.0	-31.0
总资产增长率（%）	31.2	17.7	8.9	-2.0	-9.3
技术投入比率（%）	0.5	0.4	0.3	0.2	0.1
五、补充资料					
存货周转率（次）	9.4	6.8	1.6	1.2	0.7
两金占流动资产比重（%）	0.8	19.9	38.8	49.8	67.7
成本费用总额占营业总收入比重（%）	87.8	94.0	95.7	97.8	99.8
经济增加值率（%）	6.4	-0.7	-4.9	-5.5	-6.2
EBITDA 率（%）	11.8	7.5	5.1	0.3	-3.0
资本积累率（%）	26.1	11.0	5.4	-0.8	-5.7

房屋建筑业

范围：全行业

项 目	优秀值	良好值	平均值	较低值	较差值
一、盈利能力状况					
净资产收益率（%）	12.6	8.8	7.6	2.0	-0.5
总资产报酬率（%）	3.4	2.8	2.0	0.7	-0.1
销售（营业）利润率（%）	6.9	5.0	3.6	0.1	-1.1
盈余现金保障倍数	2.6	1.3	0.4	-0.7	-3.8
成本费用利润率（%）	5.9	2.8	1.7	0.4	-1.7
资本收益率（%）	14.0	12.0	8.0	2.2	-0.4
二、资产质量状况					
总资产周转率（次）	1.1	0.7	0.6	0.3	0.1
应收账款周转率（次）	10.8	6.3	3.5	1.5	0.8
不良资产比率（%）	0.1	1.1	2.1	4.1	11.6
流动资产周转率（次）	1.3	1.1	0.9	0.5	0.2
资产现金回收率（%）	4.2	2.5	0.7	-0.4	-3.6
三、债务风险状况					
资产负债率（%）	57.5	63.5	68.5	82.6	88.4
已获利息倍数	8.3	5.0	4.3	1.1	0.3
速动比率（%）	118.5	99.1	83.8	68.8	49.2
现金流动负债比率（%）	8.1	4.0	1.8	-0.8	-5.6
带息负债比率（%）	5.4	15.9	27.8	39.2	52.8
或有负债比率（%）	1.0	2.5	4.2	12.9	22.1
四、经营增长状况					
销售（营业）增长率（%）	29.3	21.6	12.4	2.5	-6.6
资本保值增值率（%）	115.0	110.7	106.5	99.8	95.2
销售（营业）利润增长率（%）	19.0	7.7	1.2	-8.2	-26.1
总资产增长率（%）	21.8	15.5	9.4	-0.6	-12.6
技术投入比率（%）	0.9	0.8	0.7	0.5	0.3
五、补充资料					
存货周转率（次）	8.8	5.7	2.7	0.8	0.7
两金占流动资产比重（%）	21.0	39.8	46.2	55.1	63.0
成本费用总额占营业总收入比重（%）	91.5	95.4	96.7	98.2	99.4
经济增加值率（%）	9.1	2.1	0.5	-4.2	-5.7
EBITDA 率（%）	11.0	6.5	4.5	0.9	-0.3
资本积累率（%）	25.2	12.0	7.9	-0.2	-4.4

房屋建筑业

范围：大型企业

项　　目	优秀值	良好值	平均值	较低值	较差值
一、盈利能力状况					
净资产收益率（%）	15.5	11.9	9.6	2.2	0.3
总资产报酬率（%）	3.9	3.2	2.7	0.9	0.2
销售（营业）利润率（%）	3.3	2.4	1.6	0.7	0.4
盈余现金保障倍数	3.9	2.3	0.3	-0.5	-2.5
成本费用利润率（%）	3.2	2.4	1.5	0.7	0.3
资本收益率（%）	15.8	12.1	8.7	2.3	0.2
二、资产质量状况					
总资产周转率（次）	1.5	1.2	0.8	0.4	0.1
应收账款周转率（次）	8.6	5.9	3.7	2.5	1.7
不良资产比率（%）	0.1	0.4	2.1	4.0	12.4
流动资产周转率（次）	1.7	1.4	1.1	0.5	0.2
资产现金回收率（%）	5.7	3.0	0.8	-0.3	-0.4
三、债务风险状况					
资产负债率（%）	69.0	73.6	79.3	88.5	93.9
已获利息倍数	8.6	6.2	5.0	1.9	1.5
速动比率（%）	101.7	94.0	85.3	73.5	63.5
现金流动负债比率（%）	7.9	4.3	1.5	-0.8	-4.1
带息负债比率（%）	1.4	11.6	24.0	33.8	47.6
或有负债比率（%）	1.0	2.5	4.2	12.9	22.1
四、经营增长状况					
销售（营业）增长率（%）	32.5	22.0	12.8	2.8	-5.5
资本保值增值率（%）	118.6	114.3	110.2	106.2	99.4
销售（营业）利润增长率（%）	28.2	17.5	11.0	-7.4	-23.2
总资产增长率（%）	21.2	13.8	9.5	0.5	-6.1
技术投入比率（%）	1.0	0.9	0.8	0.5	0.3
五、补充资料					
存货周转率（次）	8.2	5.8	3.9	2.9	1.9
两金占流动资产比重（%）	34.4	44.3	47.9	56.4	62.7
成本费用总额占营业总收入比重（%）	90.7	95.8	96.7	98.0	99.2
经济增加值率（%）	12.7	7.7	3.4	-2.5	-4.6
EBITDA 率（%）	5.3	4.9	4.5	1.7	0.9
资本积累率（%）	27.5	15.0	9.7	0.8	-1.2

房屋建筑业

范围：中型企业

项 目	优秀值	良好值	平均值	较低值	较差值
一、盈利能力状况					
净资产收益率（%）	13.6	7.9	2.1	-1.9	-4.9
总资产报酬率（%）	3.5	2.4	1.1	-0.7	-3.6
销售（营业）利润率（%）	6.9	3.8	2.7	0.3	-1.2
盈余现金保障倍数	3.9	2.6	1.4	-1.0	-4.5
成本费用利润率（%）	6.6	3.6	2.4	0.1	-4.8
资本收益率（%）	16.9	8.4	3.0	-3.3	-5.5
二、资产质量状况					
总资产周转率（次）	1.2	0.8	0.3	0.2	0.1
应收账款周转率（次）	13.1	7.0	2.5	1.7	1.1
不良资产比率（%）	0.5	1.2	2.2	6.1	10.5
流动资产周转率（次）	1.3	1.0	0.4	0.3	0.2
资产现金回收率（%）	5.1	1.8	1.1	-1.0	-4.2
三、债务风险状况					
资产负债率（%）	58.0	62.7	69.5	85.2	90.6
已获利息倍数	9.0	4.6	2.1	1.0	0.1
速动比率（%）	111.4	97.5	81.7	66.5	52.6
现金流动负债比率（%）	8.6	3.0	2.4	-2.0	-5.8
带息负债比率（%）	23.4	26.6	36.4	47.3	58.8
或有负债比率（%）	1.0	2.5	4.2	12.9	22.1
四、经营增长状况					
销售（营业）增长率（%）	20.1	14.1	7.2	-9.2	-24.3
资本保值增值率（%）	113.2	107.9	103.4	100.0	95.7
销售（营业）利润增长率（%）	17.1	6.5	-1.6	-19.7	-37.0
总资产增长率（%）	21.9	14.4	9.2	-0.9	-7.5
技术投入比率（%）	0.8	0.7	0.6	0.5	0.3
五、补充资料					
存货周转率（次）	8.6	5.9	0.9	0.6	0.3
两金占流动资产比重（%）	15.3	31.6	45.0	53.5	61.8
成本费用总额占营业总收入比重（%）	93.8	96.2	97.1	99.8	101.7
经济增加值率（%）	8.9	2.5	-3.7	-4.6	-5.6
EBITDA率（%）	8.8	6.5	3.6	1.1	0.4
资本积累率（%）	25.6	13.3	5.5	-6.7	-15.2

房屋建筑业

范围：小型企业

项　　目	优秀值	良好值	平均值	较低值	较差值
一、盈利能力状况					
净资产收益率（%）	8.8	3.3	0.8	-0.2	-1.7
总资产报酬率（%）	2.9	1.3	0.4	-0.1	-0.4
销售（营业）利润率（%）	11.1	5.3	4.7	-0.8	-2.2
盈余现金保障倍数	1.7	1.2	0.6	-0.7	-4.0
成本费用利润率（%）	10.1	3.7	2.5	-0.3	-2.8
资本收益率（%）	12.3	5.5	1.3	-0.1	-1.2
二、资产质量状况					
总资产周转率（次）	1.0	0.4	0.3	0.2	0.1
应收账款周转率（次）	13.1	6.4	1.3	1.1	0.5
不良资产比率（%）	0.5	1.4	2.7	8.4	13.4
流动资产周转率（次）	1.1	0.5	0.4	0.3	0.2
资产现金回收率（%）	4.0	1.5	0.2	-0.4	-1.5
三、债务风险状况					
资产负债率（%）	31.7	39.2	46.0	64.0	72.0
已获利息倍数	6.0	3.3	1.2	-0.6	-2.4
速动比率（%）	124.9	105.1	85.7	62.7	37.8
现金流动负债比率（%）	8.5	5.6	4.0	-0.9	-9.3
带息负债比率（%）	15.8	25.6	36.4	51.2	65.1
或有负债比率（%）	1.0	2.2	4.2	12.9	22.1
四、经营增长状况					
销售（营业）增长率（%）	20.2	10.4	2.3	-7.3	-19.5
资本保值增值率（%）	110.3	105.4	102.7	99.0	94.5
销售（营业）利润增长率（%）	11.6	-0.9	-5.9	-20.5	-31.2
总资产增长率（%）	22.4	16.9	8.9	-1.6	-15.1
技术投入比率（%）	0.8	0.6	0.5	0.3	0.2
五、补充资料					
存货周转率（次）	11.9	5.0	0.5	0.4	0.3
两金占流动资产比重（%）	0.3	22.8	41.0	55.0	63.8
成本费用总额占营业总收入比重（%）	89.9	92.5	95.0	96.6	97.6
经济增加值率（%）	6.1	-0.5	-4.9	-5.5	-6.3
EBITDA率（%）	12.4	8.4	6.1	0.3	-3.0
资本积累率（%）	22.3	9.3	4.0	-0.8	-5.0

土木工程建筑业

范围：全行业

项　　　目	优秀值	良好值	平均值	较低值	较差值
一、盈利能力状况					
净资产收益率（%）	13.9	7.4	5.4	1.4	0.9
总资产报酬率（%）	4.0	3.3	2.5	0.8	0.3
销售（营业）利润率（%）	10.1	5.4	3.4	0.3	-0.9
盈余现金保障倍数	3.6	1.4	1.0	-0.7	-3.0
成本费用利润率（%）	8.9	4.3	3.4	2.2	1.5
资本收益率（%）	13.7	10.7	6.5	1.5	-2.0
二、资产质量状况					
总资产周转率（次）	1.0	0.7	0.5	0.2	0.1
应收账款周转率（次）	8.6	5.7	4.7	1.7	1.0
不良资产比率（%）	0.1	1.4	3.0	5.5	12.5
流动资产周转率（次）	1.2	1.0	0.9	0.3	0.2
资产现金回收率（%）	5.8	2.3	2.0	-0.2	-0.8
三、债务风险状况					
资产负债率（%）	67.4	73.1	80.9	90.3	94.9
已获利息倍数	5.4	4.6	3.0	1.2	1.0
速动比率（%）	126.3	107.7	86.8	69.9	55.0
现金流动负债比率（%）	11.4	4.6	3.8	-0.6	-6.0
带息负债比率（%）	18.3	25.8	32.5	46.6	58.2
或有负债比率（%）	1.0	2.0	4.7	13.4	22.6
四、经营增长状况					
销售（营业）增长率（%）	21.0	19.0	9.5	-6.2	-21.1
资本保值增值率（%）	118.4	109.4	104.3	100.0	96.9
销售（营业）利润增长率（%）	26.4	17.9	9.6	-9.3	-26.9
总资产增长率（%）	27.4	18.8	11.1	-1.8	-13.2
技术投入比率（%）	0.8	0.7	0.6	0.5	0.3
五、补充资料					
存货周转率（次）	9.8	5.8	4.1	2.3	1.0
两金占流动资产比重（%）	17.8	27.3	33.7	43.2	51.0
成本费用总额占营业总收入比重（%）	90.8	94.7	96.8	99.7	102.9
经济增加值率（%）	11.1	3.9	-0.4	-4.5	-5.5
EBITDA率（%）	13.0	9.3	4.6	1.8	0.6
资本积累率（%）	32.6	14.9	12.1	4.2	-2.8

建筑安装业

范围：全行业

项　　　目	优秀值	良好值	平均值	较低值	较差值
一、盈利能力状况					
净资产收益率（%）	14.1	9.4	4.4	-1.3	-5.0
总资产报酬率（%）	5.0	3.3	2.3	0.3	-1.9
销售（营业）利润率（%）	9.7	5.6	2.9	0.5	-0.6
盈余现金保障倍数	3.0	2.1	1.2	-0.4	-2.3
成本费用利润率（%）	9.7	5.2	3.0	0.4	-1.0
资本收益率（%）	11.9	8.8	4.4	-0.9	-4.6
二、资产质量状况					
总资产周转率（次）	1.1	0.9	0.5	0.2	0.1
应收账款周转率（次）	7.7	5.1	4.1	1.6	1.0
不良资产比率（%）	0.1	0.3	1.3	5.6	12.6
流动资产周转率（次）	1.4	1.0	0.8	0.4	0.2
资产现金回收率（%）	6.0	2.4	2.0	-0.1	-3.7
三、债务风险状况					
资产负债率（%）	65.8	71.4	78.0	88.7	93.7
已获利息倍数	6.0	4.0	2.6	1.3	0.3
速动比率（%）	130.0	110.0	89.8	75.0	56.1
现金流动负债比率（%）	10.8	7.6	4.3	-0.9	-6.7
带息负债比率（%）	5.1	16.5	30.5	46.1	54.1
或有负债比率（%）	1.0	2.0	3.4	12.1	21.3
四、经营增长状况					
销售（营业）增长率（%）	25.2	16.0	9.4	-5.7	-14.2
资本保值增值率（%）	114.7	107.0	103.4	100.0	95.9
销售（营业）利润增长率（%）	21.0	8.9	2.8	-13.6	-28.4
总资产增长率（%）	24.1	15.3	8.6	-3.2	-10.0
技术投入比率（%）	1.3	1.2	1.1	0.9	0.7
五、补充资料					
存货周转率（次）	9.5	7.6	4.0	2.1	1.0
两金占流动资产比重（%）	20.0	32.8	39.3	55.0	58.3
成本费用总额占营业总收入比重（%）	90.9	94.2	96.7	99.6	101.6
经济增加值率（%）	13.0	5.4	-0.7	-4.0	-5.5
EBITDA 率（%）	13.8	8.6	4.3	1.7	0.5
资本积累率（%）	20.4	15.0	9.2	0.3	-3.9

建筑安装业

范围：大型企业

项　　目	优秀值	良好值	平均值	较低值	较差值
一、盈利能力状况					
净资产收益率（%）	14.7	10.7	5.7	1.4	0.3
总资产报酬率（%）	3.8	3.2	2.8	1.1	0.2
销售（营业）利润率（%）	4.7	3.3	2.9	0.8	0.4
盈余现金保障倍数	4.5	2.3	1.3	-0.4	-2.2
成本费用利润率（%）	4.9	3.4	3.0	0.7	0.3
资本收益率（%）	14.5	10.4	5.8	1.4	0.3
二、资产质量状况					
总资产周转率（次）	1.1	1.0	0.6	0.5	0.2
应收账款周转率（次）	7.5	5.7	4.6	2.5	1.8
不良资产比率（%）	0.1	0.4	1.4	3.8	8.5
流动资产周转率（次）	1.5	1.3	1.0	0.6	0.3
资产现金回收率（%）	6.0	3.6	2.3	-0.4	-2.9
三、债务风险状况					
资产负债率（%）	68.5	74.0	81.0	90.4	95.4
已获利息倍数	6.1	3.9	2.9	1.9	1.4
速动比率（%）	118.8	105.1	89.7	77.6	66.6
现金流动负债比率（%）	8.7	5.2	4.5	-0.8	-4.0
带息负债比率（%）	3.9	11.1	28.4	43.0	52.4
或有负债比率（%）	1.0	2.0	3.4	12.1	21.3
四、经营增长状况					
销售（营业）增长率（%）	28.0	18.1	10.3	-3.2	-13.2
资本保值增值率（%）	118.9	112.1	104.8	100.3	98.7
销售（营业）利润增长率（%）	19.0	9.3	3.4	-12.1	-25.9
总资产增长率（%）	23.5	16.5	8.1	-0.8	-3.7
技术投入比率（%）	1.6	1.5	1.4	1.1	0.8
五、补充资料					
存货周转率（次）	9.1	7.2	5.7	3.8	2.8
两金占流动资产比重（%）	23.1	32.0	39.2	44.9	56.8
成本费用总额占营业总收入比重（%）	94.1	95.4	96.7	98.1	100.6
经济增加值率（%）	8.3	4.8	1.5	-1.7	-5.6
EBITDA率（%）	7.4	5.2	4.2	2.1	1.6
资本积累率（%）	20.2	13.2	9.3	0.4	-1.3

建筑安装业

范围：中型企业

项　　目	优秀值	良好值	平均值	较低值	较差值
一、盈利能力状况					
净资产收益率（%）	10.8	6.4	3.2	0.5	−6.3
总资产报酬率（%）	5.3	3.7	1.5	0.3	−1.7
销售（营业）利润率（%）	8.1	4.9	2.5	0.4	−0.7
盈余现金保障倍数	4.1	1.3	0.9	−0.7	−2.3
成本费用利润率（%）	8.5	4.8	2.3	0.4	−1.0
资本收益率（%）	12.5	9.7	3.3	0.4	−7.2
二、资产质量状况					
总资产周转率（次）	1.2	0.9	0.6	0.3	0.1
应收账款周转率（次）	6.1	4.3	2.5	1.6	1.1
不良资产比率（%）	0.1	0.2	0.6	6.0	12.6
流动资产周转率（次）	1.4	1.1	0.7	0.4	0.2
资产现金回收率（%）	6.4	2.8	1.3	−0.2	−3.9
三、债务风险状况					
资产负债率（%）	57.3	63.3	68.3	83.3	88.3
已获利息倍数	5.6	4.3	2.8	1.2	−0.1
速动比率（%）	125.5	114.6	90.1	74.7	52.3
现金流动负债比率（%）	10.2	5.3	4.1	−1.6	−7.2
带息负债比率（%）	10.4	18.1	37.0	50.9	60.7
或有负债比率（%）	1.0	2.0	3.4	12.1	21.3
四、经营增长状况					
销售（营业）增长率（%）	14.6	7.3	2.7	−14.0	−23.9
资本保值增值率（%）	108.4	104.9	102.2	100.0	95.5
销售（营业）利润增长率（%）	23.7	8.1	−1.5	−13.8	−31.9
总资产增长率（%）	25.8	15.7	12.3	−5.4	−12.5
技术投入比率（%）	1.1	1.0	0.9	0.8	0.6
五、补充资料					
存货周转率（次）	12.6	10.0	5.4	2.3	1.4
两金占流动资产比重（%）	23.8	34.0	40.8	51.5	59.1
成本费用总额占营业总收入比重（%）	92.1	94.7	97.2	99.7	101.6
经济增加值率（%）	13.1	6.9	−3.8	−4.6	−5.5
EBITDA 率（%）	11.0	7.4	4.2	1.7	0.6
资本积累率（%）	20.6	16.9	13.3	0.0	−4.3

建筑安装业

范围：小型企业

项　目	优秀值	良好值	平均值	较低值	较差值
一、盈利能力状况					
净资产收益率（%）	10.1	6.3	2.0	-4.2	-8.0
总资产报酬率（%）	6.3	3.7	1.1	-1.2	-3.5
销售（营业）利润率（%）	12.4	8.2	5.0	0.5	-1.1
盈余现金保障倍数	2.4	1.7	1.0	-0.4	-2.5
成本费用利润率（%）	13.0	7.8	5.1	0.2	-2.2
资本收益率（%）	10.2	6.2	2.0	-3.0	-6.2
二、资产质量状况					
总资产周转率（次）	1.2	0.8	0.3	0.2	0.1
应收账款周转率（次）	9.2	5.3	1.7	1.2	0.7
不良资产比率（%）	0.1	0.3	2.4	9.2	14.0
流动资产周转率（次）	2.5	1.0	0.4	0.3	0.2
资产现金回收率（%）	6.4	2.3	1.0	-0.3	-4.6
三、债务风险状况					
资产负债率（%）	36.3	44.1	51.9	68.9	76.9
已获利息倍数	5.4	3.0	2.0	0.7	-2.1
速动比率（%）	150.2	124.8	104.1	87.1	61.9
现金流动负债比率（%）	14.5	9.5	3.8	-0.9	-8.2
带息负债比率（%）	12.6	26.0	35.2	43.2	52.3
或有负债比率（%）	1.0	2.0	3.4	12.1	21.3
四、经营增长状况					
销售（营业）增长率（%）	19.5	10.1	3.8	-5.9	-14.6
资本保值增值率（%）	106.7	103.9	101.0	99.9	94.8
销售（营业）利润增长率（%）	15.1	4.9	-4.6	-19.0	-33.5
总资产增长率（%）	26.1	14.2	6.7	-3.9	-12.2
技术投入比率（%）	1.0	0.8	0.7	0.6	0.5
五、补充资料					
存货周转率（次）	9.9	8.2	3.7	1.2	0.6
两金占流动资产比重（%）	9.7	26.4	38.9	57.0	62.9
成本费用总额占营业总收入比重（%）	88.0	91.9	95.1	99.7	102.5
经济增加值率（%）	14.5	4.7	-4.3	-5.5	-5.6
EBITDA 率（%）	17.5	11.3	6.4	1.4	0.2
资本积累率（%）	20.6	15.0	3.7	-0.2	-4.9

建筑装饰业

范围：全行业

项　　目	优秀值	良好值	平均值	较低值	较差值
一、盈利能力状况					
净资产收益率（%）	12.6	5.6	1.3	-0.2	-1.6
总资产报酬率（%）	4.7	2.3	1.0	-0.1	-0.4
销售（营业）利润率（%）	15.1	7.6	6.6	1.6	0.9
盈余现金保障倍数	1.6	1.1	0.6	-0.3	-2.5
成本费用利润率（%）	13.6	6.5	5.1	1.7	0.1
资本收益率（%）	13.9	7.3	1.0	-0.1	-1.1
二、资产质量状况					
总资产周转率（次）	0.9	0.6	0.3	0.2	0.1
应收账款周转率（次）	8.2	5.0	2.0	1.3	0.6
不良资产比率（%）	0.5	1.0	1.6	6.0	11.1
流动资产周转率（次）	1.2	0.8	0.4	0.3	0.2
资产现金回收率（%）	4.6	1.3	0.5	-0.1	-3.3
三、债务风险状况					
资产负债率（%）	37.2	44.8	51.2	67.8	75.0
已获利息倍数	5.5	3.9	1.7	0.4	-0.5
速动比率（%）	147.9	122.6	91.2	78.6	54.1
现金流动负债比率（%）	10.7	3.2	2.5	-0.5	-8.2
带息负债比率（%）	19.7	33.1	49.9	60.4	76.5
或有负债比率（%）	1.0	2.0	3.7	12.4	21.6
四、经营增长状况					
销售（营业）增长率（%）	19.7	10.0	1.6	-7.4	-16.1
资本保值增值率（%）	110.7	104.6	101.3	99.3	93.5
销售（营业）利润增长率（%）	25.8	15.5	5.4	-5.0	-27.2
总资产增长率（%）	29.3	19.5	9.7	-2.4	-9.3
技术投入比率（%）	0.9	0.8	0.7	0.6	0.4
五、补充资料					
存货周转率（次）	7.7	4.5	2.6	0.4	0.3
两金占流动资产比重（%）	9.8	26.1	39.2	53.7	61.4
成本费用总额占营业总收入比重（%）	88.1	91.3	93.6	95.5	96.7
经济增加值率（%）	8.1	0.8	-4.4	-5.5	-6.4
EBITDA率（%）	17.2	10.2	7.7	0.8	-3.4
资本积累率（%）	25.0	10.7	7.9	-0.5	-5.7

交通运输仓储及邮政业

范围：全行业

项　　目	优秀值	良好值	平均值	较低值	较差值
一、盈利能力状况					
净资产收益率（％）	10.4	5.2	2.3	−4.1	−9.4
总资产报酬率（％）	5.6	3.3	2.2	−0.7	−3.1
销售（营业）利润率（％）	12.8	5.3	2.9	−2.6	−8.4
盈余现金保障倍数	3.0	2.2	1.4	−0.2	−1.2
成本费用利润率（％）	13.8	5.6	3.0	−1.6	−8.9
资本收益率（％）	13.0	6.4	3.1	−3.7	−9.7
二、资产质量状况					
总资产周转率（次）	0.9	0.5	0.3	0.2	0.1
应收账款周转率（次）	15.7	11.8	8.6	4.2	2.5
不良资产比率（％）	0.3	0.9	2.7	6.0	11.6
流动资产周转率（次）	1.9	1.3	0.6	0.2	0.1
资产现金回收率（％）	9.5	4.3	3.0	−0.1	−3.7
三、债务风险状况					
资产负债率（％）	53.3	58.3	63.3	73.3	88.3
已获利息倍数	5.9	2.7	1.4	0.4	−0.7
速动比率（％）	136.5	105.3	75.5	56.0	41.4
现金流动负债比率（％）	26.9	13.9	7.8	−3.9	−11.6
带息负债比率（％）	36.3	46.9	57.8	69.5	88.3
或有负债比率（％）	2.0	2.5	7.0	15.5	24.8
四、经营增长状况					
销售（营业）增长率（％）	16.0	11.3	−6.6	−15.2	−25.5
资本保值增值率（％）	107.2	104.8	101.3	97.5	90.3
销售（营业）利润增长率（％）	17.0	9.8	−7.6	−20.1	−28.5
总资产增长率（％）	17.7	8.0	6.0	−5.2	−10.6
技术投入比率（％）	0.6	0.4	0.3	0.2	0.1
五、补充资料					
存货周转率（次）	13.1	8.9	3.1	1.5	0.6
两金占流动资产比重（％）	4.2	12.7	31.8	33.5	52.2
成本费用总额占营业总收入比重（％）	92.5	93.9	95.4	104.6	115.5
经济增加值率（％）	7.4	1.1	−3.5	−5.5	−7.8
EBITDA 率（％）	18.6	14.3	10.0	6.2	2.5
资本积累率（％）	15.7	7.1	5.1	−2.5	−9.2

交通运输仓储及邮政业

范围：大型企业

项　　　目	优秀值	良好值	平均值	较低值	较差值
一、盈利能力状况					
净资产收益率（％）	9.9	5.9	2.4	−4.4	−9.4
总资产报酬率（％）	5.7	3.9	2.3	−0.2	−1.3
销售（营业）利润率（％）	17.6	11.3	6.8	−4.6	−13.4
盈余现金保障倍数	3.9	2.2	1.2	−0.2	−1.0
成本费用利润率（％）	13.7	10.9	3.6	−3.8	−16.7
资本收益率（％）	10.0	6.0	2.1	−0.9	−2.4
二、资产质量状况					
总资产周转率（次）	0.6	0.4	0.3	0.2	0.1
应收账款周转率（次）	23.2	16.1	10.2	6.8	4.6
不良资产比率（％）	0.3	0.9	2.8	5.8	10.2
流动资产周转率（次）	2.3	1.6	0.6	0.3	0.2
资产现金回收率（％）	9.5	5.6	2.0	−0.1	−1.2
三、债务风险状况					
资产负债率（％）	53.3	58.3	63.3	73.3	88.3
已获利息倍数	7.0	4.5	1.4	0.7	−0.2
速动比率（％）	134.7	100.6	77.7	59.4	42.0
现金流动负债比率（％）	28.3	21.1	8.6	−4.9	−15.2
带息负债比率（％）	42.6	51.9	60.7	66.2	79.6
或有负债比率（％）	2.1	2.5	7.0	15.5	24.8
四、经营增长状况					
销售（营业）增长率（％）	18.4	7.1	−9.3	−19.6	−25.9
资本保值增值率（％）	106.2	104.1	102.7	98.6	93.6
销售（营业）利润增长率（％）	17.3	13.3	−9.2	−62.2	−107.7
总资产增长率（％）	17.4	10.7	6.8	−2.4	−5.5
技术投入比率（％）	1.0	0.6	0.4	0.2	0.1
五、补充资料					
存货周转率（次）	23.9	16.1	10.5	7.5	3.8
两金占流动资产比重（％）	10.5	13.9	32.3	48.2	61.6
成本费用总额占营业总收入比重（％）	90.8	92.3	93.9	103.0	114.6
经济增加值率（％）	4.5	0.6	−3.3	−5.4	−5.9
EBITDA率（％）	24.7	18.6	14.1	6.6	2.8
资本积累率（％）	17.6	9.7	5.6	−1.1	−6.0

交通运输仓储及邮政业

范围：中型企业

项　　目	优秀值	良好值	平均值	较低值	较差值
一、盈利能力状况					
净资产收益率（%）	10.0	5.7	2.3	−1.1	−6.6
总资产报酬率（%）	5.6	3.5	2.1	−0.1	−5.4
销售（营业）利润率（%）	11.8	4.7	4.3	−0.7	−13.6
盈余现金保障倍数	4.0	2.8	1.6	−0.3	−1.3
成本费用利润率（%）	12.7	5.2	1.3	−0.5	−11.2
资本收益率（%）	12.9	7.1	3.6	−0.6	−5.3
二、资产质量状况					
总资产周转率（次）	0.8	0.5	0.3	0.2	0.1
应收账款周转率（次）	23.6	17.0	9.2	5.8	3.7
不良资产比率（%）	0.3	0.8	2.7	6.3	15.7
流动资产周转率（次）	2.2	1.6	0.7	0.3	0.2
资产现金回收率（%）	11.0	6.8	3.3	−0.2	−6.1
三、债务风险状况					
资产负债率（%）	53.3	58.3	63.3	73.3	88.3
已获利息倍数	7.4	3.1	1.2	0.2	−1.1
速动比率（%）	136.6	105.8	83.0	50.7	34.0
现金流动负债比率（%）	29.6	20.6	7.7	−8.7	−14.9
带息负债比率（%）	24.9	34.8	50.3	57.1	73.9
或有负债比率（%）	2.0	2.5	7.0	15.5	24.8
四、经营增长状况					
销售（营业）增长率（%）	25.7	8.1	−0.1	−11.5	−20.8
资本保值增值率（%）	109.7	106.4	101.3	97.3	89.7
销售（营业）利润增长率（%）	25.4	18.7	−9.8	−12.5	−26.7
总资产增长率（%）	16.6	8.0	3.5	−5.1	−10.5
技术投入比率（%）	0.5	0.4	0.3	0.2	0.1
五、补充资料					
存货周转率（次）	28.3	15.2	10.6	8.3	2.0
两金占流动资产比重（%）	7.7	20.2	46.7	58.3	65.8
成本费用总额占营业总收入比重（%）	93.5	95.1	96.8	106.8	118.4
经济增加值率（%）	6.5	1.4	−3.6	−5.6	−9.0
EBITDA率（%）	17.9	12.1	8.6	4.7	2.5
资本积累率（%）	16.1	7.6	4.9	−2.7	−9.9

交通运输仓储及邮政业

范围：小型企业

项　　　目	优秀值	良好值	平均值	较低值	较差值
一、盈利能力状况					
净资产收益率（％）	10.8	5.5	2.8	-3.0	-8.0
总资产报酬率（％）	5.5	3.2	2.4	-1.1	-4.9
销售（营业）利润率（％）	9.9	4.2	2.6	-3.9	-12.0
盈余现金保障倍数	3.2	2.5	1.8	-0.1	-1.1
成本费用利润率（％）	11.0	4.7	4.2	-5.4	-8.9
资本收益率（％）	13.6	6.7	4.3	-3.8	-9.9
二、资产质量状况					
总资产周转率（次）	1.0	0.6	0.2	0.1	0.1
应收账款周转率（次）	13.1	10.0	7.9	4.0	2.3
不良资产比率（％）	0.3	0.5	2.2	4.8	10.5
流动资产周转率（次）	2.0	1.3	0.7	0.2	0.1
资产现金回收率（％）	10.1	7.3	4.3	-0.1	-5.3
三、债务风险状况					
资产负债率（％）	53.3	58.3	63.3	73.3	88.3
已获利息倍数	4.9	2.3	1.7	0.7	-0.5
速动比率（％）	134.5	96.4	71.0	47.5	28.4
现金流动负债比率（％）	23.0	12.9	6.9	-3.2	-9.8
带息负债比率（％）	41.2	52.6	65.8	73.7	91.7
或有负债比率（％）	2.1	2.5	7.0	15.5	24.8
四、经营增长状况					
销售（营业）增长率（％）	14.1	9.4	2.7	-7.5	-16.3
资本保值增值率（％）	106.3	103.4	101.7	97.5	90.2
销售（营业）利润增长率（％）	14.2	7.3	3.2	-9.8	-21.3
总资产增长率（％）	12.5	7.6	4.2	-5.8	-11.6
技术投入比率（％）	0.8	0.4	0.3	0.2	0.1
五、补充资料					
存货周转率（次）	11.0	5.7	1.5	0.9	0.5
两金占流动资产比重（％）	18.3	24.2	30.1	40.8	58.8
成本费用总额占营业总收入比重（％）	94.1	95.9	97.7	107.6	115.0
经济增加值率（％）	8.6	1.8	-3.0	-5.5	-7.9
EBITDA率（％）	16.0	12.1	8.0	6.4	4.1
资本积累率（％）	14.9	6.7	5.0	-2.5	-9.4

铁路运输业

范围：全行业

项　　目	优秀值	良好值	平均值	较低值	较差值
一、盈利能力状况					
净资产收益率（%）	6.1	2.0	1.4	-1.7	-6.3
总资产报酬率（%）	4.0	1.9	1.0	-0.2	-1.5
销售（营业）利润率（%）	15.8	8.8	1.2	-7.1	-11.8
盈余现金保障倍数	3.4	2.2	1.0	-0.3	-1.1
成本费用利润率（%）	8.8	5.6	1.7	-2.7	-6.4
资本收益率（%）	8.5	2.9	1.7	-2.2	-7.0
二、资产质量状况					
总资产周转率（次）	0.5	0.4	0.3	0.2	0.1
应收账款周转率（次）	18.3	13.0	8.5	4.5	2.6
不良资产比率（%）	0.3	0.6	1.7	3.8	14.7
流动资产周转率（次）	1.7	1.1	0.4	0.3	0.2
资产现金回收率（%）	6.0	4.0	1.9	-0.6	-1.6
三、债务风险状况					
资产负债率（%）	53.3	58.3	63.3	73.3	88.3
已获利息倍数	4.2	1.3	0.3	-0.7	-1.2
速动比率（%）	111.1	92.0	70.2	59.9	30.7
现金流动负债比率（%）	20.8	7.8	6.0	-7.0	-11.5
带息负债比率（%）	21.5	32.2	45.5	60.6	82.5
或有负债比率（%）	0.1	0.5	5.0	13.5	22.8
四、经营增长状况					
销售（营业）增长率（%）	4.5	0.6	-2.3	-5.7	-13.2
资本保值增值率（%）	107.9	103.8	102.0	100.0	97.5
销售（营业）利润增长率（%）	7.9	3.6	-0.5	-5.4	-13.4
总资产增长率（%）	13.3	8.8	3.3	-6.2	-14.9
技术投入比率（%）	0.8	0.5	0.3	0.2	0.1
五、补充资料					
存货周转率（次）	30.4	21.8	18.1	16.6	8.3
两金占流动资产比重（%）	22.3	27.7	41.5	57.6	68.0
成本费用总额占营业总收入比重（%）	89.4	95.6	100.0	108.1	119.1
经济增加值率（%）	1.4	-2.7	-4.4	-5.5	-6.4
EBITDA率（%）	34.2	22.3	13.1	1.6	-2.8
资本积累率（%）	14.6	11.5	7.3	0.7	-2.5

地方铁路

范围：全行业

项　　目	优秀值	良好值	平均值	较低值	较差值
一、盈利能力状况					
净资产收益率（%）	5.7	3.3	1.4	-3.5	-8.3
总资产报酬率（%）	4.7	2.7	1.0	-1.8	-6.3
销售（营业）利润率（%）	9.2	4.9	1.8	-2.7	-10.1
盈余现金保障倍数	5.2	3.7	2.0	-0.3	-3.6
成本费用利润率（%）	11.3	7.2	2.6	-5.9	-11.2
资本收益率（%）	6.1	3.9	2.0	-1.3	-6.5
二、资产质量状况					
总资产周转率（次）	0.9	0.7	0.4	0.3	0.2
应收账款周转率（次）	30.8	17.8	12.5	8.7	5.0
不良资产比率（%）	0.3	0.8	2.3	3.7	18.0
流动资产周转率（次）	3.6	2.5	2.0	1.2	0.7
资产现金回收率（%）	9.3	4.7	1.2	-3.1	-9.1
三、债务风险状况					
资产负债率（%）	53.3	58.3	63.3	73.3	88.3
已获利息倍数	5.0	3.2	1.7	0.4	-3.7
速动比率（%）	119.1	96.5	75.2	51.0	28.0
现金流动负债比率（%）	17.6	13.1	6.6	-2.7	-11.2
带息负债比率（%）	16.9	29.3	42.7	66.4	85.6
或有负债比率（%）	0.1	0.5	5.0	13.5	22.8
四、经营增长状况					
销售（营业）增长率（%）	14.2	8.6	3.7	-3.6	-9.7
资本保值增值率（%）	103.5	101.6	100.4	94.9	89.8
销售（营业）利润增长率（%）	6.8	4.7	2.1	-3.5	-7.6
总资产增长率（%）	20.6	14.8	9.3	2.4	-4.0
技术投入比率（%）	0.8	0.6	0.4	0.2	0.1
五、补充资料					
存货周转率（次）	33.0	21.9	11.0	7.9	4.4
两金占流动资产比重（%）	27.2	32.6	46.4	62.5	72.9
成本费用总额占营业总收入比重（%）	74.9	86.3	97.9	107.0	116.8
经济增加值率（%）	4.7	1.7	-2.1	-6.8	-12.8
EBITDA率（%）	22.8	16.9	11.3	4.8	-2.5
资本积累率（%）	12.4	7.6	4.0	-3.5	-7.9

道路运输业

范围：全行业

项　　目	优秀值	良好值	平均值	较低值	较差值
一、盈利能力状况					
净资产收益率（%）	9.3	4.5	2.3	-2.3	-8.4
总资产报酬率（%）	5.3	2.8	2.2	-0.7	-3.7
销售（营业）利润率（%）	10.7	4.6	3.3	-5.5	-13.4
盈余现金保障倍数	5.5	3.6	1.7	-0.3	-1.3
成本费用利润率（%）	11.5	4.9	3.4	-21.1	-41.2
资本收益率（%）	9.8	5.8	1.6	-1.4	-7.6
二、资产质量状况					
总资产周转率（次）	1.0	0.5	0.3	0.2	0.1
应收账款周转率（次）	23.9	15.9	8.1	3.6	2.2
不良资产比率（%）	0.3	0.4	0.9	2.3	8.7
流动资产周转率（次）	2.1	1.5	0.6	0.3	0.2
资产现金回收率（%）	7.0	2.9	2.3	0.1	-3.7
三、债务风险状况					
资产负债率（%）	53.3	58.3	63.3	73.3	88.3
已获利息倍数	4.8	3.0	1.2	-0.1	-1.1
速动比率（%）	142.6	120.1	81.2	62.7	39.9
现金流动负债比率（%）	23.9	11.2	7.2	-2.8	-6.9
带息负债比率（%）	52.5	63.9	76.7	86.9	98.3
或有负债比率（%）	0.1	0.5	5.0	13.5	22.8
四、经营增长状况					
销售（营业）增长率（%）	19.4	2.5	-3.5	-16.3	-26.7
资本保值增值率（%）	108.5	106.1	100.5	95.4	87.3
销售（营业）利润增长率（%）	14.0	8.2	-9.2	-25.7	-31.5
总资产增长率（%）	17.9	8.0	6.0	-4.6	-9.7
技术投入比率（%）	0.8	0.5	0.3	0.2	0.1
五、补充资料					
存货周转率（次）	27.1	21.1	11.9	8.6	5.0
两金占流动资产比重（%）	0.8	12.0	24.7	30.8	45.0
成本费用总额占营业总收入比重（%）	93.0	94.0	95.0	109.9	116.8
经济增加值率（%）	5.8	-0.1	-3.6	-5.9	-10.2
EBITDA率（%）	19.0	13.9	9.1	0.7	-10.3
资本积累率（%）	17.6	8.0	4.9	-4.7	-12.8

道路运输业

范围：大型企业

项　　　　目	优秀值	良好值	平均值	较低值	较差值
一、盈利能力状况					
净资产收益率（%）	6.3	4.9	3.0	-3.0	-8.7
总资产报酬率（%）	5.9	3.9	2.6	0.4	-1.5
销售（营业）利润率（%）	21.3	12.5	3.4	-4.3	-12.9
盈余现金保障倍数	3.8	2.3	1.9	-0.2	-1.1
成本费用利润率（%）	11.9	8.8	5.2	0.5	-4.5
资本收益率（%）	6.1	5.2	4.0	-1.2	-5.5
二、资产质量状况					
总资产周转率（次）	0.6	0.4	0.3	0.2	0.1
应收账款周转率（次）	36.1	23.5	12.4	6.7	4.2
不良资产比率（%）	0.3	0.4	0.5	0.9	3.8
流动资产周转率（次）	1.9	1.5	0.6	0.3	0.1
资产现金回收率（%）	7.1	4.4	2.2	-1.5	-1.6
三、债务风险状况					
资产负债率（%）	53.3	58.3	63.3	73.3	88.3
已获利息倍数	5.0	3.3	1.3	0.7	0.1
速动比率（%）	125.1	110.7	86.2	66.7	53.1
现金流动负债比率（%）	18.8	15.0	8.2	4.1	-4.6
带息负债比率（%）	53.2	62.8	76.9	79.2	89.3
或有负债比率（%）	0.1	0.5	5.0	13.5	22.8
四、经营增长状况					
销售（营业）增长率（%）	7.3	2.2	-2.5	-12.5	-15.8
资本保值增值率（%）	104.2	103.4	102.4	99.2	94.7
销售（营业）利润增长率（%）	13.3	8.3	-8.1	-10.0	-18.7
总资产增长率（%）	13.9	9.3	7.0	-0.8	-3.8
技术投入比率（%）	0.9	0.6	0.4	0.2	0.1
五、补充资料					
存货周转率（次）	27.1	21.4	14.4	11.5	8.4
两金占流动资产比重（%）	1.1	12.3	22.1	26.1	39.9
成本费用总额占营业总收入比重（%）	89.0	94.8	95.7	104.4	111.5
经济增加值率（%）	3.2	-1.0	-3.3	-5.1	-6.5
EBITDA率（%）	22.2	16.5	10.9	4.4	-2.8
资本积累率（%）	16.1	9.2	5.3	-0.4	-5.1

道路运输业

范围：中型企业

项　　　目	优秀值	良好值	平均值	较低值	较差值
一、盈利能力状况					
净资产收益率（％）	10.4	6.1	2.3	-2.3	-8.8
总资产报酬率（％）	6.1	3.5	2.2	-0.1	-2.3
销售（营业）利润率（％）	12.0	8.9	5.9	-2.1	-8.4
盈余现金保障倍数	2.2	1.9	1.6	-0.4	-1.3
成本费用利润率（％）	13.0	8.1	3.2	-4.8	-22.9
资本收益率（％）	12.3	6.6	2.5	-2.1	-8.7
二、资产质量状况					
总资产周转率（次）	1.1	0.6	0.3	0.2	0.1
应收账款周转率（次）	32.0	20.5	10.3	5.9	3.8
不良资产比率（％）	0.3	0.5	1.1	4.0	16.2
流动资产周转率（次）	2.4	1.7	0.8	0.4	0.2
资产现金回收率（％）	8.3	6.0	3.5	0.4	-2.1
三、债务风险状况					
资产负债率（％）	53.3	58.3	63.3	73.3	88.3
已获利息倍数	7.6	3.1	1.2	0.2	-0.7
速动比率（％）	137.9	115.2	77.8	66.6	43.8
现金流动负债比率（％）	36.6	17.7	14.2	1.5	-5.3
带息负债比率（％）	48.7	59.4	68.9	80.8	93.0
或有负债比率（％）	0.1	0.5	5.0	13.5	22.8
四、经营增长状况					
销售（营业）增长率（％）	14.7	1.3	-4.6	-16.7	-22.1
资本保值增值率（％）	108.8	106.5	101.2	95.8	88.4
销售（营业）利润增长率（％）	14.4	10.4	-7.6	-10.2	-19.6
总资产增长率（％）	17.2	9.1	2.4	-3.6	-6.9
技术投入比率（％）	0.7	0.4	0.3	0.2	0.1
五、补充资料					
存货周转率（次）	27.7	22.9	12.1	7.7	4.4
两金占流动资产比重（％）	1.0	10.8	20.1	22.4	35.3
成本费用总额占营业总收入比重（％）	92.4	93.3	94.2	105.0	116.1
经济增加值率（％）	4.0	0.2	-3.6	-5.7	-9.2
EBITDA 率（％）	21.1	17.1	11.5	2.1	-1.2
资本积累率（％）	16.3	8.0	3.8	-4.1	-11.6

道路运输业

范围：小型企业

项　　　目	优秀值	良好值	平均值	较低值	较差值
一、盈利能力状况					
净资产收益率（%）	10.4	5.0	1.7	-3.7	-10.2
总资产报酬率（%）	5.2	2.6	1.6	-1.6	-5.3
销售（营业）利润率（%）	8.6	3.7	2.9	-0.7	-14.7
盈余现金保障倍数	1.8	1.6	1.3	-0.3	-1.3
成本费用利润率（%）	9.7	4.3	3.4	-5.5	-10.6
资本收益率（%）	9.0	6.9	1.6	-2.4	-8.7
二、资产质量状况					
总资产周转率（次）	1.0	0.6	0.3	0.2	0.1
应收账款周转率（次）	19.8	12.8	4.7	3.1	1.9
不良资产比率（%）	0.3	1.1	1.6	2.1	5.0
流动资产周转率（次）	2.1	1.5	0.7	0.3	0.2
资产现金回收率（%）	7.3	3.0	2.0	-0.2	-4.2
三、债务风险状况					
资产负债率（%）	53.3	58.3	63.3	73.3	88.3
已获利息倍数	7.9	3.6	1.0	-0.1	-1.2
速动比率（%）	143.1	122.2	71.1	61.6	38.7
现金流动负债比率（%）	25.3	9.2	6.7	-0.3	-4.9
带息负债比率（%）	40.7	52.0	61.9	73.8	85.1
或有负债比率（%）	0.1	0.5	5.0	13.5	22.8
四、经营增长状况					
销售（营业）增长率（%）	19.8	4.0	-7.2	-23.0	-32.6
资本保值增值率（%）	108.4	106.4	100.3	94.1	84.8
销售（营业）利润增长率（%）	15.1	7.4	-10.4	-18.4	-28.6
总资产增长率（%）	16.9	6.3	3.0	-6.0	-11.7
技术投入比率（%）	0.8	0.6	0.4	0.2	0.1
五、补充资料					
存货周转率（次）	25.8	17.7	10.2	7.3	5.6
两金占流动资产比重（%）	1.5	10.6	39.0	54.6	59.4
成本费用总额占营业总收入比重（%）	94.3	97.9	98.8	109.1	119.9
经济增加值率（%）	7.8	1.0	-4.0	-6.8	-13.1
EBITDA 率（%）	17.7	12.2	6.9	2.0	-14.9
资本积累率（%）	18.9	8.1	4.2	-6.4	-15.3

高速公路

范围：全行业

项　　目	优秀值	良好值	平均值	较低值	较差值
一、盈利能力状况					
净资产收益率（%）	10.8	6.9	3.6	−4.1	−6.7
总资产报酬率（%）	9.7	5.8	2.3	−3.7	−6.3
销售（营业）利润率（%）	24.7	13.9	2.5	−18.7	−36.0
盈余现金保障倍数	5.5	3.6	1.7	0.3	−1.3
成本费用利润率（%）	26.6	19.0	3.0	−6.5	−14.3
资本收益率（%）	12.6	8.5	4.7	−4.0	−8.8
二、资产质量状况					
总资产周转率（次）	1.3	1.0	0.8	0.6	0.4
应收账款周转率（次）	41.3	29.6	12.8	9.8	7.5
不良资产比率（%）	0.3	0.4	0.5	0.6	0.7
流动资产周转率（次）	3.9	2.6	1.9	1.1	0.5
资产现金回收率（%）	13.2	8.3	3.0	−1.1	−3.8
三、债务风险状况					
资产负债率（%）	53.3	58.3	63.3	73.3	88.3
已获利息倍数	6.8	4.0	1.7	−0.7	−1.6
速动比率（%）	131.5	110.8	85.0	57.4	23.3
现金流动负债比率（%）	26.7	20.2	9.8	2.1	−1.5
带息负债比率（%）	29.6	48.7	67.2	82.1	100.0
或有负债比率（%）	0.1	0.5	5.0	13.5	22.8
四、经营增长状况					
销售（营业）增长率（%）	26.9	17.8	5.0	−3.3	−9.8
资本保值增值率（%）	109.0	106.2	102.6	95.9	92.5
销售（营业）利润增长率（%）	27.6	15.4	3.1	−3.6	−7.8
总资产增长率（%）	31.3	23.9	19.1	5.6	−3.5
技术投入比率（%）	1.0	0.7	0.5	0.3	0.1
五、补充资料					
存货周转率（次）	55.6	37.5	10.4	6.4	4.8
两金占流动资产比重（%）	3.7	8.8	28.9	46.1	54.9
成本费用总额占营业总收入比重（%）	63.4	69.7	75.3	81.4	89.8
经济增加值率（%）	8.9	5.7	−1.0	−7.6	−15.4
EBITDA 率（%）	26.8	17.7	11.6	5.2	0.7
资本积累率（%）	15.0	11.1	6.3	−0.1	−8.9

城市公共交通业

范围：全行业

项　　　目	优秀值	良好值	平均值	较低值	较差值
一、盈利能力状况					
净资产收益率（%）	4.4	3.6	1.0	−5.1	−11.0
总资产报酬率（%）	2.8	2.1	0.4	−4.7	−10.3
销售（营业）利润率（%）	7.1	2.9	0.1	−9.0	−15.5
盈余现金保障倍数	1.4	1.0	0.8	−0.4	−1.2
成本费用利润率（%）	8.6	5.0	1.4	−7.9	−16.4
资本收益率（%）	8.2	4.8	1.6	−2.4	−14.1
二、资产质量状况					
总资产周转率（次）	0.5	0.4	0.3	0.1	0.1
应收账款周转率（次）	15.7	11.4	7.5	5.8	3.0
不良资产比率（%）	0.3	0.4	0.6	4.2	7.3
流动资产周转率（次）	1.2	0.8	0.5	0.3	0.2
资产现金回收率（%）	3.9	2.0	1.1	−1.8	−11.3
三、债务风险状况					
资产负债率（%）	53.3	58.3	63.3	73.3	88.3
已获利息倍数	4.1	3.3	2.1	−3.0	−6.3
速动比率（%）	113.1	88.8	74.0	45.0	28.1
现金流动负债比率（%）	15.3	8.7	3.2	−4.1	−11.8
带息负债比率（%）	32.4	44.9	55.7	71.9	81.4
或有负债比率（%）	0.2	1.0	5.2	13.7	23.0
四、经营增长状况					
销售（营业）增长率（%）	4.2	2.5	0.7	−6.2	−17.4
资本保值增值率（%）	105.4	102.4	100.2	92.7	84.8
销售（营业）利润增长率（%）	7.8	4.2	1.0	−7.4	−15.8
总资产增长率（%）	12.4	7.9	6.0	−5.1	−15.6
技术投入比率（%）	0.9	0.7	0.3	0.3	0.2
五、补充资料					
存货周转率（次）	28.4	15.8	8.2	1.9	0.7
两金占流动资产比重（%）	12.4	17.6	37.9	41.6	44.9
成本费用总额占营业总收入比重（%）	87.3	94.4	102.9	107.9	117.6
经济增加值率（%）	3.3	−1.7	−4.0	−10.2	−14.9
EBITDA 率（%）	29.8	22.0	17.4	1.1	−8.3
资本积累率（%）	30.6	12.8	5.5	−8.6	−23.3

公共电汽车客运业

范围：全行业

项　　目	优秀值	良好值	平均值	较低值	较差值
一、盈利能力状况					
净资产收益率（％）	6.1	3.3	1.0	−9.2	−19.5
总资产报酬率（％）	4.4	2.5	0.4	−5.4	−11.0
销售（营业）利润率（％）	9.0	4.7	0.1	−9.6	−16.7
盈余现金保障倍数	12.1	6.7	3.0	2.4	0.1
成本费用利润率（％）	6.6	4.0	0.2	−11.5	−15.3
资本收益率（％）	10.1	5.6	1.9	−8.5	−26.2
二、资产质量状况					
总资产周转率（次）	1.0	0.6	0.3	0.2	0.1
应收账款周转率（次）	16.8	12.7	8.7	7.8	3.4
不良资产比率（％）	0.3	0.4	0.6	2.1	5.3
流动资产周转率（次）	1.3	1.0	0.5	0.3	0.2
资产现金回收率（％）	9.4	4.9	3.3	−2.4	−6.6
三、债务风险状况					
资产负债率（％）	53.3	58.3	63.3	73.3	88.3
已获利息倍数	1.1	0.7	0.1	−3.7	−7.7
速动比率（％）	101.9	80.8	56.4	36.6	22.5
现金流动负债比率（％）	21.1	9.5	7.7	−11.8	−23.7
带息负债比率（％）	21.4	32.9	45.9	62.9	79.4
或有负债比率（％）	0.1	1.0	2.5	3.5	4.8
四、经营增长状况					
销售（营业）增长率（％）	3.6	1.9	0.5	−8.4	−21.7
资本保值增值率（％）	107.0	102.9	99.2	89.9	62.1
销售（营业）利润增长率（％）	6.0	3.7	1.0	−11.0	−19.2
总资产增长率（％）	8.1	4.3	2.5	−11.8	−16.7
技术投入比率（％）	0.5	0.4	0.3	0.2	0.1
五、补充资料					
存货周转率（次）	133.3	86.6	43.5	17.5	6.0
两金占流动资产比重（％）	0.8	3.0	12.8	23.2	29.1
成本费用总额占营业总收入比重（％）	94.2	97.7	102.9	109.9	115.8
经济增加值率（％）	−1.8	−4.8	−5.8	−14.4	−22.2
EBITDA率（％）	8.2	3.5	−2.6	−9.1	−19.3
资本积累率（％）	29.4	17.7	2.9	−15.4	−42.0

轨道交通业

范围：全行业

项　　　目	优秀值	良好值	平均值	较低值	较差值
一、盈利能力状况					
净资产收益率（％）	5.4	2.2	0.5	-3.7	-6.3
总资产报酬率（％）	1.5	0.5	0.2	-0.5	-0.9
销售（营业）利润率（％）	14.4	8.3	0.6	-10.9	-23.7
盈余现金保障倍数	5.6	1.6	0.7	-0.3	-2.6
成本费用利润率（％）	10.0	6.7	1.5	-7.1	-16.5
资本收益率（％）	5.7	2.8	0.6	-2.6	-6.0
二、资产质量状况					
总资产周转率（次）	1.0	0.5	0.3	0.2	0.1
应收账款周转率（次）	11.6	7.5	3.8	2.0	1.0
不良资产比率（％）	0.3	0.4	0.6	0.9	4.7
流动资产周转率（次）	5.7	3.1	1.4	0.7	0.3
资产现金回收率（％）	6.6	2.3	0.6	-0.1	-2.3
三、债务风险状况					
资产负债率（％）	53.3	58.3	63.3	73.3	88.3
已获利息倍数	7.0	4.7	2.1	0.7	-1.4
速动比率（％）	112.0	93.8	74.0	51.1	28.8
现金流动负债比率（％）	9.1	3.3	1.2	-6.9	-14.1
带息负债比率（％）	51.1	60.3	70.3	75.4	84.8
或有负债比率（％）	0.1	0.3	0.8	2.4	5.2
四、经营增长状况					
销售（营业）增长率（％）	4.0	1.8	0.7	-10.0	-23.3
资本保值增值率（％）	108.3	102.9	100.8	100.0	99.5
销售（营业）利润增长率（％）	5.5	3.3	1.0	-12.7	-22.6
总资产增长率（％）	19.8	14.3	10.5	6.2	-7.6
技术投入比率（％）	0.5	0.4	0.3	0.2	0.1
五、补充资料					
存货周转率（次）	54.5	37.9	7.9	7.4	7.0
两金占流动资产比重（％）	16.2	26.2	41.1	46.0	56.5
成本费用总额占营业总收入比重（％）	91.0	98.0	106.0	113.0	118.7
经济增加值率（％）	0.1	-2.5	-3.9	-7.5	-12.1
EBITDA率（％）	29.2	22.1	18.9	7.0	-1.7
资本积累率（％）	34.5	12.7	5.5	-9.8	-21.1

水上运输业

范围：全行业

项　　目	优秀值	良好值	平均值	较低值	较差值
一、盈利能力状况					
净资产收益率（%）	8.8	6.4	4.0	−0.6	−5.0
总资产报酬率（%）	7.1	4.6	1.6	0.5	−4.8
销售（营业）利润率（%）	12.3	10.0	6.3	−4.2	−5.9
盈余现金保障倍数	3.2	1.7	1.2	−0.4	−1.8
成本费用利润率（%）	13.7	10.4	6.7	−6.5	−7.5
资本收益率（%）	9.5	6.5	3.4	−3.8	−13.0
二、资产质量状况					
总资产周转率（次）	0.9	0.5	0.3	0.2	0.1
应收账款周转率（次）	14.8	11.6	9.2	5.2	2.7
不良资产比率（%）	0.8	1.5	2.5	4.1	9.4
流动资产周转率（次）	2.3	1.8	1.1	0.5	0.3
资产现金回收率（%）	11.1	6.5	1.9	−0.1	−4.3
三、债务风险状况					
资产负债率（%）	53.3	58.3	63.3	73.3	88.3
已获利息倍数	7.9	5.2	3.1	0.4	−1.0
速动比率（%）	138.2	117.4	99.1	58.7	35.4
现金流动负债比率（%）	21.2	13.3	5.6	−0.4	−7.0
带息负债比率（%）	38.8	55.5	60.9	76.9	93.4
或有负债比率（%）	0.2	0.3	3.0	8.3	15.0
四、经营增长状况					
销售（营业）增长率（%）	8.9	6.4	4.2	−5.0	−9.5
资本保值增值率（%）	108.4	106.8	103.8	94.1	85.9
销售（营业）利润增长率（%）	18.2	9.3	1.8	−3.1	−13.8
总资产增长率（%）	8.4	5.3	2.1	−8.1	−13.4
技术投入比率（%）	0.5	0.4	0.3	0.2	0.1
五、补充资料					
存货周转率（次）	26.1	14.8	10.0	4.2	1.5
两金占流动资产比重（%）	13.6	20.1	25.3	30.0	34.6
成本费用总额占营业总收入比重（%）	85.8	93.3	99.2	103.4	108.5
经济增加值率（%）	7.7	1.8	−1.4	−5.5	−8.0
EBITDA率（%）	18.4	14.4	10.1	2.2	−1.8
资本积累率（%）	17.8	8.7	4.5	−5.9	−14.6

水上运输业

范围：大型企业

项　　目	优秀值	良好值	平均值	较低值	较差值
一、盈利能力状况					
净资产收益率（％）	11.5	10.0	5.8	2.7	-5.8
总资产报酬率（％）	8.7	6.0	3.4	0.9	-4.9
销售（营业）利润率（％）	11.4	8.1	6.4	0.9	-4.4
盈余现金保障倍数	3.2	1.9	1.1	-0.4	-2.6
成本费用利润率（％）	15.0	10.8	6.7	2.6	-4.9
资本收益率（％）	11.4	9.0	6.1	-1.2	-9.4
二、资产质量状况					
总资产周转率（次）	0.6	0.5	0.4	0.2	0.1
应收账款周转率（次）	15.2	13.0	11.1	8.3	6.7
不良资产比率（％）	1.2	1.5	3.2	5.5	10.5
流动资产周转率（次）	2.3	2.0	1.2	0.6	0.2
资产现金回收率（％）	11.1	7.2	3.7	-0.3	-5.2
三、债务风险状况					
资产负债率（％）	53.3	58.3	63.3	73.3	88.3
已获利息倍数	5.3	4.0	3.3	1.4	0.8
速动比率（％）	131.0	111.5	104.2	74.5	55.0
现金流动负债比率（％）	21.4	11.3	5.6	-10.8	-18.3
带息负债比率（％）	32.8	46.7	58.9	63.0	78.1
或有负债比率（％）	0.1	0.4	3.3	9.0	16.5
四、经营增长状况					
销售（营业）增长率（％）	9.0	5.0	4.2	-1.0	-7.5
资本保值增值率（％）	111.1	109.2	107.0	96.3	93.6
销售（营业）利润增长率（％）	11.7	3.1	-3.9	-11.7	-20.8
总资产增长率（％）	11.5	6.1	1.6	-4.2	-9.8
技术投入比率（％）	1.1	0.8	0.7	0.6	0.3
五、补充资料					
存货周转率（次）	31.2	19.4	9.0	8.1	7.3
两金占流动资产比重（％）	12.8	20.4	21.5	27.6	31.6
成本费用总额占营业总收入比重（％）	82.5	91.3	98.8	102.6	108.8
经济增加值率（％）	5.4	3.9	-1.0	-4.6	-5.4
EBITDA 率（％）	16.1	12.9	10.2	7.5	2.3
资本积累率（％）	21.4	15.2	2.9	-3.1	-12.9

水上运输业

范围：中型企业

项　目	优秀值	良好值	平均值	较低值	较差值
一、盈利能力状况					
净资产收益率（%）	11.1	6.5	3.0	-1.9	-5.3
总资产报酬率（%）	7.1	5.5	2.4	0.2	-4.6
销售（营业）利润率（%）	11.7	8.0	4.5	-0.3	-6.2
盈余现金保障倍数	3.7	2.6	1.9	-0.1	-0.5
成本费用利润率（%）	11.4	6.8	4.6	-3.2	-7.8
资本收益率（%）	11.2	6.5	4.3	-1.0	-13.9
二、资产质量状况					
总资产周转率（次）	0.9	0.6	0.3	0.2	0.1
应收账款周转率（次）	17.4	15.6	11.6	7.7	6.0
不良资产比率（%）	0.6	1.9	3.0	4.8	9.9
流动资产周转率（次）	2.7	2.1	1.1	0.5	0.2
资产现金回收率（%）	9.6	5.8	3.2	-0.8	-2.2
三、债务风险状况					
资产负债率（%）	53.3	58.3	63.3	73.3	88.3
已获利息倍数	4.7	2.9	2.1	0.7	-3.1
速动比率（%）	121.8	100.1	88.8	79.5	55.6
现金流动负债比率（%）	39.3	25.6	9.9	-5.3	-11.0
带息负债比率（%）	42.8	51.2	61.5	77.1	94.5
或有负债比率（%）	0.1	0.3	3.1	8.5	15.4
四、经营增长状况					
销售（营业）增长率（%）	11.8	4.7	-1.1	-10.6	-16.9
资本保值增值率（%）	111.1	107.1	102.0	97.5	95.3
销售（营业）利润增长率（%）	18.8	10.4	4.9	-3.5	-14.0
总资产增长率（%）	16.0	10.6	5.3	-3.8	-7.7
技术投入比率（%）	0.7	0.6	0.5	0.4	0.2
五、补充资料					
存货周转率（次）	35.6	21.0	13.2	4.7	1.8
两金占流动资产比重（%）	14.0	18.9	33.9	48.1	60.1
成本费用总额占营业总收入比重（%）	91.2	94.4	95.5	106.6	110.5
经济增加值率（%）	3.3	0.8	-3.2	-5.5	-8.7
EBITDA率（%）	15.2	11.9	8.4	2.4	-2.8
资本积累率（%）	20.5	11.0	6.0	-3.3	-5.1

水上运输业

范围：小型企业

项　　　目	优秀值	良好值	平均值	较低值	较差值
一、盈利能力状况					
净资产收益率（％）	7.4	4.3	1.7	-0.9	-7.2
总资产报酬率（％）	7.2	4.1	1.0	-0.3	-5.2
销售（营业）利润率（％）	13.0	6.1	4.5	-2.9	-8.5
盈余现金保障倍数	2.7	1.5	1.1	-0.5	-2.3
成本费用利润率（％）	13.1	6.3	4.8	-1.8	-13.6
资本收益率（％）	7.4	4.8	2.7	-5.5	-12.1
二、资产质量状况					
总资产周转率（次）	1.1	0.6	0.5	0.2	0.1
应收账款周转率（次）	14.9	11.1	8.2	4.4	2.5
不良资产比率（％）	0.8	1.4	2.2	4.1	8.8
流动资产周转率（次）	2.5	1.9	1.6	0.3	0.2
资产现金回收率（％）	7.4	4.2	1.0	-0.1	-3.8
三、债务风险状况					
资产负债率（％）	53.3	58.3	63.3	73.3	88.3
已获利息倍数	4.9	3.6	2.9	-2.7	-4.4
速动比率（％）	124.9	95.3	76.7	52.9	32.4
现金流动负债比率（％）	17.4	10.1	5.4	-4.2	-9.6
带息负债比率（％）	38.3	51.9	61.2	81.4	100.8
或有负债比率（％）	0.3	0.9	1.9	7.0	14.0
四、经营增长状况					
销售（营业）增长率（％）	12.7	2.7	-1.9	-13.1	-18.9
资本保值增值率（％）	109.1	106.7	100.0	91.9	80.2
销售（营业）利润增长率（％）	22.7	12.1	7.7	-0.3	-10.9
总资产增长率（％）	17.8	7.0	0.9	-9.2	-13.7
技术投入比率（％）	0.5	0.4	0.3	0.2	0.1
五、补充资料					
存货周转率（次）	36.1	21.9	14.9	8.9	2.6
两金占流动资产比重（％）	11.7	19.0	42.7	62.0	71.1
成本费用总额占营业总收入比重（％）	89.5	96.3	99.9	103.6	107.2
经济增加值率（％）	8.9	3.2	0.1	-5.9	-10.4
EBITDA 率（％）	15.7	11.4	6.8	0.7	-5.6
资本积累率（％）	15.9	8.2	6.2	-0.5	-9.4

港口业

范围：全行业

项　　目	优秀值	良好值	平均值	较低值	较差值
一、盈利能力状况					
净资产收益率（%）	15.0	8.8	3.3	-3.1	-7.8
总资产报酬率（%）	6.2	4.2	2.7	-1.0	-5.9
销售（营业）利润率（%）	20.6	15.8	9.8	0.5	-5.3
盈余现金保障倍数	2.3	1.4	0.9	-0.1	-1.0
成本费用利润率（%）	24.8	17.4	7.5	-5.9	-12.3
资本收益率（%）	20.6	15.4	11.8	2.0	-7.1
二、资产质量状况					
总资产周转率（次）	1.1	0.6	0.3	0.2	0.1
应收账款周转率（次）	22.6	14.4	8.3	5.9	4.3
不良资产比率（%）	0.4	0.7	1.3	2.1	3.4
流动资产周转率（次）	2.1	1.5	0.7	0.4	0.2
资产现金回收率（%）	12.6	5.8	2.4	0.4	-5.0
三、债务风险状况					
资产负债率（%）	53.3	58.3	63.3	73.3	88.3
已获利息倍数	7.2	6.3	2.4	0.6	-1.5
速动比率（%）	136.2	102.1	76.6	53.6	36.1
现金流动负债比率（%）	21.8	15.3	7.9	3.0	-6.3
带息负债比率（%）	37.0	46.2	58.0	81.5	91.9
或有负债比率（%）	0.1	0.9	5.4	13.9	23.2
四、经营增长状况					
销售（营业）增长率（%）	12.7	7.3	1.0	-4.5	-19.1
资本保值增值率（%）	110.3	104.8	102.2	96.4	90.0
销售（营业）利润增长率（%）	24.3	16.7	7.1	-1.6	-17.4
总资产增长率（%）	15.9	7.1	4.4	-4.2	-8.3
技术投入比率（%）	0.8	0.5	0.3	0.2	0.1
五、补充资料					
存货周转率（次）	26.5	15.0	4.6	2.3	1.9
两金占流动资产比重（%）	12.0	18.3	24.2	34.6	51.7
成本费用总额占营业总收入比重（%）	74.3	84.8	94.9	108.0	110.6
经济增加值率（%）	11.9	3.8	-2.3	-5.5	-6.1
EBITDA 率（%）	17.8	11.4	4.1	-1.7	-7.6
资本积累率（%）	16.1	7.3	-0.2	-3.6	-9.5

航空运输业

范围：全行业

项　　目	优秀值	良好值	平均值	较低值	较差值
一、盈利能力状况					
净资产收益率（%）	10.4	4.0	-2.4	-10.2	-20.1
总资产报酬率（%）	6.6	3.4	-1.5	-7.5	-16.2
销售（营业）利润率（%）	17.4	10.1	-7.5	-19.7	-38.1
盈余现金保障倍数	1.8	1.3	0.7	-0.5	-2.0
成本费用利润率（%）	16.0	7.4	-6.8	-21.3	-40.4
资本收益率（%）	13.2	5.2	-2.2	-3.1	-11.8
二、资产质量状况					
总资产周转率（次）	0.9	0.6	0.3	0.2	0.1
应收账款周转率（次）	14.7	9.4	7.5	2.4	1.5
不良资产比率（%）	0.7	1.2	2.7	4.8	9.3
流动资产周转率（次）	1.8	1.1	0.5	0.3	0.2
资产现金回收率（%）	10.6	3.6	1.3	-1.7	-6.3
三、债务风险状况					
资产负债率（%）	53.6	58.6	63.6	73.6	88.6
已获利息倍数	26.2	4.5	-1.2	-3.7	-6.4
速动比率（%）	93.4	61.6	38.9	29.4	20.1
现金流动负债比率（%）	40.1	14.3	4.5	-7.3	-28.7
带息负债比率（%）	43.4	52.5	63.6	75.0	86.4
或有负债比率（%）	0.3	1.4	5.5	14.0	23.3
四、经营增长状况					
销售（营业）增长率（%）	19.0	3.0	-29.3	-39.7	-46.4
资本保值增值率（%）	114.5	105.8	96.6	90.9	80.8
销售（营业）利润增长率（%）	16.2	2.6	-37.0	-42.0	-50.0
总资产增长率（%）	14.8	7.0	-0.8	-8.3	-18.3
技术投入比率（%）	0.5	0.4	0.3	0.2	0.1
五、补充资料					
存货周转率（次）	29.2	23.5	19.1	15.4	12.3
两金占流动资产比重（%）	5.6	11.6	20.6	38.5	54.8
成本费用总额占营业总收入比重（%）	88.3	95.1	102.4	129.4	171.2
经济增加值率（%）	6.7	-0.7	-7.1	-8.2	-14.3
EBITDA率（%）	34.5	20.6	3.4	0.6	-16.5
资本积累率（%）	14.6	5.8	-4.6	-9.1	-19.2

机场

范围：全行业

项　　目	优秀值	良好值	平均值	较低值	较差值
一、盈利能力状况					
净资产收益率（%）	4.7	−0.6	−2.5	−5.7	−8.7
总资产报酬率（%）	4.0	−0.5	−1.5	−4.7	−6.1
销售（营业）利润率（%）	1.3	−4.2	−10.4	−19.9	−24.8
盈余现金保障倍数	8.2	4.6	0.7	−1.6	−5.8
成本费用利润率（%）	5.4	−2.3	−8.1	−18.1	−23.7
资本收益率（%）	3.9	2.2	−2.1	−6.6	−8.2
二、资产质量状况					
总资产周转率（次）	0.5	0.4	0.3	0.2	0.1
应收账款周转率（次）	5.9	5.5	3.9	3.1	2.5
不良资产比率（%）	0.6	1.6	2.9	4.7	11.8
流动资产周转率（次）	1.0	0.8	0.4	0.3	0.2
资产现金回收率（%）	3.8	2.0	0.7	−0.2	−1.2
三、债务风险状况					
资产负债率（%）	53.3	58.3	63.3	73.3	88.3
已获利息倍数	3.6	0.5	−1.1	−5.3	−10.4
速动比率（%）	113.8	91.7	60.8	38.2	20.8
现金流动负债比率（%）	23.0	11.7	6.3	−11.6	−25.6
带息负债比率（%）	21.0	42.1	53.4	72.1	81.5
或有负债比率（%）	0.1	0.6	5.1	13.6	22.9
四、经营增长状况					
销售（营业）增长率（%）	−3.5	−15.3	−21.8	−31.0	−40.1
资本保值增值率（%）	106.8	102.5	100.0	94.8	91.8
销售（营业）利润增长率（%）	−9.5	−12.0	−14.9	−24.9	−37.1
总资产增长率（%）	18.7	9.4	5.8	−3.9	−16.9
技术投入比率（%）	2.0	1.1	0.7	0.5	0.3
五、补充资料					
存货周转率（次）	16.1	11.7	6.9	2.7	1.5
两金占流动资产比重（%）	6.8	11.3	15.9	23.0	40.6
成本费用总额占营业总收入比重（%）	91.3	97.4	105.5	111.9	115.0
经济增加值率（%）	2.5	−4.3	−7.4	−10.5	−12.7
EBITDA 率（%）	14.5	7.8	2.3	−3.7	−15.7
资本积累率（%）	14.7	7.0	0.5	−5.1	−17.0

机场

范围：大型企业

项　　目	优秀值	良好值	平均值	较低值	较差值
一、盈利能力状况					
净资产收益率（％）	3.2	−0.4	−2.3	−6.8	−7.9
总资产报酬率（％）	2.8	−0.3	−1.3	−3.4	−6.1
销售（营业）利润率（％）	2.0	−4.0	−11.1	−20.1	−25.1
盈余现金保障倍数	7.7	4.5	0.7	−1.2	−4.0
成本费用利润率（％）	7.6	−8.9	−18.9	−27.6	−31.1
资本收益率（％）	3.9	−0.4	−2.8	−6.6	−12.5
二、资产质量状况					
总资产周转率（次）	0.5	0.4	0.3	0.2	0.1
应收账款周转率（次）	5.2	4.7	4.1	3.1	2.7
不良资产比率（％）	2.2	2.8	3.7	5.2	10.0
流动资产周转率（次）	1.0	0.8	0.4	0.3	0.2
资产现金回收率（％）	3.3	1.3	0.4	−0.1	−4.9
三、债务风险状况					
资产负债率（％）	53.0	58.3	63.3	73.3	88.1
已获利息倍数	0.7	−0.9	−1.2	−5.1	−6.8
速动比率（％）	118.9	97.7	67.9	48.1	43.5
现金流动负债比率（％）	21.8	15.9	4.4	−0.2	−6.4
带息负债比率（％）	28.2	46.8	55.2	62.0	70.9
或有负债比率（％）	3.7	3.9	8.7	16.1	21.2
四、经营增长状况					
销售（营业）增长率（％）	−2.7	−6.9	−11.6	−18.9	−25.7
资本保值增值率（％）	106.8	101.6	98.9	95.6	93.4
销售（营业）利润增长率（％）	−9.5	−11.3	−14.4	−25.3	−32.3
总资产增长率（％）	15.2	10.9	5.3	−4.1	−12.6
技术投入比率（％）	4.3	3.3	2.6	1.7	1.1
五、补充资料					
存货周转率（次）	14.9	8.6	6.7	3.6	1.1
两金占流动资产比重（％）	8.8	12.7	17.8	23.2	38.3
成本费用总额占营业总收入比重（％）	106.9	109.2	110.5	121.4	125.8
经济增加值率（％）	−2.8	−5.6	−7.1	−9.7	−12.5
EBITDA 率（％）	15.5	11.3	5.3	−6.3	−15.2
资本积累率（％）	7.5	3.1	0.4	−4.9	−6.5

机场

范围：中型企业

项　　目	优秀值	良好值	平均值	较低值	较差值
一、盈利能力状况					
净资产收益率（％）	4.0	-1.5	-3.6	-6.9	-8.5
总资产报酬率（％）	2.9	-0.7	-2.1	-4.2	-5.5
销售（营业）利润率（％）	0.8	-3.1	-8.7	-14.7	-18.4
盈余现金保障倍数	7.9	5.2	1.5	-0.8	-2.1
成本费用利润率（％）	0.9	-2.2	-6.7	-15.9	-19.8
资本收益率（％）	3.1	-0.6	-2.1	-6.7	-8.3
二、资产质量状况					
总资产周转率（次）	0.5	0.4	0.3	0.2	0.1
应收账款周转率（次）	5.1	4.8	3.7	3.2	2.7
不良资产比率（％）	1.4	2.5	3.3	4.0	7.8
流动资产周转率（次）	1.1	0.9	0.4	0.3	0.2
资产现金回收率（％）	3.7	2.8	2.0	-5.3	-14.8
三、债务风险状况					
资产负债率（％）	52.8	58.6	63.3	73.3	87.8
已获利息倍数	3.8	1.8	-0.1	-4.4	-6.6
速动比率（％）	93.5	77.0	55.1	31.2	18.4
现金流动负债比率（％）	19.7	15.1	11.5	-5.8	-16.6
带息负债比率（％）	24.7	42.3	51.8	67.6	76.4
或有负债比率（％）	2.0	2.3	5.6	11.3	17.6
四、经营增长状况					
销售（营业）增长率（％）	-3.1	-10.1	-22.2	-27.0	-31.3
资本保值增值率（％）	105.2	102.3	100.7	93.7	88.0
销售（营业）利润增长率（％）	0.9	-1.6	-4.3	-13.5	-24.0
总资产增长率（％）	15.5	11.6	7.6	-4.2	-13.0
技术投入比率（％）	2.5	2.1	1.2	0.9	0.5
五、补充资料					
存货周转率（次）	18.0	15.2	11.2	8.7	5.3
两金占流动资产比重（％）	9.9	12.5	16.8	21.6	35.4
成本费用总额占营业总收入比重（％）	96.0	101.8	108.8	114.3	116.5
经济增加值率（％）	0.3	-3.9	-8.5	-10.8	-12.2
EBITDA 率（％）	6.1	0.4	-4.6	-9.5	-19.8
资本积累率（％）	14.9	7.8	2.3	-2.9	-4.1

机场

项　　目	优秀值	良好值	平均值	较低值	较差值
一、盈利能力状况					
净资产收益率（％）	2.4	−0.6	−4.3	−7.3	−9.0
总资产报酬率（％）	1.3	−0.5	−2.6	−4.9	−8.9
销售（营业）利润率（％）	1.8	−4.3	−9.7	−15.3	−18.9
盈余现金保障倍数	7.5	4.7	1.1	−1.6	−5.2
成本费用利润率（％）	1.9	−5.0	−12.1	−21.1	−25.1
资本收益率（％）	3.6	0.7	−1.6	−6.0	−8.3
二、资产质量状况					
总资产周转率（次）	0.5	0.4	0.3	0.2	0.1
应收账款周转率（次）	8.0	5.3	4.0	3.1	2.4
不良资产比率（％）	1.2	1.9	2.9	3.5	6.4
流动资产周转率（次）	1.1	0.6	0.4	0.3	0.2
资产现金回收率（％）	5.2	2.3	1.1	−0.4	−1.6
三、债务风险状况					
资产负债率（％）	53.3	58.1	63.3	73.7	87.6
已获利息倍数	5.5	1.2	−0.8	−7.5	−12.3
速动比率（％）	97.7	76.6	54.3	38.1	29.9
现金流动负债比率（％）	15.3	11.1	7.5	−4.6	−17.8
带息负债比率（％）	28.7	44.3	55.2	72.1	79.0
或有负债比率（％）	1.2	1.4	3.5	8.6	13.7
四、经营增长状况					
销售（营业）增长率（％）	4.5	−6.9	−18.4	−24.6	−36.4
资本保值增值率（％）	105.7	102.8	99.9	93.2	84.8
销售（营业）利润增长率（％）	3.5	−4.1	−19.4	−29.8	−41.0
总资产增长率（％）	11.3	5.8	1.7	−5.6	−10.4
技术投入比率（％）	0.9	0.7	0.5	0.3	0.2
五、补充资料					
存货周转率（次）	17.0	13.4	9.4	7.4	3.3
两金占流动资产比重（％）	5.4	8.4	13.8	18.7	30.7
成本费用总额占营业总收入比重（％）	92.9	99.1	105.4	111.5	113.5
经济增加值率（％）	9.4	2.7	−10.5	−10.5	−13.3
EBITDA率（％）	18.2	12.3	−8.9	−14.0	−24.1
资本积累率（％）	16.1	9.4	−1.8	−6.7	−13.9

仓储业

范围：全行业

项　　目	优秀值	良好值	平均值	较低值	较差值
一、盈利能力状况					
净资产收益率（%）	7.4	4.1	2.5	-2.4	-7.5
总资产报酬率（%）	4.0	2.9	1.5	-0.2	-2.9
销售（营业）利润率（%）	8.3	2.8	2.4	-2.6	-9.0
盈余现金保障倍数	7.7	2.1	1.3	-0.1	-7.8
成本费用利润率（%）	10.0	3.8	1.7	-2.4	-6.7
资本收益率（%）	11.2	6.2	2.9	-2.7	-9.6
二、资产质量状况					
总资产周转率（次）	0.6	0.4	0.3	0.2	0.1
应收账款周转率（次）	23.4	14.6	9.3	4.4	2.1
不良资产比率（%）	0.2	0.4	1.6	6.0	13.3
流动资产周转率（次）	1.5	0.9	0.4	0.3	0.2
资产现金回收率（%）	10.1	6.0	3.9	-3.4	-13.8
三、债务风险状况					
资产负债率（%）	53.3	58.3	63.3	73.3	88.3
已获利息倍数	3.2	1.9	1.3	1.0	0.7
速动比率（%）	108.3	76.9	50.4	32.7	21.1
现金流动负债比率（%）	28.3	20.3	12.3	-5.7	-19.5
带息负债比率（%）	40.3	53.6	63.6	82.4	87.8
或有负债比率（%）	0.6	1.4	5.6	13.9	23.4
四、经营增长状况					
销售（营业）增长率（%）	15.6	11.8	6.5	-7.1	-19.6
资本保值增值率（%）	109.5	105.1	103.3	99.6	95.8
销售（营业）利润增长率（%）	17.7	8.9	-1.4	-15.6	-21.7
总资产增长率（%）	15.4	6.4	0.3	-4.7	-9.7
技术投入比率（%）	0.6	0.4	0.3	0.2	0.1
五、补充资料					
存货周转率（次）	12.0	5.0	1.1	0.5	0.3
两金占流动资产比重（%）	16.3	32.8	55.3	59.7	73.9
成本费用总额占营业总收入比重（%）	96.7	98.2	99.8	106.3	114.1
经济增加值率（%）	5.3	0.3	-1.9	-5.3	-5.6
EBITDA率（%）	32.5	16.9	8.3	4.0	1.7
资本积累率（%）	10.8	5.1	3.7	-0.3	-3.8

仓储业

范围：大型企业

项　　　目	优秀值	良好值	平均值	较低值	较差值
一、盈利能力状况					
净资产收益率（%）	9.5	6.7	5.0	-0.8	-5.2
总资产报酬率（%）	4.7	3.9	3.5	-0.2	-1.9
销售（营业）利润率（%）	10.1	6.3	2.2	-2.5	-8.2
盈余现金保障倍数	14.7	6.3	0.9	-5.2	-16.0
成本费用利润率（%）	8.2	7.3	3.4	-2.2	-10.6
资本收益率（%）	9.3	6.7	4.5	0.7	-5.7
二、资产质量状况					
总资产周转率（次）	0.6	0.4	0.3	0.2	0.1
应收账款周转率（次）	25.3	15.1	9.1	8.4	6.9
不良资产比率（%）	0.1	0.2	2.1	6.3	13.7
流动资产周转率（次）	1.9	1.3	0.6	0.3	0.2
资产现金回收率（%）	13.9	9.6	3.1	-1.0	-14.3
三、债务风险状况					
资产负债率（%）	53.3	58.3	63.3	73.3	88.3
已获利息倍数	3.7	2.3	1.6	-1.1	-2.8
速动比率（%）	107.3	77.9	51.4	42.9	31.9
现金流动负债比率（%）	34.2	26.3	12.6	-10.6	-25.3
带息负债比率（%）	36.4	49.0	63.2	76.4	85.2
或有负债比率（%）	0.4	1.1	5.6	14.1	23.4
四、经营增长状况					
销售（营业）增长率（%）	27.6	19.8	11.2	-3.2	-10.5
资本保值增值率（%）	109.3	106.4	104.0	101.1	100.1
销售（营业）利润增长率（%）	19.7	11.1	1.9	-10.0	-18.1
总资产增长率（%）	12.8	6.1	-1.1	-6.9	-12.2
技术投入比率（%）	0.8	0.5	0.3	0.2	0.1
五、补充资料					
存货周转率（次）	6.2	2.9	1.7	0.8	0.5
两金占流动资产比重（%）	22.5	38.4	58.4	61.3	61.9
成本费用总额占营业总收入比重（%）	95.0	98.6	99.0	105.5	112.4
经济增加值率（%）	11.1	5.5	-0.6	-2.8	-3.7
EBITDA 率（%）	39.1	24.4	12.2	5.9	3.4
资本积累率（%）	13.1	9.3	3.5	1.1	-10.2

仓储业

范围：中型企业

项　　目	优秀值	良好值	平均值	较低值	较差值
一、盈利能力状况					
净资产收益率（%）	9.6	5.5	5.0	-2.2	-5.2
总资产报酬率（%）	4.6	3.5	3.2	-0.2	-3.2
销售（营业）利润率（%）	10.1	3.8	2.6	-1.3	-8.0
盈余现金保障倍数	26.9	7.4	1.6	-1.1	-9.1
成本费用利润率（%）	11.9	4.7	1.5	-2.3	-7.9
资本收益率（%）	9.4	5.4	4.5	-1.5	-8.5
二、资产质量状况					
总资产周转率（次）	0.8	0.5	0.4	0.2	0.1
应收账款周转率（次）	29.3	18.4	12.0	7.4	5.3
不良资产比率（%）	0.1	0.2	1.6	5.3	7.6
流动资产周转率（次）	2.0	1.4	0.6	0.3	0.2
资产现金回收率（%）	15.5	9.5	5.1	-0.2	-12.1
三、债务风险状况					
资产负债率（%）	53.6	58.6	63.6	73.6	88.6
已获利息倍数	4.2	2.2	1.3	-1.0	-2.9
速动比率（%）	97.8	71.9	40.6	37.6	27.5
现金流动负债比率（%）	39.5	24.9	6.8	-8.9	-23.0
带息负债比率（%）	39.7	54.6	64.4	82.4	87.0
或有负债比率（%）	0.5	1.0	5.6	14.1	23.4
四、经营增长状况					
销售（营业）增长率（%）	25.0	18.8	8.0	-5.6	-17.3
资本保值增值率（%）	109.6	106.2	103.9	100.0	97.3
销售（营业）利润增长率（%）	18.2	9.4	-1.2	-11.9	-25.6
总资产增长率（%）	14.5	5.2	-0.4	-7.3	-13.2
技术投入比率（%）	0.6	0.5	0.3	0.2	0.1
五、补充资料					
存货周转率（次）	2.8	1.7	0.8	0.7	0.5
两金占流动资产比重（%）	17.1	38.5	60.1	66.4	71.9
成本费用总额占营业总收入比重（%）	95.2	97.1	99.1	105.1	113.6
经济增加值率（%）	7.7	2.5	-0.9	-4.7	-5.5
EBITDA率（%）	28.5	16.3	5.9	4.4	2.2
资本积累率（%）	10.1	5.2	3.0	-3.1	-8.7

仓储业

范围：小型企业

项　　目	优秀值	良好值	平均值	较低值	较差值
一、盈利能力状况					
净资产收益率（%）	7.2	3.9	2.0	-3.0	-10.7
总资产报酬率（%）	3.8	2.9	1.5	-0.8	-5.3
销售（营业）利润率（%）	6.5	2.3	1.6	-2.2	-7.1
盈余现金保障倍数	8.0	5.1	2.3	-1.9	-8.9
成本费用利润率（%）	8.4	3.5	1.3	-3.4	-15.7
资本收益率（%）	7.7	4.2	1.2	-4.0	-12.1
二、资产质量状况					
总资产周转率（次）	0.6	0.5	0.4	0.2	0.1
应收账款周转率（次）	23.6	14.9	8.7	4.4	2.2
不良资产比率（%）	0.2	0.7	1.7	5.0	10.3
流动资产周转率（次）	1.5	0.9	0.4	0.3	0.1
资产现金回收率（%）	10.4	8.8	3.4	-7.2	-18.1
三、债务风险状况					
资产负债率（%）	53.6	58.6	63.6	73.6	88.6
已获利息倍数	2.7	1.8	1.3	0.4	-1.7
速动比率（%）	116.4	89.6	57.9	30.3	19.7
现金流动负债比率（%）	26.8	11.6	8.2	-8.7	-19.9
带息负债比率（%）	42.0	52.3	61.9	77.0	82.6
或有负债比率（%）	0.7	1.9	5.6	13.8	23.4
四、经营增长状况					
销售（营业）增长率（%）	10.6	6.6	2.5	-6.0	-22.4
资本保值增值率（%）	108.8	106.1	102.2	99.8	96.0
销售（营业）利润增长率（%）	10.2	4.6	-6.2	-18.1	-25.3
总资产增长率（%）	16.5	6.7	0.3	-4.7	-9.2
技术投入比率（%）	0.8	0.4	0.3	0.2	0.1
五、补充资料					
存货周转率（次）	4.5	2.8	0.7	0.5	0.3
两金占流动资产比重（%）	17.7	34.8	54.6	64.0	77.0
成本费用总额占营业总收入比重（%）	94.8	97.7	101.9	108.4	115.0
经济增加值率（%）	4.7	0.2	-2.3	-5.3	-5.6
EBITDA 率（%）	31.3	13.6	6.5	4.1	1.8
资本积累率（%）	10.6	5.0	3.8	-0.2	-10.7

信息技术服务业

范围：全行业

项　　目	优秀值	良好值	平均值	较低值	较差值
一、盈利能力状况					
净资产收益率（%）	11.2	7.9	6.0	0.3	-8.2
总资产报酬率（%）	9.0	6.3	3.9	0.1	-6.8
销售（营业）利润率（%）	17.9	10.7	5.9	0.9	-5.4
盈余现金保障倍数	4.1	3.1	2.0	-0.3	-1.8
成本费用利润率（%）	19.5	10.6	6.9	1.4	-8.2
资本收益率（%）	14.4	10.1	7.0	0.4	-9.8
二、资产质量状况					
总资产周转率（次）	1.3	0.9	0.5	0.2	0.1
应收账款周转率（次）	12.9	7.9	6.9	2.4	1.6
不良资产比率（%）	0.8	1.8	2.5	5.6	10.6
流动资产周转率（次）	2.7	2.0	1.3	0.3	0.2
资产现金回收率（%）	14.7	7.8	5.6	-1.4	-7.8
三、债务风险状况					
资产负债率（%）	53.3	58.3	63.3	73.3	88.3
已获利息倍数	7.7	6.5	4.7	0.6	-3.1
速动比率（%）	158.2	133.7	91.5	75.5	57.3
现金流动负债比率（%）	33.0	26.5	20.1	-3.6	-21.2
带息负债比率（%）	18.9	33.0	39.9	53.8	64.7
或有负债比率（%）	0.1	1.2	4.5	12.9	21.7
四、经营增长状况					
销售（营业）增长率（%）	14.3	6.9	4.0	-3.6	-7.8
资本保值增值率（%）	109.9	106.7	104.5	99.8	92.4
销售（营业）利润增长率（%）	17.5	14.1	4.6	1.7	-2.2
总资产增长率（%）	11.6	8.2	4.5	-2.3	-8.6
技术投入比率（%）	6.9	5.2	4.1	3.4	2.5
五、补充资料					
存货周转率（次）	24.8	18.4	12.3	4.4	2.5
两金占流动资产比重（%）	8.9	24.4	32.9	41.7	58.2
成本费用总额占营业总收入比重（%）	85.0	91.5	93.1	97.3	102.7
经济增加值率（%）	23.6	12.6	2.7	-5.4	-7.1
EBITDA率（%）	26.0	16.5	12.2	1.4	-3.7
资本积累率（%）	28.2	15.0	4.6	-0.2	-7.6

信息技术服务业

范围：大型企业

项　　　目	优秀值	良好值	平均值	较低值	较差值
一、盈利能力状况					
净资产收益率（％）	14.1	11.2	8.0	3.5	-7.8
总资产报酬率（％）	8.7	6.2	4.5	1.7	-6.3
销售（营业）利润率（％）	18.6	13.8	9.4	2.0	-3.2
盈余现金保障倍数	3.2	2.8	2.4	0.9	-0.7
成本费用利润率（％）	21.9	15.4	10.9	1.8	-4.3
资本收益率（％）	14.3	11.9	9.4	4.1	-9.2
二、资产质量状况					
总资产周转率（次）	1.0	0.8	0.6	0.5	0.4
应收账款周转率（次）	15.7	12.1	9.6	3.6	2.3
不良资产比率（％）	0.8	1.5	2.5	3.9	7.4
流动资产周转率（次）	2.4	1.7	1.5	0.8	0.6
资产现金回收率（％）	18.4	14.5	6.7	1.1	-3.5
三、债务风险状况					
资产负债率（％）	53.3	58.3	63.3	73.3	88.3
已获利息倍数	10.1	8.9	7.7	2.9	-2.5
速动比率（％）	157.9	128.9	89.1	61.3	41.8
现金流动负债比率（％）	45.7	29.8	24.1	2.5	-3.6
带息负债比率（％）	20.3	29.1	38.9	53.3	63.6
或有负债比率（％）	0.1	1.2	4.5	12.9	21.7
四、经营增长状况					
销售（营业）增长率（％）	13.3	7.2	4.1	-1.0	-6.5
资本保值增值率（％）	112.5	109.6	105.9	101.5	97.1
销售（营业）利润增长率（％）	15.4	11.0	5.0	1.8	-1.5
总资产增长率（％）	14.8	9.4	4.4	-0.5	-8.3
技术投入比率（％）	9.0	6.7	4.5	4.1	2.9
五、补充资料					
存货周转率（次）	25.3	21.3	13.2	6.2	3.8
两金占流动资产比重（％）	20.9	27.5	31.1	39.8	55.7
成本费用总额占营业总收入比重（％）	83.3	88.0	91.3	99.2	102.5
经济增加值率（％）	14.0	10.1	4.5	-1.0	-6.8
EBITDA率（％）	37.4	27.9	13.1	5.8	3.0
资本积累率（％）	17.5	11.3	5.9	1.6	-2.8

信息技术服务业

范围：中型企业

项　　目	优秀值	良好值	平均值	较低值	较差值
一、盈利能力状况					
净资产收益率（%）	12.2	9.7	6.2	1.4	-8.7
总资产报酬率（%）	7.7	4.6	3.5	0.8	-8.1
销售（营业）利润率（%）	17.6	10.7	4.4	1.1	-8.8
盈余现金保障倍数	3.0	1.8	1.6	-0.3	-1.4
成本费用利润率（%）	19.4	11.3	4.6	0.9	-9.3
资本收益率（%）	13.3	11.0	6.6	1.3	-8.5
二、资产质量状况					
总资产周转率（次）	1.4	1.1	0.7	0.4	0.2
应收账款周转率（次）	9.7	6.8	3.9	2.6	1.9
不良资产比率（%）	0.8	1.9	3.0	6.8	13.7
流动资产周转率（次）	1.7	1.3	1.1	0.6	0.4
资产现金回收率（%）	15.5	8.2	3.9	-0.2	-9.4
三、债务风险状况					
资产负债率（%）	53.3	58.3	63.3	73.3	88.3
已获利息倍数	8.7	7.3	5.2	1.1	-1.0
速动比率（%）	134.3	120.8	96.1	78.0	47.6
现金流动负债比率（%）	43.0	24.1	8.3	0.3	-9.9
带息负债比率（%）	26.0	37.7	48.0	59.6	71.7
或有负债比率（%）	0.1	1.2	4.5	12.9	21.7
四、经营增长状况					
销售（营业）增长率（%）	14.4	11.3	4.8	-9.0	-16.6
资本保值增值率（%）	111.5	108.3	105.1	100.9	97.3
销售（营业）利润增长率（%）	16.2	9.1	4.8	-2.3	-5.0
总资产增长率（%）	29.3	19.6	8.2	0.4	-7.6
技术投入比率（%）	14.4	11.7	9.3	7.1	5.5
五、补充资料					
存货周转率（次）	39.5	20.3	8.2	5.4	3.2
两金占流动资产比重（%）	11.1	25.0	43.7	53.0	64.1
成本费用总额占营业总收入比重（%）	85.4	91.2	95.2	99.9	105.9
经济增加值率（%）	17.5	10.9	0.9	-2.4	-7.9
EBITDA率（%）	22.0	14.4	5.4	2.6	0.9
资本积累率（%）	27.5	16.6	4.3	0.9	-2.7

信息技术服务业

范围：小型企业

项　　　目	优秀值	良好值	平均值	较低值	较差值
一、盈利能力状况					
净资产收益率（%）	8.8	6.8	4.7	-1.7	-11.0
总资产报酬率（%）	8.2	5.8	2.7	-0.1	-8.8
销售（营业）利润率（%）	18.3	11.0	3.5	-2.3	-12.7
盈余现金保障倍数	2.4	1.8	1.2	-0.5	-2.2
成本费用利润率（%）	19.6	11.5	4.0	-3.1	-10.3
资本收益率（%）	11.9	9.1	6.0	-6.7	-17.0
二、资产质量状况					
总资产周转率（次）	1.3	1.0	0.4	0.2	0.1
应收账款周转率（次）	9.8	6.7	3.9	2.2	1.5
不良资产比率（%）	0.8	1.6	2.7	9.4	18.0
流动资产周转率（次）	1.6	1.2	0.5	0.3	0.2
资产现金回收率（%）	14.7	6.6	2.9	-4.0	-8.0
三、债务风险状况					
资产负债率（%）	53.3	58.3	63.3	73.3	88.3
已获利息倍数	6.6	4.8	3.2	0.6	-3.3
速动比率（%）	157.3	126.5	106.1	73.1	44.0
现金流动负债比率（%）	44.7	20.3	4.6	-10.8	-23.4
带息负债比率（%）	38.9	49.8	58.0	67.0	78.7
或有负债比率（%）	0.1	1.2	4.5	12.9	21.7
四、经营增长状况					
销售（营业）增长率（%）	14.1	6.0	1.0	-9.1	-11.1
资本保值增值率（%）	108.1	106.3	104.0	99.6	91.0
销售（营业）利润增长率（%）	12.1	3.7	-1.5	-10.8	-13.1
总资产增长率（%）	12.4	7.7	5.4	-3.4	-10.4
技术投入比率（%）	1.3	1.1	1.0	0.9	0.7
五、补充资料					
存货周转率（次）	27.3	19.3	6.8	3.8	2.2
两金占流动资产比重（%）	0.7	18.8	36.5	46.2	52.8
成本费用总额占营业总收入比重（%）	84.8	91.4	96.2	100.6	106.0
经济增加值率（%）	15.2	7.7	-0.1	-5.3	-7.6
EBITDA率（%）	23.9	15.7	5.5	1.0	-6.9
资本积累率（%）	32.5	16.2	3.5	-0.6	-9.1

电信业

项　　目	优秀值	良好值	平均值	较低值	较差值
一、盈利能力状况					
净资产收益率（％）	14.1	8.9	5.2	0.7	−2.0
总资产报酬率（％）	8.5	5.7	2.8	0.3	−1.9
销售（营业）利润率（％）	14.3	8.0	3.2	0.3	−15.5
盈余现金保障倍数	4.2	2.5	2.1	0.5	−1.1
成本费用利润率（％）	14.9	7.4	3.0	0.1	−14.8
资本收益率（％）	16.9	11.9	5.7	1.0	−0.1
二、资产质量状况					
总资产周转率（次）	1.3	1.0	0.6	0.3	0.1
应收账款周转率（次）	16.1	11.5	7.8	3.2	2.4
不良资产比率（％）	0.1	0.5	2.5	4.9	8.8
流动资产周转率（次）	2.0	1.6	1.4	0.5	0.2
资产现金回收率（％）	12.4	9.6	5.6	0.1	−2.0
三、债务风险状况					
资产负债率（％）	53.3	58.3	63.3	73.3	88.3
已获利息倍数	6.2	4.8	2.8	1.0	−1.9
速动比率（％）	151.5	121.5	80.1	61.3	45.7
现金流动负债比率（％）	47.0	26.8	22.4	−0.4	−9.9
带息负债比率（％）	19.5	29.9	39.9	51.8	60.7
或有负债比率（％）	0.2	1.0	3.0	11.6	20.3
四、经营增长状况					
销售（营业）增长率（％）	7.0	5.6	3.0	−4.9	−13.5
资本保值增值率（％）	112.6	108.0	104.5	100.3	97.5
销售（营业）利润增长率（％）	8.1	6.6	4.6	1.7	−2.4
总资产增长率（％）	10.0	5.0	3.3	−1.9	−5.6
技术投入比率（％）	4.9	3.6	2.6	2.0	1.5
五、补充资料					
存货周转率（次）	28.8	21.9	13.5	7.9	2.0
两金占流动资产比重（％）	9.6	24.2	29.4	33.4	44.5
成本费用总额占营业总收入比重（％）	88.3	93.4	95.1	99.4	103.8
经济增加值率（％）	8.8	4.5	2.8	−4.0	−5.6
EBITDA率（％）	31.7	18.1	12.9	2.4	0.9
资本积累率（％）	17.1	11.0	4.6	0.3	−14.6

计算机服务与软件业

范围：全行业

项　　目	优秀值	良好值	平均值	较低值	较差值
一、盈利能力状况					
净资产收益率（%）	21.1	13.5	7.1	3.5	-3.7
总资产报酬率（%）	12.4	7.5	3.9	0.5	-2.8
销售（营业）利润率（%）	19.1	12.1	7.5	0.3	-12.1
盈余现金保障倍数	2.0	1.1	0.9	-0.4	-1.8
成本费用利润率（%）	21.1	12.5	6.9	-0.6	-15.4
资本收益率（%）	21.9	13.4	8.0	3.3	-3.7
二、资产质量状况					
总资产周转率（次）	1.2	1.0	0.5	0.2	0.1
应收账款周转率（次）	10.8	6.6	3.7	2.1	1.5
不良资产比率（%）	0.5	1.0	2.0	4.7	10.9
流动资产周转率（次）	1.5	1.2	0.7	0.3	0.1
资产现金回收率（%）	15.3	7.4	3.5	-1.8	-5.0
三、债务风险状况					
资产负债率（%）	53.3	58.3	63.3	73.3	88.3
已获利息倍数	8.1	6.5	4.7	0.7	-3.1
速动比率（%）	145.0	120.8	97.6	75.9	51.6
现金流动负债比率（%）	30.4	21.4	7.5	-4.7	-17.9
带息负债比率（%）	17.6	28.9	39.9	53.9	69.3
或有负债比率（%）	0.1	1.3	4.6	13.0	21.8
四、经营增长状况					
销售（营业）增长率（%）	17.1	10.3	5.3	2.4	-2.9
资本保值增值率（%）	115.2	110.0	106.0	99.7	91.0
销售（营业）利润增长率（%）	13.2	10.4	6.1	-3.3	-7.4
总资产增长率（%）	22.4	14.0	8.7	-1.9	-9.1
技术投入比率（%）	15.5	10.8	7.2	3.2	1.7
五、补充资料					
存货周转率（次）	23.9	13.2	6.8	3.1	2.0
两金占流动资产比重（%）	6.1	17.0	38.3	49.4	62.0
成本费用总额占营业总收入比重（%）	83.5	89.8	92.9	101.8	105.6
经济增加值率（%）	21.1	11.6	2.2	-5.4	-7.5
EBITDA率（%）	23.9	16.3	8.8	1.6	-4.9
资本积累率（%）	32.9	17.0	8.8	-0.4	-9.4

批发和零售贸易业

范围：全行业

项　　目	优秀值	良好值	平均值	较低值	较差值
一、盈利能力状况					
净资产收益率（％）	15.7	11.1	6.8	0.6	−5.7
总资产报酬率（％）	6.9	4.5	4.0	0.1	−3.8
销售（营业）利润率（％）	5.9	2.9	1.1	−0.2	−5.4
盈余现金保障倍数	2.7	1.2	1.1	−0.5	−2.3
成本费用利润率（％）	6.4	3.0	1.0	−0.3	−9.0
资本收益率（％）	16.5	11.9	7.6	1.2	−3.8
二、资产质量状况					
总资产周转率（次）	2.8	1.9	1.5	1.0	0.5
应收账款周转率（次）	13.6	11.4	9.1	3.3	2.0
不良资产比率（％）	2.8	3.4	4.5	7.3	10.4
流动资产周转率（次）	3.6	2.4	2.2	1.5	1.0
资产现金回收率（％）	10.3	4.6	3.7	−0.6	−5.0
三、债务风险状况					
资产负债率（％）	53.3	58.3	63.3	74.1	89.1
已获利息倍数	10.8	5.4	3.2	1.1	−0.1
速动比率（％）	128.7	99.1	90.5	76.3	61.7
现金流动负债比率（％）	19.9	8.3	7.3	−0.9	−8.9
带息负债比率（％）	30.3	41.8	44.1	54.0	64.3
或有负债比率（％）	1.4	2.3	4.6	7.4	9.6
四、经营增长状况					
销售（营业）增长率（％）	8.4	1.0	−3.0	−18.7	−31.8
资本保值增值率（％）	114.4	109.7	105.8	98.2	90.6
销售（营业）利润增长率（％）	12.6	7.6	−2.4	−18.4	−25.2
总资产增长率（％）	21.5	13.5	5.9	−6.9	−15.1
技术投入比率（％）	1.8	1.6	1.2	1.0	0.6
五、补充资料					
存货周转率（次）	18.4	15.2	11.9	4.4	2.2
两金占流动资产比重（％）	22.2	32.6	39.4	56.5	68.5
成本费用总额占营业总收入比重（％）	96.8	97.6	99.0	101.1	107.9
经济增加值率（％）	7.0	5.2	−0.1	−5.4	−6.4
EBITDA率（％）	10.6	5.5	1.8	0.4	−2.7
资本积累率（％）	20.3	10.4	6.3	−1.8	−9.1

批发和零售贸易业

范围：大型企业

项　　　目	优秀值	良好值	平均值	较低值	较差值
一、盈利能力状况					
净资产收益率（%）	14.8	8.6	6.1	1.5	-5.9
总资产报酬率（%）	7.6	5.5	4.2	1.4	-3.9
销售（营业）利润率（%）	5.2	3.3	1.9	0.4	-2.9
盈余现金保障倍数	3.3	1.8	1.1	-1.1	-2.1
成本费用利润率（%）	5.4	3.4	1.8	0.3	-1.3
资本收益率（%）	19.9	12.7	6.9	1.1	-0.2
二、资产质量状况					
总资产周转率（次）	2.8	2.2	1.5	0.8	0.4
应收账款周转率（次）	26.9	18.5	8.9	5.6	3.6
不良资产比率（%）	3.5	4.2	5.1	7.9	10.8
流动资产周转率（次）	4.8	3.3	2.3	1.2	0.7
资产现金回收率（%）	10.9	6.5	3.6	0.1	-2.0
三、债务风险状况					
资产负债率（%）	53.6	58.6	63.6	73.6	88.6
已获利息倍数	5.9	4.5	3.5	1.7	1.1
速动比率（%）	125.2	95.6	87.4	71.9	58.1
现金流动负债比率（%）	20.5	11.4	7.0	0.2	-3.4
带息负债比率（%）	21.6	30.5	38.3	52.4	64.1
或有负债比率（%）	1.2	2.1	4.3	6.6	9.2
四、经营增长状况					
销售（营业）增长率（%）	17.7	7.4	-9.9	-19.6	-31.5
资本保值增值率（%）	118.5	111.3	106.2	99.2	95.1
销售（营业）利润增长率（%）	12.4	7.8	0.7	-12.2	-18.6
总资产增长率（%）	13.5	11.5	6.8	-4.9	-10.9
技术投入比率（%）	1.7	1.4	1.2	0.9	0.8
五、补充资料					
存货周转率（次）	18.2	15.1	10.7	7.2	5.2
两金占流动资产比重（%）	20.1	31.6	40.0	57.6	66.6
成本费用总额占营业总收入比重（%）	96.4	97.6	98.5	100.0	101.5
经济增加值率（%）	10.3	5.3	-0.2	-3.2	-5.1
EBITDA 率（%）	8.6	5.2	2.8	-0.2	-1.8
资本积累率（%）	19.0	11.6	7.3	-0.6	-4.9

批发和零售贸易业

范围：中型企业

项　　目	优秀值	良好值	平均值	较低值	较差值
一、盈利能力状况					
净资产收益率（％）	13.2	9.5	7.6	1.1	-2.7
总资产报酬率（％）	7.3	5.4	4.2	1.0	-1.8
销售（营业）利润率（％）	4.5	2.6	0.9	0.1	-2.5
盈余现金保障倍数	3.7	1.7	1.3	-0.7	-3.1
成本费用利润率（％）	4.9	2.8	0.9	0.1	-2.6
资本收益率（％）	21.8	15.0	7.9	1.2	-2.4
二、资产质量状况					
总资产周转率（次）	3.3	2.4	1.5	0.8	0.4
应收账款周转率（次）	21.0	17.5	10.4	4.0	2.6
不良资产比率（％）	1.2	1.6	3.1	5.7	8.1
流动资产周转率（次）	4.2	2.9	2.7	1.1	0.7
资产现金回收率（％）	12.2	6.9	4.7	-0.6	-5.5
三、债务风险状况					
资产负债率（％）	53.3	58.3	63.3	73.3	88.3
已获利息倍数	10.5	5.7	3.3	1.2	-0.8
速动比率（％）	121.7	108.4	97.2	78.5	58.9
现金流动负债比率（％）	18.2	11.3	8.6	-1.7	-9.5
带息负债比率（％）	22.1	31.1	44.3	53.0	65.1
或有负债比率（％）	0.7	1.7	5.5	7.5	9.2
四、经营增长状况					
销售（营业）增长率（％）	9.3	3.9	-1.5	-18.1	-30.9
资本保值增值率（％）	113.5	109.7	106.5	99.1	92.3
销售（营业）利润增长率（％）	14.1	7.1	-0.6	-15.4	-22.6
总资产增长率（％）	13.6	10.0	6.8	-7.1	-14.1
技术投入比率（％）	2.1	1.8	1.6	1.4	1.3
五、补充资料					
存货周转率（次）	17.3	14.9	12.8	6.9	4.4
两金占流动资产比重（％）	9.8	20.4	41.1	61.2	70.7
成本费用总额占营业总收入比重（％）	96.0	97.6	99.5	100.0	102.0
经济增加值率（％）	13.5	7.5	0.8	-3.3	-5.4
EBITDA率（％）	7.0	4.4	1.4	-1.6	-3.6
资本积累率（％）	16.2	12.4	5.6	-1.0	-7.5

批发和零售贸易业

范围：小型企业

项　　目	优秀值	良好值	平均值	较低值	较差值
一、盈利能力状况					
净资产收益率（%）	13.6	9.5	6.8	-2.6	-6.4
总资产报酬率（%）	6.5	5.2	3.9	-1.1	-3.4
销售（营业）利润率（%）	6.0	4.4	2.8	-1.5	-4.6
盈余现金保障倍数	2.5	1.7	1.2	-0.5	-2.5
成本费用利润率（%）	6.5	4.6	2.8	-1.8	-2.7
资本收益率（%）	16.9	10.9	7.4	-0.6	-3.4
二、资产质量状况					
总资产周转率（次）	2.7	1.8	1.1	0.2	0.1
应收账款周转率（次）	13.6	10.4	9.4	3.0	1.6
不良资产比率（%）	0.6	1.1	3.0	5.4	9.1
流动资产周转率（次）	3.4	2.3	1.3	0.3	0.2
资产现金回收率（%）	9.1	7.0	4.4	-0.5	-6.4
三、债务风险状况					
资产负债率（%）	53.3	58.3	63.3	73.3	88.3
已获利息倍数	8.2	3.8	1.8	0.7	-0.9
速动比率（%）	120.8	108.6	93.6	67.7	44.1
现金流动负债比率（%）	12.0	7.1	4.5	-1.5	-11.4
带息负债比率（%）	30.9	40.4	46.4	54.8	66.0
或有负债比率（%）	1.2	2.3	6.5	8.7	10.3
四、经营增长状况					
销售（营业）增长率（%）	56.0	21.0	-7.4	-26.9	-46.4
资本保值增值率（%）	122.1	110.0	105.8	97.4	88.1
销售（营业）利润增长率（%）	167.2	100.7	-9.8	-52.4	-89.8
总资产增长率（%）	36.0	16.3	3.9	-7.8	-17.1
技术投入比率（%）	1.0	0.8	0.5	0.4	0.2
五、补充资料					
存货周转率（次）	12.9	10.1	8.7	3.0	1.4
两金占流动资产比重（%）	0.2	6.1	21.1	54.0	68.3
成本费用总额占营业总收入比重（%）	95.1	96.1	97.2	102.5	104.6
经济增加值率（%）	13.6	4.8	0.1	-5.5	-7.6
EBITDA率（%）	11.0	5.6	3.5	0.2	-2.1
资本积累率（%）	17.7	10.1	6.5	-2.5	-5.1

商业贸易

范围：全行业

项　　　目	优秀值	良好值	平均值	较低值	较差值
一、盈利能力状况					
净资产收益率（%）	18.7	13.8	8.2	-0.4	-3.6
总资产报酬率（%）	7.8	5.3	4.8	-0.3	-2.9
销售（营业）利润率（%）	6.4	3.6	3.0	-0.4	-7.5
盈余现金保障倍数	2.2	1.1	0.9	-0.3	-1.5
成本费用利润率（%）	7.0	3.8	3.4	-0.3	-8.0
资本收益率（%）	19.4	14.8	8.7	-3.0	-11.6
二、资产质量状况					
总资产周转率（次）	2.1	1.7	1.1	0.4	0.1
应收账款周转率（次）	19.6	10.8	6.7	3.0	2.1
不良资产比率（%）	0.5	0.6	1.0	6.2	15.6
流动资产周转率（次）	2.6	2.0	1.4	0.6	0.3
资产现金回收率（%）	9.8	4.6	3.3	-0.5	-4.3
三、债务风险状况					
资产负债率（%）	53.3	58.3	63.3	73.3	88.3
已获利息倍数	7.1	6.5	3.6	1.3	0.4
速动比率（%）	155.1	120.1	92.9	72.4	46.7
现金流动负债比率（%）	17.4	7.6	5.7	-0.8	-9.0
带息负债比率（%）	11.3	21.4	23.7	44.2	59.7
或有负债比率（%）	0.3	0.8	5.5	14.1	23.4
四、经营增长状况					
销售（营业）增长率（%）	23.2	15.2	3.1	-6.9	-12.3
资本保值增值率（%）	116.5	112.6	107.1	98.3	90.3
销售（营业）利润增长率（%）	16.3	10.5	3.5	-10.7	-19.5
总资产增长率（%）	19.0	15.8	6.4	-5.4	-12.0
技术投入比率（%）	1.6	1.2	1.2	0.9	0.8
五、补充资料					
存货周转率（次）	21.3	14.6	8.0	3.7	2.1
两金占流动资产比重（%）	23.5	33.8	40.7	59.1	67.9
成本费用总额占营业总收入比重（%）	94.3	96.7	98.2	101.5	109.3
经济增加值率（%）	15.4	7.7	1.6	-5.4	-6.9
EBITDA 率（%）	13.8	8.7	4.9	-0.7	-3.2
资本积累率（%）	22.7	12.5	8.5	-1.6	-9.4

商业贸易

范围：大型企业

项　　目	优秀值	良好值	平均值	较低值	较差值
一、盈利能力状况					
净资产收益率（%）	17.6	15.3	8.5	-3.0	-5.8
总资产报酬率（%）	7.9	6.3	4.9	-2.8	-5.7
销售（营业）利润率（%）	5.1	3.7	2.9	-2.1	-6.4
盈余现金保障倍数	2.0	1.1	0.8	0.1	-0.6
成本费用利润率（%）	5.9	3.8	3.4	-2.9	-10.9
资本收益率（%）	17.8	14.9	8.9	-0.4	-9.0
二、资产质量状况					
总资产周转率（次）	2.4	2.0	1.2	0.9	0.6
应收账款周转率（次）	25.7	20.9	12.1	4.7	3.5
不良资产比率（%）	0.4	0.6	0.9	4.0	9.7
流动资产周转率（次）	3.4	2.5	1.8	1.3	1.0
资产现金回收率（%）	8.4	4.4	2.7	-0.2	-3.4
三、债务风险状况					
资产负债率（%）	53.6	58.6	63.6	73.6	88.6
已获利息倍数	13.9	8.0	4.0	2.1	1.2
速动比率（%）	133.0	113.3	89.4	71.8	52.6
现金流动负债比率（%）	14.9	7.9	4.5	-8.6	-15.6
带息负债比率（%）	19.3	29.6	30.2	49.8	65.6
或有负债比率（%）	0.3	0.8	5.5	14.1	23.4
四、经营增长状况					
销售（营业）增长率（%）	16.3	7.4	2.6	-7.3	-12.6
资本保值增值率（%）	117.7	113.0	107.4	98.8	95.0
销售（营业）利润增长率（%）	16.6	10.2	4.8	-4.6	-15.9
总资产增长率（%）	20.5	13.1	9.1	-2.9	-7.6
技术投入比率（%）	1.6	1.2	1.0	0.9	0.8
五、补充资料					
存货周转率（次）	16.7	13.1	6.8	5.9	4.5
两金占流动资产比重（%）	34.4	43.4	50.2	65.9	72.5
成本费用总额占营业总收入比重（%）	95.9	96.8	98.5	99.9	101.5
经济增加值率（%）	12.7	6.8	1.4	-2.3	-4.9
EBITDA率（%）	8.8	5.6	4.8	-1.2	-2.9
资本积累率（%）	22.4	13.4	8.7	-0.8	-5.3

商业贸易

范围：中型企业

项　　　目	优秀值	良好值	平均值	较低值	较差值
一、盈利能力状况					
净资产收益率（%）	18.7	17.1	8.5	−3.3	−6.3
总资产报酬率（%）	8.0	6.1	4.1	−2.8	−4.7
销售（营业）利润率（%）	5.5	3.5	1.7	−3.4	−7.6
盈余现金保障倍数	2.7	1.5	1.0	−0.4	−1.9
成本费用利润率（%）	6.0	3.6	2.7	−3.6	−13.4
资本收益率（%）	19.1	14.2	8.9	−3.3	−14.0
二、资产质量状况					
总资产周转率（次）	2.2	1.8	1.4	0.9	0.6
应收账款周转率（次）	19.4	15.7	3.9	2.8	2.2
不良资产比率（%）	0.5	0.6	1.0	8.7	21.4
流动资产周转率（次）	2.6	2.1	1.7	1.1	0.8
资产现金回收率（%）	10.4	6.2	3.9	−0.6	−4.5
三、债务风险状况					
资产负债率（%）	53.6	58.6	63.6	73.6	88.6
已获利息倍数	8.2	5.3	2.9	1.5	1.1
速动比率（%）	153.7	121.9	95.4	85.2	63.0
现金流动负债比率（%）	16.6	9.5	5.6	−1.0	−7.3
带息负债比率（%）	12.0	21.2	22.9	47.7	61.4
或有负债比率（%）	0.3	0.8	5.5	14.1	23.4
四、经营增长状况					
销售（营业）增长率（%）	24.0	11.3	0.9	−9.0	−14.5
资本保值增值率（%）	119.6	113.9	106.6	99.9	93.5
销售（营业）利润增长率（%）	13.3	8.5	1.8	−21.9	−26.2
总资产增长率（%）	28.1	17.6	8.5	−4.9	−10.6
技术投入比率（%）	1.6	1.2	1.0	0.9	0.8
五、补充资料					
存货周转率（次）	22.8	16.8	10.5	6.1	3.8
两金占流动资产比重（%）	14.9	29.4	46.2	70.8	76.7
成本费用总额占营业总收入比重（%）	94.7	96.7	98.3	99.8	102.2
经济增加值率（%）	15.3	9.4	0.7	−2.3	−5.2
EBITDA 率（%）	12.1	7.4	3.7	−2.0	−4.1
资本积累率（%）	21.6	13.9	8.5	−1.7	−6.1

商业贸易

范围：小型企业

项　　　目	优秀值	良好值	平均值	较低值	较差值
一、盈利能力状况					
净资产收益率（%）	18.0	12.3	8.2	0.3	−4.6
总资产报酬率（%）	8.0	4.8	3.2	0.2	−4.1
销售（营业）利润率（%）	7.0	3.6	3.1	−3.5	−14.2
盈余现金保障倍数	2.1	1.0	1.0	−0.4	−1.8
成本费用利润率（%）	7.7	3.9	3.3	−3.3	−14.6
资本收益率（%）	18.9	14.4	7.6	−2.9	−10.0
二、资产质量状况					
总资产周转率（次）	2.1	1.6	1.0	0.3	0.1
应收账款周转率（次）	26.1	15.8	7.1	2.8	1.9
不良资产比率（%）	0.3	0.6	1.5	9.9	22.8
流动资产周转率（次）	2.6	1.9	1.2	0.5	0.2
资产现金回收率（%）	10.2	4.3	2.1	−1.2	−7.3
三、债务风险状况					
资产负债率（%）	53.3	58.3	63.3	73.3	88.3
已获利息倍数	5.1	4.4	2.2	1.0	−0.7
速动比率（%）	164.9	130.0	95.1	70.7	45.0
现金流动负债比率（%）	19.3	13.8	8.4	−2.2	−14.7
带息负债比率（%）	12.2	20.2	22.2	43.8	58.6
或有负债比率（%）	0.3	0.8	5.5	14.1	23.4
四、经营增长状况					
销售（营业）增长率（%）	22.3	14.5	5.4	−4.6	−10.2
资本保值增值率（%）	115.3	112.9	106.1	97.3	87.3
销售（营业）利润增长率（%）	18.5	11.3	3.1	−11.7	−25.4
总资产增长率（%）	20.0	10.9	1.7	−6.1	−13.6
技术投入比率（%）	1.6	1.2	1.2	0.9	0.8
五、补充资料					
存货周转率（次）	22.0	13.5	9.2	2.5	1.4
两金占流动资产比重（%）	8.4	19.8	37.5	54.8	63.0
成本费用总额占营业总收入比重（%）	93.6	96.5	97.6	104.5	109.0
经济增加值率（%）	17.5	8.1	2.5	−5.5	−9.2
EBITDA率（%）	10.7	6.3	5.8	0.1	−6.5
资本积累率（%）	26.6	12.7	8.6	−2.6	−12.6

食品、饮料及烟草制品批发与零售

范围：全行业

项　　　目	优秀值	良好值	平均值	较低值	较差值
一、盈利能力状况					
净资产收益率（%）	14.3	11.5	7.3	1.1	-3.6
总资产报酬率（%）	7.1	5.8	4.6	0.8	-3.0
销售（营业）利润率（%）	9.6	4.7	4.0	-6.6	-19.8
盈余现金保障倍数	1.9	1.5	1.1	-0.3	-1.7
成本费用利润率（%）	11.0	8.2	5.4	-4.3	-13.6
资本收益率（%）	12.5	8.2	5.4	1.3	-2.7
二、资产质量状况					
总资产周转率（次）	1.8	1.2	0.9	0.2	0.1
应收账款周转率（次）	21.5	16.7	11.5	4.5	2.2
不良资产比率（%）	0.5	1.0	2.0	3.0	5.3
流动资产周转率（次）	2.3	1.6	1.1	0.3	0.2
资产现金回收率（%）	9.9	6.8	3.7	-0.2	-4.1
三、债务风险状况					
资产负债率（%）	53.3	58.3	63.3	73.3	88.3
已获利息倍数	5.6	4.4	3.2	0.7	-1.5
速动比率（%）	97.1	89.9	83.1	62.7	41.5
现金流动负债比率（%）	26.5	10.0	7.3	-0.7	-9.5
带息负债比率（%）	34.6	45.5	52.6	58.6	64.8
或有负债比率（%）	2.1	3.9	5.5	7.1	9.4
四、经营增长状况					
销售（营业）增长率（%）	16.0	10.7	6.2	1.7	-4.3
资本保值增值率（%）	118.8	108.1	106.3	96.7	87.5
销售（营业）利润增长率（%）	22.2	17.1	13.3	8.3	2.5
总资产增长率（%）	13.1	8.0	3.8	-6.5	-14.5
技术投入比率（%）	1.7	1.5	1.2	1.0	0.8
五、补充资料					
存货周转率（次）	15.9	8.7	6.1	1.9	1.0
两金占流动资产比重（%）	11.2	18.9	22.1	40.3	55.4
成本费用总额占营业总收入比重（%）	93.5	97.2	100.2	110.8	126.4
经济增加值率（%）	9.7	2.7	1.0	-5.5	-8.3
EBITDA 率（%）	17.0	9.7	6.3	0.1	-6.1
资本积累率（%）	17.9	8.2	7.5	-3.4	-12.6

纺织、服装及日用品批发与零售

范围：全行业

项　　目	优秀值	良好值	平均值	较低值	较差值
一、盈利能力状况					
净资产收益率（%）	11.7	7.0	6.6	0.4	-1.6
总资产报酬率（%）	6.2	5.4	4.0	-0.1	-1.3
销售（营业）利润率（%）	6.9	3.2	1.7	-0.1	-6.1
盈余现金保障倍数	2.6	1.3	1.1	-0.3	-2.4
成本费用利润率（%）	7.4	3.4	1.7	0.1	-7.8
资本收益率（%）	12.8	7.2	6.3	1.9	-0.6
二、资产质量状况					
总资产周转率（次）	2.7	1.9	1.7	0.7	0.1
应收账款周转率（次）	19.2	15.1	10.8	3.8	1.8
不良资产比率（%）	0.2	0.3	0.5	2.9	5.2
流动资产周转率（次）	3.5	3.0	2.4	1.0	0.7
资产现金回收率（%）	7.3	4.7	2.9	-0.8	-3.1
三、债务风险状况					
资产负债率（%）	53.3	58.3	63.3	73.3	88.3
已获利息倍数	6.8	4.9	3.2	1.3	0.3
速动比率（%）	114.3	100.2	89.4	57.2	36.2
现金流动负债比率（%）	11.3	8.6	5.9	-0.9	-7.2
带息负债比率（%）	37.4	42.3	47.6	57.3	64.8
或有负债比率（%）	1.9	3.2	5.5	7.4	9.3
四、经营增长状况					
销售（营业）增长率（%）	7.6	2.7	-0.1	-3.5	-7.4
资本保值增值率（%）	111.0	104.8	102.8	97.0	90.5
销售（营业）利润增长率（%）	9.4	5.4	2.1	-2.4	-6.7
总资产增长率（%）	15.6	11.1	9.6	-8.0	-15.9
技术投入比率（%）	1.6	1.4	1.2	1.0	0.8
五、补充资料					
存货周转率（次）	12.5	10.6	9.0	4.7	1.7
两金占流动资产比重（%）	12.3	23.7	35.2	45.9	54.3
成本费用总额占营业总收入比重（%）	96.0	98.7	99.8	102.0	114.3
经济增加值率（%）	7.7	1.5	0.1	-5.5	-6.8
EBITDA 率（%）	12.2	5.8	2.3	0.3	-0.5
资本积累率（%）	10.9	5.0	4.2	-3.0	-9.1

文化、体育用品及器材批发与零售

范围：全行业

项　　目	优秀值	良好值	平均值	较低值	较差值
一、盈利能力状况					
净资产收益率（%）	14.8	9.0	6.6	-1.6	-8.4
总资产报酬率（%）	8.5	4.7	4.1	-1.5	-5.8
销售（营业）利润率（%）	9.5	5.6	3.3	-10.2	-19.7
盈余现金保障倍数	3.0	2.2	1.2	0.6	-2.2
成本费用利润率（%）	11.8	6.8	3.4	-9.0	-20.0
资本收益率（%）	19.2	11.8	4.5	-1.6	-6.2
二、资产质量状况					
总资产周转率（次）	1.4	1.2	1.1	0.5	0.1
应收账款周转率（次）	16.5	14.0	9.6	4.9	2.7
不良资产比率（%）	0.2	0.3	0.4	1.2	3.4
流动资产周转率（次）	4.2	3.2	1.6	1.2	0.7
资产现金回收率（%）	7.9	6.3	4.8	0.8	-2.4
三、债务风险状况					
资产负债率（%）	53.3	58.3	63.3	73.3	88.3
已获利息倍数	4.2	3.9	3.6	1.3	-1.3
速动比率（%）	158.8	121.9	93.2	66.1	45.3
现金流动负债比率（%）	17.2	13.2	9.4	0.9	-4.8
带息负债比率（%）	15.3	20.5	24.5	31.0	35.6
或有负债比率（%）	1.3	3.2	5.5	7.6	9.9
四、经营增长状况					
销售（营业）增长率（%）	9.4	4.5	-3.6	-7.0	-14.5
资本保值增值率（%）	113.1	109.1	105.5	97.6	87.4
销售（营业）利润增长率（%）	13.2	8.3	2.9	-0.5	-6.7
总资产增长率（%）	22.2	17.1	8.1	-4.6	-9.7
技术投入比率（%）	1.8	1.6	1.4	1.2	1.0
五、补充资料					
存货周转率（次）	16.6	11.1	4.8	1.4	0.8
两金占流动资产比重（%）	13.3	22.2	35.1	48.5	60.7
成本费用总额占营业总收入比重（%）	91.2	94.8	96.7	97.9	99.1
经济增加值率（%）	14.5	8.2	0.3	-5.5	-10.9
EBITDA率（%）	12.7	9.1	4.0	-5.6	-14.1
资本积累率（%）	22.5	13.9	4.2	-1.6	-11.1

医药及医疗器材批发与零售

范围：全行业

项　　目	优秀值	良好值	平均值	较低值	较差值
一、盈利能力状况					
净资产收益率（%）	25.7	19.5	10.7	3.1	-2.2
总资产报酬率（%）	8.2	6.4	5.6	1.7	-2.1
销售（营业）利润率（%）	4.5	3.2	3.0	0.5	-0.1
盈余现金保障倍数	2.9	1.5	0.7	-0.5	-2.2
成本费用利润率（%）	4.6	3.3	3.1	0.6	-1.6
资本收益率（%）	26.4	20.0	10.7	3.2	-11.0
二、资产质量状况					
总资产周转率（次）	2.3	1.9	1.4	1.1	0.5
应收账款周转率（次）	15.9	8.3	4.0	2.5	2.0
不良资产比率（%）	0.5	1.0	2.0	3.1	6.3
流动资产周转率（次）	2.6	2.2	1.7	1.3	1.0
资产现金回收率（%）	11.2	6.2	2.8	-0.8	-4.6
三、债务风险状况					
资产负债率（%）	53.6	58.6	63.6	73.6	88.6
已获利息倍数	11.7	7.0	3.8	1.9	1.2
速动比率（%）	135.9	117.4	101.5	87.3	71.5
现金流动负债比率（%）	15.1	8.5	4.2	-1.2	-9.5
带息负债比率（%）	19.1	24.7	28.8	35.1	41.3
或有负债比率（%）	1.2	3.4	5.5	7.9	10.3
四、经营增长状况					
销售（营业）增长率（%）	15.2	8.9	5.1	-5.3	-13.2
资本保值增值率（%）	119.7	113.0	110.2	101.0	95.9
销售（营业）利润增长率（%）	14.7	10.9	6.1	1.0	-8.2
总资产增长率（%）	21.4	16.3	12.1	-0.9	-7.2
技术投入比率（%）	1.8	1.6	1.4	1.2	1.0
五、补充资料					
存货周转率（次）	19.7	15.4	10.4	6.3	4.1
两金占流动资产比重（%）	54.2	58.5	61.6	75.6	81.3
成本费用总额占营业总收入比重（%）	95.3	96.7	98.2	99.4	100.0
经济增加值率（%）	16.7	10.7	3.6	-1.4	-4.6
EBITDA率（%）	7.3	5.6	4.0	2.0	1.3
资本积累率（%）	22.0	17.1	13.9	1.0	-4.0

综合零售

项　　　目	优秀值	良好值	平均值	较低值	较差值
一、盈利能力状况					
净资产收益率（%）	15.7	7.6	7.2	-1.7	-5.9
总资产报酬率（%）	6.7	5.4	4.0	-1.6	-5.0
销售（营业）利润率（%）	10.1	4.1	3.4	-3.1	-11.4
盈余现金保障倍数	1.4	1.1	0.7	-0.1	-0.8
成本费用利润率（%）	10.4	4.2	3.1	-3.8	-14.7
资本收益率（%）	10.8	7.6	5.6	-1.2	-9.6
二、资产质量状况					
总资产周转率（次）	2.0	1.3	1.1	0.5	0.2
应收账款周转率（次）	26.6	19.8	12.1	6.9	3.5
不良资产比率（%）	1.0	2.0	3.0	5.0	10.0
流动资产周转率（次）	3.2	2.1	1.5	0.7	0.3
资产现金回收率（%）	7.8	5.5	2.7	-0.1	-3.4
三、债务风险状况					
资产负债率（%）	53.3	58.3	63.3	73.3	88.3
已获利息倍数	8.1	5.7	3.7	-1.2	-4.9
速动比率（%）	116.0	98.8	64.0	43.0	23.1
现金流动负债比率（%）	16.9	11.2	5.4	-0.3	-7.0
带息负债比率（%）	4.2	9.6	15.1	19.5	27.7
或有负债比率（%）	1.1	3.6	5.5	7.7	10.1
四、经营增长状况					
销售（营业）增长率（%）	7.2	2.3	-8.8	-13.6	-16.5
资本保值增值率（%）	114.3	108.9	101.0	95.9	85.4
销售（营业）利润增长率（%）	7.6	3.4	-9.8	-14.6	-19.0
总资产增长率（%）	15.2	5.5	1.1	-8.2	-16.0
技术投入比率（%）	1.8	1.6	1.4	1.2	1.0
五、补充资料					
存货周转率（次）	15.9	12.1	7.0	3.1	1.0
两金占流动资产比重（%）	10.1	19.0	29.3	36.1	53.4
成本费用总额占营业总收入比重（%）	92.1	96.8	97.1	100.0	101.1
经济增加值（%）	17.5	5.6	-0.2	-5.9	-9.6
EBITDA 率（%）	16.9	8.2	4.1	-1.6	-12.3
资本积累率（%）	20.9	8.9	4.4	-3.9	-14.3

物资贸易

范围：全行业

项　　　　目	优秀值	良好值	平均值	较低值	较差值
一、盈利能力状况					
净资产收益率（%）	13.5	9.5	5.6	-5.1	-11.9
总资产报酬率（%）	6.6	4.2	3.5	-2.4	-8.0
销售（营业）利润率（%）	5.1	2.2	1.1	-1.0	-2.8
盈余现金保障倍数	3.5	2.5	1.4	-0.6	-2.9
成本费用利润率（%）	5.5	2.3	1.0	-0.4	-9.2
资本收益率（%）	13.5	10.6	5.8	-8.0	-18.1
二、资产质量状况					
总资产周转率（次）	3.7	2.5	1.7	0.7	0.3
应收账款周转率（次）	23.1	16.9	11.6	3.7	1.8
不良资产比率（%）	0.5	1.0	1.3	5.3	21.8
流动资产周转率（次）	4.9	3.2	2.7	1.1	0.6
资产现金回收率（%）	11.4	5.3	4.1	-0.5	-4.5
三、债务风险状况					
资产负债率（%）	53.3	58.3	63.3	73.3	88.3
已获利息倍数	10.1	4.8	2.7	1.0	-0.5
速动比率（%）	139.4	109.0	79.7	70.4	47.0
现金流动负债比率（%）	23.7	9.9	8.9	-0.9	-8.3
带息负债比率（%）	26.4	36.1	37.2	49.4	66.1
或有负债比率（%）	1.9	2.8	7.5	16.1	25.4
四、经营增长状况					
销售（营业）增长率（%）	12.9	4.0	-4.8	-12.9	-24.5
资本保值增值率（%）	115.0	108.8	104.6	97.9	90.4
销售（营业）利润增长率（%）	24.8	17.2	-4.5	-23.3	-29.2
总资产增长率（%）	17.7	12.4	5.1	-8.3	-17.9
技术投入比率（%）	1.7	1.3	1.2	1.1	1.0
五、补充资料					
存货周转率（次）	37.0	25.0	15.7	6.4	3.4
两金占流动资产比重（%）	6.4	17.8	34.0	43.7	54.7
成本费用总额占营业总收入比重（%）	96.3	98.3	99.2	100.5	104.4
经济增加值（%）	11.6	4.0	-1.3	-5.4	-6.5
EBITDA率（%）	9.9	4.5	1.8	0.3	-0.1
资本积累率（%）	18.2	9.0	3.6	-2.1	-9.4

物资贸易

范围：大型企业

项　　目	优秀值	良好值	平均值	较低值	较差值
一、盈利能力状况					
净资产收益率（%）	16.9	11.6	6.4	-3.2	-9.7
总资产报酬率（%）	7.0	4.9	4.1	-1.7	-6.1
销售（营业）利润率（%）	4.6	2.5	1.2	0.3	-1.7
盈余现金保障倍数	5.2	2.9	1.5	-0.3	-1.9
成本费用利润率（%）	4.8	2.5	1.2	0.3	-5.1
资本收益率（%）	16.7	11.4	7.3	-4.5	-13.6
二、资产质量状况					
总资产周转率（次）	3.8	2.7	1.8	0.7	0.3
应收账款周转率（次）	33.9	23.7	17.5	7.5	4.2
不良资产比率（%）	0.5	0.8	0.9	2.7	10.4
流动资产周转率（次）	7.1	5.0	2.9	1.1	0.5
资产现金回收率（%）	13.2	9.5	4.5	0.4	-11.5
三、债务风险状况					
资产负债率（%）	53.3	58.3	63.3	73.3	88.3
已获利息倍数	6.6	5.0	3.2	1.5	1.0
速动比率（%）	121.4	103.5	78.1	60.6	41.1
现金流动负债比率（%）	27.1	16.7	9.9	2.1	-11.8
带息负债比率（%）	31.0	41.0	43.0	46.6	64.0
或有负债比率（%）	0.1	2.3	4.6	13.2	22.5
四、经营增长状况					
销售（营业）增长率（%）	16.9	6.9	-10.2	-18.2	-21.6
资本保值增值率（%）	115.3	109.5	105.3	99.2	94.8
销售（营业）利润增长率（%）	17.3	9.5	-2.2	-26.6	-31.7
总资产增长率（%）	18.6	8.9	4.3	-7.6	-14.8
技术投入比率（%）	1.7	1.3	1.2	1.1	1.0
五、补充资料					
存货周转率（次）	39.8	27.9	19.1	10.3	7.6
两金占流动资产比重（%）	21.1	30.2	41.7	49.3	58.1
成本费用总额占营业总收入比重（%）	97.1	98.3	99.2	100.0	101.3
经济增加值率（%）	8.3	3.9	-0.8	-3.6	-5.3
EBITDA率（%）	7.5	4.3	2.2	1.0	0.4
资本积累率（%）	15.9	9.9	5.2	-0.6	-5.1

物资贸易

范围：中型企业

项　　　目	优秀值	良好值	平均值	较低值	较差值
一、盈利能力状况					
净资产收益率（%）	15.3	12.8	5.7	-3.8	-10.2
总资产报酬率（%）	7.0	4.8	3.1	-1.3	-7.2
销售（营业）利润率（%）	3.4	1.8	0.7	0.1	-0.8
盈余现金保障倍数	4.5	1.9	1.4	-1.1	-4.2
成本费用利润率（%）	3.7	1.9	0.7	0.1	-10.8
资本收益率（%）	16.3	13.3	6.9	-2.8	-13.1
二、资产质量状况					
总资产周转率（次）	4.9	3.5	2.2	0.9	0.4
应收账款周转率（次）	33.3	23.5	12.8	6.6	3.6
不良资产比率（%）	0.5	1.0	1.8	10.3	25.1
流动资产周转率（次）	6.2	4.4	3.0	1.2	0.7
资产现金回收率（%）	13.9	7.9	4.5	-1.4	-6.3
三、债务风险状况					
资产负债率（%）	53.3	58.3	63.3	73.3	88.3
已获利息倍数	8.4	5.2	2.2	1.1	-0.1
速动比率（%）	139.9	117.9	92.1	76.8	59.7
现金流动负债比率（%）	25.9	13.6	9.4	-2.2	-11.3
带息负债比率（%）	15.5	24.3	26.2	38.0	51.8
或有负债比率（%）	1.9	2.8	7.5	16.1	25.4
四、经营增长状况					
销售（营业）增长率（%）	22.8	16.4	-2.5	-9.9	-19.2
资本保值增值率（%）	118.0	111.1	104.7	98.4	91.6
销售（营业）利润增长率（%）	22.2	12.5	2.4	-10.5	-16.5
总资产增长率（%）	27.2	13.8	7.4	-9.4	-17.9
技术投入比率（%）	1.7	1.3	1.2	1.1	1.0
五、补充资料					
存货周转率（次）	39.2	27.7	17.4	8.9	5.6
两金占流动资产比重（%）	4.4	14.0	36.8	50.3	61.1
成本费用总额占营业总收入比重（%）	97.4	98.7	99.4	100.1	101.8
经济增加值率（%）	12.6	5.9	-1.1	-4.0	-5.5
EBITDA率（%）	5.8	3.3	1.3	0.4	-2.6
资本积累率（%）	19.4	10.9	4.8	-1.8	-8.7

物资贸易

项　　目	优秀值	良好值	平均值	较低值	较差值
一、盈利能力状况					
净资产收益率（%）	16.3	8.8	3.5	-5.0	-12.2
总资产报酬率（%）	6.3	3.9	3.0	-2.1	-8.6
销售（营业）利润率（%）	5.6	2.1	1.1	-0.2	-4.2
盈余现金保障倍数	3.1	2.3	1.5	-0.6	-3.2
成本费用利润率（%）	5.6	2.1	1.1	-1.5	-16.8
资本收益率（%）	13.3	8.6	4.0	-10.8	-18.2
二、资产质量状况					
总资产周转率（次）	3.6	2.4	1.3	0.6	0.2
应收账款周转率（次）	21.2	13.8	9.2	3.0	1.3
不良资产比率（%）	0.5	1.0	2.2	18.4	46.6
流动资产周转率（次）	4.4	2.9	1.8	0.7	0.3
资产现金回收率（%）	11.3	4.5	2.3	-0.9	-5.6
三、债务风险状况					
资产负债率（%）	53.6	58.6	63.6	73.6	88.6
已获利息倍数	6.3	3.3	1.9	0.2	-1.8
速动比率（%）	156.6	126.8	93.2	72.1	47.5
现金流动负债比率（%）	17.5	10.8	4.0	-1.5	-10.3
带息负债比率（%）	23.9	33.9	35.1	53.4	68.3
或有负债比率（%）	1.9	2.8	7.5	16.1	25.4
四、经营增长状况					
销售（营业）增长率（%）	10.6	3.0	-5.5	-16.4	-25.4
资本保值增值率（%）	113.1	108.8	102.5	97.1	87.9
销售（营业）利润增长率（%）	15.8	7.6	-4.9	-25.5	-31.3
总资产增长率（%）	27.0	17.9	6.7	-9.1	-19.6
技术投入比率（%）	1.7	1.3	1.2	1.1	1.0
五、补充资料					
存货周转率（次）	81.5	37.7	8.1	5.5	2.4
两金占流动资产比重（%）	2.7	13.0	33.7	47.2	61.4
成本费用总额占营业总收入比重（%）	96.0	98.4	99.7	100.8	106.4
经济增加值率（%）	13.2	4.1	-2.2	-5.5	-7.5
EBITDA 率（%）	10.5	4.4	2.0	0.2	-0.8
资本积累率（%）	20.2	8.9	3.2	-3.0	-11.8

矿产品、建材及化工产品批发

范围：全行业

项　　目	优秀值	良好值	平均值	较低值	较差值
一、盈利能力状况					
净资产收益率（%）	17.3	9.5	5.6	0.4	-6.6
总资产报酬率（%）	6.2	4.1	3.5	-1.1	-6.4
销售（营业）利润率（%）	3.4	1.6	0.9	-0.1	-1.5
盈余现金保障倍数	3.4	2.5	1.6	-0.7	-3.6
成本费用利润率（%）	3.7	1.6	0.9	-0.1	-3.8
资本收益率（%）	19.4	10.7	6.5	-2.1	-9.3
二、资产质量状况					
总资产周转率（次）	4.9	3.1	1.9	0.5	0.1
应收账款周转率（次）	21.1	16.1	11.7	3.4	1.7
不良资产比率（%）	0.5	1.0	2.0	3.2	9.0
流动资产周转率（次）	6.5	4.1	2.9	0.9	0.2
资产现金回收率（%）	10.4	4.8	4.4	-0.4	-4.0
三、债务风险状况					
资产负债率（%）	53.3	58.3	63.3	73.3	88.3
已获利息倍数	10.1	4.8	2.7	1.0	-0.2
速动比率（%）	138.5	124.7	86.9	75.2	49.4
现金流动负债比率（%）	20.9	14.6	9.1	-0.8	-8.1
带息负债比率（%）	12.4	18.4	39.9	48.1	63.4
或有负债比率（%）	1.9	2.8	7.5	16.1	25.4
四、经营增长状况					
销售（营业）增长率（%）	8.6	2.2	-3.3	-11.9	-41.3
资本保值增值率（%）	115.6	109.3	104.6	98.2	92.3
销售（营业）利润增长率（%）	4.5	-1.0	-5.0	-17.1	-23.4
总资产增长率（%）	18.3	14.1	5.1	-7.6	-17.0
技术投入比率（%）	2.2	1.9	1.2	0.9	0.6
五、补充资料					
存货周转率（次）	34.2	23.4	16.8	9.9	4.4
两金占流动资产比重（%）	4.0	16.1	35.1	47.3	61.3
成本费用总额占营业总收入比重（%）	97.5	98.8	99.4	100.2	103.0
经济增加值率（%）	10.5	3.6	-1.3	-5.3	-6.1
EBITDA 率（%）	7.5	3.3	1.7	0.3	0.0
资本积累率（%）	19.7	9.5	3.4	-1.5	-7.4

机械设备、五金及电子产品批发

范围：全行业

项　　目	优秀值	良好值	平均值	较低值	较差值
一、盈利能力状况					
净资产收益率（%）	14.3	8.1	5.9	-4.2	-11.5
总资产报酬率（%）	5.4	4.5	3.5	-2.3	-6.5
销售（营业）利润率（%）	4.8	2.2	1.3	-0.2	-4.3
盈余现金保障倍数	3.0	2.3	1.6	-0.8	-2.9
成本费用利润率（%）	5.7	2.3	1.3	-0.6	-2.9
资本收益率（%）	18.3	10.6	7.6	-8.3	-17.6
二、资产质量状况					
总资产周转率（次）	2.7	1.8	1.4	0.2	0.1
应收账款周转率（次）	18.7	13.2	6.5	2.7	1.4
不良资产比率（%）	0.2	0.7	1.2	1.4	8.1
流动资产周转率（次）	3.2	2.2	1.8	0.3	0.2
资产现金回收率（%）	10.2	4.5	4.0	-1.0	-4.9
三、债务风险状况					
资产负债率（%）	53.6	58.6	63.6	73.6	88.6
已获利息倍数	11.7	6.5	3.3	0.7	-3.3
速动比率（%）	141.6	120.9	84.1	69.0	43.0
现金流动负债比率（%）	18.2	13.3	8.4	-1.7	-8.2
带息负债比率（%）	11.5	22.2	32.9	43.8	55.5
或有负债比率（%）	1.9	2.8	7.5	16.1	25.4
四、经营增长状况					
销售（营业）增长率（%）	12.5	6.2	2.1	-17.4	-27.3
资本保值增值率（%）	117.5	109.4	105.4	98.1	91.7
销售（营业）利润增长率（%）	16.1	5.7	1.2	-14.2	-26.4
总资产增长率（%）	14.6	8.5	7.1	-11.9	-22.0
技术投入比率（%）	4.8	2.5	1.4	1.1	0.7
五、补充资料					
存货周转率（次）	19.7	16.1	10.6	4.8	2.9
两金占流动资产比重（%）	24.9	35.6	41.8	51.9	65.0
成本费用总额占营业总收入比重（%）	95.5	97.8	98.6	100.9	105.9
经济增加值（%）	10.7	4.0	-0.1	-5.4	-6.6
EBITDA率（%）	9.9	4.5	1.9	0.4	-0.6
资本积累率（%）	17.3	9.2	5.4	-2.0	-8.4

汽车、摩托车、燃料及零配件专门零售

范围：全行业

项　　目	优秀值	良好值	平均值	较低值	较差值
一、盈利能力状况					
净资产收益率（％）	20.6	13.5	5.9	-3.6	-12.7
总资产报酬率（％）	11.5	6.6	5.4	-1.2	-5.5
销售（营业）利润率（％）	6.1	3.3	2.7	-0.2	-3.0
盈余现金保障倍数	3.9	1.9	1.4	-0.1	-1.4
成本费用利润率（％）	6.1	3.3	2.7	-0.6	-4.3
资本收益率（％）	16.6	15.0	5.8	-4.6	-20.7
二、资产质量状况					
总资产周转率（次）	4.0	3.1	1.9	0.8	0.2
应收账款周转率（次）	19.4	16.0	12.9	9.6	4.9
不良资产比率（％）	0.5	1.0	2.0	3.0	3.7
流动资产周转率（次）	5.6	4.1	2.7	1.2	0.4
资产现金回收率（％）	18.9	11.8	7.0	-0.1	-4.7
三、债务风险状况					
资产负债率（％）	53.3	58.3	63.3	73.3	88.3
已获利息倍数	9.1	5.4	4.3	-0.9	-4.8
速动比率（％）	145.1	105.9	76.4	56.4	39.3
现金流动负债比率（％）	42.9	26.5	9.0	-0.1	-7.2
带息负债比率（％）	5.1	16.6	28.7	42.2	54.2
或有负债比率（％）	1.9	2.8	7.5	16.1	25.4
四、经营增长状况					
销售（营业）增长率（％）	12.0	7.2	-8.5	-27.7	-38.7
资本保值增值率（％）	117.3	109.3	104.8	96.0	86.3
销售（营业）利润增长率（％）	10.1	4.7	1.1	-18.5	-28.6
总资产增长率（％）	16.8	13.3	6.4	-9.7	-18.3
技术投入比率（％）	1.4	1.2	1.0	0.9	0.8
五、补充资料					
存货周转率（次）	33.0	20.0	13.6	6.3	4.8
两金占流动资产比重（％）	9.0	13.7	30.0	47.2	58.5
成本费用总额占营业总收入比重（％）	94.4	95.7	97.3	100.6	103.5
经济增加值率（％）	18.3	8.1	-0.4	-5.5	-10.1
EBITDA 率（％）	8.7	5.3	3.5	0.5	-1.2
资本积累率（％）	19.1	9.4	6.9	-4.3	-13.8

粮食业

范围：全行业

项　　目	优秀值	良好值	平均值	较低值	较差值
一、盈利能力状况					
净资产收益率（%）	9.4	5.3	4.4	-1.8	-6.4
总资产报酬率（%）	4.0	2.8	2.5	-1.2	-6.3
销售（营业）利润率（%）	3.0	1.4	0.8	-6.8	-20.9
盈余现金保障倍数	5.2	3.4	1.6	-0.3	-3.0
成本费用利润率（%）	3.2	1.5	1.0	-2.2	-6.4
资本收益率（%）	10.3	5.6	5.3	-1.8	-12.8
二、资产质量状况					
总资产周转率（次）	1.8	1.6	0.9	0.4	0.1
应收账款周转率（次）	24.7	16.8	10.3	4.6	1.5
不良资产比率（%）	0.5	1.0	2.0	3.2	5.9
流动资产周转率（次）	2.7	1.8	1.5	0.8	0.3
资产现金回收率（%）	5.1	4.3	3.5	-0.3	-4.7
三、债务风险状况					
资产负债率（%）	53.6	58.6	63.6	73.6	88.6
已获利息倍数	3.3	2.2	1.5	1.0	0.5
速动比率（%）	129.5	95.5	68.6	37.8	24.9
现金流动负债比率（%）	10.3	7.9	5.4	-2.3	-6.5
带息负债比率（%）	22.3	35.8	44.1	59.9	66.1
或有负债比率（%）	0.6	1.5	6.2	14.8	24.1
四、经营增长状况					
销售（营业）增长率（%）	21.5	16.4	3.9	-1.0	-10.6
资本保值增值率（%）	109.0	106.6	103.3	99.5	92.8
销售（营业）利润增长率（%）	10.4	5.5	-3.4	-14.0	-22.3
总资产增长率（%）	19.6	10.2	7.9	-13.7	-21.2
技术投入比率（%）	1.6	1.1	1.0	0.9	0.8
五、补充资料					
存货周转率（次）	8.1	6.3	4.7	1.2	0.6
两金占流动资产比重（%）	6.4	32.1	45.1	62.2	74.5
成本费用总额占营业总收入比重（%）	98.9	99.9	101.2	106.2	119.0
经济增加值率（%）	2.6	-0.5	-2.4	-5.5	-6.0
EBITDA率（%）	8.8	5.8	2.1	-0.3	-3.5
资本积累率（%）	16.4	12.1	5.2	-5.7	-11.4

粮食业

范围：大型企业

项　　目	优秀值	良好值	平均值	较低值	较差值
一、盈利能力状况					
净资产收益率（%）	13.2	9.9	6.2	2.0	−2.3
总资产报酬率（%）	4.5	3.6	3.4	1.2	−2.2
销售（营业）利润率（%）	4.6	3.3	1.5	−4.0	−13.2
盈余现金保障倍数	6.1	2.6	1.3	−0.5	−16.3
成本费用利润率（%）	5.3	3.9	1.5	0.3	−2.6
资本收益率（%）	15.5	12.2	7.8	2.2	−3.5
二、资产质量状况					
总资产周转率（次）	2.5	1.6	1.2	0.5	0.2
应收账款周转率（次）	28.8	21.4	14.9	13.3	11.3
不良资产比率（%）	0.5	1.0	2.0	6.9	8.4
流动资产周转率（次）	3.1	2.4	1.8	1.1	0.6
资产现金回收率（%）	6.4	4.1	2.9	−5.6	−10.2
三、债务风险状况					
资产负债率（%）	53.6	58.6	63.6	73.6	88.6
已获利息倍数	5.4	4.1	2.6	1.2	−1.3
速动比率（%）	126.1	92.4	67.5	52.9	33.5
现金流动负债比率（%）	19.4	9.0	5.8	−6.3	−13.3
带息负债比率（%）	29.5	46.1	55.9	69.2	75.3
或有负债比率（%）	0.6	1.5	6.2	14.8	24.1
四、经营增长状况					
销售（营业）增长率（%）	18.1	11.9	2.7	−5.4	−14.9
资本保值增值率（%）	113.8	111.2	107.6	101.9	99.4
销售（营业）利润增长率（%）	9.3	4.1	−4.4	−17.8	−26.4
总资产增长率（%）	27.2	18.6	8.7	−4.9	−14.9
技术投入比率（%）	1.6	1.1	1.0	0.9	0.8
五、补充资料					
存货周转率（次）	9.1	5.7	4.9	3.4	2.6
两金占流动资产比重（%）	15.4	32.7	44.5	51.6	67.1
成本费用总额占营业总收入比重（%）	98.0	98.6	99.7	101.0	104.2
经济增加值率（%）	6.0	3.1	−1.2	−4.4	−7.8
EBITDA 率（%）	8.9	6.3	2.1	−2.0	−3.5
资本积累率（%）	18.4	17.6	4.0	2.3	−1.0

粮食业

范围：中型企业

项　　目	优秀值	良好值	平均值	较低值	较差值
一、盈利能力状况					
净资产收益率（％）	11.7	7.8	3.8	-1.8	-7.7
总资产报酬率（％）	4.2	3.4	2.5	-1.7	-6.7
销售（营业）利润率（％）	1.8	1.0	0.3	-1.2	-5.2
盈余现金保障倍数	3.7	2.9	2.0	-2.0	-8.3
成本费用利润率（％）	2.8	1.4	0.5	-2.4	-6.7
资本收益率（％）	12.3	8.0	4.2	-5.3	-16.7
二、资产质量状况					
总资产周转率（次）	2.7	1.9	1.4	0.5	0.2
应收账款周转率（次）	30.6	21.9	15.2	14.7	7.1
不良资产比率（％）	0.5	1.0	2.0	2.4	9.9
流动资产周转率（次）	3.6	2.7	1.9	0.8	0.5
资产现金回收率（％）	10.8	7.8	4.8	-0.2	-7.0
三、债务风险状况					
资产负债率（％）	53.6	58.6	63.6	73.6	88.6
已获利息倍数	3.4	2.4	1.7	-0.1	-1.9
速动比率（％）	111.5	85.9	60.3	40.0	28.0
现金流动负债比率（％）	18.5	7.9	4.9	-0.3	-10.1
带息负债比率（％）	36.2	51.6	60.8	71.4	77.2
或有负债比率（％）	0.6	1.5	6.2	14.8	24.1
四、经营增长状况					
销售（营业）增长率（％）	20.6	11.9	3.8	-5.0	-12.6
资本保值增值率（％）	111.5	109.1	103.9	100.2	97.7
销售（营业）利润增长率（％）	10.5	6.4	-2.1	-9.4	-22.1
总资产增长率（％）	34.1	19.8	7.6	-10.7	-28.2
技术投入比率（％）	1.6	1.1	1.0	0.9	0.8
五、补充资料					
存货周转率（次）	7.0	5.1	4.4	2.2	1.6
两金占流动资产比重（％）	13.7	27.9	44.3	48.2	51.5
成本费用总额占营业总收入比重（％）	99.1	99.6	100.3	103.6	108.4
经济增加值率（％）	4.1	0.6	-1.7	-4.2	-5.4
EBITDA 率（％）	7.8	4.2	2.2	-0.6	-3.2
资本积累率（％）	16.6	12.0	2.1	-9.3	-14.9

粮食业

范围：小型企业

项　　　目	优秀值	良好值	平均值	较低值	较差值
一、盈利能力状况					
净资产收益率（％）	7.2	4.4	2.6	-4.0	-11.1
总资产报酬率（％）	3.7	2.8	1.2	-3.9	-9.9
销售（营业）利润率（％）	1.0	0.4	-0.3	-9.2	-26.2
盈余现金保障倍数	4.9	3.2	1.4	-2.0	-9.1
成本费用利润率（％）	2.9	1.2	0.4	-2.7	-7.3
资本收益率（％）	7.3	4.4	3.5	-4.3	-15.7
二、资产质量状况					
总资产周转率（次）	1.6	1.0	0.7	0.2	0.1
应收账款周转率（次）	23.5	15.1	9.3	4.7	1.5
不良资产比率（％）	0.5	1.0	2.0	2.4	2.6
流动资产周转率（次）	2.4	1.7	1.4	0.3	0.2
资产现金回收率（％）	4.3	3.1	1.6	-0.1	-3.0
三、债务风险状况					
资产负债率（％）	53.3	58.3	63.3	73.3	88.3
已获利息倍数	2.9	2.0	1.5	-0.4	-2.9
速动比率（％）	127.1	95.2	69.3	46.2	28.3
现金流动负债比率（％）	8.8	5.5	2.2	-4.3	-6.2
带息负债比率（％）	25.0	33.2	43.4	63.9	68.3
或有负债比率（％）	0.6	1.5	6.2	14.8	24.1
四、经营增长状况					
销售（营业）增长率（％）	23.2	14.1	4.5	-5.2	-14.7
资本保值增值率（％）	107.1	104.7	101.5	99.4	91.4
销售（营业）利润增长率（％）	21.4	16.7	7.8	-1.3	-10.3
总资产增长率（％）	31.8	16.0	10.9	-4.7	-14.2
技术投入比率（％）	1.6	1.1	1.0	0.9	0.8
五、补充资料					
存货周转率（次）	5.5	4.0	3.7	0.9	0.5
两金占流动资产比重（％）	9.5	31.0	48.5	68.2	78.2
成本费用总额占营业总收入比重（％）	99.6	100.0	102.7	107.3	117.9
经济增加值率（％）	1.2	-0.8	-4.2	-5.2	-5.5
EBITDA 率（％）	8.4	5.3	1.7	-0.2	-2.3
资本积累率（％）	19.9	9.5	6.2	-0.3	-5.5

粮油批发与零售

范围：全行业

项　　目	优秀值	良好值	平均值	较低值	较差值
一、盈利能力状况					
净资产收益率（％）	9.4	5.3	4.4	-2.6	-6.0
总资产报酬率（％）	4.0	2.8	2.5	-2.5	-5.9
销售（营业）利润率（％）	1.5	1.2	0.8	-0.6	-2.6
盈余现金保障倍数	1.8	1.3	0.8	-0.3	-3.0
成本费用利润率（％）	3.2	1.5	1.0	-0.8	-4.6
资本收益率（％）	10.3	6.3	5.3	-4.0	-7.8
二、资产质量状况					
总资产周转率（次）	1.9	1.2	0.9	0.4	0.1
应收账款周转率（次）	23.3	17.4	10.3	4.6	1.5
不良资产比率（％）	0.4	0.5	0.6	0.7	1.1
流动资产周转率（次）	2.7	1.8	1.5	0.8	0.3
资产现金回收率（％）	5.1	3.6	1.9	-0.7	-4.7
三、债务风险状况					
资产负债率（％）	53.6	58.6	63.6	73.6	88.6
已获利息倍数	3.3	2.2	2.2	1.0	0.5
速动比率（％）	111.0	88.0	69.6	37.8	24.9
现金流动负债比率（％）	10.3	7.9	5.4	-3.4	-6.5
带息负债比率（％）	30.0	36.0	44.1	50.4	58.4
或有负债比率（％）	1.7	3.9	6.2	8.2	10.4
四、经营增长状况					
销售（营业）增长率（％）	7.6	6.3	4.8	3.1	1.1
资本保值增值率（％）	109.4	105.8	103.3	99.5	92.8
销售（营业）利润增长率（％）	4.1	2.6	-3.4	-5.0	-9.3
总资产增长率（％）	7.7	5.2	2.9	-3.5	-11.6
技术投入比率（％）	1.8	1.6	1.4	1.2	1.0
五、补充资料					
存货周转率（次）	8.5	6.8	5.7	1.2	0.6
两金占流动资产比重（％）	19.1	35.7	43.1	53.3	67.5
成本费用总额占营业总收入比重（％）	99.4	99.9	101.2	102.1	103.0
经济增加值（％）	2.6	-0.5	-2.4	-5.5	-6.0
EBITDA 率（％）	6.3	3.8	2.1	0.3	-0.6
资本积累率（％）	11.0	8.6	5.2	-0.3	-5.8

粮油仓储

范围：全行业

项　　　目	优秀值	良好值	平均值	较低值	较差值
一、盈利能力状况					
净资产收益率（％）	7.3	6.1	4.7	1.3	-0.7
总资产报酬率（％）	5.0	3.9	2.5	0.5	-0.6
销售（营业）利润率（％）	8.9	6.0	2.0	0.2	-1.7
盈余现金保障倍数	4.6	3.0	1.8	-0.2	-1.7
成本费用利润率（％）	5.2	3.3	2.2	0.5	-1.5
资本收益率（％）	14.9	12.7	10.0	2.7	0.0
二、资产质量状况					
总资产周转率（次）	1.7	1.2	0.8	0.5	0.3
应收账款周转率（次）	22.0	16.0	11.6	6.0	2.4
不良资产比率（％）	0.4	0.5	0.6	0.7	1.1
流动资产周转率（次）	2.4	1.5	0.9	0.6	0.4
资产现金回收率（％）	9.9	6.9	4.4	-1.1	-2.5
三、债务风险状况					
资产负债率（％）	53.6	58.6	63.6	73.6	88.6
已获利息倍数	2.6	1.9	1.4	1.0	0.5
速动比率（％）	106.2	70.1	50.7	34.8	26.0
现金流动负债比率（％）	11.3	8.3	5.3	-1.4	-3.2
带息负债比率（％）	28.5	39.6	48.7	56.8	67.8
或有负债比率（％）	1.7	3.9	6.2	8.2	10.4
四、经营增长状况					
销售（营业）增长率（％）	2.9	2.1	1.1	0.5	-0.3
资本保值增值率（％）	108.4	106.1	103.7	99.8	97.0
销售（营业）利润增长率（％）	3.0	1.8	0.8	0.3	-1.0
总资产增长率（％）	17.7	11.8	8.5	6.3	2.4
技术投入比率（％）	1.8	1.6	1.4	1.2	1.0
五、补充资料					
存货周转率（次）	2.8	1.6	1.0	0.7	0.5
两金占流动资产比重（％）	47.9	71.0	79.3	81.2	82.1
成本费用总额占营业总收入比重（％）	102.6	103.3	104.1	105.3	106.1
经济增加值率（％）	3.1	2.5	1.0	-2.2	-3.7
EBITDA率（％）	8.3	5.8	3.8	1.4	-0.1
资本积累率（％）	12.5	11.0	7.4	3.4	-0.3

住宿和餐饮业

范围：全行业

项　　目	优秀值	良好值	平均值	较低值	较差值
一、盈利能力状况					
净资产收益率（％）	3.4	0.5	−0.7	−8.3	−16.4
总资产报酬率（％）	1.9	0.3	−0.5	−6.5	−12.5
销售（营业）利润率（％）	4.5	0.3	−3.0	−16.6	−25.5
盈余现金保障倍数	5.7	1.9	0.8	−2.5	−4.3
成本费用利润率（％）	5.1	0.5	−7.3	−13.8	−18.0
资本收益率（％）	7.8	2.9	−0.8	−8.9	−16.8
二、资产质量状况					
总资产周转率（次）	0.8	0.5	0.3	0.2	0.1
应收账款周转率（次）	33.6	19.7	8.4	6.5	3.9
不良资产比率（％）	0.7	1.2	2.5	11.3	21.9
流动资产周转率（次）	1.9	1.4	0.7	0.3	0.2
资产现金回收率（％）	4.6	2.8	0.8	−1.1	−4.7
三、债务风险状况					
资产负债率（％）	53.3	58.3	63.3	73.3	88.3
已获利息倍数	2.3	1.0	0.2	−2.1	−5.4
速动比率（％）	123.9	95.7	65.9	40.9	18.3
现金流动负债比率（％）	14.2	9.1	3.5	−2.1	−12.0
带息负债比率（％）	14.1	25.5	39.5	58.6	68.7
或有负债比率（％）	2.0	3.0	4.3	13.0	22.3
四、经营增长状况					
销售（营业）增长率（％）	7.5	−6.1	−23.9	−32.7	−41.7
资本保值增值率（％）	106.1	102.2	100.0	93.2	88.3
销售（营业）利润增长率（％）	3.8	−3.3	−24.3	−36.7	−47.5
总资产增长率（％）	12.9	3.7	3.1	−7.0	−12.4
技术投入比率（％）	0.5	0.4	0.4	0.2	0.1
五、补充资料					
存货周转率（次）	23.6	12.4	3.7	1.0	0.3
两金占流动资产比重（％）	1.4	10.6	27.5	33.9	38.7
成本费用总额占营业总收入比重（％）	96.9	100.6	102.1	108.0	111.5
经济增加值（％）	7.3	−1.3	−6.4	−11.2	−17.3
EBITDA率（％）	19.9	10.0	4.3	−5.6	−13.9
资本积累率（％）	18.8	5.7	−0.2	−9.6	−22.3

住宿和餐饮业

范围：大型企业

项　　　目	优秀值	良好值	平均值	较低值	较差值
一、盈利能力状况					
净资产收益率（%）	3.8	0.8	-1.0	-6.3	-9.0
总资产报酬率（%）	1.9	0.7	-0.3	-1.3	-1.9
销售（营业）利润率（%）	3.9	0.4	-4.9	-14.9	-25.6
盈余现金保障倍数	2.6	1.2	0.7	-0.9	-2.1
成本费用利润率（%）	5.8	1.0	-6.8	-9.9	-12.5
资本收益率（%）	7.3	5.2	-1.2	-6.2	-12.0
二、资产质量状况					
总资产周转率（次）	0.8	0.5	0.3	0.2	0.1
应收账款周转率（次）	40.9	30.3	15.6	11.2	7.9
不良资产比率（%）	0.4	0.9	2.0	10.6	19.2
流动资产周转率（次）	1.8	1.4	0.7	0.4	0.3
资产现金回收率（%）	4.6	2.8	2.2	-2.7	-3.2
三、债务风险状况					
资产负债率（%）	53.3	58.3	63.3	73.3	88.3
已获利息倍数	3.7	2.4	0.8	-0.5	-2.6
速动比率（%）	136.6	103.7	74.0	52.3	25.4
现金流动负债比率（%）	18.5	8.5	6.1	-2.6	-6.5
带息负债比率（%）	19.0	29.3	43.5	58.7	67.5
或有负债比率（%）	2.0	3.0	4.5	13.0	22.3
四、经营增长状况					
销售（营业）增长率（%）	4.6	-4.2	-12.9	-20.9	-28.7
资本保值增值率（%）	110.1	102.3	98.0	91.7	88.0
销售（营业）利润增长率（%）	-2.0	-8.6	-12.4	-21.3	-31.0
总资产增长率（%）	12.1	4.3	1.5	-5.5	-8.1
技术投入比率（%）	0.5	0.4	0.3	0.2	0.1
五、补充资料					
存货周转率（次）	27.3	14.4	6.7	5.2	3.1
两金占流动资产比重（%）	2.1	3.5	25.3	31.1	34.1
成本费用总额占营业总收入比重（%）	98.1	102.0	104.7	113.8	117.4
经济增加值率（%）	2.0	-2.8	-6.6	-11.2	-16.2
EBITDA率（%）	21.1	14.0	3.3	-6.9	-17.9
资本积累率（%）	9.8	5.9	2.1	-11.7	-18.6

住宿和餐饮业

范围：中型企业

项　目	优秀值	良好值	平均值	较低值	较差值
一、盈利能力状况					
净资产收益率（％）	3.3	0.6	-0.6	-5.7	-11.7
总资产报酬率（％）	1.7	0.3	-0.5	-1.5	-3.3
销售（营业）利润率（％）	3.5	1.3	-0.8	-6.1	-13.7
盈余现金保障倍数	2.1	1.7	1.3	-0.4	-1.2
成本费用利润率（％）	4.8	0.5	-7.2	-15.3	-20.9
资本收益率（％）	3.4	0.7	-0.7	-7.3	-14.6
二、资产质量状况					
总资产周转率（次）	0.7	0.5	0.3	0.2	0.1
应收账款周转率（次）	30.7	21.5	10.9	9.3	5.8
不良资产比率（％）	0.6	1.1	2.8	11.9	23.9
流动资产周转率（次）	2.0	1.5	0.5	0.4	0.2
资产现金回收率（％）	5.8	3.1	0.8	-1.1	-3.7
三、债务风险状况					
资产负债率（％）	53.3	58.3	63.3	73.3	88.3
已获利息倍数	3.0	1.0	-0.2	-5.0	-11.8
速动比率（％）	145.5	107.7	55.5	42.0	22.8
现金流动负债比率（％）	19.5	8.2	3.4	-2.4	-13.2
带息负债比率（％）	12.0	25.0	35.4	55.6	66.5
或有负债比率（％）	2.0	3.0	4.5	13.0	22.3
四、经营增长状况					
销售（营业）增长率（％）	-2.7	-13.5	-24.2	-33.2	-42.5
资本保值增值率（％）	105.1	100.8	98.7	92.0	86.7
销售（营业）利润增长率（％）	-5.9	-14.5	-28.2	-37.6	-48.3
总资产增长率（％）	12.9	8.2	3.5	-6.2	-10.1
技术投入比率（％）	0.5	0.4	0.3	0.2	0.1
五、补充资料					
存货周转率（次）	14.7	8.8	3.7	1.8	0.8
两金占流动资产比重（％）	5.0	14.7	32.1	37.5	45.3
成本费用总额占营业总收入比重（％）	98.6	99.5	100.4	106.3	110.1
经济增加值率（％）	2.5	-1.9	-6.9	-11.3	-17.2
EBITDA率（％）	18.3	10.0	5.3	-9.1	-13.8
资本积累率（％）	16.3	5.4	-2.7	-10.6	-17.1

住宿和餐饮业

范围：小型企业

项　　　目	优秀值	良好值	平均值	较低值	较差值
一、盈利能力状况					
净资产收益率（％）	3.4	0.5	－0.9	－8.3	－15.9
总资产报酬率（％）	1.8	0.2	－0.8	－7.8	－15.7
销售（营业）利润率（％）	4.0	0.1	－3.2	－18.0	－27.0
盈余现金保障倍数	5.5	3.2	0.8	－2.3	－4.5
成本费用利润率（％）	4.6	0.3	－9.6	－18.8	－24.6
资本收益率（％）	6.7	4.8	－1.0	－5.4	－12.0
二、资产质量状况					
总资产周转率（次）	0.9	0.5	0.3	0.2	0.1
应收账款周转率（次）	23.0	15.8	8.0	5.9	3.2
不良资产比率（％）	0.8	1.4	3.4	12.1	27.7
流动资产周转率（次）	2.0	1.4	0.4	0.3	0.2
资产现金回收率（％）	4.5	2.8	1.1	－1.4	－5.8
三、债务风险状况					
资产负债率（％）	53.3	58.3	63.3	73.3	88.3
已获利息倍数	2.0	0.2	－0.4	－3.1	－7.5
速动比率（％）	130.8	88.6	61.3	40.1	17.1
现金流动负债比率（％）	11.9	7.2	2.9	－3.3	－14.6
带息负债比率（％）	17.0	28.3	37.7	62.3	76.4
或有负债比率（％）	2.0	3.0	4.3	13.0	22.3
四、经营增长状况					
销售（营业）增长率（％）	8.6	－5.7	－18.6	－32.2	－40.8
资本保值增值率（％）	105.2	102.0	100.0	93.2	87.3
销售（营业）利润增长率（％）	－2.6	－10.5	－16.9	－30.7	－40.5
总资产增长率（％）	12.8	3.7	3.3	－8.2	－15.4
技术投入比率（％）	0.5	0.4	0.4	0.2	0.1
五、补充资料					
存货周转率（次）	26.2	14.0	2.3	1.4	0.4
两金占流动资产比重（％）	0.7	7.0	25.7	38.3	49.6
成本费用总额占营业总收入比重（％）	97.3	98.9	100.6	109.3	115.8
经济增加值率（％）	11.5	－0.4	－5.5	－11.5	－16.9
EBITDA 率（％）	17.8	8.1	4.4	－8.1	－15.0
资本积累率（％）	22.7	6.9	0.1	－10.1	－24.3

住宿业

范围：全行业

项　目	优秀值	良好值	平均值	较低值	较差值
一、盈利能力状况					
净资产收益率（%）	4.3	1.0	-0.7	-6.4	-14.2
总资产报酬率（%）	3.0	0.8	-0.6	-6.1	-11.7
销售（营业）利润率（%）	8.8	1.8	-3.0	-18.3	-27.6
盈余现金保障倍数	7.2	3.0	1.5	-0.2	-1.5
成本费用利润率（%）	8.9	1.7	-6.1	-14.5	-19.3
资本收益率（%）	10.5	4.4	-0.8	-3.7	-10.9
二、资产质量状况					
总资产周转率（次）	0.8	0.5	0.3	0.2	0.1
应收账款周转率（次）	36.5	23.3	12.1	6.4	3.8
不良资产比率（%）	0.4	0.9	2.5	5.2	10.5
流动资产周转率（次）	1.7	1.3	0.7	0.3	0.2
资产现金回收率（%）	5.3	2.3	0.8	-1.1	-5.8
三、债务风险状况					
资产负债率（%）	53.3	58.3	63.3	73.3	88.3
已获利息倍数	2.2	1.0	-0.7	-3.0	-6.4
速动比率（%）	142.5	106.4	71.4	42.7	34.1
现金流动负债比率（%）	18.6	9.5	3.5	-2.4	-13.3
带息负债比率（%）	18.3	29.1	43.0	61.6	73.2
或有负债比率（%）	1.0	2.0	4.3	12.8	22.1
四、经营增长状况					
销售（营业）增长率（%）	14.0	-3.2	-14.1	-30.2	-37.2
资本保值增值率（%）	106.5	102.2	100.0	93.6	88.9
销售（营业）利润增长率（%）	4.4	-22.1	-28.0	-32.9	-43.6
总资产增长率（%）	15.3	7.9	2.7	-6.7	-15.0
技术投入比率（%）	0.8	0.6	0.4	0.3	0.2
五、补充资料					
存货周转率（次）	20.8	9.5	3.5	1.0	0.6
两金占流动资产比重（%）	1.3	4.5	27.5	34.4	38.6
成本费用总额占营业总收入比重（%）	93.3	96.1	98.8	150.3	190.5
经济增加值率（%）	7.5	-1.2	-6.4	-10.1	-16.6
EBITDA率（%）	21.4	12.8	4.3	-24.9	-56.3
资本积累率（%）	16.7	6.4	5.5	-9.0	-25.3

住宿业

范围：大型企业

项　　目	优秀值	良好值	平均值	较低值	较差值
一、盈利能力状况					
净资产收益率（％）	3.8	1.0	0.1	-2.8	-7.6
总资产报酬率（％）	2.6	0.7	-1.5	-2.7	-4.9
销售（营业）利润率（％）	2.6	-0.3	-2.9	-14.6	-21.6
盈余现金保障倍数	14.9	4.6	2.1	-0.1	-1.9
成本费用利润率（％）	2.9	1.6	-2.9	-10.9	-17.2
资本收益率（％）	11.2	1.6	0.1	-2.5	-13.0
二、资产质量状况					
总资产周转率（次）	1.3	0.9	0.4	0.2	0.1
应收账款周转率（次）	35.9	22.4	12.3	6.9	4.9
不良资产比率（％）	0.4	1.1	2.6	4.4	9.0
流动资产周转率（次）	2.7	1.6	1.3	0.9	0.7
资产现金回收率（％）	11.1	8.1	3.1	-0.2	-2.0
三、债务风险状况					
资产负债率（％）	53.3	58.3	63.3	73.3	88.3
已获利息倍数	2.3	1.0	-0.8	-2.3	-3.9
速动比率（％）	147.4	117.8	80.9	53.5	30.4
现金流动负债比率（％）	27.2	19.9	11.6	-0.6	-4.2
带息负债比率（％）	16.6	26.6	43.1	61.5	69.8
或有负债比率（％）	1.0	2.0	4.3	12.8	22.1
四、经营增长状况					
销售（营业）增长率（％）	9.3	-1.2	-9.2	-24.7	-34.3
资本保值增值率（％）	113.9	102.4	100.3	94.3	89.5
销售（营业）利润增长率（％）	4.7	-11.5	-17.2	-22.4	-31.7
总资产增长率（％）	12.0	6.7	2.3	-3.1	-11.3
技术投入比率（％）	0.8	0.6	0.4	0.3	0.2
五、补充资料					
存货周转率（次）	28.3	17.1	9.0	5.6	3.3
两金占流动资产比重（％）	3.9	4.8	26.9	32.6	36.2
成本费用总额占营业总收入比重（％）	97.4	100.3	102.6	112.0	117.2
经济增加值率（％）	2.7	-0.9	-5.4	-11.5	-16.6
EBITDA 率（％）	14.9	11.8	3.3	-6.8	-15.0
资本积累率（％）	17.3	2.4	-5.5	-10.8	-17.6

住宿业

范围：中型企业

项　　目	优秀值	良好值	平均值	较低值	较差值
一、盈利能力状况					
净资产收益率（%）	6.3	1.8	0.7	-4.9	-13.5
总资产报酬率（%）	3.3	1.3	0.6	-4.8	-12.1
销售（营业）利润率（%）	6.6	2.6	-3.4	-7.6	-14.6
盈余现金保障倍数	2.0	1.7	1.4	-0.5	-2.2
成本费用利润率（%）	7.6	3.7	-4.8	-10.4	-19.4
资本收益率（%）	14.6	5.9	0.4	-2.8	-8.5
二、资产质量状况					
总资产周转率（次）	1.0	0.5	0.3	0.2	0.1
应收账款周转率（次）	33.8	23.6	12.8	8.3	5.6
不良资产比率（%）	0.4	0.9	2.5	9.1	15.5
流动资产周转率（次）	2.0	1.4	0.9	0.5	0.2
资产现金回收率（%）	5.6	3.5	1.6	-1.8	-6.5
三、债务风险状况					
资产负债率（%）	53.3	58.3	63.3	73.3	88.3
已获利息倍数	11.4	1.4	0.4	-9.9	-66.6
速动比率（%）	139.4	102.2	62.0	41.7	28.3
现金流动负债比率（%）	18.2	8.2	3.2	-4.6	-13.1
带息负债比率（%）	14.4	26.1	40.1	60.7	73.3
或有负债比率（%）	1.0	2.0	4.3	12.8	22.1
四、经营增长状况					
销售（营业）增长率（%）	1.1	-6.4	-17.2	-25.5	-27.5
资本保值增值率（%）	109.5	106.4	100.0	95.1	90.5
销售（营业）利润增长率（%）	5.2	-21.0	-28.0	-36.7	-47.6
总资产增长率（%）	12.7	5.5	-0.8	-5.5	-9.0
技术投入比率（%）	0.8	0.6	0.4	0.3	0.2
五、补充资料					
存货周转率（次）	14.9	10.8	4.6	3.1	2.2
两金占流动资产比重（%）	0.6	6.4	28.3	33.7	40.3
成本费用总额占营业总收入比重（%）	85.9	91.7	95.9	104.5	108.6
经济增加值率（%）	7.5	-1.0	-5.4	-9.0	-12.9
EBITDA 率（%）	21.4	16.3	8.6	-2.9	-10.0
资本积累率（%）	17.2	12.8	8.5	-5.1	-19.3

住宿业

范围：小型企业

项　目	优秀值	良好值	平均值	较低值	较差值
一、盈利能力状况					
净资产收益率（%）	4.4	1.0	−0.7	−6.8	−13.2
总资产报酬率（%）	2.8	0.7	−0.5	−6.7	−12.1
销售（营业）利润率（%）	9.2	1.5	−4.3	−20.5	−28.7
盈余现金保障倍数	7.2	2.8	1.8	−0.3	−1.6
成本费用利润率（%）	8.7	1.5	−8.4	−21.1	−26.2
资本收益率（%）	5.1	0.9	−0.9	−4.5	−10.5
二、资产质量状况					
总资产周转率（次）	0.8	0.5	0.3	0.2	0.1
应收账款周转率（次）	31.3	20.5	11.8	6.5	3.8
不良资产比率（%）	0.4	1.2	3.1	9.7	16.2
流动资产周转率（次）	1.8	1.3	0.4	0.3	0.2
资产现金回收率（%）	5.8	2.6	0.8	−1.3	−6.1
三、债务风险状况					
资产负债率（%）	53.3	58.3	63.3	73.3	88.3
已获利息倍数	2.2	1.1	−0.6	−2.6	−7.0
速动比率（%）	135.9	102.4	72.0	51.3	27.6
现金流动负债比率（%）	20.0	6.7	3.3	−2.9	−11.7
带息负债比率（%）	0.2	7.8	27.5	49.6	62.7
或有负债比率（%）	1.0	2.0	4.3	12.8	22.1
四、经营增长状况					
销售（营业）增长率（%）	5.3	−6.3	−14.0	−28.6	−37.2
资本保值增值率（%）	106.7	102.7	99.8	92.4	88.2
销售（营业）利润增长率（%）	1.2	−8.1	−14.6	−28.0	−36.9
总资产增长率（%）	16.5	9.5	2.7	−8.9	−18.0
技术投入比率（%）	0.8	0.6	0.4	0.3	0.2
五、补充资料					
存货周转率（次）	21.9	13.1	2.9	1.8	1.5
两金占流动资产比重（%）	1.2	7.1	26.4	35.9	43.7
成本费用总额占营业总收入比重（%）	92.8	96.2	99.5	106.0	113.1
经济增加值（%）	8.0	−0.7	−6.7	−10.7	−15.5
EBITDA 率（%）	19.8	12.0	4.2	−6.1	−12.1
资本积累率（%）	14.8	10.2	5.5	−11.0	−19.3

餐饮业

范围：全行业

项　　目	优秀值	良好值	平均值	较低值	较差值
一、盈利能力状况					
净资产收益率（％）	11.2	7.5	2.8	-3.2	-4.2
总资产报酬率（％）	6.3	3.7	0.9	-1.8	-3.7
销售（营业）利润率（％）	4.6	0.9	-5.6	-21.3	-27.1
盈余现金保障倍数	6.2	3.6	0.6	-0.1	-5.2
成本费用利润率（％）	4.7	0.7	-7.3	-10.4	-16.1
资本收益率（％）	11.8	6.9	2.6	-6.6	-9.4
二、资产质量状况					
总资产周转率（次）	1.8	1.2	0.4	0.2	0.1
应收账款周转率（次）	36.0	23.4	7.3	6.0	3.3
不良资产比率（％）	0.6	1.0	2.4	6.2	10.8
流动资产周转率（次）	2.9	2.1	0.7	0.4	0.2
资产现金回收率（％）	5.8	3.7	0.5	-0.1	-2.9
三、债务风险状况					
资产负债率（％）	53.3	58.3	63.3	73.3	88.3
已获利息倍数	5.5	2.0	0.4	-0.9	-3.2
速动比率（％）	125.1	91.5	65.8	42.5	17.4
现金流动负债比率（％）	10.5	6.1	1.7	-1.2	-7.9
带息负债比率（％）	9.0	18.4	28.0	51.7	64.2
或有负债比率（％）	0.2	0.3	2.1	4.7	8.9
四、经营增长状况					
销售（营业）增长率（％）	10.4	-2.7	-24.0	-35.9	-46.8
资本保值增值率（％）	110.4	106.1	102.3	96.4	92.9
销售（营业）利润增长率（％）	9.1	-2.6	-11.9	-21.5	-34.7
总资产增长率（％）	19.3	7.6	3.5	-9.9	-19.4
技术投入比率（％）	1.9	1.3	0.7	0.5	0.2
五、补充资料					
存货周转率（次）	34.3	22.3	10.9	6.9	3.6
两金占流动资产比重（％）	7.7	16.5	27.5	35.0	46.1
成本费用总额占营业总收入比重（％）	96.9	100.1	104.8	110.3	117.0
经济增加值率（％）	3.7	-0.5	-5.0	-13.2	-16.5
EBITDA率（％）	12.8	5.2	3.1	-6.5	-15.1
资本积累率（％）	28.1	10.5	-4.8	-11.7	-28.5

房地产业

范围：全行业

项　　目	优秀值	良好值	平均值	较低值	较差值
一、盈利能力状况					
净资产收益率（%）	13.7	4.9	3.7	-0.6	-3.6
总资产报酬率（%）	7.5	4.5	2.7	-0.3	-3.5
销售（营业）利润率（%）	28.0	16.2	10.9	-4.0	-11.1
盈余现金保障倍数	4.9	2.5	0.8	-1.1	-4.5
成本费用利润率（%）	29.4	18.3	14.2	-4.2	-13.2
资本收益率（%）	18.4	7.0	3.8	-0.3	-2.6
二、资产质量状况					
总资产周转率（次）	0.5	0.4	0.3	0.2	0.1
应收账款周转率（次）	21.9	13.0	5.6	3.2	1.4
不良资产比率（%）	0.1	0.4	0.8	4.3	11.4
流动资产周转率（次）	0.6	0.5	0.4	0.3	0.2
资产现金回收率（%）	6.8	2.0	1.4	-0.8	-4.7
三、债务风险状况					
资产负债率（%）	48.3	58.3	68.3	78.3	88.3
已获利息倍数	5.4	4.6	2.9	1.2	-1.4
速动比率（%）	114.7	90.8	67.0	32.0	16.4
现金流动负债比率（%）	17.0	5.5	4.9	-1.9	-10.8
带息负债比率（%）	23.2	33.9	43.5	56.4	70.6
或有负债比率（%）	1.7	2.6	7.6	16.0	25.3
四、经营增长状况					
销售（营业）增长率（%）	13.8	7.2	2.1	-5.9	-14.3
资本保值增值率（%）	110.6	106.0	103.2	97.6	90.2
销售（营业）利润增长率（%）	17.8	9.9	3.3	-2.8	-10.9
总资产增长率（%）	19.3	13.9	9.8	-3.8	-10.5
技术投入比率（%）	0.7	0.6	0.4	0.2	0.1
五、补充资料					
存货周转率（次）	1.0	0.8	0.5	0.4	0.3
两金占流动资产比重（%）	27.7	42.4	49.8	60.7	68.1
成本费用总额占营业总收入比重（%）	74.4	84.5	85.2	98.5	107.6
经济增加值率（%）	7.8	-0.2	-2.1	-5.7	-7.2
EBITDA率（%）	50.9	30.8	18.8	1.6	-10.7
资本积累率（%）	27.6	10.5	6.3	-2.1	-9.1

房地产业

范围：大型企业

项　　目	优秀值	良好值	平均值	较低值	较差值
一、盈利能力状况					
净资产收益率（%）	26.9	14.7	6.3	0.9	−4.1
总资产报酬率（%）	7.6	4.4	3.5	0.8	−3.1
销售（营业）利润率（%）	35.2	22.3	17.4	3.2	−0.1
盈余现金保障倍数	2.6	1.1	0.6	−1.3	−4.3
成本费用利润率（%）	27.4	23.2	19.0	12.7	10.9
资本收益率（%）	14.6	10.0	6.1	1.1	−4.8
二、资产质量状况					
总资产周转率（次）	0.5	0.4	0.3	0.2	0.1
应收账款周转率（次）	23.7	14.7	6.5	2.8	1.3
不良资产比率（%）	0.1	0.8	1.5	4.0	10.0
流动资产周转率（次）	0.6	0.5	0.4	0.3	0.2
资产现金回收率（%）	8.8	4.0	1.8	−0.8	−4.5
三、债务风险状况					
资产负债率（%）	48.6	58.6	68.6	78.6	88.6
已获利息倍数	17.5	9.3	4.0	1.4	0.4
速动比率（%）	115.6	92.8	68.5	33.9	19.6
现金流动负债比率（%）	16.0	7.8	3.7	−1.7	−9.1
带息负债比率（%）	20.2	30.3	39.4	48.3	60.7
或有负债比率（%）	1.7	2.6	7.6	16.0	25.3
四、经营增长状况					
销售（营业）增长率（%）	19.6	13.6	5.2	−2.7	−14.0
资本保值增值率（%）	114.3	109.4	105.3	98.9	92.8
销售（营业）利润增长率（%）	23.8	14.4	5.0	−0.7	−4.5
总资产增长率（%）	21.3	16.5	11.8	−3.9	−10.8
技术投入比率（%）	0.7	0.6	0.4	0.2	0.1
五、补充资料					
存货周转率（次）	1.0	0.5	0.4	0.3	0.2
两金占流动资产比重（%）	36.4	48.8	55.5	73.4	82.5
成本费用总额占营业总收入比重（%）	75.7	83.2	84.5	99.8	102.8
经济增加值率（%）	12.6	4.8	−1.1	−5.5	−5.9
EBITDA率（%）	47.6	29.8	20.2	7.1	−3.5
资本积累率（%）	42.0	18.7	7.9	−0.9	−6.5

房地产业

范围：中型企业

项　　目	优秀值	良好值	平均值	较低值	较差值
一、盈利能力状况					
净资产收益率（％）	17.2	8.1	2.9	-1.1	-5.6
总资产报酬率（％）	5.6	3.1	2.1	-1.0	-3.9
销售（营业）利润率（％）	32.9	20.9	14.9	-0.1	-24.2
盈余现金保障倍数	5.5	2.0	1.2	-1.2	-4.6
成本费用利润率（％）	34.3	19.3	14.6	-22.6	-73.0
资本收益率（％）	19.4	9.4	2.6	-2.0	-10.9
二、资产质量状况					
总资产周转率（次）	0.4	0.3	0.2	0.1	0.1
应收账款周转率（次）	24.3	16.0	6.0	4.6	2.1
不良资产比率（％）	0.1	0.4	0.8	4.5	11.8
流动资产周转率（次）	0.5	0.4	0.4	0.2	0.1
资产现金回收率（％）	7.6	2.9	2.5	-0.1	-5.2
三、债务风险状况					
资产负债率（％）	48.3	58.3	68.3	78.3	88.3
已获利息倍数	14.1	5.5	2.1	0.2	-0.6
速动比率（％）	125.0	102.8	74.5	34.4	19.3
现金流动负债比率（％）	17.0	7.2	5.8	-3.5	-11.7
带息负债比率（％）	24.6	30.9	43.3	56.1	73.2
或有负债比率（％）	1.7	2.6	7.6	16.0	25.3
四、经营增长状况					
销售（营业）增长率（％）	6.1	1.9	-1.9	-10.7	-13.2
资本保值增值率（％）	112.3	106.2	101.9	98.0	90.7
销售（营业）利润增长率（％）	8.7	2.0	-9.1	-18.6	-28.6
总资产增长率（％）	18.8	13.0	8.4	-6.2	-15.0
技术投入比率（％）	0.7	0.6	0.4	0.2	0.1
五、补充资料					
存货周转率（次）	1.1	0.5	0.5	0.4	0.3
两金占流动资产比重（％）	27.7	40.3	47.2	61.1	67.3
成本费用总额占营业总收入比重（％）	74.0	83.1	85.7	98.0	105.3
经济增加值率（％）	7.9	1.2	-3.2	-5.5	-6.7
EBITDA率（％）	49.2	31.1	17.6	3.5	-2.7
资本积累率（％）	27.2	12.1	6.2	-1.8	-8.6

房地产业

范围：小型企业

项　　目	优秀值	良好值	平均值	较低值	较差值
一、盈利能力状况					
净资产收益率（％）	10.3	3.5	1.6	−0.8	−10.5
总资产报酬率（％）	4.1	1.7	1.1	−0.2	−5.5
销售（营业）利润率（％）	24.0	17.3	8.5	−4.4	−7.5
盈余现金保障倍数	1.6	1.3	1.0	−0.8	−3.6
成本费用利润率（％）	19.0	12.1	9.3	3.7	−10.4
资本收益率（％）	16.0	5.3	1.7	−0.5	−10.5
二、资产质量状况					
总资产周转率（次）	0.5	0.4	0.3	0.2	0.1
应收账款周转率（次）	20.1	10.7	5.0	2.3	0.8
不良资产比率（％）	0.1	0.4	0.8	6.8	22.9
流动资产周转率（次）	0.6	0.4	0.3	0.2	0.1
资产现金回收率（％）	5.8	1.6	1.0	−0.1	−4.2
三、债务风险状况					
资产负债率（％）	48.3	58.3	68.3	78.3	88.3
已获利息倍数	8.1	3.2	1.3	−0.3	−1.4
速动比率（％）	110.2	85.1	52.3	34.6	11.6
现金流动负债比率（％）	16.7	10.7	4.8	−1.4	−10.0
带息负债比率（％）	26.7	38.9	49.5	63.9	74.8
或有负债比率（％）	1.7	2.6	7.6	16.0	25.3
四、经营增长状况					
销售（营业）增长率（％）	3.3	0.5	−3.9	−11.5	−18.5
资本保值增值率（％）	109.7	104.0	100.5	97.8	90.4
销售（营业）利润增长率（％）	11.7	3.0	−2.1	−9.3	−17.2
总资产增长率（％）	26.9	12.8	7.5	−2.8	−8.4
技术投入比率（％）	0.7	0.6	0.4	0.2	0.1
五、补充资料					
存货周转率（次）	1.2	0.8	0.5	0.3	0.2
两金占流动资产比重（％）	4.2	29.7	49.9	59.1	66.4
成本费用总额占营业总收入比重（％）	75.1	86.1	87.0	101.9	111.9
经济增加值率（％）	7.0	−0.9	−4.3	−5.8	−7.5
EBITDA 率（％）	53.6	31.6	15.9	0.6	−18.7
资本积累率（％）	26.0	8.7	3.9	−2.2	−9.0

房地产开发业

项　　目	优秀值	良好值	平均值	较低值	较差值
一、盈利能力状况					
净资产收益率（%）	11.2	6.3	3.7	-1.0	-3.9
总资产报酬率（%）	6.9	4.3	2.7	-0.2	-0.7
销售（营业）利润率（%）	21.9	16.4	11.5	-6.9	-16.6
盈余现金保障倍数	7.3	3.7	0.8	-2.0	-7.2
成本费用利润率（%）	26.4	22.9	17.0	-5.6	-14.7
资本收益率（%）	10.5	7.5	5.0	-2.1	-14.5
二、资产质量状况					
总资产周转率（次）	0.5	0.4	0.3	0.2	0.1
应收账款周转率（次）	26.1	11.7	3.8	2.4	0.9
不良资产比率（%）	2.7	3.2	4.0	6.1	15.1
流动资产周转率（次）	0.5	0.4	0.3	0.2	0.1
资产现金回收率（%）	9.7	5.9	1.4	-0.3	-5.0
三、债务风险状况					
资产负债率（%）	48.6	58.6	68.6	78.6	88.6
已获利息倍数	5.9	4.7	3.1	0.6	-0.8
速动比率（%）	128.7	93.0	57.1	23.0	12.3
现金流动负债比率（%）	12.9	7.7	3.5	-3.2	-12.8
带息负债比率（%）	25.3	34.7	43.9	69.8	84.4
或有负债比率（%）	0.8	1.8	4.6	8.0	17.4
四、经营增长状况					
销售（营业）增长率（%）	20.6	12.3	1.9	-10.3	-18.3
资本保值增值率（%）	110.7	106.8	103.7	97.2	89.3
销售（营业）利润增长率（%）	21.6	12.1	3.3	-9.5	-17.6
总资产增长率（%）	29.3	14.3	10.2	-4.5	-12.3
技术投入比率（%）	0.7	0.5	0.3	0.2	0.1
五、补充资料					
存货周转率（次）	0.7	0.6	0.5	0.4	0.3
两金占流动资产比重（%）	35.3	43.4	52.1	62.5	72.5
成本费用总额占营业总收入比重（%）	73.7	83.3	84.7	97.9	107.1
经济增加值率（%）	4.4	-1.8	-2.1	-6.0	-7.4
EBITDA率（%）	48.7	30.5	19.3	1.0	-19.4
资本积累率（%）	28.2	9.4	7.2	-2.5	-9.7

房地产开发业

范围：大型企业

项　　目	优秀值	良好值	平均值	较低值	较差值
一、盈利能力状况					
净资产收益率（%）	19.5	12.6	8.5	3.6	-1.4
总资产报酬率（%）	6.2	3.8	3.7	1.0	-1.2
销售（营业）利润率（%）	28.2	24.5	17.7	3.7	-1.4
盈余现金保障倍数	2.5	0.9	0.6	-1.6	-5.2
成本费用利润率（%）	29.5	20.0	19.5	-36.3	-99.7
资本收益率（%）	18.0	12.8	8.7	4.5	-1.3
二、资产质量状况					
总资产周转率（次）	0.5	0.4	0.3	0.2	0.1
应收账款周转率（次）	32.5	19.6	7.3	5.1	3.7
不良资产比率（%）	2.5	3.4	4.3	5.9	14.0
流动资产周转率（次）	0.5	0.4	0.3	0.2	0.1
资产现金回收率（%）	7.8	3.8	1.8	-1.3	-5.6
三、债务风险状况					
资产负债率（%）	48.6	58.6	68.6	78.6	88.6
已获利息倍数	8.2	6.3	4.1	1.4	0.5
速动比率（%）	104.3	83.9	61.0	28.6	16.0
现金流动负债比率（%）	13.4	5.9	3.5	-3.0	-10.4
带息负债比率（%）	18.3	27.2	38.8	62.0	73.8
或有负债比率（%）	0.8	1.8	4.6	8.0	17.4
四、经营增长状况					
销售（营业）增长率（%）	17.8	9.3	5.3	-5.3	-18.6
资本保值增值率（%）	118.0	112.5	107.4	98.2	92.5
销售（营业）利润增长率（%）	23.7	14.5	5.7	-6.5	-8.0
总资产增长率（%）	27.8	19.9	12.1	-5.5	-13.9
技术投入比率（%）	0.7	0.5	0.3	0.2	0.1
五、补充资料					
存货周转率（次）	0.8	0.7	0.5	0.4	0.3
两金占流动资产比重（%）	47.8	52.8	56.2	67.8	73.2
成本费用总额占营业总收入比重（%）	73.2	80.3	84.2	100.0	117.4
经济增加值率（%）	9.0	2.4	-0.5	-5.5	-6.4
EBITDA 率（%）	41.3	32.2	20.6	7.9	-3.0
资本积累率（%）	43.4	16.8	9.2	-1.2	-6.6

房地产开发业

范围：中型企业

项　　目	优秀值	良好值	平均值	较低值	较差值
一、盈利能力状况					
净资产收益率（%）	16.9	7.4	3.4	−0.4	−2.6
总资产报酬率（%）	5.0	2.8	2.3	−0.1	−2.4
销售（营业）利润率（%）	32.5	21.7	15.4	−1.0	−4.7
盈余现金保障倍数	2.9	2.0	1.1	−1.5	−5.3
成本费用利润率（%）	32.3	19.1	15.5	−0.1	−4.7
资本收益率（%）	19.4	9.0	3.1	−4.7	−14.2
二、资产质量状况					
总资产周转率（次）	0.4	0.3	0.2	0.1	0.1
应收账款周转率（次）	33.5	20.6	7.3	4.6	1.9
不良资产比率（%）	2.8	3.1	3.5	5.6	15.8
流动资产周转率（次）	0.6	0.5	0.4	0.3	0.2
资产现金回收率（%）	7.3	2.7	1.4	−0.1	−5.7
三、债务风险状况					
资产负债率（%）	48.3	58.3	68.3	78.3	88.3
已获利息倍数	5.0	3.2	2.1	0.2	−0.6
速动比率（%）	119.8	90.9	63.4	30.1	17.3
现金流动负债比率（%）	15.0	10.6	6.2	−4.0	−12.0
带息负债比率（%）	25.4	35.8	44.3	71.3	85.7
或有负债比率（%）	0.8	1.8	4.6	8.0	17.4
四、经营增长状况					
销售（营业）增长率（%）	12.9	7.1	−4.3	−15.5	−23.7
资本保值增值率（%）	112.6	106.4	102.4	97.5	90.2
销售（营业）利润增长率（%）	12.3	0.7	−9.9	−19.4	−30.9
总资产增长率（%）	24.9	12.2	8.9	−8.3	−17.3
技术投入比率（%）	0.7	0.5	0.3	0.2	0.1
五、补充资料					
存货周转率（次）	0.7	0.6	0.5	0.4	0.3
两金占流动资产比重（%）	31.7	46.4	48.2	60.9	70.8
成本费用总额占营业总收入比重（%）	73.5	81.9	85.0	107.5	115.4
经济增加值（%）	7.3	0.6	−2.9	−5.6	−6.9
EBITDA率（%）	46.9	30.0	18.2	3.0	−5.5
资本积累率（%）	27.4	11.8	6.8	−2.3	−9.1

房地产开发业

范围：小型企业

项　　　目	优秀值	良好值	平均值	较低值	较差值
一、盈利能力状况					
净资产收益率（%）	7.9	3.6	2.0	−1.5	−9.4
总资产报酬率（%）	5.6	3.2	1.4	−0.8	−4.2
销售（营业）利润率（%）	33.1	18.2	11.3	−24.3	−111.3
盈余现金保障倍数	6.7	3.9	1.1	−1.8	−6.1
成本费用利润率（%）	22.9	16.7	10.6	−99.3	−100.0
资本收益率（%）	11.7	5.4	2.1	−4.8	−13.2
二、资产质量状况					
总资产周转率（次）	0.5	0.4	0.3	0.2	0.1
应收账款周转率（次）	22.5	8.7	1.6	1.3	0.4
不良资产比率（%）	3.8	4.1	4.5	7.8	23.2
流动资产周转率（次）	0.6	0.5	0.4	0.3	0.2
资产现金回收率（%）	9.5	5.7	1.5	−1.1	−5.1
三、债务风险状况					
资产负债率（%）	48.3	58.3	68.3	78.3	88.3
已获利息倍数	6.7	2.7	1.4	−0.3	−1.2
速动比率（%）	129.3	95.9	51.9	35.3	17.7
现金流动负债比率（%）	9.6	7.5	5.5	−2.4	−12.1
带息负债比率（%）	16.4	28.9	39.9	68.6	82.8
或有负债比率（%）	0.8	1.8	4.6	8.0	17.4
四、经营增长状况					
销售（营业）增长率（%）	6.9	−1.9	−12.0	−22.9	−33.3
资本保值增值率（%）	109.3	104.2	101.0	97.3	89.3
销售（营业）利润增长率（%）	11.8	1.9	−11.6	−20.7	−35.0
总资产增长率（%）	26.6	12.4	7.2	−2.9	−9.1
技术投入比率（%）	0.8	0.6	0.4	0.3	0.1
五、补充资料					
存货周转率（次）	0.7	0.6	0.5	0.4	0.3
两金占流动资产比重（%）	32.2	42.3	52.6	68.5	73.2
成本费用总额占营业总收入比重（%）	72.8	79.2	85.6	102.1	112.3
经济增加值率（%）	1.8	−3.0	−3.9	−6.1	−7.7
EBITDA 率（%）	39.2	32.2	17.2	−1.8	−11.5
资本积累率（%）	25.0	14.8	4.6	−2.7	−9.9

物业管理业

范围：全行业

项 目	优秀值	良好值	平均值	较低值	较差值
一、盈利能力状况					
净资产收益率（%）	12.6	8.4	4.2	-0.2	-5.9
总资产报酬率（%）	11.7	7.6	4.1	0.1	-1.2
销售（营业）利润率（%）	18.2	11.5	8.4	0.2	-5.5
盈余现金保障倍数	1.9	1.0	0.8	-0.2	-1.3
成本费用利润率（%）	21.0	12.3	7.8	0.2	-9.3
资本收益率（%）	13.1	8.5	3.8	-3.8	-11.0
二、资产质量状况					
总资产周转率（次）	1.9	1.5	0.4	0.2	0.1
应收账款周转率（次）	38.9	20.9	7.9	6.4	4.1
不良资产比率（%）	0.5	1.6	2.2	5.6	16.7
流动资产周转率（次）	2.3	1.7	0.7	0.5	0.2
资产现金回收率（%）	15.8	7.5	3.2	-0.4	-1.5
三、债务风险状况					
资产负债率（%）	48.3	58.3	68.3	78.3	88.3
已获利息倍数	6.9	4.9	1.5	-0.3	-2.9
速动比率（%）	135.6	108.4	81.0	59.6	46.7
现金流动负债比率（%）	33.3	16.8	9.1	-0.5	-9.1
带息负债比率（%）	17.3	27.4	39.9	62.6	79.4
或有负债比率（%）	0.1	2.3	4.6	7.0	16.4
四、经营增长状况					
销售（营业）增长率（%）	18.6	15.9	7.3	2.1	-3.8
资本保值增值率（%）	112.3	108.0	103.2	98.3	88.1
销售（营业）利润增长率（%）	23.5	13.5	4.0	-4.2	-13.9
总资产增长率（%）	22.7	17.7	5.8	-3.6	-9.8
技术投入比率（%）	1.1	0.9	0.7	0.6	0.4
五、补充资料					
存货周转率（次）	21.7	12.7	3.1	2.4	2.1
两金占流动资产比重（%）	4.3	9.8	25.1	36.5	48.8
成本费用总额占营业总收入比重（%）	83.8	90.0	92.2	100.4	109.5
经济增加值率（%）	8.8	4.0	-1.6	-5.1	-6.4
EBITDA率（%）	25.2	15.5	9.5	1.7	-6.5
资本积累率（%）	37.4	19.6	1.3	-1.5	-11.0

社会服务业

范围：全行业

项 目	优秀值	良好值	平均值	较低值	较差值
一、盈利能力状况					
净资产收益率（％）	12.0	6.7	2.9	-1.7	-6.1
总资产报酬率（％）	9.2	6.1	2.3	-0.5	-5.1
销售（营业）利润率（％）	18.6	13.1	7.5	-4.5	-12.4
盈余现金保障倍数	4.5	2.5	1.0	-0.1	-2.5
成本费用利润率（％）	19.8	12.9	6.9	0.6	-9.5
资本收益率（％）	15.1	7.5	3.0	-1.2	-9.1
二、资产质量状况					
总资产周转率（次）	1.9	0.9	0.3	0.2	0.1
应收账款周转率（次）	27.6	14.8	5.2	2.2	1.3
不良资产比率（％）	0.4	0.9	2.0	23.8	40.6
流动资产周转率（次）	2.8	1.7	0.5	0.3	0.2
资产现金回收率（％）	12.9	7.0	1.8	-2.8	-11.6
三、债务风险状况					
资产负债率（％）	53.3	58.3	63.3	73.3	88.3
已获利息倍数	12.6	5.1	2.6	0.1	-1.4
速动比率（％）	134.9	123.8	104.4	96.8	64.2
现金流动负债比率（％）	31.7	11.1	6.4	-3.0	-12.7
带息负债比率（％）	20.5	37.0	50.4	62.2	70.3
或有负债比率（％）	0.2	0.9	5.5	14.2	23.3
四、经营增长状况					
销售（营业）增长率（％）	15.8	11.3	1.0	-7.2	-10.3
资本保值增值率（％）	111.3	107.4	102.7	98.8	91.6
销售（营业）利润增长率（％）	13.3	10.5	-1.2	-6.4	-10.3
总资产增长率（％）	20.3	16.2	7.9	-2.5	-8.4
技术投入比率（％）	8.7	7.4	4.1	2.5	1.4
五、补充资料					
存货周转率（次）	21.0	12.4	2.5	0.9	0.3
两金占流动资产比重（％）	2.8	18.2	39.5	45.9	54.0
成本费用总额占营业总收入比重（％）	80.3	89.4	94.1	105.7	117.2
经济增加值率（％）	10.7	2.5	-3.6	-5.5	-6.9
EBITDA率（％）	48.0	28.7	9.5	2.0	-5.9
资本积累率（％）	25.3	12.1	5.9	-1.1	-7.9

社会服务业

范围：大型企业

项　　目	优秀值	良好值	平均值	较低值	较差值
一、盈利能力状况					
净资产收益率（%）	14.2	9.8	3.2	0.2	-6.0
总资产报酬率（%）	11.0	6.9	2.8	0.1	-3.4
销售（营业）利润率（%）	22.4	13.4	7.5	-5.2	-12.2
盈余现金保障倍数	2.9	1.7	1.3	-0.4	-1.8
成本费用利润率（%）	24.3	14.2	7.6	1.1	-4.7
资本收益率（%）	21.1	12.1	3.7	1.2	-4.3
二、资产质量状况					
总资产周转率（次）	0.9	0.7	0.3	0.2	0.1
应收账款周转率（次）	17.1	11.0	5.5	3.1	2.1
不良资产比率（%）	0.1	0.5	2.0	7.3	20.4
流动资产周转率（次）	1.4	1.1	0.6	0.3	0.2
资产现金回收率（%）	9.0	5.5	2.7	-0.3	-6.1
三、债务风险状况					
资产负债率（%）	53.3	58.3	63.3	73.3	88.3
已获利息倍数	7.8	5.7	2.7	1.3	0.6
速动比率（%）	138.6	125.6	104.5	92.9	71.8
现金流动负债比率（%）	25.6	16.2	8.7	-2.9	-13.1
带息负债比率（%）	21.3	40.4	54.1	64.4	73.9
或有负债比率（%）	0.2	0.9	5.5	14.2	23.3
四、经营增长状况					
销售（营业）增长率（%）	13.7	7.9	1.3	-7.8	-17.3
资本保值增值率（%）	115.4	112.5	104.9	100.2	97.4
销售（营业）利润增长率（%）	7.6	4.6	1.7	-14.0	-17.6
总资产增长率（%）	18.5	14.5	9.3	0.1	-3.4
技术投入比率（%）	8.7	7.4	4.1	2.5	1.4
五、补充资料					
存货周转率（次）	26.4	14.8	3.8	1.2	0.6
两金占流动资产比重（%）	9.3	22.2	38.2	44.7	52.3
成本费用总额占营业总收入比重（%）	88.3	92.2	94.1	100.7	105.1
经济增加值率（%）	11.3	5.8	-2.3	-4.8	-5.5
EBITDA 率（%）	45.4	24.4	9.7	5.8	-1.0
资本积累率（%）	21.1	13.0	6.5	0.2	-2.3

社会服务业

范围：中型企业

项　　目	优秀值	良好值	平均值	较低值	较差值
一、盈利能力状况					
净资产收益率（%）	14.4	9.0	2.3	-4.6	-8.0
总资产报酬率（%）	8.0	4.9	1.6	-4.2	-6.4
销售（营业）利润率（%）	16.5	12.8	4.7	-4.8	-12.9
盈余现金保障倍数	2.4	1.2	0.8	-0.2	-1.4
成本费用利润率（%）	18.3	13.3	5.7	-0.6	-8.1
资本收益率（%）	14.9	9.0	2.3	-2.6	-7.0
二、资产质量状况					
总资产周转率（次）	0.9	0.6	0.3	0.2	0.1
应收账款周转率（次）	22.0	12.0	5.2	2.7	1.8
不良资产比率（%）	0.4	0.5	2.0	16.6	41.6
流动资产周转率（次）	1.5	1.1	0.5	0.3	0.2
资产现金回收率（%）	9.3	4.5	1.1	-0.8	-8.9
三、债务风险状况					
资产负债率（%）	53.3	58.3	63.3	73.3	88.3
已获利息倍数	8.9	7.2	1.7	0.6	-0.7
速动比率（%）	137.5	125.4	111.5	96.4	69.9
现金流动负债比率（%）	30.9	15.1	5.0	-0.9	-9.1
带息负债比率（%）	18.6	37.0	53.4	64.6	70.7
或有负债比率（%）	0.2	0.9	5.5	14.2	23.3
四、经营增长状况					
销售（营业）增长率（%）	13.5	8.6	0.8	-8.8	-13.9
资本保值增值率（%）	112.8	108.3	103.7	99.5	94.8
销售（营业）利润增长率（%）	7.3	4.3	0.6	-15.5	-18.5
总资产增长率（%）	22.8	17.0	7.8	-5.8	-14.0
技术投入比率（%）	8.7	7.4	4.1	2.5	1.4
五、补充资料					
存货周转率（次）	21.2	11.0	1.6	0.9	0.6
两金占流动资产比重（%）	3.2	16.3	42.0	49.7	58.8
成本费用总额占营业总收入比重（%）	85.5	91.4	94.7	108.0	112.2
经济增加值率（%）	11.5	4.8	-2.5	-5.4	-5.8
EBITDA 率（%）	41.1	24.7	8.8	4.2	-1.0
资本积累率（%）	24.0	13.4	4.9	-0.3	-14.5

社会服务业

范围：小型企业

项　　　目	优秀值	良好值	平均值	较低值	较差值
一、盈利能力状况					
净资产收益率（%）	11.8	6.4	1.5	-4.4	-7.6
总资产报酬率（%）	8.6	3.8	1.2	-4.0	-6.2
销售（营业）利润率（%）	13.4	9.7	3.9	-3.5	-7.7
盈余现金保障倍数	1.8	0.8	0.7	-0.2	-1.4
成本费用利润率（%）	13.1	8.2	4.9	-1.0	-18.7
资本收益率（%）	15.7	7.4	1.4	-2.5	-10.5
二、资产质量状况					
总资产周转率（次）	0.9	0.5	0.3	0.2	0.1
应收账款周转率（次）	25.7	12.6	5.0	2.1	1.2
不良资产比率（%）	0.6	1.0	2.0	25.2	26.3
流动资产周转率（次）	1.3	0.8	0.4	0.3	0.2
资产现金回收率（%）	8.7	2.6	0.8	-0.2	-3.6
三、债务风险状况					
资产负债率（%）	53.3	58.3	63.3	73.3	88.3
已获利息倍数	9.9	3.9	1.3	-0.2	-2.6
速动比率（%）	127.3	116.5	103.9	99.6	67.0
现金流动负债比率（%）	34.5	11.1	5.2	-1.1	-15.1
带息负债比率（%）	21.4	37.4	47.6	61.2	69.0
或有负债比率（%）	0.2	0.9	5.5	14.2	23.3
四、经营增长状况					
销售（营业）增长率（%）	11.7	5.7	-0.4	-6.1	-10.4
资本保值增值率（%）	107.7	104.4	101.9	98.9	91.8
销售（营业）利润增长率（%）	3.5	1.5	-3.1	-12.6	-16.3
总资产增长率（%）	25.1	15.9	7.7	-7.0	-16.9
技术投入比率（%）	8.7	7.4	4.1	2.5	1.4
五、补充资料					
存货周转率（次）	20.4	10.6	1.7	0.9	0.3
两金占流动资产比重（%）	0.2	16.8	43.6	51.6	58.2
成本费用总额占营业总收入比重（%）	79.7	88.8	92.6	115.5	118.1
经济增加值率（%）	11.0	2.5	-4.1	-5.5	-7.0
EBITDA率（%）	47.4	29.2	9.0	1.4	-8.4
资本积累率（%）	27.1	13.1	5.1	-1.0	-7.8

信息咨询服务业

范围：全行业

项　　　目	优秀值	良好值	平均值	较低值	较差值
一、盈利能力状况					
净资产收益率（%）	21.8	11.0	3.5	-1.5	-7.6
总资产报酬率（%）	13.1	5.5	1.7	-1.3	-4.2
销售（营业）利润率（%）	27.7	19.3	9.3	0.2	-4.4
盈余现金保障倍数	1.3	1.1	0.9	-0.4	-2.1
成本费用利润率（%）	17.9	13.7	8.3	0.1	-8.5
资本收益率（%）	15.8	8.3	4.3	0.6	-16.0
二、资产质量状况					
总资产周转率（次）	0.8	0.5	0.2	0.1	0.1
应收账款周转率（次）	17.6	9.0	4.0	2.2	1.4
不良资产比率（%）	0.5	1.4	2.5	3.9	15.1
流动资产周转率（次）	1.0	0.7	0.4	0.3	0.2
资产现金回收率（%）	17.0	6.0	1.5	-0.2	-5.9
三、债务风险状况					
资产负债率（%）	53.3	58.3	63.3	73.3	88.3
已获利息倍数	3.6	3.1	1.7	-0.2	-1.1
速动比率（%）	135.8	104.7	94.7	64.3	38.6
现金流动负债比率（%）	36.1	26.1	7.6	-6.5	-19.1
带息负债比率（%）	15.0	32.1	44.1	65.1	80.4
或有负债比率（%）	2.3	3.3	8.0	16.6	25.8
四、经营增长状况					
销售（营业）增长率（%）	18.8	8.9	-2.9	-12.6	-25.4
资本保值增值率（%）	113.1	105.0	102.4	100.4	98.4
销售（营业）利润增长率（%）	27.6	15.5	0.7	-19.5	-31.8
总资产增长率（%）	20.3	13.9	5.2	-2.7	-11.1
技术投入比率（%）	12.4	9.7	7.0	5.9	4.5
五、补充资料					
存货周转率（次）	21.4	13.9	6.9	4.3	3.1
两金占流动资产比重（%）	5.5	10.6	31.2	39.9	42.2
成本费用总额占营业总收入比重（%）	64.4	76.6	91.9	101.5	106.4
经济增加值率（%）	19.6	6.3	-2.4	-5.5	-7.2
EBITDA 率（%）	31.3	25.5	11.0	-1.4	-13.4
资本积累率（%）	34.9	15.1	5.3	-1.6	-9.1

公共设施管理业

范围：全行业

项 目	优秀值	良好值	平均值	较低值	较差值
一、盈利能力状况					
净资产收益率（%）	7.3	1.9	0.7	-5.1	-11.4
总资产报酬率（%）	2.6	0.9	0.5	-3.8	-7.7
销售（营业）利润率（%）	19.8	11.1	8.2	0.2	-11.3
盈余现金保障倍数	1.3	1.0	0.7	-0.1	-0.8
成本费用利润率（%）	19.3	9.5	7.5	2.9	-3.2
资本收益率（%）	8.6	2.1	1.0	-5.9	-11.9
二、资产质量状况					
总资产周转率（次）	0.5	0.4	0.3	0.2	0.1
应收账款周转率（次）	12.9	7.5	0.8	0.4	0.3
不良资产比率（%）	0.3	0.8	1.0	2.5	3.8
流动资产周转率（次）	0.8	0.5	0.4	0.3	0.2
资产现金回收率（%）	3.2	0.8	0.5	0.1	-0.2
三、债务风险状况					
资产负债率（%）	53.3	58.3	63.3	73.3	88.3
已获利息倍数	5.1	3.5	1.7	0.2	-3.4
速动比率（%）	156.0	132.7	111.9	88.7	62.2
现金流动负债比率（%）	15.6	9.2	2.8	-6.0	-17.7
带息负债比率（%）	13.2	32.4	54.7	62.1	78.7
或有负债比率（%）	0.1	2.3	4.6	13.3	22.4
四、经营增长状况					
销售（营业）增长率（%）	22.2	10.9	3.0	-5.8	-13.9
资本保值增值率（%）	106.1	104.1	100.9	99.4	94.3
销售（营业）利润增长率（%）	20.3	15.3	7.6	-0.1	-10.0
总资产增长率（%）	24.0	15.0	7.6	-4.7	-13.3
技术投入比率（%）	1.7	1.1	0.6	0.3	0.1
五、补充资料					
存货周转率（次）	25.5	12.3	1.9	1.5	1.0
两金占流动资产比重（%）	8.0	31.3	51.7	57.6	71.9
成本费用总额占营业总收入比重（%）	86.1	92.9	95.8	104.2	115.9
经济增加值率（%）	1.6	-3.4	-4.8	-5.6	-6.5
EBITDA率（%）	30.2	22.3	12.7	-9.0	-14.9
资本积累率（%）	27.1	10.9	3.4	-6.5	-18.3

科研设计企业

范围：全行业

项　　目	优秀值	良好值	平均值	较低值	较差值
一、盈利能力状况					
净资产收益率（%）	15.4	9.4	7.1	2.0	-8.9
总资产报酬率（%）	9.0	5.8	4.1	1.9	-2.6
销售（营业）利润率（%）	16.9	11.9	6.4	2.4	-6.7
盈余现金保障倍数	2.6	1.6	1.2	0.9	-1.9
成本费用利润率（%）	19.0	13.0	6.8	2.2	-9.3
资本收益率（%）	19.8	14.1	10.3	1.7	-5.5
二、资产质量状况					
总资产周转率（次）	1.3	1.0	0.6	0.4	0.2
应收账款周转率（次）	12.0	7.8	4.6	2.5	1.8
不良资产比率（%）	0.1	0.8	1.5	2.7	5.5
流动资产周转率（次）	1.6	1.3	1.0	0.6	0.3
资产现金回收率（%）	13.1	8.5	4.9	0.9	-4.9
三、债务风险状况					
资产负债率（%）	49.3	58.3	63.3	73.3	88.3
已获利息倍数	9.1	6.5	3.8	0.2	-5.7
速动比率（%）	148.8	137.1	105.6	97.1	86.4
现金流动负债比率（%）	26.9	17.6	10.9	1.0	-11.1
带息负债比率（%）	2.4	11.6	19.5	32.0	47.9
或有负债比率（%）	0.4	1.9	6.5	10.1	16.1
四、经营增长状况					
销售（营业）增长率（%）	11.5	8.4	5.9	2.4	-6.9
资本保值增值率（%）	116.4	110.6	105.7	100.8	97.5
销售（营业）利润增长率（%）	6.9	3.9	2.1	-1.1	-6.5
总资产增长率（%）	21.0	13.9	9.6	-0.3	-5.6
技术投入比率（%）	10.9	8.7	7.5	4.5	3.5
五、补充资料					
存货周转率（次）	25.3	17.3	6.3	4.8	3.0
两金占流动资产比重（%）	5.5	17.4	28.0	35.6	42.0
成本费用总额占营业总收入比重（%）	85.2	89.4	93.6	98.3	100.2
经济增加值率（%）	10.4	6.9	4.6	-4.8	-11.8
EBITDA率（%）	21.8	15.6	9.2	4.6	-1.8
资本积累率（%）	20.6	13.7	7.3	-8.1	-20.7

工程管理服务业

范围：全行业

项　　目	优秀值	良好值	平均值	较低值	较差值
一、盈利能力状况					
净资产收益率（%）	13.0	8.9	6.0	2.9	0.5
总资产报酬率（%）	12.8	7.8	3.0	0.9	-0.4
销售（营业）利润率（%）	27.6	17.7	8.1	2.8	0.9
盈余现金保障倍数	2.6	2.0	1.5	-0.2	-1.2
成本费用利润率（%）	14.5	10.1	7.2	1.7	-0.6
资本收益率（%）	22.5	15.1	6.9	3.6	-3.6
二、资产质量状况					
总资产周转率（次）	1.1	0.8	0.4	0.2	0.1
应收账款周转率（次）	10.7	7.9	4.2	2.3	1.6
不良资产比率（%）	0.3	0.4	0.7	2.2	3.4
流动资产周转率（次）	1.3	1.0	0.6	0.3	0.2
资产现金回收率（%）	11.7	5.0	3.9	-0.1	-4.7
三、债务风险状况					
资产负债率（%）	53.3	58.3	63.3	73.3	88.3
已获利息倍数	7.6	6.0	3.0	1.0	-3.3
速动比率（%）	147.7	127.4	108.6	91.1	81.6
现金流动负债比率（%）	22.8	13.2	8.6	-1.7	-14.1
带息负债比率（%）	12.0	18.8	31.3	47.4	60.0
或有负债比率（%）	1.6	2.4	4.7	6.8	10.5
四、经营增长状况					
销售（营业）增长率（%）	10.5	6.2	1.3	-7.8	-15.1
资本保值增值率（%）	112.2	108.2	105.1	101.6	98.3
销售（营业）利润增长率（%）	12.0	9.6	5.8	-5.4	-10.7
总资产增长率（%）	14.7	7.5	4.9	-2.9	-10.6
技术投入比率（%）	8.5	6.6	2.8	2.3	1.0
五、补充资料					
存货周转率（次）	16.9	11.8	2.6	1.8	0.8
两金占流动资产比重（%）	19.6	27.1	31.6	43.2	48.5
成本费用总额占营业总收入比重（%）	75.5	82.9	93.1	97.7	100.2
经济增加值率（%）	19.6	11.2	-0.6	-4.9	-5.5
EBITDA率（%）	36.1	23.8	7.4	4.8	2.4
资本积累率（%）	31.8	17.0	4.1	-2.7	-10.3

大旅游

范围：全行业

项　目	优秀值	良好值	平均值	较低值	较差值
一、盈利能力状况					
净资产收益率（%）	1.6	-0.5	-2.5	-6.9	-14.3
总资产报酬率（%）	0.9	-0.3	-2.2	-6.8	-11.8
销售（营业）利润率（%）	2.0	-1.5	-2.3	-4.7	-8.5
盈余现金保障倍数	1.5	1.3	1.0	-0.4	-2.1
成本费用利润率（%）	2.8	-0.3	-2.5	-4.6	-6.1
资本收益率（%）	1.8	1.2	0.7	-8.3	-17.9
二、资产质量状况					
总资产周转率（次）	0.7	0.4	0.3	0.2	0.1
应收账款周转率（次）	11.3	8.5	6.2	3.9	0.3
不良资产比率（%）	0.1	0.9	1.8	4.1	5.4
流动资产周转率（次）	1.6	1.1	0.5	0.3	0.2
资产现金回收率（%）	3.9	2.8	1.8	-2.2	-6.8
三、债务风险状况					
资产负债率（%）	53.3	58.3	63.3	73.3	88.3
已获利息倍数	2.0	1.3	0.6	-5.4	-16.4
速动比率（%）	110.3	106.1	93.9	85.1	76.0
现金流动负债比率（%）	11.9	8.8	5.8	-6.6	-16.3
带息负债比率（%）	22.1	34.2	42.6	46.5	50.7
或有负债比率（%）	0.1	0.5	1.0	1.9	3.3
四、经营增长状况					
销售（营业）增长率（%）	7.7	-9.7	-18.3	-24.8	-28.4
资本保值增值率（%）	113.8	103.1	99.3	92.7	89.8
销售（营业）利润增长率（%）	10.7	-2.0	-8.9	-22.8	-33.7
总资产增长率（%）	12.9	9.6	6.4	-3.5	-11.0
技术投入比率（%）	0.5	0.4	0.3	0.2	0.1
五、补充资料					
存货周转率（次）	9.6	5.4	2.5	0.5	0.3
两金占流动资产比重（%）	0.5	9.5	29.6	29.6	44.2
成本费用总额占营业总收入比重（%）	95.9	97.4	97.9	100.9	104.1
经济增加值率（%）	5.8	-1.3	-5.2	-9.5	-15.3
EBITDA率（%）	13.3	10.1	7.8	2.2	-0.6
资本积累率（%）	13.9	3.0	-0.4	-13.0	-13.5

大旅游

范围：大型企业

项　　目	优秀值	良好值	平均值	较低值	较差值
一、盈利能力状况					
净资产收益率（％）	1.8	1.3	0.9	-8.3	-12.5
总资产报酬率（％）	1.4	1.0	0.6	-3.5	-6.3
销售（营业）利润率（％）	3.1	2.8	2.5	-2.2	-10.5
盈余现金保障倍数	1.9	1.5	1.1	-1.2	-3.7
成本费用利润率（％）	5.3	3.1	1.0	-4.4	-7.0
资本收益率（％）	2.2	1.2	1.0	-5.6	-11.1
二、资产质量状况					
总资产周转率（次）	0.5	0.4	0.3	0.2	0.1
应收账款周转率（次）	15.3	12.5	9.9	6.7	5.4
不良资产比率（％）	0.1	0.9	1.8	4.1	5.4
流动资产周转率（次）	1.4	1.0	0.4	0.3	0.2
资产现金回收率（％）	2.6	1.4	0.6	-3.7	-7.4
三、债务风险状况					
资产负债率（％）	53.3	58.3	63.3	73.3	88.3
已获利息倍数	2.0	1.6	0.9	-3.3	-7.6
速动比率（％）	117.4	110.4	97.5	87.4	77.8
现金流动负债比率（％）	17.3	13.1	8.9	-6.1	-19.1
带息负债比率（％）	24.6	36.9	41.9	48.9	53.2
或有负债比率（％）	0.3	1.0	1.4	2.0	3.6
四、经营增长状况					
销售（营业）增长率（％）	-3.5	-9.1	-14.8	-22.8	-28.0
资本保值增值率（％）	105.5	100.6	99.9	89.1	83.1
销售（营业）利润增长率（％）	-3.0	-3.4	-3.7	-17.8	-28.6
总资产增长率（％）	11.0	8.9	6.7	-5.5	-7.3
技术投入比率（％）	0.5	0.4	0.3	0.2	0.1
五、补充资料					
存货周转率（次）	10.0	6.1	0.8	0.5	0.3
两金占流动资产比重（％）	7.8	11.7	29.7	32.4	33.3
成本费用总额占营业总收入比重（％）	93.5	95.4	96.0	98.7	101.8
经济增加值率（％）	5.9	0.6	-4.5	-9.1	-14.1
EBITDA率（％）	13.8	10.7	8.3	-11.7	-21.0
资本积累率（％）	5.2	0.9	-0.7	-11.0	-17.0

大旅游

范围：中型企业

项　　目	优秀值	良好值	平均值	较低值	较差值
一、盈利能力状况					
净资产收益率（%）	1.8	0.2	-1.2	-7.3	-13.9
总资产报酬率（%）	1.1	0.1	-0.6	-5.4	-9.4
销售（营业）利润率（%）	2.2	0.5	-1.2	-4.7	-15.9
盈余现金保障倍数	2.5	2.0	1.5	-0.5	-1.2
成本费用利润率（%）	3.6	0.2	-6.9	-10.6	-19.4
资本收益率（%）	1.9	0.5	-1.2	-9.6	-18.0
二、资产质量状况					
总资产周转率（次）	0.7	0.4	0.3	0.2	0.1
应收账款周转率（次）	27.4	20.3	11.6	5.9	4.5
不良资产比率（%）	0.2	0.5	2.6	4.6	5.7
流动资产周转率（次）	1.8	1.3	0.4	0.3	0.2
资产现金回收率（%）	5.6	2.9	1.8	-1.5	-4.4
三、债务风险状况					
资产负债率（%）	53.3	58.3	63.3	73.3	88.3
已获利息倍数	1.5	0.3	-0.1	-5.1	-13.3
速动比率（%）	101.8	95.6	85.3	76.5	65.5
现金流动负债比率（%）	20.0	7.8	4.9	-3.4	-13.5
带息负债比率（%）	29.0	35.3	42.0	53.7	57.7
或有负债比率（%）	0.1	0.5	0.9	1.7	3.2
四、经营增长状况					
销售（营业）增长率（%）	-7.5	-17.8	-24.0	-28.3	-40.4
资本保值增值率（%）	104.3	101.6	97.8	93.0	86.3
销售（营业）利润增长率（%）	-5.3	-15.2	-24.0	-37.6	-48.8
总资产增长率（%）	14.5	3.9	1.8	-6.6	-11.5
技术投入比率（%）	0.5	0.4	0.3	0.2	0.1
五、补充资料					
存货周转率（次）	10.1	5.7	1.0	0.5	0.3
两金占流动资产比重（%）	1.7	10.8	29.9	43.7	49.5
成本费用总额占营业总收入比重（%）	98.9	100.8	100.9	104.3	107.2
经济增加值率（%）	-0.5	-4.1	-6.7	-13.4	-20.1
EBITDA 率（%）	18.3	9.4	6.2	-8.5	-17.1
资本积累率（%）	16.3	4.3	-2.9	-12.2	-15.9

大旅游

项　　目	优秀值	良好值	平均值	较低值	较差值
一、盈利能力状况					
净资产收益率（％）	1.4	-0.7	-2.8	-12.1	-22.5
总资产报酬率（％）	0.8	-0.5	-2.7	-7.7	-13.6
销售（营业）利润率（％）	1.0	0.3	-2.4	-4.6	-14.0
盈余现金保障倍数	5.9	2.7	0.6	-0.4	-1.4
成本费用利润率（％）	2.0	-1.3	-7.1	-14.3	-18.5
资本收益率（％）	1.7	1.1	1.0	-8.7	-19.5
二、资产质量状况					
总资产周转率（次）	0.8	0.4	0.3	0.2	0.1
应收账款周转率（次）	22.3	15.3	6.0	1.7	0.6
不良资产比率（％）	0.1	0.7	1.4	4.0	5.3
流动资产周转率（次）	1.6	1.2	0.5	0.3	0.2
资产现金回收率（％）	3.3	1.6	0.3	-2.9	-8.1
三、债务风险状况					
资产负债率（％）	53.3	58.3	63.3	73.3	88.3
已获利息倍数	3.2	2.0	0.8	-2.7	-10.4
速动比率（％）	114.7	102.8	93.6	85.6	75.4
现金流动负债比率（％）	7.8	5.1	2.4	-8.2	-22.7
带息负债比率（％）	34.4	40.6	47.2	58.9	62.7
或有负债比率（％）	0.1	0.5	0.9	1.7	3.1
四、经营增长状况					
销售（营业）增长率（％）	3.0	-12.6	-23.2	-28.0	-36.3
资本保值增值率（％）	107.9	104.7	99.5	92.9	89.1
销售（营业）利润增长率（％）	2.7	-7.0	-34.1	-47.9	-58.8
总资产增长率（％）	13.1	10.0	6.8	-11.7	-24.8
技术投入比率（％）	0.5	0.4	0.3	0.2	0.1
五、补充资料					
存货周转率（次）	10.6	6.2	4.8	3.2	0.9
两金占流动资产比重（％）	19.4	24.3	28.5	35.7	46.0
成本费用总额占营业总收入比重（％）	99.3	100.3	101.3	104.4	107.6
经济增加值率（％）	3.8	-3.4	-4.9	-13.9	-16.9
EBITDA 率（％）	14.6	10.2	7.7	-4.3	-16.3
资本积累率（％）	16.0	3.7	1.4	-6.2	-11.8

投资公司

范围：全行业

项　　目	优秀值	良好值	平均值	较低值	较差值
一、盈利能力状况					
净资产收益率（%）	8.3	5.4	2.3	-2.2	-7.5
总资产报酬率（%）	7.8	4.4	1.8	-2.1	-7.0
销售（营业）利润率（%）	16.8	12.0	8.3	1.6	-2.2
盈余现金保障倍数	5.6	2.4	0.9	-0.5	-5.2
成本费用利润率（%）	16.9	10.8	7.3	-1.1	-11.9
资本收益率（%）	10.5	7.0	2.8	-1.9	-8.4
二、资产质量状况					
总资产周转率（次）	0.6	0.5	0.3	0.2	0.1
应收账款周转率（次）	8.9	5.6	2.8	1.1	0.3
不良资产比率（%）	0.1	1.5	3.0	8.3	12.6
流动资产周转率（次）	1.1	0.7	0.4	0.3	0.2
资产现金回收率（%）	6.6	3.2	1.5	-1.0	-10.6
三、债务风险状况					
资产负债率（%）	53.3	58.3	63.3	73.3	88.3
已获利息倍数	5.8	3.0	1.8	0.4	-0.3
速动比率（%）	148.0	115.0	93.9	63.7	34.8
现金流动负债比率（%）	25.8	16.9	6.7	-2.0	-14.1
带息负债比率（%）	33.5	47.5	58.0	77.0	90.2
或有负债比率（%）	0.4	1.3	4.5	9.6	16.7
四、经营增长状况					
销售（营业）增长率（%）	15.8	7.2	2.1	-9.2	-17.5
资本保值增值率（%）	106.6	103.5	101.7	98.6	95.3
销售（营业）利润增长率（%）	14.2	5.8	2.1	-4.3	-16.0
总资产增长率（%）	24.1	16.1	7.8	-0.6	-4.9
技术投入比率（%）	1.7	1.3	1.0	0.6	0.3
五、补充资料					
存货周转率（次）	8.0	4.5	2.0	1.5	0.5
两金占流动资产比重（%）	15.2	28.5	47.5	56.0	65.0
成本费用总额占营业总收入比重（%）	74.1	83.3	94.1	103.2	111.7
经济增加值率（%）	5.7	2.8	-0.6	-3.8	-8.7
EBITDA率（%）	23.5	16.5	11.4	4.0	-5.5
资本积累率（%）	18.5	12.7	5.3	-5.8	-14.3

公益性投资公司

范围：全行业

项　　目	优秀值	良好值	平均值	较低值	较差值
一、盈利能力状况					
净资产收益率（%）	4.0	1.8	0.7	-5.0	-10.5
总资产报酬率（%）	3.3	1.5	0.5	-4.7	-8.9
销售（营业）利润率（%）	12.8	7.8	3.6	-2.3	-11.9
盈余现金保障倍数	6.7	3.6	1.0	-0.9	-7.8
成本费用利润率（%）	12.4	8.5	4.9	-4.7	-13.6
资本收益率（%）	4.5	2.0	1.2	-3.5	-9.4
二、资产质量状况					
总资产周转率（次）	0.5	0.4	0.3	0.2	0.1
应收账款周转率（次）	6.3	3.6	1.4	0.5	0.3
不良资产比率（%）	0.1	0.8	2.0	7.9	12.7
流动资产周转率（次）	0.8	0.6	0.4	0.3	0.2
资产现金回收率（%）	6.3	2.4	0.4	-4.9	-13.2
三、债务风险状况					
资产负债率（%）	53.6	58.6	63.6	73.6	88.6
已获利息倍数	5.6	3.5	1.4	-0.9	-3.2
速动比率（%）	163.5	141.9	122.2	97.4	74.8
现金流动负债比率（%）	16.4	8.2	3.1	-8.0	-18.9
带息负债比率（%）	30.0	42.0	59.9	70.9	78.6
或有负债比率（%）	0.3	1.2	3.3	8.7	15.5
四、经营增长状况					
销售（营业）增长率（%）	17.4	10.1	4.6	-6.1	-22.6
资本保值增值率（%）	103.9	101.8	100.0	94.4	90.3
销售（营业）利润增长率（%）	13.9	3.6	2.0	-3.5	-15.0
总资产增长率（%）	19.7	11.2	5.1	-4.2	-13.9
技术投入比率（%）	1.2	0.8	0.4	0.3	0.2
五、补充资料					
存货周转率（次）	5.6	2.8	0.7	0.5	0.3
两金占流动资产比重（%）	15.1	31.5	48.0	64.3	74.7
成本费用总额占营业总收入比重（%）	84.9	92.3	98.0	105.3	115.5
经济增加值率（%）	0.7	-1.3	-2.0	-6.7	-11.3
EBITDA 率（%）	11.5	7.9	4.3	-0.4	-8.3
资本积累率（%）	12.9	7.8	3.4	-2.5	-7.6

经营性投资公司

范围：全行业

项　　目	优秀值	良好值	平均值	较低值	较差值
一、盈利能力状况					
净资产收益率（％）	8.6	5.7	2.5	-2.8	-8.1
总资产报酬率（％）	6.8	4.3	2.0	-2.7	-8.0
销售（营业）利润率（％）	17.1	12.9	7.9	2.2	-4.5
盈余现金保障倍数	8.5	4.0	0.8	-0.6	-4.0
成本费用利润率（％）	17.8	11.7	7.0	3.0	-9.5
资本收益率（％）	13.6	6.5	3.5	-1.9	-6.8
二、资产质量状况					
总资产周转率（次）	0.5	0.4	0.3	0.2	0.1
应收账款周转率（次）	13.7	9.2	6.0	2.4	0.4
不良资产比率（％）	0.3	1.5	3.0	5.6	11.4
流动资产周转率（次）	1.4	1.0	0.6	0.4	0.2
资产现金回收率（％）	8.4	3.4	1.5	-1.6	-9.4
三、债务风险状况					
资产负债率（％）	53.2	58.2	63.2	73.2	88.2
已获利息倍数	6.9	4.5	2.2	0.4	-1.7
速动比率（％）	153.0	124.0	96.3	66.3	44.3
现金流动负债比率（％）	44.7	33.5	24.6	13.0	9.5
带息负债比率（％）	23.9	34.8	53.7	68.9	79.0
或有负债比率（％）	0.4	1.4	4.5	9.3	16.4
四、经营增长状况					
销售（营业）增长率（％）	21.8	13.4	6.6	-6.1	-18.8
资本保值增值率（％）	107.0	105.0	103.0	101.0	93.3
销售（营业）利润增长率（％）	18.0	9.2	3.6	-6.9	-17.9
总资产增长率（％）	22.6	14.8	7.8	-4.3	-19.3
技术投入比率（％）	1.8	1.4	1.0	0.6	0.3
五、补充资料					
存货周转率（次）	8.5	5.6	2.3	0.9	0.3
两金占流动资产比重（％）	15.7	29.8	46.5	58.6	70.6
成本费用总额占营业总收入比重（％）	72.3	82.0	91.8	101.4	110.0
经济增加值率（％）	5.0	2.4	0.1	-4.8	-9.5
EBITDA率（％）	24.1	18.5	12.6	4.9	-3.5
资本积累率（％）	17.9	12.3	5.4	-1.6	-7.7

资产管理公司

项　　　目	优秀值	良好值	平均值	较低值	较差值
一、盈利能力状况					
净资产收益率（%）	9.6	6.5	3.5	-1.9	-6.8
总资产报酬率（%）	8.4	5.3	3.0	-1.4	-6.4
销售（营业）利润率（%）	16.0	13.0	8.7	4.2	-2.9
盈余现金保障倍数	7.5	3.5	1.3	0.1	-7.1
成本费用利润率（%）	18.9	14.2	9.4	1.2	-9.1
资本收益率（%）	11.1	7.9	4.7	-1.1	-8.0
二、资产质量状况					
总资产周转率（次）	0.7	0.5	0.3	0.2	0.1
应收账款周转率（次）	11.0	7.2	4.0	0.8	0.3
不良资产比率（%）	0.8	2.2	4.0	9.2	14.3
流动资产周转率（次）	1.5	1.1	0.7	0.4	0.2
资产现金回收率（%）	7.8	3.2	1.2	-0.1	-9.5
三、债务风险状况					
资产负债率（%）	53.2	58.2	63.2	73.2	88.2
已获利息倍数	7.5	5.5	3.4	1.4	-2.4
速动比率（%）	135.0	106.0	71.8	50.8	30.5
现金流动负债比率（%）	16.6	10.3	4.5	-3.2	-9.6
带息负债比率（%）	19.5	31.0	45.6	61.8	73.3
或有负债比率（%）	0.6	1.6	5.3	10.4	17.5
四、经营增长状况					
销售（营业）增长率（%）	22.9	13.1	5.6	-8.4	-25.3
资本保值增值率（%）	109.5	106.8	102.6	97.1	93.2
销售（营业）利润增长率（%）	15.8	8.6	2.9	-9.1	-23.0
总资产增长率（%）	16.9	11.2	4.3	-7.9	-20.3
技术投入比率（%）	1.6	1.1	0.8	0.5	0.2
五、补充资料					
存货周转率（次）	8.2	5.5	2.2	0.8	0.3
两金占流动资产比重（%）	8.2	16.2	47.0	55.3	57.9
成本费用总额占营业总收入比重（%）	78.0	87.5	96.5	106.1	115.5
经济增加值率（%）	6.5	3.3	0.5	-3.9	-8.1
EBITDA 率（%）	22.6	14.0	9.0	2.7	-5.5
资本积累率（%）	19.0	13.8	6.3	-0.7	-6.2

地质勘查业

范围：全行业

项　　目	优秀值	良好值	平均值	较低值	较差值
一、盈利能力状况					
净资产收益率（%）	11.4	7.9	3.6	1.1	-3.6
总资产报酬率（%）	6.1	4.2	2.3	0.6	-2.2
销售（营业）利润率（%）	12.6	9.1	3.6	1.2	-5.1
盈余现金保障倍数	3.2	2.2	1.3	-0.3	-1.5
成本费用利润率（%）	13.9	9.3	3.8	0.6	-5.6
资本收益率（%）	11.7	8.3	4.7	1.1	-3.5
二、资产质量状况					
总资产周转率（次）	0.9	0.6	0.4	0.2	0.1
应收账款周转率（次）	8.0	5.2	3.4	1.5	1.0
不良资产比率（%）	1.1	1.9	5.5	8.9	17.8
流动资产周转率（次）	1.2	0.9	0.7	0.3	0.2
资产现金回收率（%）	7.4	3.0	1.3	-0.1	-3.2
三、债务风险状况					
资产负债率（%）	53.3	58.3	63.3	73.3	88.3
已获利息倍数	6.3	4.5	2.4	0.8	-1.6
速动比率（%）	108.3	99.9	93.0	87.9	66.8
现金流动负债比率（%）	18.1	14.0	9.8	-2.8	-11.3
带息负债比率（%）	15.7	22.7	34.7	44.8	58.4
或有负债比率（%）	0.9	2.2	4.6	13.3	22.4
四、经营增长状况					
销售（营业）增长率（%）	13.7	5.6	0.6	-5.0	-15.8
资本保值增值率（%）	111.5	106.6	102.6	101.0	96.9
销售（营业）利润增长率（%）	14.0	6.1	2.0	1.5	-12.4
总资产增长率（%）	14.1	10.9	8.3	-2.6	-7.4
技术投入比率（%）	3.0	1.7	0.5	0.3	0.2
五、补充资料					
存货周转率（次）	20.4	12.4	4.4	1.0	0.3
两金占流动资产比重（%）	4.5	21.6	31.9	37.0	45.7
成本费用总额占营业总收入比重（%）	87.7	91.7	96.1	99.3	101.7
经济增加值率（%）	9.5	4.3	-1.2	-5.3	-10.7
EBITDA 率（%）	21.1	14.6	5.6	-1.3	-5.9
资本积累率（%）	18.7	10.8	7.1	-1.4	-16.2

人力资源服务业

范围：全行业

项　　目	优秀值	良好值	平均值	较低值	较差值
一、盈利能力状况					
净资产收益率（%）	18.3	12.6	8.6	-4.3	-7.0
总资产报酬率（%）	13.9	9.3	8.5	0.8	-1.2
销售（营业）利润率（%）	8.9	5.4	3.8	1.3	0.6
盈余现金保障倍数	4.4	3.1	1.8	0.9	-2.3
成本费用利润率（%）	9.9	6.0	3.8	0.4	-0.1
资本收益率（%）	19.7	14.8	9.9	2.7	0.9
二、资产质量状况					
总资产周转率（次）	4.9	2.8	1.8	0.3	0.1
应收账款周转率（次）	30.6	25.2	21.9	10.0	5.1
不良资产比率（%）	0.1	0.5	1.0	7.7	12.1
流动资产周转率（次）	5.6	3.2	2.0	0.4	0.2
资产现金回收率（%）	14.9	11.5	7.6	0.7	-2.7
三、债务风险状况					
资产负债率（%）	53.3	58.3	63.3	73.3	88.3
已获利息倍数	8.2	7.4	6.6	-1.4	-8.8
速动比率（%）	127.6	115.2	106.8	97.9	89.0
现金流动负债比率（%）	24.7	17.0	10.5	4.5	-11.3
带息负债比率（%）	1.5	6.6	12.3	23.0	48.3
或有负债比率（%）	3.7	4.8	6.9	8.3	11.4
四、经营增长状况					
销售（营业）增长率（%）	17.1	11.6	5.5	1.6	-2.8
资本保值增值率（%）	117.7	113.3	108.4	97.7	87.3
销售（营业）利润增长率（%）	23.1	18.4	13.2	4.1	-2.6
总资产增长率（%）	16.6	10.0	5.0	-4.8	-12.3
技术投入比率（%）	0.5	0.4	0.3	0.2	0.1
五、补充资料					
存货周转率（次）	60.0	42.5	13.9	9.5	5.8
两金占流动资产比重（%）	0.2	1.0	9.6	12.5	22.6
成本费用总额占营业总收入比重（%）	93.2	97.4	97.8	99.9	101.4
经济增加值率（%）	25.9	16.7	5.3	-4.3	-5.5
EBITDA 率（%）	21.1	9.9	4.0	0.7	0.2
资本积累率（%）	30.8	15.4	4.5	-1.3	-12.2

市政公用业

范围：全行业

项　　目	优秀值	良好值	平均值	较低值	较差值
一、盈利能力状况					
净资产收益率（%）	9.7	5.2	1.4	-2.9	-11.3
总资产报酬率（%）	7.3	3.3	1.0	-2.0	-6.6
销售（营业）利润率（%）	19.8	12.0	4.3	-7.6	-20.9
盈余现金保障倍数	10.1	5.0	1.5	0.4	-2.1
成本费用利润率（%）	11.2	5.4	1.2	-6.4	-15.2
资本收益率（%）	10.7	4.9	1.2	-4.3	-13.0
二、资产质量状况					
总资产周转率（次）	1.0	0.7	0.3	0.2	0.1
应收账款周转率（次）	27.0	20.0	3.9	2.5	0.4
不良资产比率（%）	0.1	0.3	0.5	2.9	5.8
流动资产周转率（次）	3.8	2.3	0.5	0.4	0.2
资产现金回收率（%）	15.0	9.4	1.4	-0.7	-6.4
三、债务风险状况					
资产负债率（%）	53.6	58.6	63.6	73.6	88.6
已获利息倍数	8.1	3.5	1.4	-0.3	-4.9
速动比率（%）	142.6	120.3	88.0	64.9	39.8
现金流动负债比率（%）	32.2	17.5	6.3	-2.3	-11.8
带息负债比率（%）	19.5	33.6	55.7	65.6	79.7
或有负债比率（%）	0.2	1.2	5.5	10.1	17.5
四、经营增长状况					
销售（营业）增长率（%）	23.3	13.3	10.8	-7.9	-21.4
资本保值增值率（%）	108.1	104.4	100.4	97.4	88.6
销售（营业）利润增长率（%）	19.8	11.5	2.2	-21.2	-31.1
总资产增长率（%）	19.9	11.6	5.7	-7.5	-19.3
技术投入比率（%）	1.4	1.0	0.5	0.3	0.1
五、补充资料					
存货周转率（次）	28.7	15.1	1.5	0.8	0.3
两金占流动资产比重（%）	2.7	11.4	34.4	43.5	51.5
成本费用总额占营业总收入比重（%）	86.4	92.0	96.9	106.5	117.7
经济增加值率（%）	7.7	2.0	-4.2	-6.3	-12.2
EBITDA 率（%）	35.0	24.6	14.7	-5.2	-13.8
资本积累率（%）	21.5	13.5	9.0	-5.3	-19.0

产权交易服务业

范围：全行业

项　　目	优秀值	良好值	平均值	较低值	较差值
一、盈利能力状况					
净资产收益率（％）	17.5	11.9	6.9	-1.0	-7.2
总资产报酬率（％）	9.6	4.7	2.7	-0.7	-6.8
销售（营业）利润率（％）	18.3	9.7	4.6	-7.1	-14.0
盈余现金保障倍数	18.6	9.3	0.8	-5.3	-13.9
成本费用利润率（％）	24.0	13.6	5.8	-5.6	-14.5
资本收益率（％）	18.9	12.9	7.5	-1.9	-9.9
二、资产质量状况					
总资产周转率（次）	0.6	0.4	0.3	0.2	0.1
应收账款周转率（次）	43.2	29.4	8.2	1.4	0.8
不良资产比率（％）	0.1	0.2	0.3	0.5	0.8
流动资产周转率（次）	1.7	0.8	0.4	0.3	0.2
资产现金回收率（％）	22.6	9.3	1.9	-3.7	-14.3
三、债务风险状况					
资产负债率（％）	53.6	58.6	63.6	73.6	88.6
已获利息倍数	9.9	8.4	5.5	1.9	0.1
速动比率（％）	132.9	113.4	101.1	95.3	80.6
现金流动负债比率（％）	42.1	21.4	6.3	-10.5	-18.2
带息负债比率（％）	0.7	4.2	7.0	14.2	34.1
或有负债比率（％）	0.1	0.3	0.8	3.4	6.2
四、经营增长状况					
销售（营业）增长率（％）	27.6	19.0	2.3	-7.6	-11.1
资本保值增值率（％）	117.7	112.7	105.8	98.2	90.8
销售（营业）利润增长率（％）	25.8	19.2	1.5	-10.8	-20.0
总资产增长率（％）	18.0	11.6	4.7	-6.9	-15.8
技术投入比率（％）	6.6	3.6	1.8	0.9	0.1
五、补充资料					
存货周转率（次）	9.4	5.3	4.1	2.5	0.3
两金占流动资产比重（％）	1.2	2.6	4.6	10.0	22.9
成本费用总额占营业总收入比重（％）	57.9	69.3	86.3	98.8	107.6
经济增加值率（％）	12.8	7.4	2.0	-5.3	-11.1
EBITDA率（％）	34.3	25.7	11.1	-1.3	-6.6
资本积累率（％）	21.5	16.5	8.1	-3.3	-11.5

市场管理服务业

范围：全行业

项 目	优秀值	良好值	平均值	较低值	较差值
一、盈利能力状况					
净资产收益率（%）	14.3	8.7	5.3	-0.5	-3.0
总资产报酬率（%）	9.9	5.2	3.3	-0.4	-1.6
销售（营业）利润率（%）	57.4	47.3	7.3	-1.2	-4.6
盈余现金保障倍数	11.4	7.4	2.9	0.7	-0.8
成本费用利润率（%）	24.5	14.4	9.1	-0.2	-2.7
资本收益率（%）	15.9	11.8	5.5	-1.5	-6.4
二、资产质量状况					
总资产周转率（次）	1.7	1.2	0.9	0.7	0.5
应收账款周转率（次）	43.2	28.7	5.2	3.9	1.7
不良资产比率（%）	0.1	0.5	1.0	2.2	12.5
流动资产周转率（次）	3.6	2.5	1.0	0.8	0.5
资产现金回收率（%）	20.6	13.9	4.9	-0.2	-1.2
三、债务风险状况					
资产负债率（%）	53.6	58.6	63.6	73.6	88.6
已获利息倍数	7.7	5.7	4.1	2.0	0.9
速动比率（%）	121.8	91.2	71.4	55.4	44.0
现金流动负债比率（%）	29.1	17.6	8.3	-3.1	-16.3
带息负债比率（%）	11.1	19.3	42.3	52.3	58.9
或有负债比率（%）	1.4	1.9	4.0	8.2	12.5
四、经营增长状况					
销售（营业）增长率（%）	14.5	11.5	7.2	-4.4	-10.0
资本保值增值率（%）	113.5	108.1	104.2	100.2	96.1
销售（营业）利润增长率（%）	11.3	8.1	4.4	-6.6	-14.6
总资产增长率（%）	15.8	12.6	7.7	-4.6	-7.8
技术投入比率（%）	4.7	2.0	0.9	0.6	0.4
五、补充资料					
存货周转率（次）	17.9	11.5	2.5	1.6	0.9
两金占流动资产比重（%）	14.6	22.7	33.3	40.2	47.1
成本费用总额占营业总收入比重（%）	70.4	81.8	98.2	106.2	120.2
经济增加值率（%）	12.2	2.8	0.2	-4.3	-6.5
EBITDA率（%）	39.7	29.2	11.7	0.7	-0.1
资本积累率（%）	28.1	13.0	7.4	2.7	-2.5

汽车修理与维护服务业

范围：全行业

项　　　目	优秀值	良好值	平均值	较低值	较差值
一、盈利能力状况					
净资产收益率（%）	15.9	9.9	4.6	-3.3	-6.4
总资产报酬率（%）	11.2	6.9	2.3	-2.1	-6.0
销售（营业）利润率（%）	18.6	14.3	2.4	-6.1	-11.7
盈余现金保障倍数	6.1	2.9	0.9	0.1	-1.0
成本费用利润率（%）	19.2	7.4	2.6	-0.5	-6.6
资本收益率（%）	16.3	11.2	5.2	-5.0	-9.6
二、资产质量状况					
总资产周转率（次）	1.6	1.0	0.5	0.2	0.1
应收账款周转率（次）	37.2	25.1	10.2	2.1	1.1
不良资产比率（%）	0.7	0.9	2.0	5.2	10.5
流动资产周转率（次）	2.4	2.0	1.6	0.3	0.2
资产现金回收率（%）	10.5	3.5	1.9	-0.2	-5.8
三、债务风险状况					
资产负债率（%）	53.3	58.3	63.3	73.3	88.3
已获利息倍数	7.5	5.1	2.2	0.8	-4.3
速动比率（%）	133.7	97.2	58.7	47.1	39.5
现金流动负债比率（%）	27.6	16.2	4.9	-0.6	-9.0
带息负债比率（%）	15.9	27.6	36.1	55.1	73.8
或有负债比率（%）	1.2	1.6	3.3	7.9	11.4
四、经营增长状况					
销售（营业）增长率（%）	15.4	3.3	-8.9	-20.7	-42.0
资本保值增值率（%）	113.1	108.2	101.4	95.1	90.7
销售（营业）利润增长率（%）	11.3	5.2	-5.8	-16.0	-27.8
总资产增长率（%）	14.8	10.1	5.1	-9.6	-14.9
技术投入比率（%）	1.5	0.9	0.6	0.5	0.3
五、补充资料					
存货周转率（次）	18.6	11.8	7.6	3.4	1.6
两金占流动资产比重（%）	16.6	22.0	27.4	52.9	63.0
成本费用总额占营业总收入比重（%）	86.6	91.5	99.1	100.6	106.2
经济增加值率（%）	19.6	11.0	-1.1	-5.5	-11.1
EBITDA率（%）	25.8	14.4	2.3	-1.7	-3.2
资本积累率（%）	24.8	13.6	5.3	-4.2	-5.9

传播与文化业

范围：全行业

项　　目	优秀值	良好值	平均值	较低值	较差值
一、盈利能力状况					
净资产收益率（%）	13.8	5.0	2.4	-3.9	-10.6
总资产报酬率（%）	7.1	2.6	1.8	-3.8	-10.0
销售（营业）利润率（%）	16.9	13.0	9.2	-3.9	-32.4
盈余现金保障倍数	5.7	2.3	1.1	-0.1	-0.7
成本费用利润率（%）	14.6	10.6	6.4	-7.0	-24.4
资本收益率（%）	15.2	9.3	3.5	-1.5	-7.6
二、资产质量状况					
总资产周转率（次）	0.8	0.5	0.3	0.2	0.1
应收账款周转率（次）	28.7	17.1	4.4	3.1	1.9
不良资产比率（%）	0.3	0.7	1.2	7.1	16.5
流动资产周转率（次）	1.2	0.8	0.4	0.3	0.2
资产现金回收率（%）	6.4	3.7	1.0	-0.3	-4.8
三、债务风险状况					
资产负债率（%）	53.3	58.3	63.3	73.3	88.3
已获利息倍数	4.0	2.7	1.4	-4.5	-8.8
速动比率（%）	158.3	134.1	103.9	66.0	33.6
现金流动负债比率（%）	21.3	12.5	3.7	-2.6	-15.5
带息负债比率（%）	19.8	30.8	42.4	56.9	80.4
或有负债比率（%）	1.7	2.5	4.6	10.5	19.4
四、经营增长状况					
销售（营业）增长率（%）	21.2	2.6	-5.9	-18.3	-28.1
资本保值增值率（%）	108.7	105.3	101.4	92.2	85.4
销售（营业）利润增长率（%）	24.5	19.3	-8.9	-21.8	-27.5
总资产增长率（%）	24.8	12.2	6.3	-5.7	-12.1
技术投入比率（%）	1.4	1.1	1.0	0.9	0.8
五、补充资料					
存货周转率（次）	17.6	8.2	1.4	0.6	0.3
两金占流动资产比重（%）	7.5	15.9	28.1	39.6	51.6
成本费用总额占营业总收入比重（%）	91.4	92.1	92.8	100.6	110.8
经济增加值率（%）	14.9	4.1	-3.4	-7.5	-13.5
EBITDA率（%）	30.1	17.4	10.5	-5.4	-12.4
资本积累率（%）	24.7	11.3	4.2	-5.2	-15.6

出版业

范围：全行业

项　　目	优秀值	良好值	平均值	较低值	较差值
一、盈利能力状况					
净资产收益率（%）	17.9	12.6	6.9	-1.3	-7.4
总资产报酬率（%）	12.6	8.2	5.0	1.0	-5.4
销售（营业）利润率（%）	22.6	17.3	10.3	-1.7	-15.5
盈余现金保障倍数	1.8	1.1	0.2	-0.5	-2.1
成本费用利润率（%）	28.3	18.3	9.1	2.0	-18.0
资本收益率（%）	22.5	15.8	7.2	1.2	-8.6
二、资产质量状况					
总资产周转率（次）	1.3	0.9	0.5	0.3	0.2
应收账款周转率（次）	25.6	16.1	5.6	4.5	2.4
不良资产比率（%）	0.6	1.2	2.4	7.8	17.5
流动资产周转率（次）	1.4	1.1	0.8	0.4	0.3
资产现金回收率（%）	17.1	9.0	0.7	-0.4	-11.3
三、债务风险状况					
资产负债率（%）	53.3	58.3	63.3	73.3	88.3
已获利息倍数	7.9	5.8	4.4	1.1	-2.7
速动比率（%）	148.8	130.2	109.0	75.1	38.6
现金流动负债比率（%）	23.9	14.9	2.0	-6.5	-23.2
带息负债比率（%）	10.0	20.7	30.6	41.6	55.2
或有负债比率（%）	1.7	2.5	4.6	10.5	19.4
四、经营增长状况					
销售（营业）增长率（%）	21.1	10.6	4.6	-11.9	-17.9
资本保值增值率（%）	115.8	111.7	106.7	99.3	93.9
销售（营业）利润增长率（%）	22.9	13.0	1.7	-5.8	-14.6
总资产增长率（%）	27.8	19.7	4.9	0.0	-3.0
技术投入比率（%）	1.2	0.9	0.8	0.7	0.6
五、补充资料					
存货周转率（次）	18.9	10.2	3.8	1.7	1.2
两金占流动资产比重（%）	15.1	24.1	29.9	39.0	51.7
成本费用总额占营业总收入比重（%）	80.0	87.1	92.1	100.0	106.2
经济增加值率（%）	17.6	11.3	0.9	-3.5	-5.5
EBITDA率（%）	26.6	18.1	10.3	-2.9	-10.2
资本积累率（%）	23.1	15.7	4.5	0.2	-3.4

广播电影电视业

范围：全行业

项　　目	优秀值	良好值	平均值	较低值	较差值
一、盈利能力状况					
净资产收益率（%）	7.7	2.9	0.5	-5.1	-14.5
总资产报酬率（%）	2.8	0.3	-0.4	-5.0	-10.0
销售（营业）利润率（%）	8.4	4.7	1.0	-14.9	-36.7
盈余现金保障倍数	9.9	2.1	0.1	-2.0	-5.0
成本费用利润率（%）	8.4	0.7	-6.0	-20.7	-38.6
资本收益率（%）	5.3	3.2	0.5	-10.9	-18.4
二、资产质量状况					
总资产周转率（次）	0.6	0.3	0.2	0.1	0.1
应收账款周转率（次）	24.8	17.5	2.2	1.9	1.6
不良资产比率（%）	0.8	0.9	1.1	2.6	8.9
流动资产周转率（次）	1.5	0.9	0.4	0.3	0.2
资产现金回收率（%）	12.1	5.8	1.2	-6.4	-11.4
三、债务风险状况					
资产负债率（%）	53.3	58.3	63.3	73.3	88.3
已获利息倍数	0.1	-0.5	-1.6	-5.6	-8.2
速动比率（%）	148.2	116.6	82.2	51.0	20.3
现金流动负债比率（%）	15.3	11.4	3.2	-7.4	-12.6
带息负债比率（%）	20.2	28.4	39.4	53.1	67.6
或有负债比率（%）	1.6	2.3	4.6	10.5	19.4
四、经营增长状况					
销售（营业）增长率（%）	2.1	-13.9	-16.0	-30.4	-46.2
资本保值增值率（%）	104.9	102.7	100.0	92.7	86.2
销售（营业）利润增长率（%）	11.8	-1.4	-13.9	-31.8	-44.7
总资产增长率（%）	7.2	4.8	2.3	-10.4	-14.4
技术投入比率（%）	1.4	1.1	1.0	0.9	0.7
五、补充资料					
存货周转率（次）	14.5	7.4	3.4	1.2	0.6
两金占流动资产比重（%）	3.3	10.4	16.8	24.8	40.4
成本费用总额占营业总收入比重（%）	96.2	97.6	98.9	108.6	120.2
经济增加值率（%）	6.2	3.2	-4.9	-8.6	-14.0
EBITDA 率（%）	30.3	10.3	5.4	0.2	-9.3
资本积累率（%）	25.0	9.2	-0.5	-10.0	-28.6

文化艺术业

项　　　目	优秀值	良好值	平均值	较低值	较差值
一、盈利能力状况					
净资产收益率（％）	8.4	3.3	-0.7	-3.8	-13.1
总资产报酬率（％）	6.2	2.1	0.6	-3.6	-11.4
销售（营业）利润率（％）	17.6	6.3	4.1	-10.8	-26.4
盈余现金保障倍数	9.6	6.5	1.1	-2.9	-7.5
成本费用利润率（％）	10.2	4.7	-1.0	-9.5	-22.6
资本收益率（％）	14.7	7.6	-0.3	-2.1	-9.6
二、资产质量状况					
总资产周转率（次）	0.8	0.5	0.4	0.3	0.2
应收账款周转率（次）	28.6	15.5	3.4	3.0	1.9
不良资产比率（％）	0.3	0.9	1.7	2.7	3.6
流动资产周转率（次）	1.1	0.7	0.5	0.4	0.3
资产现金回收率（％）	7.0	5.5	0.6	-1.8	-7.4
三、债务风险状况					
资产负债率（％）	53.3	58.3	63.3	73.3	88.3
已获利息倍数	8.5	2.8	0.8	-2.1	-6.0
速动比率（％）	149.2	124.3	99.6	75.8	57.8
现金流动负债比率（％）	25.3	14.6	4.0	-4.2	-21.2
带息负债比率（％）	18.6	29.6	42.6	51.9	68.6
或有负债比率（％）	1.6	2.3	4.6	10.5	19.4
四、经营增长状况					
销售（营业）增长率（％）	38.1	1.1	-18.4	-51.5	-62.8
资本保值增值率（％）	104.3	102.5	100.2	94.6	90.0
销售（营业）利润增长率（％）	20.0	7.2	-14.1	-24.2	-28.6
总资产增长率（％）	32.5	15.7	6.3	-5.6	-15.9
技术投入比率（％）	1.4	1.1	1.0	0.9	0.8
五、补充资料					
存货周转率（次）	15.7	6.8	0.6	0.5	0.4
两金占流动资产比重（％）	4.1	12.9	19.9	23.5	37.2
成本费用总额占营业总收入比重（％）	95.6	100.0	103.8	107.7	118.2
经济增加值率（％）	9.4	2.2	-5.4	-7.8	-16.0
EBITDA率（％）	29.8	18.0	10.6	-3.1	-15.9
资本积累率（％）	24.4	8.5	0.7	-6.4	-21.9

农林牧渔业

范围：全行业

项 目	优秀值	良好值	平均值	较低值	较差值
一、盈利能力状况					
净资产收益率（%）	8.4	5.3	2.2	-3.0	-6.9
总资产报酬率（%）	6.5	4.2	2.0	-2.9	-6.2
销售（营业）利润率（%）	14.6	9.9	3.6	-1.6	-8.5
盈余现金保障倍数	4.0	2.2	1.0	-1.3	-3.7
成本费用利润率（%）	9.6	5.1	3.2	-9.2	-23.7
资本收益率（%）	11.1	7.6	2.3	-5.2	-13.1
二、资产质量状况					
总资产周转率（次）	0.7	0.4	0.3	0.2	0.1
应收账款周转率（次）	18.3	14.1	5.5	1.6	0.6
不良资产比率（%）	0.6	1.9	5.5	11.9	16.2
流动资产周转率（次）	2.1	1.6	0.8	0.6	0.4
资产现金回收率（%）	3.7	2.7	1.7	-2.6	-6.9
三、债务风险状况					
资产负债率（%）	53.3	58.3	63.3	73.3	88.3
已获利息倍数	5.6	3.4	2.3	-0.5	-3.1
速动比率（%）	138.6	114.5	78.6	61.8	38.9
现金流动负债比率（%）	10.2	8.0	5.8	-2.7	-7.0
带息负债比率（%）	17.8	27.7	40.2	51.6	75.1
或有负债比率（%）	1.1	2.1	6.8	15.5	24.1
四、经营增长状况					
销售（营业）增长率（%）	23.8	14.4	6.6	-1.9	-12.2
资本保值增值率（%）	108.4	104.8	101.2	94.9	88.9
销售（营业）利润增长率（%）	225.0	131.6	7.3	-44.4	-88.5
总资产增长率（%）	17.6	11.9	6.2	-1.2	-6.1
技术投入比率（%）	1.6	1.2	1.0	0.5	0.2
五、补充资料					
存货周转率（次）	13.0	6.2	3.1	2.1	1.4
两金占流动资产比重（%）	14.1	32.6	42.2	49.1	64.5
成本费用总额占营业总收入比重（%）	91.0	94.4	97.8	107.7	117.7
经济增加值率（%）	4.4	-0.9	-2.8	-6.5	-10.6
EBITDA 率（%）	28.3	20.9	5.5	-1.2	-13.7
资本积累率（%）	25.3	18.4	4.9	-3.6	-12.9

农林牧渔业

范围：大型企业

项　　目	优秀值	良好值	平均值	较低值	较差值
一、盈利能力状况					
净资产收益率（％）	9.7	6.0	2.7	0.5	-8.0
总资产报酬率（％）	6.9	4.5	2.6	0.4	-6.3
销售（营业）利润率（％）	10.6	5.2	3.6	-1.0	-4.4
盈余现金保障倍数	2.8	1.5	1.3	-1.4	-4.1
成本费用利润率（％）	9.4	5.3	3.7	0.2	-3.9
资本收益率（％）	14.1	8.9	3.9	-4.5	-11.7
二、资产质量状况					
总资产周转率（次）	1.4	0.9	0.4	0.2	0.1
应收账款周转率（次）	22.3	14.0	6.4	5.3	4.3
不良资产比率（％）	0.7	2.8	5.9	12.0	17.6
流动资产周转率（次）	2.0	1.6	1.1	0.5	0.2
资产现金回收率（％）	8.2	5.1	2.3	-0.5	-4.1
三、债务风险状况					
资产负债率（％）	53.3	58.3	63.3	73.3	88.3
已获利息倍数	6.1	3.3	2.7	1.0	0.6
速动比率（％）	128.1	101.0	77.1	59.8	45.0
现金流动负债比率（％）	24.8	13.2	8.4	-3.5	-9.4
带息负债比率（％）	28.2	38.6	49.7	60.1	83.9
或有负债比率（％）	1.1	2.1	6.8	15.5	24.1
四、经营增长状况					
销售（营业）增长率（％）	25.8	17.7	10.0	-8.0	-18.5
资本保值增值率（％）	114.2	109.7	101.7	99.6	90.8
销售（营业）利润增长率（％）	29.5	22.7	15.9	-1.0	-14.8
总资产增长率（％）	19.8	14.1	6.8	-4.0	-8.8
技术投入比率（％）	1.6	1.3	1.2	0.5	0.2
五、补充资料					
存货周转率（次）	8.2	6.2	3.5	2.5	1.7
两金占流动资产比重（％）	27.0	33.7	41.1	50.5	57.8
成本费用总额占营业总收入比重（％）	94.5	96.3	98.0	104.2	112.6
经济增加值率（％）	5.9	3.0	-2.1	-5.8	-12.3
EBITDA率（％）	29.6	15.6	5.7	-1.4	-8.5
资本积累率（％）	19.5	10.1	6.3	-3.1	-10.9

农林牧渔业

范围：中型企业

项　目	优秀值	良好值	平均值	较低值	较差值
一、盈利能力状况					
净资产收益率（%）	11.8	6.8	2.4	-0.9	-5.2
总资产报酬率（%）	5.4	3.2	1.6	-0.7	-4.2
销售（营业）利润率（%）	18.4	8.0	3.2	-5.2	-12.9
盈余现金保障倍数	3.8	2.2	0.3	-0.5	-2.3
成本费用利润率（%）	6.9	5.5	1.6	-2.6	-14.0
资本收益率（%）	17.2	9.9	4.4	-4.9	-13.1
二、资产质量状况					
总资产周转率（次）	0.8	0.5	0.3	0.2	0.1
应收账款周转率（次）	26.2	19.9	6.9	3.4	1.7
不良资产比率（%）	0.1	1.6	4.5	9.6	15.6
流动资产周转率（次）	1.6	1.1	0.8	0.5	0.2
资产现金回收率（%）	8.6	4.0	0.1	-0.3	-3.9
三、债务风险状况					
资产负债率（%）	53.3	58.3	63.3	73.3	88.3
已获利息倍数	6.9	4.0	1.5	-0.7	-4.0
速动比率（%）	132.4	108.8	79.5	64.9	47.9
现金流动负债比率（%）	15.4	9.3	3.1	-1.8	-11.2
带息负债比率（%）	15.8	24.3	34.6	54.5	75.3
或有负债比率（%）	1.1	2.1	6.8	15.5	24.1
四、经营增长状况					
销售（营业）增长率（%）	21.5	13.6	3.8	-4.9	-11.7
资本保值增值率（%）	114.2	109.6	102.9	98.5	90.3
销售（营业）利润增长率（%）	19.8	13.0	-6.3	-24.6	-39.1
总资产增长率（%）	31.2	16.7	7.9	-2.8	-8.4
技术投入比率（%）	0.9	0.7	0.6	0.4	0.2
五、补充资料					
存货周转率（次）	19.9	8.9	3.8	1.4	0.8
两金占流动资产比重（%）	15.2	35.4	49.9	57.6	68.6
成本费用总额占营业总收入比重（%）	89.0	97.1	97.3	104.3	118.0
经济增加值率（%）	6.7	1.7	-3.6	-5.9	-9.4
EBITDA率（%）	30.3	18.5	4.4	1.2	-8.0
资本积累率（%）	32.9	15.2	5.3	-1.1	-8.0

农林牧渔业

范围：小型企业

项　　目	优秀值	良好值	平均值	较低值	较差值
一、盈利能力状况					
净资产收益率（%）	7.9	2.6	1.2	-2.1	-7.4
总资产报酬率（%）	3.4	1.4	0.8	-1.2	-3.9
销售（营业）利润率（%）	13.7	8.9	4.0	-2.7	-10.8
盈余现金保障倍数	5.2	2.0	1.0	-1.9	-4.4
成本费用利润率（%）	9.0	5.2	2.6	-9.5	-24.2
资本收益率（%）	11.0	3.9	1.6	-4.1	-12.4
二、资产质量状况					
总资产周转率（次）	1.1	0.7	0.3	0.2	0.1
应收账款周转率（次）	19.1	12.3	1.8	1.3	0.4
不良资产比率（%）	0.1	0.6	1.5	9.2	15.1
流动资产周转率（次）	1.8	1.0	0.7	0.4	0.2
资产现金回收率（%）	3.0	2.1	0.7	-2.2	-8.3
三、债务风险状况					
资产负债率（%）	53.3	58.3	63.3	73.3	88.3
已获利息倍数	4.2	3.5	1.3	-3.4	-9.4
速动比率（%）	168.9	131.4	85.4	67.2	41.8
现金流动负债比率（%）	9.5	6.3	3.0	-2.9	-9.6
带息负债比率（%）	16.3	27.4	38.2	56.5	76.8
或有负债比率（%）	1.1	2.1	6.8	15.5	24.1
四、经营增长状况					
销售（营业）增长率（%）	20.1	13.7	-6.5	-18.8	-25.4
资本保值增值率（%）	106.7	103.7	100.2	95.8	83.7
销售（营业）利润增长率（%）	23.4	9.9	-12.6	-14.5	-27.9
总资产增长率（%）	15.3	11.7	3.9	-4.6	-11.8
技术投入比率（%）	0.5	0.4	0.3	0.2	0.1
五、补充资料					
存货周转率（次）	9.5	4.6	1.3	0.5	0.3
两金占流动资产比重（%）	3.6	16.8	34.6	40.4	53.5
成本费用总额占营业总收入比重（%）	91.3	94.1	96.9	107.9	115.5
经济增加值率（%）	4.7	-1.4	-4.5	-6.7	-11.0
EBITDA 率（%）	18.9	10.9	6.2	-2.7	-13.3
资本积累率（%）	25.4	9.1	2.4	-3.8	-13.3

农业

范围：全行业

项　　目	优秀值	良好值	平均值	较低值	较差值
一、盈利能力状况					
净资产收益率（%）	8.1	4.9	2.2	-2.5	-7.2
总资产报酬率（%）	5.7	3.6	1.9	-1.3	-3.9
销售（营业）利润率（%）	14.5	7.6	5.2	0.0	-7.0
盈余现金保障倍数	5.1	2.5	1.2	-0.8	-2.7
成本费用利润率（%）	15.5	8.4	5.2	-4.8	-21.8
资本收益率（%）	11.2	4.5	2.0	-3.7	-11.6
二、资产质量状况					
总资产周转率（次）	0.8	0.5	0.3	0.2	0.1
应收账款周转率（次）	20.3	13.9	4.9	1.7	0.6
不良资产比率（%）	0.8	1.1	1.5	5.0	8.9
流动资产周转率（次）	1.1	0.9	0.7	0.3	0.2
资产现金回收率（%）	9.0	5.4	1.8	-1.0	-8.8
三、债务风险状况					
资产负债率（%）	53.3	58.3	63.3	73.3	88.3
已获利息倍数	6.5	5.0	3.2	-0.9	-3.7
速动比率（%）	167.9	121.1	77.4	63.6	46.1
现金流动负债比率（%）	15.5	10.4	6.4	-2.9	-9.2
带息负债比率（%）	17.4	27.2	41.1	64.0	77.7
或有负债比率（%）	1.3	2.3	7.0	15.7	24.3
四、经营增长状况					
销售（营业）增长率（%）	19.4	12.1	6.4	-12.2	-26.7
资本保值增值率（%）	107.1	103.0	101.1	95.3	86.4
销售（营业）利润增长率（%）	23.1	15.4	7.3	-12.5	-20.3
总资产增长率（%）	22.3	10.4	3.0	-3.3	-9.9
技术投入比率（%）	1.6	1.1	0.8	0.5	0.4
五、补充资料					
存货周转率（次）	12.1	6.8	2.4	0.7	0.4
两金占流动资产比重（%）	14.7	29.9	38.8	44.5	58.4
成本费用总额占营业总收入比重（%）	92.3	93.5	94.7	104.4	116.0
经济增加值率（%）	4.7	0.2	-2.8	-6.8	-10.9
EBITDA 率（%）	37.3	22.2	7.3	-3.4	-9.9
资本积累率（%）	26.3	10.0	4.9	-4.0	-12.9

农业

范围：大型企业

项 目	优秀值	良好值	平均值	较低值	较差值
一、盈利能力状况					
净资产收益率（%）	14.0	8.1	2.6	0.7	-6.1
总资产报酬率（%）	6.9	5.5	2.5	0.2	-4.0
销售（营业）利润率（%）	19.7	9.6	5.5	-1.5	-6.0
盈余现金保障倍数	4.4	2.9	1.2	-1.6	-3.9
成本费用利润率（%）	11.9	7.8	5.7	0.5	-6.1
资本收益率（%）	15.9	8.2	4.0	-2.8	-13.4
二、资产质量状况					
总资产周转率（次）	0.8	0.5	0.3	0.2	0.1
应收账款周转率（次）	27.4	18.4	9.6	6.2	2.9
不良资产比率（%）	0.8	1.7	2.7	4.3	6.6
流动资产周转率（次）	1.5	1.3	1.0	0.8	0.2
资产现金回收率（%）	6.5	4.3	2.2	-0.3	-2.4
三、债务风险状况					
资产负债率（%）	53.3	58.3	63.3	73.3	88.3
已获利息倍数	6.9	5.1	3.8	1.0	-0.6
速动比率（%）	125.5	104.6	82.9	58.7	37.0
现金流动负债比率（%）	19.8	14.4	11.0	-3.8	-14.5
带息负债比率（%）	25.4	39.1	48.7	73.7	92.8
或有负债比率（%）	1.3	2.3	7.0	15.7	24.3
四、经营增长状况					
销售（营业）增长率（%）	18.0	11.5	7.6	-6.2	-17.4
资本保值增值率（%）	109.4	105.8	103.3	100.3	92.2
销售（营业）利润增长率（%）	20.1	14.4	7.4	-11.7	-26.0
总资产增长率（%）	14.3	8.9	2.5	-0.9	-4.0
技术投入比率（%）	1.6	1.1	0.8	0.5	0.4
五、补充资料					
存货周转率（次）	6.8	5.0	2.6	1.8	1.1
两金占流动资产比重（%）	29.8	33.5	40.0	51.1	55.7
成本费用总额占营业总收入比重（%）	91.4	92.8	94.1	103.4	109.8
经济增加值率（%）	6.0	2.0	-2.0	-5.1	-5.6
EBITDA 率（%）	34.4	22.9	7.4	2.4	1.7
资本积累率（%）	31.9	10.3	5.2	-1.5	-9.0

农业

范围：中型企业

项　　目	优秀值	良好值	平均值	较低值	较差值
一、盈利能力状况					
净资产收益率（%）	12.4	7.3	1.9	-1.1	-5.6
总资产报酬率（%）	5.4	3.7	1.3	-0.5	-2.7
销售（营业）利润率（%）	20.4	9.5	4.5	-4.9	-5.5
盈余现金保障倍数	4.8	2.6	0.7	-0.4	-1.7
成本费用利润率（%）	12.8	10.8	3.8	-1.0	-14.9
资本收益率（%）	13.4	7.5	1.8	-5.7	-15.7
二、资产质量状况					
总资产周转率（次）	0.7	0.5	0.3	0.2	0.1
应收账款周转率（次）	33.6	18.0	5.2	3.2	2.0
不良资产比率（%）	0.8	1.1	1.3	5.1	9.3
流动资产周转率（次）	1.3	0.9	0.5	0.3	0.2
资产现金回收率（%）	6.1	1.8	0.9	-0.1	-3.4
三、债务风险状况					
资产负债率（%）	53.3	58.3	63.3	73.3	88.3
已获利息倍数	7.0	3.7	1.3	-0.9	-5.0
速动比率（%）	128.6	104.7	76.0	61.8	46.1
现金流动负债比率（%）	17.6	12.1	2.9	-2.5	-9.7
带息负债比率（%）	15.2	25.7	41.8	65.2	76.1
或有负债比率（%）	1.3	2.3	7.0	15.7	24.3
四、经营增长状况					
销售（营业）增长率（%）	16.8	9.3	1.9	-6.6	-12.8
资本保值增值率（%）	110.9	106.0	102.6	95.3	89.5
销售（营业）利润增长率（%）	19.1	11.3	-0.3	-21.0	-27.5
总资产增长率（%）	15.0	7.4	4.2	2.0	-0.1
技术投入比率（%）	0.8	0.6	0.5	0.4	0.3
五、补充资料					
存货周转率（次）	8.6	7.0	3.5	2.6	2.0
两金占流动资产比重（%）	8.7	22.1	43.5	51.0	56.5
成本费用总额占营业总收入比重（%）	89.4	93.0	96.6	105.3	116.4
经济增加值率（%）	6.8	2.5	-4.1	-6.1	-9.5
EBITDA率（%）	33.7	20.2	7.3	1.0	-4.9
资本积累率（%）	34.0	15.3	4.5	-0.8	-6.8

农业

范围：小型企业

项　目	优秀值	良好值	平均值	较低值	较差值
一、盈利能力状况					
净资产收益率（%）	7.0	2.0	1.2	−2.7	−7.5
总资产报酬率（%）	3.2	1.5	0.6	−1.4	−4.0
销售（营业）利润率（%）	13.2	3.6	2.9	−2.9	−7.4
盈余现金保障倍数	6.2	2.8	1.3	−0.3	−1.2
成本费用利润率（%）	11.6	4.4	2.1	−9.5	−22.7
资本收益率（%）	11.0	4.0	1.2	−1.6	−11.0
二、资产质量状况					
总资产周转率（次）	0.5	0.3	0.2	0.1	0.1
应收账款周转率（次）	15.6	8.7	1.6	1.4	0.5
不良资产比率（%）	0.6	0.8	1.9	12.4	19.1
流动资产周转率（次）	1.0	0.7	0.3	0.2	0.1
资产现金回收率（%）	9.4	4.1	0.7	−0.4	−4.7
三、债务风险状况					
资产负债率（%）	53.3	58.3	63.3	73.3	88.3
已获利息倍数	6.5	2.7	1.1	−0.4	−3.4
速动比率（%）	165.0	123.5	93.9	68.3	45.0
现金流动负债比率（%）	11.8	7.2	2.6	−4.8	−13.0
带息负债比率（%）	16.4	27.6	39.1	56.8	74.4
或有负债比率（%）	1.3	2.3	7.0	15.7	24.3
四、经营增长状况					
销售（营业）增长率（%）	22.3	14.5	2.6	−18.9	−31.9
资本保值增值率（%）	104.5	102.0	100.2	93.4	85.8
销售（营业）利润增长率（%）	6.7	−2.3	−14.3	−32.1	−44.0
总资产增长率（%）	12.4	7.3	3.0	−4.9	−12.3
技术投入比率（%）	0.8	0.7	0.5	0.4	0.3
五、补充资料					
存货周转率（次）	12.3	5.6	1.2	0.5	0.2
两金占流动资产比重（%）	6.7	23.6	34.6	41.2	63.7
成本费用总额占营业总收入比重（%）	92.5	98.4	99.0	110.9	118.4
经济增加值率（%）	4.5	−1.4	−4.6	−6.8	−11.1
EBITDA率（%）	38.2	21.6	6.1	−4.7	−29.1
资本积累率（%）	23.0	8.3	2.1	−4.7	−16.0

林业

范围：全行业

项　　　目	优秀值	良好值	平均值	较低值	较差值
一、盈利能力状况					
净资产收益率（%）	5.2	3.2	0.9	-4.0	-10.1
总资产报酬率（%）	4.4	2.7	0.7	-0.7	-3.2
销售（营业）利润率（%）	19.5	8.6	3.5	-10.8	-16.8
盈余现金保障倍数	4.8	2.3	1.0	-1.5	-3.0
成本费用利润率（%）	19.7	6.7	0.9	-9.9	-21.4
资本收益率（%）	7.3	4.6	1.3	-5.0	-11.8
二、资产质量状况					
总资产周转率（次）	0.5	0.4	0.3	0.2	0.1
应收账款周转率（次）	14.8	8.2	3.2	0.6	0.3
不良资产比率（%）	0.4	0.8	4.0	12.0	14.2
流动资产周转率（次）	1.9	1.1	0.5	0.3	0.2
资产现金回收率（%）	5.6	3.4	0.6	-1.0	-5.8
三、债务风险状况					
资产负债率（%）	53.3	58.3	63.3	73.3	88.3
已获利息倍数	5.6	3.4	1.1	-0.6	-3.4
速动比率（%）	162.3	120.4	80.5	61.1	40.5
现金流动负债比率（%）	18.0	12.2	4.1	-2.1	-5.9
带息负债比率（%）	18.8	28.9	40.2	51.6	71.0
或有负债比率（%）	0.3	1.3	6.0	14.7	23.3
四、经营增长状况					
销售（营业）增长率（%）	23.1	14.3	6.6	-7.4	-18.4
资本保值增值率（%）	104.0	101.9	100.0	98.0	88.9
销售（营业）利润增长率（%）	29.1	19.4	6.9	-9.4	-19.9
总资产增长率（%）	17.0	6.2	4.3	-2.6	-8.1
技术投入比率（%）	1.0	0.9	0.7	0.6	0.5
五、补充资料					
存货周转率（次）	13.5	5.6	0.8	0.4	0.3
两金占流动资产比重（%）	9.4	17.3	39.2	52.9	62.4
成本费用总额占营业总收入比重（%）	86.3	97.4	98.1	109.5	119.1
经济增加值率（%）	0.7	-2.9	-4.7	-6.3	-8.1
EBITDA率（%）	33.5	19.6	6.2	-0.9	-17.5
资本积累率（%）	13.6	5.7	2.6	-2.5	-11.0

畜牧业

项　　目	优秀值	良好值	平均值	较低值	较差值
一、盈利能力状况					
净资产收益率（%）	12.8	7.6	5.7	-3.5	-12.5
总资产报酬率（%）	6.1	4.0	3.3	-2.7	-6.1
销售（营业）利润率（%）	19.2	14.8	10.4	5.7	3.0
盈余现金保障倍数	5.5	2.1	0.2	-1.6	-3.8
成本费用利润率（%）	14.1	10.5	6.9	6.1	5.1
资本收益率（%）	11.4	10.4	7.4	-2.1	-8.6
二、资产质量状况					
总资产周转率（次）	0.7	0.4	0.3	0.2	0.1
应收账款周转率（次）	22.7	12.6	8.0	1.9	0.6
不良资产比率（%）	0.7	1.1	3.5	8.6	10.6
流动资产周转率（次）	1.6	1.2	0.8	0.5	0.3
资产现金回收率（%）	10.0	5.6	2.3	-4.3	-8.2
三、债务风险状况					
资产负债率（%）	53.3	58.3	63.3	73.3	88.3
已获利息倍数	5.4	4.7	2.5	-1.7	-5.0
速动比率（%）	162.7	116.5	63.2	53.5	31.8
现金流动负债比率（%）	13.7	8.8	4.0	-5.6	-9.1
带息负债比率（%）	25.3	35.6	46.8	65.7	78.5
或有负债比率（%）	0.1	0.8	5.5	14.2	22.8
四、经营增长状况					
销售（营业）增长率（%）	18.9	11.4	4.1	-11.7	-22.3
资本保值增值率（%）	108.4	106.4	104.6	102.0	96.9
销售（营业）利润增长率（%）	4.5	0.8	-7.8	-22.3	-30.5
总资产增长率（%）	40.4	18.7	14.5	-2.9	-8.3
技术投入比率（%）	2.9	1.9	1.4	1.1	0.5
五、补充资料					
存货周转率（次）	7.0	4.3	3.2	1.0	0.5
两金占流动资产比重（%）	28.8	42.7	46.8	52.3	72.0
成本费用总额占营业总收入比重（%）	83.9	91.3	95.2	104.8	120.4
经济增加值率（%）	12.8	3.6	-0.7	-7.8	-14.7
EBITDA率（%）	35.5	25.8	11.9	-5.4	-26.8
资本积累率（%）	25.1	14.8	4.1	-3.8	-15.7

渔业

范围：全行业

项　　目	优秀值	良好值	平均值	较低值	较差值
一、盈利能力状况					
净资产收益率（%）	7.5	3.4	1.3	−3.7	−10.1
总资产报酬率（%）	4.8	2.7	1.1	−0.7	−4.6
销售（营业）利润率（%）	17.8	7.4	−0.9	−8.0	−17.1
盈余现金保障倍数	4.2	1.6	1.0	−0.2	−1.5
成本费用利润率（%）	16.2	8.2	−0.3	−9.0	−20.4
资本收益率（%）	8.5	3.6	2.2	−1.1	−9.3
二、资产质量状况					
总资产周转率（次）	0.5	0.4	0.3	0.2	0.1
应收账款周转率（次）	17.2	11.7	8.4	4.9	1.7
不良资产比率（%）	0.1	0.5	7.5	14.8	24.8
流动资产周转率（次）	1.1	0.8	0.7	0.3	0.1
资产现金回收率（%）	9.5	3.4	1.0	0.1	−4.6
三、债务风险状况					
资产负债率（%）	53.3	58.3	63.3	73.3	88.3
已获利息倍数	5.2	3.0	1.3	−0.1	−1.4
速动比率（%）	153.4	135.3	89.9	68.5	40.4
现金流动负债比率（%）	16.1	5.4	4.6	−1.1	−14.8
带息负债比率（%）	29.6	41.2	49.9	77.4	90.6
或有负债比率（%）	1.0	2.0	6.7	15.4	24.0
四、经营增长状况					
销售（营业）增长率（%）	10.6	1.1	−6.1	−18.8	−31.3
资本保值增值率（%）	107.4	104.8	100.3	95.5	89.5
销售（营业）利润增长率（%）	3.4	−5.3	−14.9	−27.5	−36.4
总资产增长率（%）	21.0	7.7	2.0	−3.9	−8.3
技术投入比率（%）	1.0	0.8	0.7	0.6	0.4
五、补充资料					
存货周转率（次）	6.2	3.5	3.2	0.9	0.3
两金占流动资产比重（%）	14.1	23.1	28.1	37.3	64.3
成本费用总额占营业总收入比重（%）	84.2	96.0	104.0	114.6	120.4
经济增加值率（%）	3.6	−0.3	−4.5	−6.8	−14.4
EBITDA率（%）	38.2	22.1	3.8	0.3	−23.8
资本积累率（%）	18.0	6.0	−0.7	−6.3	−20.9

地方国有企业

范围：全行业

项 目	优秀值	良好值	平均值	较低值	较差值
一、盈利能力状况					
净资产收益率（％）	9.3	6.6	4.0	-0.3	-10.9
总资产报酬率（％）	6.5	4.5	2.9	0.1	-6.9
销售（营业）利润率（％）	13.7	7.8	4.6	-2.3	-10.7
盈余现金保障倍数	6.5	3.2	1.7	-0.4	-2.8
成本费用利润率（％）	14.4	8.0	4.7	-1.1	-8.5
资本收益率（％）	10.1	6.8	3.8	-0.1	-8.6
二、资产质量状况					
总资产周转率（次）	1.6	0.9	0.5	0.3	0.1
应收账款周转率（次）	19.4	12.3	6.2	2.8	1.6
不良资产比率（％）	0.2	0.9	3.5	5.9	15.7
流动资产周转率（次）	1.7	1.0	0.6	0.5	0.2
资产现金回收率（％）	9.9	4.1	1.6	-3.4	-10.0
三、债务风险状况					
资产负债率（％）	48.6	53.6	63.3	73.6	88.6
已获利息倍数	5.6	4.1	1.9	0.9	-2.0
速动比率（％）	139.9	103.4	80.1	62.8	41.3
现金流动负债比率（％）	14.0	7.2	5.0	-7.0	-14.9
带息负债比率（％）	19.4	30.7	45.6	64.6	77.4
或有负债比率（％）	0.4	2.0	6.5	15.4	31.0
四、经营增长状况					
销售（营业）增长率（％）	19.7	11.2	5.9	-8.1	-20.7
资本保值增值率（％）	109.8	106.3	103.8	99.7	89.1
销售（营业）利润增长率（％）	16.1	9.7	3.0	-11.6	-22.6
总资产增长率（％）	15.5	8.9	5.2	-5.7	-11.7
技术投入比率（％）	2.9	2.0	1.6	1.4	1.0
五、补充资料					
存货周转率（次）	13.9	7.7	2.2	0.9	0.3
两金占流动资产比重（％）	4.5	13.8	27.8	39.4	49.8
成本费用总额占营业总收入比重（％）	93.0	94.8	96.6	99.1	102.0
经济增加值率（％）	4.0	0.1	-3.3	-7.2	-15.1
EBITDA率（％）	25.1	14.6	7.9	1.5	-2.0
资本积累率（％）	21.5	13.0	7.2	-6.4	-17.3

地方工业

范围：全行业

项　　目	优秀值	良好值	平均值	较低值	较差值
一、盈利能力状况					
净资产收益率（％）	12.1	6.9	5.8	−0.8	−10.2
总资产报酬率（％）	6.4	5.1	3.8	−0.7	−6.0
销售（营业）利润率（％）	16.5	9.1	5.5	−5.5	−8.9
盈余现金保障倍数	5.2	2.6	1.6	0.3	−1.3
成本费用利润率（％）	17.8	8.9	4.7	−3.3	−11.0
资本收益率（％）	13.8	7.9	6.4	1.3	−8.7
二、资产质量状况					
总资产周转率（次）	0.8	0.7	0.5	0.3	0.1
应收账款周转率（次）	23.4	12.5	6.7	2.2	1.3
不良资产比率（％）	0.1	1.0	2.0	6.3	16.6
流动资产周转率（次）	1.8	1.3	1.2	0.5	0.3
资产现金回收率（％）	7.6	3.9	2.2	−0.2	−7.7
三、债务风险状况					
资产负债率（％）	48.9	53.9	58.6	68.9	83.9
已获利息倍数	9.0	4.4	2.0	0.2	−1.0
速动比率（％）	141.3	115.6	80.8	57.9	35.9
现金流动负债比率（％）	23.4	11.0	9.2	−2.0	−11.0
带息负债比率（％）	24.1	33.6	46.7	59.1	72.3
或有负债比率（％）	1.4	2.3	6.8	14.9	31.8
四、经营增长状况					
销售（营业）增长率（％）	19.0	10.5	3.3	−8.7	−19.7
资本保值增值率（％）	112.6	107.4	104.7	98.0	91.1
销售（营业）利润增长率（％）	23.4	20.6	10.7	−3.9	−13.6
总资产增长率（％）	19.1	9.9	6.3	−2.9	−17.0
技术投入比率（％）	3.4	2.1	1.6	1.2	0.4
五、补充资料					
存货周转率（次）	21.7	11.6	5.9	2.7	1.5
两金占流动资产比重（％）	11.0	20.8	30.2	43.7	54.4
成本费用总额占营业总收入比重（％）	86.8	93.2	95.3	100.7	107.6
经济增加值率（％）	7.7	2.4	−0.8	−5.5	−7.7
EBITDA率（％）	26.3	15.2	7.3	2.5	−2.0
资本积累率（％）	19.4	10.2	5.6	−1.9	−8.3

地方煤炭工业

范围：全行业

项 目	优秀值	良好值	平均值	较低值	较差值
一、盈利能力状况					
净资产收益率（%）	10.3	7.3	4.4	-0.5	-7.0
总资产报酬率（%）	5.2	4.4	3.6	-0.3	-5.3
销售（营业）利润率（%）	18.5	9.5	4.9	-2.3	-11.0
盈余现金保障倍数	5.1	3.1	1.1	0.1	-0.5
成本费用利润率（%）	18.5	7.7	3.2	-2.8	-11.4
资本收益率（%）	14.5	10.5	6.5	-0.4	-6.7
二、资产质量状况					
总资产周转率（次）	0.5	0.4	0.3	0.2	0.1
应收账款周转率（次）	28.5	20.0	10.8	2.4	0.7
不良资产比率（%）	0.2	0.7	1.3	2.9	7.3
流动资产周转率（次）	2.0	1.4	1.2	0.3	0.2
资产现金回收率（%）	3.7	3.3	2.9	-2.2	-7.6
三、债务风险状况					
资产负债率（%）	48.9	53.9	58.6	68.9	83.9
已获利息倍数	6.5	3.5	1.7	-0.2	-1.1
速动比率（%）	112.4	88.9	67.1	35.1	22.0
现金流动负债比率（%）	21.0	11.5	3.1	-6.7	-22.1
带息负债比率（%）	32.9	40.2	48.4	58.8	69.2
或有负债比率（%）	1.1	1.7	5.5	12.2	25.0
四、经营增长状况					
销售（营业）增长率（%）	24.4	8.4	-0.7	-9.9	-17.1
资本保值增值率（%）	112.5	107.1	103.4	101.8	93.1
销售（营业）利润增长率（%）	26.3	17.3	-14.5	-23.9	-32.6
总资产增长率（%）	10.1	5.7	4.5	-2.4	-5.7
技术投入比率（%）	1.9	1.3	0.9	0.5	0.2
五、补充资料					
存货周转率（次）	30.6	18.2	11.3	4.0	0.7
两金占流动资产比重（%）	3.6	11.6	17.5	25.5	41.0
成本费用总额占营业总收入比重（%）	86.0	93.6	95.9	106.5	113.2
经济增加值率（%）	7.5	1.1	-1.4	-5.6	-7.9
EBITDA率（%）	19.2	12.9	7.1	0.8	-9.5
资本积累率（%）	18.2	7.7	2.1	-2.7	-10.3

地方冶金工业

范围：全行业

项　　目	优秀值	良好值	平均值	较低值	较差值
一、盈利能力状况					
净资产收益率（％）	10.6	6.4	5.3	−1.0	−6.2
总资产报酬率（％）	6.2	4.0	3.8	−0.6	−2.8
销售（营业）利润率（％）	9.5	4.6	2.9	−3.5	−4.9
盈余现金保障倍数	2.8	2.3	1.9	−0.2	−1.1
成本费用利润率（％）	9.8	4.2	2.8	−2.7	−13.5
资本收益率（％）	15.8	9.3	4.6	−2.3	−11.7
二、资产质量状况					
总资产周转率（次）	1.3	0.8	0.4	0.3	0.1
应收账款周转率（次）	28.9	21.8	14.1	4.9	2.8
不良资产比率（％）	0.4	0.5	1.1	1.9	4.2
流动资产周转率（次）	2.9	2.0	2.0	0.5	0.2
资产现金回收率（％）	8.2	4.6	3.5	−0.1	−1.6
三、债务风险状况					
资产负债率（％）	48.9	53.9	58.6	68.9	83.9
已获利息倍数	7.5	3.7	2.1	0.8	−3.4
速动比率（％）	121.4	86.0	59.1	46.0	38.0
现金流动负债比率（％）	13.0	8.8	6.8	−0.2	−3.0
带息负债比率（％）	28.5	42.6	53.5	62.4	69.3
或有负债比率（％）	2.9	4.7	7.8	11.1	20.9
四、经营增长状况					
销售（营业）增长率（％）	20.8	14.3	6.5	0.2	−9.7
资本保值增值率（％）	113.7	108.7	104.2	97.6	89.8
销售（营业）利润增长率（％）	21.8	17.2	9.7	1.1	−5.6
总资产增长率（％）	12.5	7.1	4.0	−4.3	−8.0
技术投入比率（％）	2.1	1.5	1.1	0.8	0.4
五、补充资料					
存货周转率（次）	17.5	10.9	7.6	2.5	1.3
两金占流动资产比重（％）	0.4	7.7	32.4	55.3	67.4
成本费用总额占营业总收入比重（％）	92.8	96.3	97.6	100.9	106.8
经济增加值率（％）	6.6	2.3	−0.6	−5.5	−8.0
EBITDA 率（％）	22.8	13.5	4.7	0.9	−2.3
资本积累率（％）	17.8	9.0	4.7	−2.5	−9.7

地方建材工业

范围：全行业

项　　目	优秀值	良好值	平均值	较低值	较差值
一、盈利能力状况					
净资产收益率（%）	15.6	11.5	8.3	-0.8	-4.6
总资产报酬率（%）	10.8	8.7	6.3	-0.1	-2.8
销售（营业）利润率（%）	14.5	10.1	9.0	-0.6	-4.7
盈余现金保障倍数	2.1	1.7	1.3	-0.1	-0.8
成本费用利润率（%）	17.0	13.9	10.7	-0.2	-4.7
资本收益率（%）	18.3	12.9	8.8	-0.3	-11.7
二、资产质量状况					
总资产周转率（次）	1.0	0.7	0.5	0.2	0.1
应收账款周转率（次）	12.4	7.5	5.1	1.4	0.9
不良资产比率（%）	0.3	0.8	1.8	3.6	7.4
流动资产周转率（次）	2.1	1.5	1.0	0.3	0.2
资产现金回收率（%）	9.6	7.7	5.8	-0.3	-2.2
三、债务风险状况					
资产负债率（%）	48.6	53.6	58.3	68.6	83.6
已获利息倍数	6.5	5.4	3.0	1.1	-4.0
速动比率（%）	135.3	108.9	74.7	57.6	36.5
现金流动负债比率（%）	20.0	8.6	6.6	-0.5	-3.8
带息负债比率（%）	40.5	53.0	59.5	79.4	87.0
或有负债比率（%）	7.3	7.8	12.1	19.0	31.5
四、经营增长状况					
销售（营业）增长率（%）	18.6	15.4	7.4	0.3	-6.3
资本保值增值率（%）	117.5	112.0	109.3	103.3	97.2
销售（营业）利润增长率（%）	25.1	16.7	8.5	2.3	-4.9
总资产增长率（%）	13.3	11.5	6.7	-3.5	-8.5
技术投入比率（%）	2.8	2.1	1.8	1.4	1.2
五、补充资料					
存货周转率（次）	14.7	10.5	7.8	3.0	1.4
两金占流动资产比重（%）	12.7	30.1	41.8	47.5	57.5
成本费用总额占营业总收入比重（%）	85.4	88.0	90.5	98.6	107.7
经济增加值率（%）	15.1	7.7	1.5	-5.5	-7.6
EBITDA率（%）	26.8	18.4	14.3	3.6	-1.8
资本积累率（%）	25.1	13.2	11.5	-1.5	-9.2

地方化学工业

范围：全行业

项　目	优秀值	良好值	平均值	较低值	较差值
一、盈利能力状况					
净资产收益率（%）	12.0	6.6	5.4	-0.5	-10.9
总资产报酬率（%）	6.9	4.0	3.0	-0.3	-4.5
销售（营业）利润率（%）	11.5	6.4	3.7	0.9	-8.4
盈余现金保障倍数	8.8	3.7	1.4	-0.2	-1.1
成本费用利润率（%）	11.6	6.6	3.5	-2.4	-9.8
资本收益率（%）	14.6	8.2	5.4	-0.5	-11.9
二、资产质量状况					
总资产周转率（次）	0.9	0.7	0.5	0.2	0.1
应收账款周转率（次）	17.1	12.2	7.4	3.4	1.8
不良资产比率（%）	0.1	0.9	1.8	5.7	14.6
流动资产周转率（次）	2.2	1.7	1.3	0.3	0.2
资产现金回收率（%）	8.6	4.8	2.2	0.2	-2.7
三、债务风险状况					
资产负债率（%）	48.9	53.9	58.6	68.9	83.9
已获利息倍数	8.7	4.0	1.4	-0.2	-1.7
速动比率（%）	141.8	103.9	72.9	58.2	38.4
现金流动负债比率（%）	23.6	11.8	8.5	3.4	-3.2
带息负债比率（%）	22.9	32.0	47.2	55.9	64.0
或有负债比率（%）	5.3	6.1	10.0	16.7	27.9
四、经营增长状况					
销售（营业）增长率（%）	19.4	8.0	-3.0	-11.3	-19.8
资本保值增值率（%）	113.1	108.7	104.4	98.6	91.5
销售（营业）利润增长率（%）	8.3	5.6	-0.8	-5.8	-13.5
总资产增长率（%）	12.7	6.8	5.7	-5.3	-10.1
技术投入比率（%）	2.9	2.4	1.9	1.0	0.6
五、补充资料					
存货周转率（次）	14.9	10.2	7.1	2.8	1.5
两金占流动资产比重（%）	7.0	16.7	25.4	38.8	47.8
成本费用总额占营业总收入比重（%）	90.7	95.1	96.9	104.2	115.9
经济增加值率（%）	8.5	3.3	-1.3	-5.5	-7.8
EBITDA率（%）	21.7	16.1	7.6	1.8	-4.2
资本积累率（%）	16.1	8.8	3.2	-2.9	-11.0

地方森林工业

范围：全行业

项　　　目	优秀值	良好值	平均值	较低值	较差值
一、盈利能力状况					
净资产收益率（%）	5.4	2.7	1.0	-2.5	-7.3
总资产报酬率（%）	4.2	2.1	0.8	-0.8	-4.6
销售（营业）利润率（%）	14.3	8.0	1.6	-3.0	-11.4
盈余现金保障倍数	15.9	5.8	1.1	-4.2	-11.3
成本费用利润率（%）	6.9	5.3	2.1	-0.9	-5.7
资本收益率（%）	8.4	6.1	3.3	-0.2	-4.6
二、资产质量状况					
总资产周转率（次）	1.7	1.0	0.6	0.4	0.3
应收账款周转率（次）	16.1	10.7	8.3	3.7	2.0
不良资产比率（%）	1.3	1.8	2.7	7.1	14.5
流动资产周转率（次）	2.0	1.2	0.8	0.4	0.3
资产现金回收率（%）	5.2	2.6	0.8	-6.4	-10.5
三、债务风险状况					
资产负债率（%）	48.8	53.8	58.6	68.8	83.8
已获利息倍数	4.9	2.7	1.1	-1.3	-7.7
速动比率（%）	119.5	86.7	71.8	60.0	49.2
现金流动负债比率（%）	24.4	10.4	3.3	-10.0	-18.6
带息负债比率（%）	31.3	40.5	52.0	61.7	67.8
或有负债比率（%）	0.4	1.0	5.0	11.8	23.8
四、经营增长状况					
销售（营业）增长率（%）	22.5	15.5	10.4	7.4	-1.6
资本保值增值率（%）	104.2	102.6	101.0	91.6	86.3
销售（营业）利润增长率（%）	28.3	21.7	13.0	2.8	-6.1
总资产增长率（%）	9.1	8.2	6.7	5.6	4.0
技术投入比率（%）	2.0	1.8	1.4	1.2	1.1
五、补充资料					
存货周转率（次）	8.0	3.6	1.7	1.0	0.6
两金占流动资产比重（%）	3.1	19.9	41.5	50.1	56.6
成本费用总额占营业总收入比重（%）	95.2	96.4	99.3	103.0	112.8
经济增加值率（%）	2.5	0.7	-2.3	-6.7	-13.3
EBITDA率（%）	16.2	12.1	8.0	2.3	-4.3
资本积累率（%）	18.5	12.0	4.6	-4.4	-16.9

地方食品工业

范围：全行业

项　　目	优秀值	良好值	平均值	较低值	较差值
一、盈利能力状况					
净资产收益率（%）	12.8	7.9	5.7	-2.4	-5.1
总资产报酬率（%）	6.8	5.6	4.3	-1.9	-4.6
销售（营业）利润率（%）	6.8	5.9	5.0	-1.1	-9.7
盈余现金保障倍数	1.8	1.7	1.6	-0.4	-1.8
成本费用利润率（%）	7.9	6.8	5.1	-2.9	-7.9
资本收益率（%）	14.7	9.9	7.2	-0.9	-7.1
二、资产质量状况					
总资产周转率（次）	1.7	1.1	0.9	0.5	0.1
应收账款周转率（次）	17.9	12.9	9.2	4.3	2.6
不良资产比率（%）	1.1	2.0	2.3	6.0	13.1
流动资产周转率（次）	3.0	2.1	1.8	0.9	0.4
资产现金回收率（%）	9.5	4.8	3.1	0.1	-2.9
三、债务风险状况					
资产负债率（%）	48.6	53.6	58.3	68.6	83.6
已获利息倍数	7.4	4.6	1.9	-0.4	-1.8
速动比率（%）	113.1	94.3	72.3	54.9	39.1
现金流动负债比率（%）	23.5	10.4	8.2	0.2	-4.8
带息负债比率（%）	13.3	24.4	42.5	54.6	65.4
或有负债比率（%）	1.8	2.0	6.5	10.4	19.3
四、经营增长状况					
销售（营业）增长率（%）	21.0	12.6	6.3	-3.5	-9.3
资本保值增值率（%）	111.4	108.7	105.9	103.7	97.8
销售（营业）利润增长率（%）	31.2	15.3	3.4	-9.6	-19.3
总资产增长率（%）	23.6	12.0	8.2	-5.1	-10.2
技术投入比率（%）	2.3	1.8	1.3	1.0	0.9
五、补充资料					
存货周转率（次）	14.1	9.6	5.0	2.3	1.2
两金占流动资产比重（%）	14.2	28.2	38.8	49.1	62.5
成本费用总额占营业总收入比重（%）	94.1	95.3	96.5	99.6	108.8
经济增加值率（%）	8.4	3.0	0.1	-6.7	-11.2
EBITDA率（%）	16.1	9.4	6.8	0.6	-8.8
资本积累率（%）	18.8	11.5	8.2	-3.1	-12.0

地方纺织工业

范围：全行业

项　　目	优秀值	良好值	平均值	较低值	较差值
一、盈利能力状况					
净资产收益率（%）	3.9	3.3	2.6	-0.7	-4.2
总资产报酬率（%）	2.8	2.4	2.0	-0.6	-2.2
销售（营业）利润率（%）	7.7	2.5	0.8	-4.3	-10.9
盈余现金保障倍数	13.0	7.6	1.7	-3.6	-8.8
成本费用利润率（%）	7.8	2.0	0.8	-2.4	-6.1
资本收益率（%）	5.3	3.5	1.6	-4.6	-10.6
二、资产质量状况					
总资产周转率（次）	1.3	0.9	0.7	0.2	0.1
应收账款周转率（次）	27.5	16.1	8.1	3.9	1.9
不良资产比率（%）	0.8	1.7	2.3	5.0	10.1
流动资产周转率（次）	1.5	1.3	1.2	0.3	0.2
资产现金回收率（%）	2.9	2.6	2.3	-0.7	-4.2
三、债务风险状况					
资产负债率（%）	48.9	53.9	58.6	68.9	83.9
已获利息倍数	3.6	1.8	1.5	-0.5	-1.8
速动比率（%）	129.0	104.1	76.8	60.8	53.0
现金流动负债比率（%）	7.8	5.3	2.8	-2.6	-7.8
带息负债比率（%）	10.9	20.6	34.1	45.9	54.3
或有负债比率（%）	2.0	3.4	6.8	9.9	18.0
四、经营增长状况					
销售（营业）增长率（%）	18.6	10.0	0.7	-8.3	-16.0
资本保值增值率（%）	107.0	103.9	101.6	97.2	91.0
销售（营业）利润增长率（%）	10.7	6.9	3.2	0.2	-2.6
总资产增长率（%）	9.3	7.5	5.5	-4.7	-8.4
技术投入比率（%）	1.5	1.0	0.7	0.4	0.3
五、补充资料					
存货周转率（次）	10.3	8.0	5.3	1.5	0.8
两金占流动资产比重（%）	19.2	27.2	35.1	51.6	62.4
成本费用总额占营业总收入比重（%）	94.8	97.3	99.9	104.5	116.3
经济增加值率（%）	3.8	0.6	-1.9	-5.6	-7.8
EBITDA 率（%）	18.4	10.1	2.8	0.1	-4.3
资本积累率（%）	9.1	3.3	3.2	-3.0	-9.2

地方医药工业

范围：全行业

项　　目	优秀值	良好值	平均值	较低值	较差值
一、盈利能力状况					
净资产收益率（％）	14.1	10.7	9.1	-0.7	-6.0
总资产报酬率（％）	8.9	7.7	6.5	-0.6	-4.6
销售（营业）利润率（％）	15.6	10.5	8.8	-1.1	-3.7
盈余现金保障倍数	1.6	1.2	0.6	-0.2	-0.8
成本费用利润率（％）	16.7	10.7	8.9	-1.0	-5.3
资本收益率（％）	16.3	11.7	9.7	-0.6	-4.2
二、资产质量状况					
总资产周转率（次）	0.9	0.7	0.6	0.2	0.1
应收账款周转率（次）	11.5	7.3	5.0	3.2	2.3
不良资产比率（％）	1.2	1.9	3.1	4.3	10.1
流动资产周转率（次）	1.5	1.2	1.0	0.3	0.2
资产现金回收率（％）	9.1	5.6	3.3	-0.1	-1.9
三、债务风险状况					
资产负债率（％）	48.6	53.6	58.3	68.6	83.6
已获利息倍数	7.6	5.6	4.5	1.3	-0.5
速动比率（％）	137.0	118.3	97.6	75.8	58.6
现金流动负债比率（％）	28.7	14.2	6.6	-0.4	-5.4
带息负债比率（％）	17.4	28.8	41.0	51.5	60.9
或有负债比率（％）	0.2	1.8	4.0	10.9	21.4
四、经营增长状况					
销售（营业）增长率（％）	13.5	5.7	-1.0	-10.4	-17.4
资本保值增值率（％）	119.6	113.4	108.8	100.0	95.4
销售（营业）利润增长率（％）	9.7	2.8	-2.6	-8.8	-12.5
总资产增长率（％）	21.2	11.4	4.9	-2.6	-6.4
技术投入比率（％）	6.4	3.6	2.5	1.5	0.9
五、补充资料					
存货周转率（次）	4.6	3.5	2.8	1.6	1.1
两金占流动资产比重（％）	34.3	37.7	42.1	53.9	63.1
成本费用总额占营业总收入比重（％）	87.3	89.5	91.8	99.2	104.6
经济增加值率（％）	13.1	7.6	3.6	-5.4	-7.3
EBITDA率（％）	25.7	16.3	10.1	5.1	-0.9
资本积累率（％）	23.6	14.7	7.9	-1.3	-4.4

地方机械工业

范围：全行业

项　　目	优秀值	良好值	平均值	较低值	较差值
一、盈利能力状况					
净资产收益率（％）	13.3	10.5	7.7	−0.6	−5.7
总资产报酬率（％）	6.0	5.5	5.0	−0.5	−3.1
销售（营业）利润率（％）	10.0	8.3	6.3	−0.3	−9.8
盈余现金保障倍数	7.0	3.2	1.6	−0.3	−1.2
成本费用利润率（％）	11.1	8.5	6.6	−2.7	−9.4
资本收益率（％）	14.5	7.9	7.8	−0.5	−5.2
二、资产质量状况					
总资产周转率（次）	1.0	0.9	0.7	0.2	0.1
应收账款周转率（次）	8.9	5.6	5.1	1.6	1.0
不良资产比率（％）	0.6	1.3	2.4	4.5	8.6
流动资产周转率（次）	3.0	2.3	1.2	0.5	0.2
资产现金回收率（％）	6.2	2.7	2.7	−0.1	−2.5
三、债务风险状况					
资产负债率（％）	48.9	53.9	58.6	68.9	83.9
已获利息倍数	7.8	5.6	2.0	−0.3	−3.0
速动比率（％）	124.1	106.4	91.9	78.6	68.2
现金流动负债比率（％）	13.9	11.7	9.4	−0.5	−5.3
带息负债比率（％）	6.6	17.2	26.9	38.4	53.5
或有负债比率（％）	1.4	1.9	5.8	10.8	21.2
四、经营增长状况					
销售（营业）增长率（％）	27.2	16.5	8.4	0.8	−6.6
资本保值增值率（％）	116.3	110.7	106.6	101.6	94.3
销售（营业）利润增长率（％）	29.7	17.5	14.9	11.7	7.2
总资产增长率（％）	19.9	10.4	7.9	−4.7	−10.8
技术投入比率（％）	2.7	2.3	1.8	1.0	0.9
五、补充资料					
存货周转率（次）	9.5	6.1	4.8	1.4	0.8
两金占流动资产比重（％）	22.1	30.8	40.5	53.1	60.6
成本费用总额占营业总收入比重（％）	92.4	93.1	93.9	99.4	107.8
经济增加值率（％）	11.7	5.2	1.9	−5.5	−8.8
EBITDA率（％）	17.5	11.6	7.8	0.8	−9.0
资本积累率（％）	18.3	9.5	7.0	−3.7	−11.3

地方汽车制造业

范围：全行业

项　　目	优秀值	良好值	平均值	较低值	较差值
一、盈利能力状况					
净资产收益率（%）	15.2	12.3	8.4	-1.0	-6.7
总资产报酬率（%）	11.9	9.1	6.3	-0.5	-3.5
销售（营业）利润率（%）	8.8	8.1	7.4	-4.5	-10.2
盈余现金保障倍数	2.6	2.1	1.6	-0.3	-1.3
成本费用利润率（%）	9.9	8.7	7.5	-5.4	-11.3
资本收益率（%）	18.0	14.0	8.9	-0.2	-9.9
二、资产质量状况					
总资产周转率（次）	1.3	1.0	0.9	0.2	0.1
应收账款周转率（次）	12.9	7.4	6.5	2.4	1.6
不良资产比率（%）	0.1	1.1	2.1	5.7	13.9
流动资产周转率（次）	2.0	1.6	1.5	0.4	0.2
资产现金回收率（%）	11.3	6.1	4.3	-0.1	-3.3
三、债务风险状况					
资产负债率（%）	48.9	53.9	58.6	68.9	83.9
已获利息倍数	7.3	5.7	1.9	-0.5	-3.8
速动比率（%）	132.3	114.6	95.8	77.5	61.4
现金流动负债比率（%）	22.2	20.3	18.4	-0.2	-4.4
带息负债比率（%）	0.4	8.1	24.1	44.8	63.1
或有负债比率（%）	0.7	1.8	5.5	16.4	23.3
四、经营增长状况					
销售（营业）增长率（%）	28.1	19.5	6.4	-3.2	-19.7
资本保值增值率（%）	116.3	108.9	107.2	98.6	90.1
销售（营业）利润增长率（%）	21.8	12.2	5.1	-7.1	-16.7
总资产增长率（%）	21.0	12.2	7.2	-4.1	-9.9
技术投入比率（%）	7.7	4.0	2.0	1.5	0.8
五、补充资料					
存货周转率（次）	11.6	8.8	7.1	2.9	1.8
两金占流动资产比重（%）	19.2	27.2	34.9	48.4	58.4
成本费用总额占营业总收入比重（%）	83.4	86.9	93.2	98.4	106.1
经济增加值率（%）	14.8	7.2	3.0	-5.7	-10.5
EBITDA 率（%）	15.2	10.0	8.2	0.8	-5.9
资本积累率（%）	16.0	8.8	7.0	-4.0	-11.7

地方电子工业

范围：全行业

项　　　目	优秀值	良好值	平均值	较低值	较差值
一、盈利能力状况					
净资产收益率（％）	14.7	8.7	3.4	-0.8	-11.2
总资产报酬率（％）	7.6	4.2	2.7	-0.7	-8.9
销售（营业）利润率（％）	12.0	6.3	3.8	-5.0	-10.5
盈余现金保障倍数	2.7	2.3	1.8	-0.2	-1.3
成本费用利润率（％）	13.4	7.2	3.6	-5.5	-13.1
资本收益率（％）	17.9	10.5	4.3	-4.0	-8.6
二、资产质量状况					
总资产周转率（次）	1.0	0.8	0.5	0.2	0.1
应收账款周转率（次）	6.8	5.0	4.4	1.9	1.3
不良资产比率（％）	0.1	0.8	2.8	4.7	11.7
流动资产周转率（次）	1.5	1.3	1.1	0.5	0.3
资产现金回收率（％）	8.2	6.7	3.2	-0.1	-3.4
三、债务风险状况					
资产负债率（％）	48.6	53.6	58.3	68.6	83.6
已获利息倍数	7.2	6.2	2.4	-0.9	-3.0
速动比率（％）	137.3	115.6	100.0	74.0	42.5
现金流动负债比率（％）	21.6	9.6	5.1	-1.1	-6.7
带息负债比率（％）	15.8	28.6	40.7	52.4	62.6
或有负债比率（％）	7.3	9.1	11.7	17.1	29.5
四、经营增长状况					
销售（营业）增长率（％）	27.3	18.6	12.3	1.8	-7.0
资本保值增值率（％）	110.2	104.6	102.3	98.8	92.0
销售（营业）利润增长率（％）	15.4	8.2	4.1	-5.5	-14.2
总资产增长率（％）	16.8	11.6	6.8	-3.9	-10.4
技术投入比率（％）	6.1	5.0	4.2	3.7	3.1
五、补充资料					
存货周转率（次）	9.3	6.3	4.8	1.8	1.3
两金占流动资产比重（％）	23.8	34.0	45.2	56.6	63.9
成本费用总额占营业总收入比重（％）	91.3	95.1	96.6	100.5	105.3
经济增加值率（％）	11.3	5.7	-0.4	-5.5	-8.4
EBITDA率（％）	22.1	14.2	5.2	0.9	-7.4
资本积累率（％）	22.1	11.6	10.2	-2.5	-9.4

地方电力热力燃气工业

范围：全行业

项　　目	优秀值	良好值	平均值	较低值	较差值
一、盈利能力状况					
净资产收益率（％）	12.5	8.2	5.3	2.1	-6.3
总资产报酬率（％）	6.9	5.0	3.8	1.0	-4.2
销售（营业）利润率（％）	18.0	12.2	7.1	-1.8	-15.1
盈余现金保障倍数	3.0	2.6	2.1	0.6	-0.6
成本费用利润率（％）	22.1	12.7	6.5	4.3	-1.8
资本收益率（％）	13.5	8.6	6.2	2.1	-5.1
二、资产质量状况					
总资产周转率（次）	0.5	0.4	0.3	0.2	0.1
应收账款周转率（次）	14.9	10.5	6.7	2.3	1.1
不良资产比率（％）	0.1	0.4	1.1	1.8	3.3
流动资产周转率（次）	1.8	1.2	0.9	0.3	0.2
资产现金回收率（％）	9.2	6.2	5.1	0.5	-2.5
三、债务风险状况					
资产负债率（％）	48.9	53.9	58.6	68.9	83.9
已获利息倍数	5.7	3.3	2.1	0.9	-0.1
速动比率（％）	102.9	81.2	69.4	57.7	48.3
现金流动负债比率（％）	30.4	21.2	14.2	0.9	-13.2
带息负债比率（％）	44.3	52.6	60.5	68.5	75.1
或有负债比率（％）	1.9	3.4	6.5	10.1	18.3
四、经营增长状况					
销售（营业）增长率（％）	17.8	8.6	1.4	-7.3	-14.5
资本保值增值率（％）	109.8	106.6	104.3	99.3	94.8
销售（营业）利润增长率（％）	13.3	7.0	2.1	-4.8	-11.7
总资产增长率（％）	17.8	9.0	6.3	-2.1	-5.0
技术投入比率（％）	1.0	0.7	0.5	0.2	0.1
五、补充资料					
存货周转率（次）	21.9	13.9	8.8	2.4	1.0
两金占流动资产比重（％）	3.2	12.8	23.0	31.2	39.7
成本费用总额占营业总收入比重（％）	79.3	89.4	94.8	99.9	109.4
经济增加值率（％）	4.8	1.3	-1.4	-5.5	-6.2
EBITDA率（％）	33.7	22.7	10.0	-0.7	-11.8
资本积累率（％）	19.6	11.0	5.8	-0.7	-5.2

地方水生产与供应业

范围：全行业

项　　目	优秀值	良好值	平均值	较低值	较差值
一、盈利能力状况					
净资产收益率（％）	9.2	4.9	3.0	-0.2	-7.8
总资产报酬率（％）	4.8	2.9	2.3	-0.1	-2.2
销售（营业）利润率（％）	21.9	13.9	11.0	-8.1	-12.8
盈余现金保障倍数	2.4	2.1	1.7	0.2	-0.6
成本费用利润率（％）	22.9	14.9	9.9	-7.9	-10.6
资本收益率（％）	9.5	5.0	3.3	-0.2	-7.7
二、资产质量状况					
总资产周转率（次）	0.5	0.4	0.3	0.2	0.1
应收账款周转率（次）	13.6	7.9	3.1	2.9	1.7
不良资产比率（％）	0.1	0.2	0.4	0.6	1.3
流动资产周转率（次）	1.4	1.0	0.4	0.3	0.2
资产现金回收率（％）	6.8	3.4	2.4	-0.1	-1.3
三、债务风险状况					
资产负债率（％）	48.6	53.6	58.3	68.6	83.6
已获利息倍数	8.0	4.0	2.3	0.7	-0.4
速动比率（％）	143.7	113.5	92.7	68.2	35.9
现金流动负债比率（％）	25.7	13.6	7.9	-2.0	-11.9
带息负债比率（％）	26.0	34.7	46.3	62.9	72.2
或有负债比率（％）	0.1	2.3	4.5	11.5	25.0
四、经营增长状况					
销售（营业）增长率（％）	18.7	11.1	3.6	-1.9	-8.8
资本保值增值率（％）	106.5	103.1	102.0	99.5	95.6
销售（营业）利润增长率（％）	21.0	10.9	-0.4	-14.6	-25.1
总资产增长率（％）	24.4	15.8	9.3	-0.1	-8.1
技术投入比率（％）	3.3	1.4	0.7	0.2	0.1
五、补充资料					
存货周转率（次）	29.0	16.9	4.9	2.8	1.5
两金占流动资产比重（％）	7.2	15.0	24.1	36.8	46.9
成本费用总额占营业总收入比重（％）	81.3	89.4	91.8	98.3	107.0
经济增加值率（％）	2.9	-0.6	-2.8	-5.5	-7.1
EBITDA 率（％）	37.3	25.9	16.1	-4.1	-15.5
资本积累率（％）	21.6	10.5	5.3	-0.5	-4.4

地方轻工业

范围：全行业

项　　　目	优秀值	良好值	平均值	较低值	较差值
一、盈利能力状况					
净资产收益率（%）	11.6	6.5	5.1	-1.5	-7.7
总资产报酬率（%）	9.6	5.5	4.0	-1.1	-4.7
销售（营业）利润率（%）	13.7	10.6	7.5	-4.7	-7.3
盈余现金保障倍数	1.5	1.0	0.5	-0.1	-1.2
成本费用利润率（%）	15.9	13.7	10.3	-4.9	-7.5
资本收益率（%）	11.7	8.1	4.5	-4.3	-11.7
二、资产质量状况					
总资产周转率（次）	0.9	0.6	0.4	0.2	0.1
应收账款周转率（次）	22.1	13.8	7.7	3.2	1.9
不良资产比率（%）	0.2	0.9	2.0	9.4	30.8
流动资产周转率（次）	1.4	1.1	0.6	0.3	0.2
资产现金回收率（%）	6.6	4.9	1.9	-0.1	-5.1
三、债务风险状况					
资产负债率（%）	48.6	53.6	58.3	68.6	83.6
已获利息倍数	8.9	6.5	2.0	-0.3	-2.1
速动比率（%）	156.9	129.6	96.0	70.2	55.8
现金流动负债比率（%）	21.3	15.2	9.1	-0.5	-7.4
带息负债比率（%）	13.0	23.7	33.0	50.0	60.4
或有负债比率（%）	0.4	0.9	5.1	10.2	20.5
四、经营增长状况					
销售（营业）增长率（%）	10.5	4.1	-1.0	-16.0	-31.7
资本保值增值率（%）	110.8	108.2	101.0	95.3	87.3
销售（营业）利润增长率（%）	19.7	11.8	4.9	-11.4	-24.9
总资产增长率（%）	14.0	12.1	10.1	-4.7	-10.8
技术投入比率（%）	3.1	1.8	1.3	0.8	0.5
五、补充资料					
存货周转率（次）	11.3	6.8	1.3	1.1	0.5
两金占流动资产比重（%）	1.5	10.5	26.6	37.4	47.5
成本费用总额占营业总收入比重（%）	88.9	93.9	98.1	104.8	115.6
经济增加值率（%）	8.4	2.3	1.8	-6.3	-10.8
EBITDA率（%）	23.8	17.0	14.3	-0.2	-14.3
资本积累率（%）	16.9	13.4	9.8	-4.4	-12.6

地方建筑业

范围：全行业

项　　　目	优秀值	良好值	平均值	较低值	较差值
一、盈利能力状况					
净资产收益率（%）	12.3	6.1	1.8	-4.2	-10.8
总资产报酬率（%）	3.8	2.2	1.2	-1.1	-4.7
销售（营业）利润率（%）	7.4	3.5	1.7	-0.1	-7.7
盈余现金保障倍数	2.1	2.0	1.9	-0.3	-2.3
成本费用利润率（%）	7.6	4.2	3.2	-4.1	-7.9
资本收益率（%）	13.3	6.5	3.8	-3.7	-7.2
二、资产质量状况					
总资产周转率（次）	0.9	0.6	0.3	0.2	0.1
应收账款周转率（次）	7.9	4.6	2.5	1.2	0.6
不良资产比率（%）	0.1	0.4	0.7	1.1	2.5
流动资产周转率（次）	1.1	0.8	0.4	0.3	0.2
资产现金回收率（%）	3.7	1.4	0.6	-0.3	-2.4
三、债务风险状况					
资产负债率（%）	56.4	65.0	71.5	86.0	91.0
已获利息倍数	8.6	4.8	1.7	0.7	-0.3
速动比率（%）	152.4	124.9	106.6	91.6	79.5
现金流动负债比率（%）	9.0	7.4	3.4	-2.2	-5.0
带息负债比率（%）	29.6	39.2	43.6	54.5	59.7
或有负债比率（%）	0.6	1.8	4.5	6.9	10.8
四、经营增长状况					
销售（营业）增长率（%）	19.9	11.8	8.3	-8.8	-21.9
资本保值增值率（%）	110.6	104.9	100.8	99.6	94.8
销售（营业）利润增长率（%）	13.5	3.4	-0.3	-6.9	-12.0
总资产增长率（%）	27.2	15.9	10.1	-1.4	-7.3
技术投入比率（%）	1.9	1.6	0.9	0.5	0.4
五、补充资料					
存货周转率（次）	5.3	4.1	2.6	0.7	0.3
两金占流动资产比重（%）	22.0	36.9	45.1	55.4	64.2
成本费用总额占营业总收入比重（%）	90.6	94.9	96.7	98.5	103.9
经济增加值率（%）	7.2	0.9	-3.9	-5.5	-6.0
EBITDA率（%）	18.8	10.3	4.8	0.9	-1.3
资本积累率（%）	27.3	12.9	7.5	-0.3	-4.7

地方交通运输仓储及邮政业

范围：全行业

项　目	优秀值	良好值	平均值	较低值	较差值
一、盈利能力状况					
净资产收益率（%）	7.9	2.9	1.8	-1.3	-9.4
总资产报酬率（%）	7.1	2.4	1.7	-0.6	-3.1
销售（营业）利润率（%）	10.1	2.9	2.2	-7.5	-19.0
盈余现金保障倍数	7.0	2.3	1.5	-0.8	-3.8
成本费用利润率（%）	10.9	3.5	2.3	-3.3	-14.8
资本收益率（%）	10.0	4.1	2.3	-0.6	-9.7
二、资产质量状况					
总资产周转率（次）	0.6	0.4	0.3	0.2	0.1
应收账款周转率（次）	19.8	12.2	6.6	3.9	2.1
不良资产比率（%）	0.1	0.3	0.5	1.0	2.9
流动资产周转率（次）	1.7	1.1	0.4	0.3	0.2
资产现金回收率（%）	6.2	2.2	1.9	-0.4	-6.0
三、债务风险状况					
资产负债率（%）	53.6	58.6	63.3	73.6	88.6
已获利息倍数	3.7	1.9	1.4	0.1	-1.0
速动比率（%）	126.9	99.7	70.0	52.5	41.9
现金流动负债比率（%）	21.2	7.1	6.9	-9.0	-23.5
带息负债比率（%）	41.9	54.3	66.5	80.1	101.4
或有负债比率（%）	0.1	2.3	3.8	7.9	15.8
四、经营增长状况					
销售（营业）增长率（%）	9.4	4.1	-1.2	-9.8	-19.9
资本保值增值率（%）	104.3	101.9	99.8	97.0	89.0
销售（营业）利润增长率（%）	13.1	4.3	-1.4	-20.1	-30.7
总资产增长率（%）	20.2	9.8	8.4	-3.7	-8.3
技术投入比率（%）	1.5	1.0	0.8	0.7	0.6
五、补充资料					
存货周转率（次）	11.6	7.0	1.8	1.6	0.6
两金占流动资产比重（%）	3.8	13.7	25.6	47.9	60.4
成本费用总额占营业总收入比重（%）	95.2	99.6	103.7	112.9	122.6
经济增加值率（%）	3.2	-1.4	-4.0	-5.8	-9.1
EBITDA率（%）	26.9	18.0	10.5	1.4	-5.4
资本积累率（%）	16.7	7.1	6.5	-2.8	-10.4

地方批发和零售贸易业

范围：全行业

项　　目	优秀值	良好值	平均值	较低值	较差值
一、盈利能力状况					
净资产收益率（%）	13.9	7.3	6.3	−0.5	−4.1
总资产报酬率（%）	5.6	4.5	3.5	−0.3	−2.5
销售（营业）利润率（%）	5.2	3.8	2.4	−0.5	−4.0
盈余现金保障倍数	2.2	1.7	1.3	−0.5	−2.3
成本费用利润率（%）	5.8	3.8	1.8	−0.2	−6.2
资本收益率（%）	16.3	12.0	7.8	−0.1	−5.7
二、资产质量状况					
总资产周转率（次）	2.6	1.7	1.3	0.2	0.1
应收账款周转率（次）	23.5	16.3	10.4	3.2	1.5
不良资产比率（%）	0.3	0.6	1.7	3.8	8.2
流动资产周转率（次）	3.3	2.2	1.8	0.5	0.3
资产现金回收率（%）	8.6	6.0	3.4	−0.1	−4.5
三、债务风险状况					
资产负债率（%）	53.6	58.6	63.3	73.6	88.6
已获利息倍数	5.3	2.9	2.1	0.3	−2.5
速动比率（%）	133.6	111.0	100.1	87.4	68.8
现金流动负债比率（%）	16.6	10.2	6.6	−0.7	−7.8
带息负债比率（%）	19.3	28.2	31.5	37.7	45.7
或有负债比率（%）	0.1	0.8	3.7	5.8	16.6
四、经营增长状况					
销售（营业）增长率（%）	18.0	12.3	5.7	−6.3	−14.1
资本保值增值率（%）	115.8	110.2	105.3	98.9	93.2
销售（营业）利润增长率（%）	17.9	4.2	−2.9	−14.4	−19.5
总资产增长率（%）	15.6	12.0	6.9	−6.8	−14.9
技术投入比率（%）	1.0	0.7	0.5	0.3	0.1
五、补充资料					
存货周转率（次）	21.0	13.1	9.0	2.9	1.3
两金占流动资产比重（%）	4.5	16.7	28.0	40.5	51.4
成本费用总额占营业总收入比重（%）	96.3	98.7	100.0	101.5	104.7
经济增加值率（%）	9.7	2.7	−0.8	−5.5	−8.1
EBITDA 率（%）	10.9	5.3	2.7	0.1	−3.3
资本积累率（%）	18.6	8.5	8.4	−3.1	−12.1

地方住宿和餐饮业

范围：全行业

项　　　目	优秀值	良好值	平均值	较低值	较差值
一、盈利能力状况					
净资产收益率（%）	2.2	0.6	-1.0	-4.0	-7.5
总资产报酬率（%）	1.4	0.3	-0.9	-2.4	-3.6
销售（营业）利润率（%）	3.3	-1.1	-4.3	-13.3	-18.8
盈余现金保障倍数	2.8	0.3	-1.3	-3.5	-4.4
成本费用利润率（%）	4.2	0.1	-1.3	-8.7	-15.9
资本收益率（%）	2.9	1.7	-0.7	-6.4	-12.9
二、资产质量状况					
总资产周转率（次）	0.8	0.4	0.3	0.2	0.1
应收账款周转率（次）	30.5	17.6	6.4	5.8	3.3
不良资产比率（%）	0.2	0.4	1.0	5.8	12.7
流动资产周转率（次）	1.9	1.4	0.4	0.2	0.1
资产现金回收率（%）	3.9	2.7	1.4	-1.0	-4.9
三、债务风险状况					
资产负债率（%）	53.6	58.6	63.3	73.6	88.6
已获利息倍数	1.4	1.0	0.3	-1.9	-5.7
速动比率（%）	128.3	100.1	70.4	45.2	21.7
现金流动负债比率（%）	9.0	6.2	3.5	-1.9	-11.7
带息负债比率（%）	8.7	19.8	32.3	51.9	61.7
或有负债比率（%）	0.1	2.3	4.6	9.2	15.2
四、经营增长状况					
销售（营业）增长率（%）	4.5	-7.4	-24.8	-39.0	-49.4
资本保值增值率（%）	102.4	100.1	98.0	93.4	89.8
销售（营业）利润增长率（%）	3.2	-7.3	-16.3	-30.1	-43.5
总资产增长率（%）	12.3	9.0	4.0	-7.3	-12.9
技术投入比率（%）	0.7	0.5	0.4	0.3	0.2
五、补充资料					
存货周转率（次）	20.7	11.5	3.9	2.0	1.5
两金占流动资产比重（%）	2.9	9.9	17.4	23.0	27.0
成本费用总额占营业总收入比重（%）	98.8	101.2	103.7	109.5	113.1
经济增加值率（%）	9.0	-1.3	-5.5	-11.8	-18.3
EBITDA 率（%）	19.4	9.0	3.5	-4.3	-11.6
资本积累率（%）	22.6	6.8	-0.4	-10.3	-25.3

地方房地产业

范围：全行业

项　　　目	优秀值	良好值	平均值	较低值	较差值
一、盈利能力状况					
净资产收益率（%）	9.6	3.4	1.7	-0.8	-3.5
总资产报酬率（%）	3.7	1.6	1.2	-0.2	-3.3
销售（营业）利润率（%）	28.3	16.0	10.8	4.3	-2.1
盈余现金保障倍数	6.5	3.0	0.8	-2.7	-5.6
成本费用利润率（%）	11.5	9.9	9.5	7.9	6.5
资本收益率（%）	14.2	5.0	1.8	-0.4	-2.8
二、资产质量状况					
总资产周转率（次）	0.5	0.4	0.3	0.2	0.1
应收账款周转率（次）	13.2	8.2	5.0	2.3	0.8
不良资产比率（%）	0.1	0.2	0.4	0.8	2.4
流动资产周转率（次）	0.6	0.5	0.4	0.3	0.2
资产现金回收率（%）	5.2	1.4	0.8	-0.5	-4.1
三、债务风险状况					
资产负债率（%）	48.6	58.6	68.3	78.6	88.6
已获利息倍数	7.4	3.2	1.7	-0.1	-0.9
速动比率（%）	137.5	114.3	82.3	61.1	46.5
现金流动负债比率（%）	13.7	4.0	2.5	-1.6	-9.7
带息负债比率（%）	23.1	34.9	43.2	54.3	66.3
或有负债比率（%）	0.3	1.4	4.2	9.0	16.7
四、经营增长状况					
销售（营业）增长率（%）	4.9	-0.3	-4.8	-11.1	-14.9
资本保值增值率（%）	107.5	103.1	100.7	97.5	94.2
销售（营业）利润增长率（%）	10.5	7.3	3.4	0.5	-3.7
总资产增长率（%）	16.9	11.5	7.7	-2.6	-8.6
技术投入比率（%）	0.7	0.6	0.4	0.2	0.1
五、补充资料					
存货周转率（次）	1.7	0.7	0.5	0.4	0.3
两金占流动资产比重（%）	23.3	42.2	52.4	62.4	69.9
成本费用总额占营业总收入比重（%）	78.9	88.2	90.2	122.7	173.6
经济增加值率（%）	5.4	-1.4	-4.1	-5.8	-7.4
EBITDA率（%）	42.6	26.7	15.3	0.5	-11.4
资本积累率（%）	25.4	9.8	5.3	-2.0	-8.7

地方社会服务业

范围：全行业

项　　目	优秀值	良好值	平均值	较低值	较差值
一、盈利能力状况					
净资产收益率（％）	9.2	4.5	1.5	−0.3	−5.4
总资产报酬率（％）	6.0	2.8	1.4	−0.2	−4.0
销售（营业）利润率（％）	29.7	15.5	6.6	−11.9	−26.0
盈余现金保障倍数	2.6	1.9	1.2	−0.1	−1.3
成本费用利润率（％）	12.2	8.2	5.7	−12.9	−16.1
资本收益率（％）	13.2	5.4	1.5	−0.1	−2.6
二、资产质量状况					
总资产周转率（次）	0.7	0.4	0.3	0.2	0.1
应收账款周转率（次）	21.0	12.0	3.5	1.9	0.9
不良资产比率（％）	0.2	0.5	0.9	11.7	26.2
流动资产周转率（次）	1.1	0.7	0.4	0.3	0.2
资产现金回收率（％）	5.7	1.3	1.1	−0.1	−3.0
三、债务风险状况					
资产负债率（％）	53.6	58.6	63.3	73.6	88.6
已获利息倍数	7.3	3.2	1.5	−0.1	−2.1
速动比率（％）	141.5	131.1	107.6	84.4	51.5
现金流动负债比率（％）	24.5	6.5	5.0	−0.6	−12.3
带息负债比率（％）	21.4	37.6	53.7	65.1	72.4
或有负债比率（％）	0.3	1.1	4.1	8.0	16.6
四、经营增长状况					
销售（营业）增长率（％）	13.1	7.2	2.6	−5.7	−10.4
资本保值增值率（％）	106.0	102.9	100.3	96.2	90.1
销售（营业）利润增长率（％）	2.7	−0.2	−3.8	−14.1	−19.2
总资产增长率（％）	15.7	12.3	8.2	−1.8	−8.4
技术投入比率（％）	3.9	3.3	1.9	1.3	0.6
五、补充资料					
存货周转率（次）	8.7	5.3	2.2	1.7	1.6
两金占流动资产比重（％）	1.5	10.4	28.2	34.8	43.5
成本费用总额占营业总收入比重（％）	80.0	90.1	95.1	102.5	114.4
经济增加值率（％）	8.1	0.3	−4.1	−5.6	−7.6
EBITDA率（％）	43.8	29.4	9.5	0.6	−15.4
资本积累率（％）	26.6	12.0	5.0	−1.4	−8.7

地方传播与文化业

范围：全行业

项　　目	优秀值	良好值	平均值	较低值	较差值
一、盈利能力状况					
净资产收益率（%）	9.6	2.7	1.0	-4.8	-11.1
总资产报酬率（%）	4.9	1.3	0.7	-4.7	-7.4
销售（营业）利润率（%）	13.4	10.7	7.9	-1.9	-24.8
盈余现金保障倍数	11.1	4.8	0.9	-0.1	-0.6
成本费用利润率（%）	13.0	7.5	3.5	-4.7	-17.2
资本收益率（%）	8.1	4.6	1.0	-7.6	-9.5
二、资产质量状况					
总资产周转率（次）	0.7	0.4	0.3	0.2	0.1
应收账款周转率（次）	24.5	14.8	4.0	2.7	1.6
不良资产比率（%）	0.7	0.9	1.8	7.7	22.1
流动资产周转率（次）	1.2	0.8	0.5	0.3	0.2
资产现金回收率（%）	4.0	2.4	0.6	-0.4	-4.4
三、债务风险状况					
资产负债率（%）	53.6	58.6	63.3	73.6	88.6
已获利息倍数	5.2	1.5	0.7	-5.0	-5.1
速动比率（%）	157.8	139.1	108.9	76.9	55.7
现金流动负债比率（%）	12.3	7.8	3.2	-1.9	-15.9
带息负债比率（%）	15.3	23.6	32.5	43.4	61.4
或有负债比率（%）	0.1	0.5	3.5	15.9	37.0
四、经营增长状况					
销售（营业）增长率（%）	12.9	4.5	-2.0	-11.3	-22.3
资本保值增值率（%）	105.9	102.8	100.0	92.7	84.5
销售（营业）利润增长率（%）	10.0	5.1	-2.0	-10.4	-18.5
总资产增长率（%）	21.3	13.5	4.8	-5.3	-11.8
技术投入比率（%）	1.8	1.4	1.3	1.2	0.9
五、补充资料					
存货周转率（次）	25.9	12.0	3.3	1.0	0.3
两金占流动资产比重（%）	2.4	11.9	22.0	31.2	41.7
成本费用总额占营业总收入比重（%）	93.7	94.1	94.4	102.2	112.4
经济增加值率（%）	11.2	0.4	-4.9	-8.6	-15.3
EBITDA率（%）	28.1	14.7	9.1	-2.9	-11.2
资本积累率（%）	25.9	12.3	1.8	-6.0	-18.1

地方农林牧渔业

范围：全行业

项　　目	优秀值	良好值	平均值	较低值	较差值
一、盈利能力状况					
净资产收益率（％）	8.5	2.9	1.9	-2.2	-7.5
总资产报酬率（％）	5.1	2.6	1.4	-1.2	-3.8
销售（营业）利润率（％）	15.4	5.5	4.3	-3.2	-14.4
盈余现金保障倍数	6.0	3.8	0.8	-1.1	-3.4
成本费用利润率（％）	16.2	5.4	3.1	-11.5	-34.8
资本收益率（％）	11.1	4.0	1.5	-1.2	-5.8
二、资产质量状况					
总资产周转率（次）	0.6	0.4	0.3	0.2	0.1
应收账款周转率（次）	11.4	7.9	3.9	1.4	0.4
不良资产比率（％）	0.4	0.7	1.2	2.3	4.2
流动资产周转率（次）	1.1	0.7	0.4	0.3	0.2
资产现金回收率（％）	3.2	2.2	1.1	-0.4	-2.0
三、债务风险状况					
资产负债率（％）	53.6	58.6	63.3	73.6	88.6
已获利息倍数	6.9	3.5	1.7	-0.7	-3.4
速动比率（％）	150.8	126.7	92.0	77.4	55.8
现金流动负债比率（％）	8.9	6.3	3.6	-1.0	-5.7
带息负债比率（％）	16.8	26.3	37.4	51.4	71.9
或有负债比率（％）	0.3	1.2	4.1	8.5	16.1
四、经营增长状况					
销售（营业）增长率（％）	11.3	6.1	0.7	-5.5	-12.1
资本保值增值率（％）	106.4	103.9	100.8	95.0	88.8
销售（营业）利润增长率（％）	11.5	2.3	-6.0	-18.0	-30.7
总资产增长率（％）	27.5	14.1	6.4	-3.6	-10.1
技术投入比率（％）	2.4	2.1	1.8	1.6	1.4
五、补充资料					
存货周转率（次）	11.0	5.2	2.0	0.5	0.3
两金占流动资产比重（％）	1.4	13.5	25.8	33.9	46.5
成本费用总额占营业总收入比重（％）	90.9	93.9	97.0	105.7	115.8
经济增加值率（％）	4.4	-1.2	-3.8	-6.8	-11.0
EBITDA率（％）	28.5	17.7	6.8	-2.1	-13.0
资本积累率（％）	25.3	10.2	3.7	-3.8	-13.9

19 个行业企业绩效评价国际标准值（2020）

石油石化工业

范围：全行业

项　　目	优秀值	良好值	平均值	较低值	较差值
一、盈利能力状况					
净资产收益率（%）	15.0	9.3	5.5	1.3	−3.8
总资产报酬率（%）	9.0	6.0	3.7	2.0	0.3
销售（营业）利润率（%）	12.0	5.7	2.2	−0.8	−17.3
盈余现金保障倍数	3.7	2.5	1.9	1.4	0.5
成本费用利润率（%）	21.1	12.4	6.3	3.1	0.7
资本收益率（%）	36.8	25.4	10.6	2.5	−7.4
二、资产质量状况					
总资产周转率（次）	1.0	0.7	0.5	0.3	0.1
应收账款周转率（次）	9.6	7.0	5.2	3.8	1.4
流动资产周转率（次）	4.1	2.9	2.2	1.5	0.6
资产现金回收率（%）	13.6	10.1	7.5	4.7	1.5
三、债务风险状况					
资产负债率（%）	42.1	51.3	60.4	69.0	99.2
已获利息倍数	6.8	4.0	2.2	1.0	0.7
速动比率（%）	131.2	109.9	84.7	62.1	25.0
现金流动负债比率（%）	102.6	67.8	36.8	18.6	3.7
带息负债比率（%）	35.1	50.6	60.8	73.8	88.4
四、经营增长状况					
销售（营业）增长率（%）	16.0	6.1	−0.9	−9.0	−28.8
资本保值增值率（%）	108.5	102.4	97.0	89.1	64.5
销售（营业）利润增长率（%）	19.0	−2.4	−23.1	−62.5	−97.5
总资产增长率（%）	12.1	5.5	−0.3	−6.3	−22.9
技术投入比率（%）	1.3	0.5	0.3	0.1	0.1

黑色金属冶炼

范围：全行业

项　　目	优秀值	良好值	平均值	较低值	较差值
一、盈利能力状况					
净资产收益率（％）	12.7	8.8	5.4	2.4	− 0.4
总资产报酬率（％）	8.1	5.6	3.7	2.0	0.1
销售（营业）利润率（％）	7.2	4.2	1.9	− 0.1	− 4.9
盈余现金保障倍数	2.6	1.9	1.6	1.3	0.7
成本费用利润率（％）	10.0	6.6	4.2	2.5	0.5
资本收益率（％）	39.6	23.8	11.6	4.1	− 1.2
二、资产质量状况					
总资产周转率（次）	1.3	1.0	0.8	0.7	0.3
应收账款周转率（次）	9.0	6.4	4.9	3.7	1.9
流动资产周转率（次）	2.7	2.1	1.8	1.4	0.9
资产现金回收率（％）	10.3	7.5	5.8	3.7	1.1
三、债务风险状况					
资产负债率（％）	35.6	46.8	56.9	67.6	99.7
已获利息倍数	9.7	7.8	3.4	1.5	0.8
速动比率（％）	133.8	107.8	82.4	56.6	21.9
现金流动负债比率（％）	38.9	27.0	17.6	10.4	3.2
带息负债比率（％）	29.6	45.3	56.5	68.7	86.8
四、经营增长状况					
销售（营业）增长率（％）	12.6	4.3	− 0.9	− 8.1	− 24.5
资本保值增值率（％）	109.5	104.8	101.3	95.8	67.6
销售（营业）利润增长率（％）	23.6	− 6.9	− 32.1	− 61.7	− 98.2
总资产增长率（％）	8.6	3.4	− 0.2	− 4.6	− 22.4
技术投入比率（％）	1.4	0.8	0.3	0.1	0.1

有色金属业

范围：全行业

项 目	优秀值	良好值	平均值	较低值	较差值
一、盈利能力状况					
净资产收益率（%）	11.3	7.6	4.7	0.9	-18.7
总资产报酬率（%）	8.9	6.2	4.2	1.9	-5.7
销售（营业）利润率（%）	8.1	5.0	2.8	0.6	-8.3
盈余现金保障倍数	2.8	2.0	1.6	1.3	0.3
成本费用利润率（%）	9.8	5.9	3.3	0.9	-11.8
资本收益率（%）	33.3	17.3	8.8	3.8	-3.9
二、资产质量状况					
总资产周转率（次）	1.3	1.0	0.8	0.6	0.2
应收账款周转率（次）	8.3	6.1	4.5	3.5	1.7
流动资产周转率（次）	2.6	2.0	1.6	1.3	0.7
资产现金回收率（%）	10.2	7.9	5.6	3.5	-2.5
三、债务风险状况					
资产负债率（%）	36.3	45.2	55.0	63.2	84.1
已获利息倍数	11.8	6.1	3.4	1.6	-5.0
速动比率（%）	146.3	120.1	94.5	69.8	37.5
现金流动负债比率（%）	42.2	27.1	16.7	8.9	-6.5
带息负债比率（%）	33.6	45.1	58.2	68.7	84.7
四、经营增长状况					
销售（营业）增长率（%）	9.7	2.9	-3.0	-8.6	-25.4
资本保值增值率（%）	109.0	104.9	101.3	96.5	79.2
销售（营业）利润增长率（%）	18.2	-4.7	-26.4	-60.5	-115.1
总资产增长率（%）	11.0	5.2	1.0	-3.1	-15.6
技术投入比率（%）	3.5	1.9	0.8	0.4	0.1

煤炭工业

范围：全行业

项 目	优秀值	良好值	平均值	较低值	较差值
一、盈利能力状况					
净资产收益率（%）	14.4	8.3	4.8	0.2	−14.0
总资产报酬率（%）	10.6	7.1	4.5	1.6	−9.3
销售（营业）利润率（%）	14.4	9.2	4.2	−0.6	−18.8
盈余现金保障倍数	3.6	2.4	1.9	1.4	0.3
成本费用利润率（%）	18.0	11.0	4.7	0.3	−24.8
资本收益率（%）	27.8	16.7	7.6	−0.3	−28.1
二、资产质量状况					
总资产周转率（次）	0.8	0.6	0.4	0.3	0.2
应收账款周转率（次）	9.4	6.9	5.0	3.3	1.5
流动资产周转率（次）	3.0	2.2	1.8	1.2	0.6
资产现金回收率（%）	12.1	9.1	7.0	4.5	−3.5
三、债务风险状况					
资产负债率（%）	42.4	51.1	59.1	70.0	96.7
已获利息倍数	8.2	3.5	2.2	0.9	−10.8
速动比率（%）	135.4	101.1	67.9	45.7	16.7
现金流动负债比率（%）	68.5	36.1	21.8	11.7	−8.9
带息负债比率（%）	32.9	51.3	62.9	74.2	84.4
四、经营增长状况					
销售（营业）增长率（%）	10.8	4.6	−1.3	−8.5	−31.8
资本保值增值率（%）	110.4	104.8	100.5	93.3	82.4
销售（营业）利润增长率（%）	15.5	−6.3	−24.6	−55.2	−97.1
总资产增长率（%）	8.6	4.0	−0.7	−6.9	−15.6
技术投入比率（%）	1.9	0.8	0.4	0.1	0.1

电力生产业

范围：全行业

项　　目	优秀值	良好值	平均值	较低值	较差值
一、盈利能力状况					
净资产收益率（%）	13.6	9.1	5.4	1.5	-22.6
总资产报酬率（%）	8.7	6.4	4.5	2.7	-7.5
销售（营业）利润率（%）	13.5	8.4	4.1	0.3	-19.6
盈余现金保障倍数	3.2	2.3	1.7	1.3	0.3
成本费用利润率（%）	19.6	11.3	6.3	1.9	-23.9
资本收益率（%）	47.5	21.2	10.1	1.9	-25.1
二、资产质量状况					
总资产周转率（次）	0.8	0.5	0.4	0.2	0.1
应收账款周转率（次）	7.9	5.9	4.5	3.0	0.8
流动资产周转率（次）	2.9	2.1	1.6	1.1	0.4
资产现金回收率（%）	10.0	7.5	5.9	3.9	-5.4
三、债务风险状况					
资产负债率（%）	44.7	56.9	66.1	75.1	98.1
已获利息倍数	6.6	3.9	2.4	1.4	-5.2
速动比率（%）	133.0	99.8	75.1	50.8	14.9
现金流动负债比率（%）	48.3	36.0	23.1	12.1	-12.4
带息负债比率（%）	41.8	55.7	66.6	76.7	91.6
四、经营增长状况					
销售（营业）增长率（%）	12.2	5.6	1.2	-6.1	-20.0
资本保值增值率（%）	111.8	106.4	102.9	97.8	70.6
销售（营业）利润增长率（%）	28.6	7.9	-7.3	-34.7	-99.9
总资产增长率（%）	12.1	6.4	2.6	-1.6	-17.4
技术投入比率（%）	1.0	0.5	0.2	0.1	0.1

电力供应业

项　　目	优秀值	良好值	平均值	较低值	较差值
一、盈利能力状况					
净资产收益率（％）	15.0	11.5	8.0	4.5	−22.9
总资产报酬率（％）	9.0	6.5	5.0	3.4	−5.8
销售（营业）利润率（％）	16.7	12.6	8.1	2.7	−12.7
盈余现金保障倍数	3.1	2.4	1.8	1.3	0.6
成本费用利润率（％）	24.8	17.0	12.5	5.1	−18.2
资本收益率（％）	36.1	23.9	14.6	5.7	−31.0
二、资产质量状况					
总资产周转率（次）	0.6	0.4	0.3	0.2	0.1
应收账款周转率（次）	7.5	5.8	4.4	3.2	0.9
流动资产周转率（次）	3.5	2.7	2.0	1.3	0.6
资产现金回收率（％）	10.5	7.7	6.5	5.3	0.2
三、债务风险状况					
资产负债率（％）	49.8	60.6	68.1	75.1	89.4
已获利息倍数	5.6	3.8	2.8	1.8	−1.9
速动比率（％）	124.5	94.5	65.4	44.8	21.7
现金流动负债比率（％）	73.1	56.9	40.5	23.9	1.3
带息负债比率（％）	41.3	52.4	59.4	69.3	85.8
四、经营增长状况					
销售（营业）增长率（％）	10.0	4.9	1.3	−3.2	−14.2
资本保值增值率（％）	111.9	106.5	103.7	99.8	78.2
销售（营业）利润增长率（％）	25.9	9.4	0.5	−10.1	−95.5
总资产增长率（％）	10.6	6.7	3.7	−0.7	−16.1
技术投入比率（％）	0.7	0.4	0.2	0.1	0.1

通信业

范围：全行业

项　　目	优秀值	良好值	平均值	较低值	较差值
一、盈利能力状况					
净资产收益率（%）	14.8	7.8	4.1	−1.4	−18.3
总资产报酬率（%）	9.1	6.1	4.1	1.7	−11.8
销售（营业）利润率（%）	13.6	8.2	3.9	0.0	−21.6
盈余现金保障倍数	3.9	3.0	2.2	1.5	0.4
成本费用利润率（%）	18.5	10.6	5.1	0.6	−27.1
资本收益率（%）	38.3	18.4	5.3	−3.4	−41.0
二、资产质量状况					
总资产周转率（次）	0.8	0.6	0.5	0.4	0.2
应收账款周转率（次）	7.0	5.3	4.2	3.4	1.7
流动资产周转率（次）	3.1	2.3	1.8	1.2	0.5
资产现金回收率（%）	15.3	10.4	7.5	4.8	−1.9
三、债务风险状况					
资产负债率（%）	41.7	53.7	65.0	75.1	99.3
已获利息倍数	7.2	4.8	2.7	1.1	−10.0
速动比率（%）	144.8	118.4	87.4	67.5	33.1
现金流动负债比率（%）	73.7	51.0	31.4	16.0	−6.0
带息负债比率（%）	29.3	47.3	59.1	69.0	81.8
四、经营增长状况					
销售（营业）增长率（%）	8.4	2.9	−0.1	−4.5	−28.6
资本保值增值率（%）	110.1	104.1	100.8	94.5	76.3
销售（营业）利润增长率（%）	15.7	1.8	−9.6	−31.1	−98.6
总资产增长率（%）	10.9	7.3	3.6	−1.1	−17.1
技术投入比率（%）	4.4	2.0	0.7	0.2	0.1

商贸业

范围：全行业

项　　目	优秀值	良好值	平均值	较低值	较差值
一、盈利能力状况					
净资产收益率（%）	14.2	9.9	6.0	2.4	−14.1
总资产报酬率（%）	9.8	6.8	4.5	2.2	−3.5
销售（营业）利润率（%）	9.0	5.1	2.8	0.6	−7.2
盈余现金保障倍数	2.7	1.9	1.5	1.3	0.7
成本费用利润率（%）	11.7	6.4	3.8	1.6	−6.8
资本收益率（%）	39.2	28.5	13.6	4.1	−26.5
二、资产质量状况					
总资产周转率（次）	1.7	1.2	0.9	0.7	0.3
应收账款周转率（次）	12.9	7.9	5.6	4.0	2.1
流动资产周转率（次）	3.4	2.6	2.0	1.5	0.7
资产现金回收率（%）	11.7	8.7	6.3	3.9	−0.7
三、债务风险状况					
资产负债率（%）	36.3	47.9	57.6	68.4	89.7
已获利息倍数	13.6	8.4	5.0	2.0	−3.1
速动比率（%）	167.1	120.6	90.5	63.1	26.1
现金流动负债比率（%）	49.6	31.5	19.9	10.6	−1.4
带息负债比率（%）	17.4	36.1	50.7	63.0	81.6
四、经营增长状况					
销售（营业）增长率（%）	9.9	4.9	1.2	−3.7	−21.2
资本保值增值率（%）	109.4	105.2	101.8	97.2	73.4
销售（营业）利润增长率（%）	21.7	6.1	−7.0	−33.4	−96.5
总资产增长率（%）	11.8	6.5	2.1	−2.2	−16.3
技术投入比率（%）	3.5	1.4	0.6	0.2	0.1

航空航天工业

范围：全行业

项　　　目	优秀值	良好值	平均值	较低值	较差值
一、盈利能力状况					
净资产收益率（%）	16.7	10.8	6.7	3.5	−18.9
总资产报酬率（%）	8.1	5.9	4.1	1.8	−2.8
销售（营业）利润率（%）	9.0	6.6	4.7	1.4	−10.4
盈余现金保障倍数	2.9	2.0	1.7	1.5	0.5
成本费用利润率（%）	9.8	7.5	4.6	2.0	−6.2
资本收益率（%）	39.8	28.8	12.0	−2.0	−42.0
二、资产质量状况					
总资产周转率（次）	1.0	0.9	0.7	0.5	0.3
应收账款周转率（次）	6.3	5.1	3.8	2.8	1.8
流动资产周转率（次）	2.2	1.9	1.4	0.9	0.5
资产现金回收率（%）	10.3	8.6	6.2	3.5	0.1
三、债务风险状况					
资产负债率（%）	53.1	62.9	70.4	77.0	97.5
已获利息倍数	10.8	7.8	5.4	2.2	−7.2
速动比率（%）	130.9	109.6	84.7	69.5	37.4
现金流动负债比率（%）	44.0	25.7	16.9	8.4	0.2
带息负债比率（%）	23.6	35.4	46.6	57.2	72.4
四、经营增长状况					
销售（营业）增长率（%）	13.2	7.9	4.2	−0.1	−29.3
资本保值增值率（%）	108.4	104.8	102.0	95.0	78.3
销售（营业）利润增长率（%）	21.3	12.8	−0.2	−18.3	−96.8
总资产增长率（%）	10.6	5.9	2.6	−2.3	−16.0
技术投入比率（%）	4.3	3.0	2.0	1.1	0.2

船舶工业

项　目	优秀值	良好值	平均值	较低值	较差值
一、盈利能力状况					
净资产收益率（%）	12.1	8.3	4.1	1.6	−3.5
总资产报酬率（%）	7.3	4.3	2.5	1.4	−0.5
销售（营业）利润率（%）	7.6	3.5	1.3	−1.4	−14.9
盈余现金保障倍数	2.8	2.3	1.8	1.3	0.4
成本费用利润率（%）	12.5	7.8	4.4	2.7	0.4
资本收益率（%）	39.8	24.8	15.6	2.4	−8.9
二、资产质量状况					
总资产周转率（次）	0.9	0.8	0.6	0.4	0.1
应收账款周转率（次）	6.6	4.4	3.2	2.2	0.7
流动资产周转率（次）	2.3	1.8	1.4	1.0	0.3
资产现金回收率（%）	9.8	7.2	4.4	3.3	1.0
三、债务风险状况					
资产负债率（%）	44.8	58.1	67.0	74.1	99.4
已获利息倍数	9.2	6.2	2.8	0.9	0.0
速动比率（%）	131.7	103.9	84.9	62.1	19.0
现金流动负债比率（%）	38.0	20.3	15.0	8.6	2.2
带息负债比率（%）	26.4	43.4	57.4	70.9	87.7
四、经营增长状况					
销售（营业）增长率（%）	17.8	8.0	1.4	−6.6	−47.2
资本保值增值率（%）	106.4	101.4	99.0	85.4	72.4
销售（营业）利润增长率（%）	31.7	10.0	−8.5	−40.1	−95.4
总资产增长率（%）	11.0	5.5	0.3	−4.6	−21.7
技术投入比率（%）	2.6	1.1	0.7	0.3	0.1

航空运输业

范围：全行业

项　　目	优秀值	良好值	平均值	较低值	较差值
一、盈利能力状况					
净资产收益率（％）	16.1	11.4	7.1	3.4	-1.3
总资产报酬率（％）	8.8	6.4	4.7	3.1	0.7
销售（营业）利润率（％）	11.4	6.2	3.1	0.5	-6.6
盈余现金保障倍数	3.9	2.5	2.0	1.5	0.8
成本费用利润率（％）	15.6	9.0	5.7	3.3	1.3
资本收益率（％）	45.3	32.5	18.6	8.4	-2.8
二、资产质量状况					
总资产周转率（次）	1.2	0.9	0.6	0.4	0.1
应收账款周转率（次）	13.1	8.6	6.1	4.4	1.8
流动资产周转率（次）	3.7	2.9	2.3	1.5	0.7
资产现金回收率（％）	13.1	10.5	8.3	5.7	1.9
三、债务风险状况					
资产负债率（％）	44.0	58.0	68.3	76.9	99.3
已获利息倍数	9.2	6.5	3.1	1.6	0.8
速动比率（％）	139.3	113.3	84.0	60.7	29.2
现金流动负债比率（％）	57.5	40.1	28.1	18.8	4.4
带息负债比率（％）	31.5	45.7	58.1	69.4	81.8
四、经营增长状况					
销售（营业）增长率（％）	10.7	6.7	3.3	-1.5	-16.2
资本保值增值率（％）	108.1	104.0	100.7	95.5	76.1
销售（营业）利润增长率（％）	22.8	6.3	-6.1	-40.4	-98.7
总资产增长率（％）	14.5	10.0	4.9	0.1	-12.2
技术投入比率（％）	2.8	1.8	0.4	0.1	0.1

水上运输业

范围：全行业

项　　目	优秀值	良好值	平均值	较低值	较差值
一、盈利能力状况					
净资产收益率（%）	11.4	7.2	4.9	1.9	−2.8
总资产报酬率（%）	7.2	5.3	3.8	2.6	0.7
销售（营业）利润率（%）	10.6	5.8	3.1	0.0	−10.8
盈余现金保障倍数	3.6	2.4	2.0	1.5	0.7
成本费用利润率（%）	18.7	9.5	5.7	3.3	0.9
资本收益率（%）	31.5	17.5	10.0	3.8	−5.7
二、资产质量状况					
总资产周转率（次）	1.0	0.7	0.4	0.2	0.1
应收账款周转率（次）	10.2	7.4	5.5	3.9	1.3
流动资产周转率（次）	3.2	2.6	1.9	1.3	0.5
资产现金回收率（%）	9.9	7.7	5.8	4.4	1.8
三、债务风险状况					
资产负债率（%）	41.2	49.0	57.9	68.8	88.6
已获利息倍数	7.3	4.9	2.7	1.2	0.8
速动比率（%）	146.4	116.8	93.5	67.9	31.9
现金流动负债比率（%）	63.8	41.0	27.5	17.5	7.0
带息负债比率（%）	46.8	61.0	73.5	83.6	94.2
四、经营增长状况					
销售（营业）增长率（%）	11.7	6.8	2.1	−3.2	−24.9
资本保值增值率（%）	107.0	103.8	100.7	97.0	75.7
销售（营业）利润增长率（%）	23.6	5.9	−8.7	−40.6	−97.7
总资产增长率（%）	12.6	6.2	1.6	−2.5	−25.2
技术投入比率（%）	1.0	0.3	0.2	0.1	0.1

建筑业

范围：全行业

项 目	优秀值	良好值	平均值	较低值	较差值
一、盈利能力状况					
净资产收益率（%）	12.9	8.9	5.9	2.1	−13.2
总资产报酬率（%）	8.4	6.3	4.3	2.6	−4.2
销售（营业）利润率（%）	11.5	6.9	3.8	0.8	−23.5
盈余现金保障倍数	2.3	1.6	1.3	1.0	−0.1
成本费用利润率（%）	17.3	9.4	5.5	2.3	−16.3
资本收益率（%）	39.5	25.3	13.6	3.4	−34.7
二、资产质量状况					
总资产周转率（次）	1.1	0.8	0.5	0.2	0.1
应收账款周转率（次）	7.7	4.6	3.2	2.3	0.9
流动资产周转率（次）	2.2	1.6	1.1	0.7	0.2
资产现金回收率（%）	8.3	6.1	4.1	2.2	−3.6
三、债务风险状况					
资产负债率（%）	41.8	51.8	62.4	72.5	88.6
已获利息倍数	13.2	8.0	3.9	1.9	−3.0
速动比率（%）	136.8	118.4	93.2	64.9	27.2
现金流动负债比率（%）	34.1	20.0	11.9	5.5	−7.8
带息负债比率（%）	21.8	40.0	54.6	69.7	87.0
四、经营增长状况					
销售（营业）增长率（%）	14.9	6.7	2.0	−5.3	−33.1
资本保值增值率（%）	110.9	106.4	103.0	99.3	79.1
销售（营业）利润增长率（%）	24.5	7.1	−7.3	−36.4	−97.1
总资产增长率（%）	13.2	6.7	3.0	−1.0	−14.2
技术投入比率（%）	1.8	0.8	0.3	0.1	0.1

汽车工业

范围：全行业

项　　目	优秀值	良好值	平均值	较低值	较差值
一、盈利能力状况					
净资产收益率（%）	14.9	10.7	6.7	3.3	-1.4
总资产报酬率（%）	9.9	7.1	4.8	2.7	0.2
销售（营业）利润率（%）	8.6	6.0	3.8	1.1	-2.3
盈余现金保障倍数	3.3	2.3	1.8	1.4	0.9
成本费用利润率（%）	10.8	7.8	5.5	3.1	0.7
资本收益率（%）	46.5	31.8	20.2	8.3	-3.4
二、资产质量状况					
总资产周转率（次）	1.3	1.1	0.9	0.7	0.4
应收账款周转率（次）	7.1	5.7	4.8	3.8	1.8
流动资产周转率（次）	2.7	2.3	1.9	1.5	0.8
资产现金回收率（%）	12.2	9.9	8.0	6.0	2.5
三、债务风险状况					
资产负债率（%）	38.2	49.0	58.1	68.1	85.5
已获利息倍数	31.6	12.7	5.6	2.4	0.7
速动比率（%）	149.3	115.3	94.4	74.2	38.7
现金流动负债比率（%）	45.4	33.8	25.2	15.5	5.2
带息负债比率（%）	26.1	40.2	51.4	60.3	76.8
四、经营增长状况					
销售（营业）增长率（%）	10.6	5.1	1.4	-2.8	-16.5
资本保值增值率（%）	110.4	106.2	102.7	99.3	67.3
销售（营业）利润增长率（%）	15.5	2.2	-11.4	-36.1	-110.1
总资产增长率（%）	9.7	5.3	1.9	-1.4	-14.0
技术投入比率（%）	3.8	2.5	1.5	0.6	0.1

化学工业

范围：全行业

项　目	优秀值	良好值	平均值	较低值	较差值
一、盈利能力状况					
净资产收益率（％）	14.9	9.8	6.1	2.3	-19.4
总资产报酬率（％）	10.8	7.4	5.0	2.8	-3.9
销售（营业）利润率（％）	12.0	7.6	4.6	1.9	-7.0
盈余现金保障倍数	2.6	1.9	1.5	1.3	0.7
成本费用利润率（％）	14.6	9.0	5.5	2.3	-8.0
资本收益率（％）	36.3	26.0	15.4	3.9	-29.7
二、资产质量状况					
总资产周转率（次）	1.2	0.9	0.8	0.6	0.3
应收账款周转率（次）	8.4	6.3	4.9	3.8	2.3
流动资产周转率（次）	2.7	2.1	1.7	1.4	0.9
资产现金回收率（％）	12.2	9.5	7.1	4.6	-0.7
三、债务风险状况					
资产负债率（％）	31.5	43.4	53.2	62.9	84.9
已获利息倍数	15.7	10.7	5.3	2.2	-3.6
速动比率（％）	169.0	126.2	95.9	71.3	32.9
现金流动负债比率（％）	58.7	40.7	26.3	14.0	-1.9
带息负债比率（％）	25.0	43.1	54.3	64.7	80.7
四、经营增长状况					
销售（营业）增长率（％）	11.1	5.0	0.6	-4.9	-21.9
资本保值增值率（％）	110.6	105.4	101.9	97.8	79.9
销售（营业）利润增长率（％）	20.4	2.6	-13.2	-41.6	-92.9
总资产增长率（％）	10.6	5.0	1.5	-2.5	-17.6
技术投入比率（％）	3.3	1.9	1.0	0.4	0.1

机电设备制造业

范围：全行业

项　　目	优秀值	良好值	平均值	较低值	较差值
一、盈利能力状况					
净资产收益率（％）	13.2	8.9	5.8	1.7	-18.2
总资产报酬率（％）	9.4	6.6	4.6	2.2	-7.0
销售（营业）利润率（％）	9.9	6.7	4.3	1.4	-10.9
盈余现金保障倍数	2.5	1.8	1.5	1.2	0.6
成本费用利润率（％）	11.8	7.7	4.8	1.7	-10.7
资本收益率（％）	41.2	26.3	12.7	2.5	-19.9
二、资产质量状况					
总资产周转率（次）	1.1	0.9	0.8	0.6	0.3
应收账款周转率（次）	5.8	4.6	3.8	2.9	1.2
流动资产周转率（次）	2.1	1.7	1.4	1.1	0.5
资产现金回收率（％）	10.9	8.4	6.4	4.2	-3.2
三、债务风险状况					
资产负债率（％）	35.2	46.1	55.5	65.2	94.8
已获利息倍数	15.9	10.7	6.8	2.0	-9.4
速动比率（％）	150.7	131.9	108.1	84.1	41.0
现金流动负债比率（％）	44.0	29.1	18.9	10.7	-7.9
带息负债比率（％）	20.5	34.5	46.5	57.7	78.0
四、经营增长状况					
销售（营业）增长率（％）	10.6	4.7	0.6	-5.4	-23.7
资本保值增值率（％）	109.1	105.0	101.8	98.0	80.3
销售（营业）利润增长率（％）	19.5	4.6	-10.7	-32.7	-98.3
总资产增长率（％）	9.5	4.8	1.3	-3.1	-18.3
技术投入比率（％）	4.6	3.0	1.9	0.9	0.1

通信设备制造业

范围：全行业

项　　目	优秀值	良好值	平均值	较低值	较差值
一、盈利能力状况					
净资产收益率（％）	13.8	9.7	6.2	1.8	-19.1
总资产报酬率（％）	10.1	7.0	4.6	2.0	-8.2
销售（营业）利润率（％）	12.0	7.5	4.5	1.2	-13.6
盈余现金保障倍数	2.6	1.9	1.5	1.3	0.7
成本费用利润率（％）	14.2	8.8	5.2	1.6	-13.7
资本收益率（％）	35.4	23.3	11.5	2.0	-26.5
二、资产质量状况					
总资产周转率（次）	1.1	0.9	0.8	0.6	0.3
应收账款周转率（次）	6.2	5.0	4.1	3.2	1.8
流动资产周转率（次）	2.1	1.7	1.4	1.1	0.6
资产现金回收率（％）	12.4	9.6	7.2	4.5	-2.4
三、债务风险状况					
资产负债率（％）	29.7	40.0	49.5	60.2	80.1
已获利息倍数	16.4	10.2	7.4	2.3	-5.3
速动比率（％）	178.4	142.1	125.9	98.3	56.3
现金流动负债比率（％）	58.6	37.2	24.2	12.4	-8.4
带息负债比率（％）	14.3	30.9	45.1	57.2	76.5
四、经营增长状况					
销售（营业）增长率（％）	11.9	5.5	0.9	-5.1	-24.2
资本保值增值率（％）	110.9	105.7	102.0	97.8	81.3
销售（营业）利润增长率（％）	26.2	6.1	-10.0	-33.9	-98.5
总资产增长率（％）	11.2	6.1	1.7	-2.5	-12.3
技术投入比率（％）	8.3	5.0	3.3	1.7	0.2

建材工业

范围：全行业

项　　　目	优秀值	良好值	平均值	较低值	较差值
一、盈利能力状况					
净资产收益率（％）	13.3	9.2	5.7	2.9	−0.5
总资产报酬率（％）	9.9	6.9	4.8	3.0	0.4
销售（营业）利润率（％）	12.2	7.5	4.4	1.2	−5.1
盈余现金保障倍数	3.0	2.1	1.6	1.3	0.8
成本费用利润率（％）	17.3	10.5	6.8	4.1	1.1
资本收益率（％）	39.3	25.9	13.6	4.8	−1.1
二、资产质量状况					
总资产周转率（次）	0.9	0.8	0.6	0.5	0.2
应收账款周转率（次）	7.0	5.1	4.0	2.8	1.4
流动资产周转率（次）	2.4	1.9	1.5	1.1	0.5
资产现金回收率（％）	11.6	8.9	6.4	4.6	2.0
三、债务风险状况					
资产负债率（％）	32.1	43.0	52.2	63.0	83.0
已获利息倍数	12.9	8.4	4.1	1.9	0.8
速动比率（％）	140.3	119.7	89.4	65.2	34.3
现金流动负债比率（％）	54.4	36.2	23.9	14.0	4.4
带息负债比率（％）	31.5	45.4	56.5	66.3	81.2
四、经营增长状况					
销售（营业）增长率（％）	12.1	5.7	1.3	−5.2	−21.6
资本保值增值率（％）	110.8	105.9	102.7	98.6	83.3
销售（营业）利润增长率（％）	22.8	2.0	−13.7	−39.1	−131.2
总资产增长率（％）	11.0	5.9	2.1	−1.6	−12.1
技术投入比率（％）	3.3	1.6	0.8	0.3	0.1

医药工业

范围：全行业

项　　　目	优秀值	良好值	平均值	较低值	较差值
一、盈利能力状况					
净资产收益率（％）	15.4	10.8	7.5	4.2	-0.0
总资产报酬率（％）	11.7	8.1	5.6	3.2	0.3
销售（营业）利润率（％）	17.6	11.2	6.4	2.4	-6.6
盈余现金保障倍数	2.5	1.8	1.4	1.2	0.8
成本费用利润率（％）	24.9	15.6	10.5	6.1	1.7
资本收益率（％）	38.8	29.2	16.8	7.7	-0.1
二、资产质量状况					
总资产周转率（次）	0.9	0.7	0.6	0.4	0.2
应收账款周转率（次）	6.0	4.6	3.7	3.0	1.7
流动资产周转率（次）	1.8	1.5	1.2	0.9	0.4
资产现金回收率（％）	13.1	10.6	8.0	5.6	1.9
三、债务风险状况					
资产负债率（％）	24.1	34.0	45.0	56.4	81.4
已获利息倍数	16.5	11.0	7.0	2.7	0.7
速动比率（％）	194.4	153.6	121.4	84.5	46.8
现金流动负债比率（％）	72.0	47.4	31.4	19.0	5.7
带息负债比率（％）	26.2	44.9	55.9	67.4	84.2
四、经营增长状况					
销售（营业）增长率（％）	17.8	9.6	4.8	-1.3	-20.4
资本保值增值率（％）	113.5	107.9	103.8	99.6	76.6
销售（营业）利润增长率（％）	30.9	10.9	-3.9	-26.4	-134.4
总资产增长率（％）	15.1	8.3	3.9	-1.1	-18.7
技术投入比率（％）	9.3	5.3	3.4	1.7	0.2

附录二：

企业绩效评价指标计算公式

一、盈利能力状况

（一）基本指标

1. 净资产收益率 $= \dfrac{归属于母公司所有者的净利润}{平均归属于母公司所有者权益} \times 100\%$

平均归属于母公司所有者权益 $= \left(\begin{matrix} 年初归属于母公司 \\ 所有者权益合计 \end{matrix} + \begin{matrix} 年末归属于母公司 \\ 所有者权益合计 \end{matrix} \right) \div 2$

2. 总资产报酬率 $= \dfrac{息税前利润}{平均资产总额} \times 100\%$

平均资产总额 $=$（年初资产总额 $+$ 年末资产总额）$\div 2$

（二）修正指标

1. 销售（营业）利润率（%）$= \dfrac{销售（营业）利润}{营业总收入} \times 100\%$

销售（营业）利润 $=$ 营业总收入 $-$ 营业成本 $-$ 税金及附加 $-$ 销售费用 $-$ 管理费用 $-$

研发费用 $-$ 财务费用 $-$ 资产减值损失 $-$ 信用减值损失 $+$ 其他收益 $+$

投资收益 $+$ 净敞口套期收益 $+$ 公允价值变动收益 $+$ 资产处置收益

营业成本包括利息支出、手续费及佣金支出、退保金、赔付支出净额、提取保险合同准备金净额、保单红利支出、分保费用等金融类企业专用科目，下同。

2. 盈余现金保障倍数 $= \dfrac{经营现金净流量}{净利润}$

3. 成本费用利润率 $= \dfrac{利润总额}{成本费用总额} \times 100\%$

成本费用总额 $= \begin{matrix} 营业 \\ 成本 \end{matrix} + \begin{matrix} 税金及 \\ 附加 \end{matrix} + \begin{matrix} 销售 \\ 费用 \end{matrix} + \begin{matrix} 管理 \\ 费用 \end{matrix} + \begin{matrix} 研发 \\ 费用 \end{matrix} + \begin{matrix} 财务 \\ 费用 \end{matrix}$

4. 资本收益率 $= \dfrac{归属于母公司所有者的净利润}{平均资本} \times 100\%$

平均资本 $= \left[\left(\begin{matrix} 年初 \\ 实收资本 \end{matrix} + \begin{matrix} 年初 \\ 资本公积 \end{matrix} \right) + \left(\begin{matrix} 年末 \\ 实收资本 \end{matrix} + \begin{matrix} 年末 \\ 资本公积 \end{matrix} \right) \right] \div 2$

二、资产质量状况

（一）基本指标

1. 总资产周转率（次）$= \dfrac{营业总收入}{平均资产总额}$

2. 应收账款周转率（次）$= \dfrac{营业总收入}{应收账款平均余额}$

$$\text{应收账款平均余额} = \left[\left(\text{年初应收账款净额} + \text{年初应收账款坏账准备} \right) + \left(\text{年末应收账款净额} + \text{年末应收账款坏账准备} \right) \right] \div 2$$

（二）修正指标

1. $\text{不良资产比率} = \dfrac{\text{年末不良资产总额}}{\text{资产总额} + \text{资产减值准备余额}} \times 100\%$

$$\text{年末不良资产总额} = \text{资产减值准备余额} + \text{应提未提和应摊未摊的潜亏挂账} + \text{未处理资产损失}$$

2. $\text{流动资产周转率（次）} = \dfrac{\text{营业总收入}}{\text{平均流动资产总额}}$

$$\text{平均流动资产总额} = \left(\text{年初流动资产总额} + \text{年末流动资产总额} \right) \div 2$$

3. $\text{资产现金回收率} = \dfrac{\text{经营现金净流量}}{\text{平均资产总额}} \times 100\%$

三、债务风险状况

（一）基本指标

1. $\text{资产负债率} = \dfrac{\text{负债总额}}{\text{资产总额}} \times 100\%$

2. $\text{已获利息倍数} = \dfrac{\text{息税前利润}}{\text{财务费用下的利息费用}}$

（二）修正指标

1. $\text{速动比率} = \dfrac{\text{速动资产}}{\text{流动负债}} \times 100\%$

$$\text{速动资产} = \text{流动资产} - \text{存货}$$

2. $\text{现金流动负债比率} = \dfrac{\text{经营现金净流量}}{\text{年末流动负债}} \times 100\%$

3. $\text{带息负债比率} = \dfrac{\text{年末带息负债}}{\text{负债总额}} \times 100\%$

$$\text{年末带息负债} = \text{短期借款} + \text{一年内到期的非流动负债} + \text{交易性金融负债} + \text{其他带息流动负债} + \text{长期借款} + \text{应付债券} + \text{其他带息非流动负债}$$

4. $\text{或有负债比率} = \dfrac{\text{或有负债余额}}{\text{所有者权益}} \times 100\%$

$$\text{或有负债余额} = \text{已贴现承兑汇票} + \text{担保余额} + \text{贴现与担保外的被诉事项金额} + \text{其他或有负债}$$

四、经营增长状况

（一）基本指标

1. $\text{销售（营业）增长率} = \dfrac{\text{本年营业总收入增长额}}{\text{上年营业总收入}} \times 100\%$

2. $\text{资本保值增值率} = \dfrac{\text{扣除客观因素后的年末国有资本及权益}}{\text{年初国有资本及权益}} \times 100\%$

（二）修正指标

1. 总资产增长率 $= \dfrac{\text{年末资产总额} - \text{年初资产总额}}{\text{年初资产总额}} \times 100\%$

2. 销售（营业）利润增长率 $= \dfrac{\text{本年销售（营业）利润} - \text{上年销售（营业）利润}}{\text{上年销售（营业）利润}} \times 100\%$

3. 技术投入比率 $= \dfrac{\text{本年研发经费投入合计}}{\text{营业总收入}} \times 100\%$

五、补充资料

1. 存货周转率（次）$= \dfrac{\text{营业成本}}{\text{存货平均余额}}$

2. 两金占流动资产比重 $= \dfrac{\text{应收账款} + \text{存货}}{\text{流动资产}} \times 100\%$

3. 成本费用占营业总收入比重 $= \dfrac{\text{成本费用总额}}{\text{营业总收入}} \times 100\%$

4. 经济增加值率 $= \dfrac{\text{经济增加值}}{\text{调整后资本}} \times 100\%$

经济增加值 = 税后净营业利润 - 调整后资本 × 平均资本成本率

税后净营业利润 = 净利润 + （利息支出 + 研究开发费用调整项）×（1 - 25%）

调整后资本 = 平均所有者权益 + 平均带息负债 - 银行、保险、证券企业平均带息负债 - 平均在建工程

平均资本成本率 = 债权资本成本率 × $\dfrac{\text{平均带息负债}}{\text{平均带息负债} + \text{平均所有者权益}}$ ×（1 - 25%）+ 股权资本成本率 × $\dfrac{\text{平均所有者权益}}{\text{平均带息负债} + \text{平均所有者权益}}$

债权资本成本率 $= \dfrac{\text{利息支出总额}}{\text{平均带息负债} - \text{银行、保险、证券企业平均带息负债}}$

5. EBITDA 率 $= \dfrac{\text{净利润} + \text{所得税} + \text{利息支出} + \text{固定资产折旧} + \text{无形资产摊销}}{\text{营业总收入}} \times 100\%$

6. 资本积累率 $= \dfrac{\text{年末所有者权益} - \text{年初所有者权益}}{\text{年初所有者权益}} \times 100\%$

注：以上指标计算口径请参考 2020 年决算报表主要分析指标表。

附录三：

关于绩效评价标准值的选择原则

在开展绩效评价过程中，对标准值的选用要根据评价对象、评价目的不同进行合理确定。

一、关于行业选择

根据国家标准《国民经济行业分类与代码》（GB/T 4754—2017）和各行业企业分布情况，财务绩效评价标准划分为四个层次上百个明细行业：第一层次为：全国国有企业标准值，适应所有企业的评价需要；第二层次为：按国民经济部门划分为工业、建筑业、批发和零售业等大门类；第三层次为：在部类划分的基础上，按国民经济行业类别划分的如冶金工业、石油工业等中类；第四层次为：在行业类别划分的基础上，进一步按国民经济具体产业划分的如煤炭开采、煤炭洗选等小类。

企业开展财务绩效评价工作时，根据"由小及大"的原则，一般根据企业主营业务领域对照评价行业分类，自下而上逐层遴选被评价企业适用的行业标准值。

对集团型企业进行财务绩效评价工作时，根据"突出主业"的原则，若某个主业特别突出，应当采用该主业所在行业的标准值；若没有突出主业，可采用基本可以覆盖其多种经营业务的上一层次的评价标准值，或根据集团经营领域，选择有关行业标准值，以各领域资产总额比例为权重进行加权平均，计算出用于集团评价的标准值。

二、关于规模选择

根据国家统计局《统计上大中小微型企业划分办法（2017）》，财务绩效评价标准划分为全行业和大、中、小型规模标准值，微型企业选择小型规模标准值进行评价。

企业开展财务绩效评价工作时，可根据上述标准选择匹配规模的行业标准值。对集团型企业进行财务绩效评价工作时，一般不用规模标准，直接选择某行业全行业标准值。

附录四:

企业绩效评价行业基本分类与代码对照表

行业分类	标识代码	范 围
一、工业	06～46	包括采矿业、制造业、电力、热力、煤气及水生产和供应业
（一）煤炭工业	06	包括煤炭开采和洗选业
（二）石油石化工业	07、25	包括天然原油、天然气、油岩开采业，人造原油生产、原油加工、石油制品和炼焦业
天然原油和天然气开采业	07	
石油加工及炼焦业	25	
（三）冶金工业	08、09、31、32（不含0933）	包括黑色、有色金属矿采选、冶炼等
黑色金属矿采选业	08	包括铁、锰、铬和其他黑色金属矿采矿、选矿等
有色金属矿采选业	09（不含0933）	包括铜、铅锌、镍钴、锡、锑、汞等采矿、选矿等
黑色金属冶炼业	31	包括炼铁、炼钢、钢压延加工和铁合金冶炼业
有色金属冶炼业	32	包括重、轻、贵等有色金属冶炼、加工业
（四）建材工业	10、30、331、335（不含102、103）	包括非金属矿采选、建筑用金属制品等
建筑用矿石采选业	101、109	包括石灰石、建筑装饰用石、耐火土石等的开采业和石棉、云母、石墨、石膏、宝石、玉石等的采选业
水泥制造业	301	
水泥及石膏制品业	302	包括水泥管、电杆、轨枕、坑柱支架、水泥船、水泥砖、商品混凝土、水磨石等的生产
砖瓦、石材及其他建筑材料制造业	303	包括砖瓦、石材、建筑陶瓷、隔热保温材料等的生产
平板玻璃制品业	3041	

行业分类	标识代码	范　围
结构性金属制品业	331	包括建筑用金属结构、金属门窗等的制造
建筑用金属制品业	335	包括建筑小五金、水暖管道零件制造业
（五）化学工业	1020、26、28、29	包括化学矿采选、化学原料及化学制品制造、橡胶、塑料制品等
基础化学原料制造业	261	包括无机酸、无机碱、无机盐及其他有机化工原料的制造业
肥料制造业	262	包括氮磷钾复合肥料等制造业
日用化学产品制造业	268	包括肥皂、合成洗涤剂制造，香料、香精、化妆品、口腔清洁用品、火柴等的制造业
化纤制造业	28	包括纤维素、纤维合成、纤维渔具及渔具材料制造业
橡胶制品业	291	包括轮胎、力车胎、橡胶板、管、带、日用橡胶制品等制造业
塑料制品业	292	包括塑料薄膜、板、管、棒材、丝、绳及编织品等制造业
农药制造业	263	包括化学农药、生物农药制造
（六）森林工业	20	包括锯材、木片加工、人造板制造、木制品、竹藤制品业
（七）食品工业	13、14	包括食品加工、制造业
食品加工业	13	包括粮食及饲料加工、植物油、制糖、屠宰及肉类蛋类、水产品、蔬菜水果等加工业
食品制造业	14	包括糕点、糖果、乳制品、罐头食品、方便食品、发酵制品、调味品等制造业
（八）烟草工业	16	包括烟叶复烤、卷烟制造等
卷烟制造业	162	包括各种卷烟、雪茄烟的生产及烟用滤嘴棒成形的生产
（九）纺织工业	17	包括纤维原料加工，棉、毛、麻、丝绢等纺织业

行业分类	标识代码	范围
棉、化纤纺织业	171、175	包括棉纺、化纤纺织与印染加工
毛纺织业	172	包括毛条加工、毛织、毛染等
麻纺织业	173	包括苎麻、亚麻等纺织业
丝绢纺织业	174	包括缫丝、绢纺、丝印染、丝制品、棉、毛、丝等针织品业
（十）医药工业	27	包括化学药品原药、化学药品制剂、中药、兽药、生物制品、医用品制造业
化学药品制造业	2710、2720	指供医药制剂厂进一步加工制剂的药品原药的生产
中药材及中成药加工业	2730、2740	
（十一）机械工业	33～38、40、43（不含331、335）	
金属制品业	33（不含331、335）	包括铸铁管、工具、集装箱和金属包装物品、搪瓷、炊事用具、燃气用具、理发用具等的制造及修理业
金属工具制造业	332	包括切削、模具、手工具等的制造
通用设备制造业	34	包括锅炉及原动机、金属加工机械、通用设备、轴承、阀门、零部件等制造及修理业
锅炉及原动机制造业	341	包括锅炉、内燃机、汽轮机、水轮机等制造
金属加工机械制造业	342	包括金属切削机床、成型机床、铸造机械、机床附件等制造
其他通用设备制造业	343、344、346	包括起重运输设备、工矿车辆、泵、风机、气体压缩机及气体分离设备、冷冻设备、风动工具、电动工具等制造
轴承制造业	345	包括轴承、齿轮、传动等的制造
专用设备制造业	35	包括冶金、矿山、机电、石化、轻纺、水利、医疗器械等的制造及修理业
矿山冶金建筑设备制造业	351	包括矿山、冶金、建筑专用设备等制造

行业分类	标识代码	范　围
矿山机械制造业	3511	指用于各种固体矿物及石料的开采和洗选的机械设备及其专门配套设备的制造
建筑工程用机械制造业	3514	指建筑施工及市政公共工程用机械的制造
冶金专用设备制造业	3516	指金属冶炼、锭坯铸造、轧制及其专用配套设备等生产专用设备的制造
化工、木材、非金属加工设备制造业	352	包括石油、化工、橡胶、塑料、森林、印刷、建筑材料及非金属矿物制品专用设备等制造
轻纺设备制造业	355	包括纺织服装、皮革、工业、专用设备等制造
农林牧渔水利机械制造业	357	包括拖拉机、机械化农机具、营林机械、畜牧机械、渔业机械、水利机械等制造
医疗仪器设备制造业	358	
电子和电工机械专用设备制造业	356	包括电工机械和电子工业专用设备制造
交通运输设备制造业	36、37	包括铁路运输设备、汽车、摩托车、自行车、电车等的制造及修理业
铁路运输设备制造业	371	包括机车、客车、货车、机车车辆配件、铁路信号设备等制造
汽车制造业	36	包括载重、客车、小轿车、微型车、特种车辆、汽车车身、汽车零部件等制造
汽车整车制造	3610	
汽车零部件及配件制造	3670	
摩托车制造业	375	包括摩托车整车、零部件等制造
自行车制造业	376	
船舶制造业	373	包括金属船舶与非金属船舶制造与修理
电气机械及器材制造业	38	包括电机、输配电及控制设备、电工器材、日用电器、照明电器等制造及修理业

行业分类	标识代码	范　围
电机制造业	381	包括发电机、电动机、微电机等制造
输配电及控制设备制造业	382	包括变压器、整流器、电容器、开关控制设备、电器设备元件等制造
电工器材制造业	383、384	包括电工器材、电线电缆、绝缘制品、蓄电池、原电池等制造
家用电器制造业	385	包括家用洗衣机、吸尘器、电冰箱、电风扇、空调器、排油烟机等制造
照明器具制造业	387	包括电光源、灯头、灯座、灯具、灯用电器附件等制造
仪器仪表及文化、办公用制造业	40	包括通用、专用仪器仪表、文化、办公等机械制造
通用仪器仪表制造业	401	包括工业自动仪表、电工仪器仪表、绘图、计算仪器、分析仪器、试验机等制造
专用仪器仪表制造业	402	包括环境仪器仪表、汽车仪器仪表、导航、制导仪器、教学仪器、电子测量仪器等制造
文化、办公用机械制造业	347	包括电影机械、幻灯机及投影仪、照相机及器材、复印机、打字机及油印机等制造
钟表制造业	4030	
（十二）电子工业	39	
通信设备制造业	392	包括传输、交换、通信终端设备等制造业
广播电视设备制造业	393	包括广播电视发射设备、中心设备、差转机及其他配套的广播电视设备等的制造
电子计算机制造业	391	包括电子计算机整机、外部设备制造业
电子元、器件制造业	397、398	包括电真空器件、半导体器件、集成电路、电子元件、电路板等的制造业
家用影视设备制造业	395	包括电视机、录像机、摄像机、收音机、录音机、计算器等制造业

行业分类	标识代码	范　围
（十三）电力热力燃气工业	44、45	包括电力、热力、燃气的生产、供应业
电力生产业	441	火力、水力、核力等发电业
火力发电业	4411	
水力发电业	4413	
电力供应业	442	
热力生产和供应业	443	
燃气生产和供应业	45	
（十四）水生产与供应业	46	
（十五）轻工工业	103、15、18、19、21～24、305、404	包括各种酒类、碳酸饮料、天然矿泉水、果菜汁饮料、服装制造、制帽业、制鞋业、纸浆、造纸、纸制品、书报刊印刷、记录媒介的复制、文化、体育、乐器及其他文娱用品等制造业
采盐业	103	包括海盐、湖盐、井盐、矿盐业
酒和饮料制造业	15	包括各种酒类、碳酸饮料、天然矿泉水、果菜汁饮料等制造
白酒制造业	1512	
啤酒制造业	1513	
制茶业	1530	
纺织服装服饰业	18	包括服装、制帽、制鞋等制造
皮革毛皮羽绒及其制品业	19	包括制革、皮革制品、皮鞋制造、革皮服装、皮箱、皮包等制造
家具制造业	21	包括木制、竹藤、金属、塑料家具等制造
造纸及纸制品业	22	包括纸浆、造纸、纸制品等制造
印刷业记录媒介复制业	23	包括印刷业、书报刊印刷、包装装潢、记录媒介的复制等的制造
文教体育用品制造业	24	包括文具、本册、笔制造，体育用品等制造
工艺品及其他制造业	305、404	包括工业技术用，光学、玻璃仪器、日用玻璃、玻璃保温容器等制造

行业分类	标识代码	范　围
（十六）其他工业		
二、建筑业	47～50	
（一）房屋和土木工程建筑业	47、48	包括房屋、矿山、铁路、公路、隧道、桥梁建造业
房屋建筑业	47	
土木工程建筑业	48	包括铁路、道路、隧道、桥梁、水利和港口工程建筑
（二）建筑安装业	49	包括从事电力、通信线路、石油、燃气、给排水、供热等管道系统设备、装置的安装
（三）建筑装饰业	50	
三、交通运输仓储及邮政业	53～60	
（一）铁路运输业	53	包括铁路客、货运输
地方铁路	53	隶属关系为地方
（二）道路运输业	54	包括汽车、人力车等运输工具进行公路客、货运输
高速公路		
（三）城市公共交通业	541	包括公共汽车、出租车、轮渡等
公共电汽车客运业	5411	
轨道交通业	5412	
（四）水上运输业	55	包括远洋、沿海、内河、内湖客货运输
港口业	553	
（五）航空运输业	56	包括航空客、货运输
机场	5631	
（六）仓储业	59（不含591）	包括专门从事为货物储存和中转运输业务等提供服务的企业
四、信息技术服务业	63～65	包括电信业、信息设备制造业及计算机应用服务业
（一）电信业	631	
（二）计算机服务与软件业	65	包括计算机服务和软件业

行业分类	标识代码	范　围
五、批发和零售贸易业	51～52	
（一）商业贸易	51、52（不含511、516～519、5221、526、527）	
食品、饮料及烟草制品批发与零售	512、522	
纺织、服装及日用品批发与零售	513、523	
文化、体育用品及器材批发与零售	514、524	
医药及医疗器材批发与零售	515、525	
综合零售	521	
（二）物资贸易	516、517、519、526、527	
矿产品、建材及化工产品批发	516	
机械设备、五金及电子产品批发	517	
汽车、摩托车、燃料及零配件专门零售	526	
（三）粮食业	511、5221、591	
粮油批发与零售	511、5221	包括经营粮食及其制品、食用油的批发与零售
粮油仓储	591	
六、住宿和餐饮业	61、62	包括住宿和专门从事餐饮服务的饭馆、菜馆、冷饮店等
（一）住宿业	61	包括旅游饭店和一般旅馆
（二）餐饮业	62	
七、房地产业	70	
（一）房地产开发业	7010	
（二）物业管理	7020	包括对住宅发展管理、土地批租经营管理和其他房屋的管理
八、社会服务业	71～84	
（一）信息咨询服务业	723、724	

行业分类	标识代码	范　围
（二）公共设施管理业	78（不含786）	包括市政、绿化、游览景区
（三）科研设计企业	73、748	包括研究与试验发展、工程技术与规划管理
工程管理服务业	7481	
（四）大旅游	7291、786、6110	包括旅行社、旅游饭店、游览景区管理
（五）投资公司	7212	
公益性投资公司		
经营性投资公司		
资产管理公司		
（六）地质勘查业	747	
（七）人力资源服务	726	
（八）市政公用业	443、45、46、541、78	包括热力、燃气、水的生产与供应，城市公共交通，公共设施管理
（九）产权交易服务业		
（十）市场管理服务业	7223	
（十一）汽车修理与维护服务业	8111、8112	
九、传播与文化业	86～90	
（一）出版业	862	
（二）广播电影电视业	87	
（三）文化艺术业	88	
十、农林牧渔业	01～05	包括农业、林业、畜牧业、渔业
（一）农业	01	
（二）林业	02	
（三）畜牧业	03	
（四）渔业	04	

附录五：

中央企业综合绩效评价管理暂行办法

第一章　总则

第一条　为加强对国务院国有资产监督管理委员会（以下简称"国资委"）履行出资人职责企业（以下简称"企业"）的财务监督，规范企业综合绩效评价工作，综合反映企业资产运营质量，促进提高资本回报水平，正确引导企业经营行为，根据《企业国有资产监督管理暂行条例》和国家有关规定，制定本办法。

第二条　本办法所称综合绩效评价，是指以投入产出分析为基本方法，通过建立综合评价指标体系，对照相应行业评价标准，对企业特定经营期间的盈利能力、资产质量、债务风险、经营增长以及管理状况等进行的综合评判。

第三条　企业综合绩效评价根据经济责任审计及财务监督工作需要，分为任期绩效评价和年度绩效评价。

（一）任期绩效评价是指对企业负责人任职期间的经营成果及管理状况进行综合评判。

（二）年度绩效评价是指对企业一个会计年度的经营成果进行综合评判。

第四条　为确保综合绩效评价工作的客观、公正与公平，有效发挥对企业的全面评判、管理诊断和行为引导作用，开展综合绩效评价工作应当以经社会中介机构审计后的财务会计报告为基础。

按规定不进行社会中介机构审计的企业，其综合绩效评价工作以经企业内部审计机构审计后的财务会计报告为基础。

第五条　开展企业综合绩效评价工作应当遵循以下原则：

（一）全面性原则。企业综合绩效评价应当通过建立综合的指标体系，对影响企业绩效水平的各种因素进行多层次、多角度的分析和综合评判。

（二）客观性原则。企业综合绩效评价应当充分体现市场竞争环境特征，依据统一测算的、同一期间的国内行业标准或者国际行业标准，客观公正地评判企业经营成果及管理状况。

（三）效益性原则。企业综合绩效评价应当以考察投资回报水平为重点，运用投入产出分析基本方法，真实反映企业资产运营效率和资本保值增值水平。

（四）发展性原则。企业综合绩效评价应当在综合反映企业年度财务状况和经营成果的基础上，客观分析企业年度之间的增长状况及发展水平，科学预测企业的未来发展能力。

第六条　国资委依据本办法组织实施企业综合绩效评价工作，并对企业内部绩效评价工作进行指导和监督。

第二章　评价内容与评价指标

第七条　企业综合绩效评价由财务绩效定量评价和管理绩效定性评价两部分组成。

第八条　财务绩效定量评价是指对企业一定期间的盈利能力、资产质量、债务风险和经营增长四个方面进行定量对比分析和评判。

（一）企业盈利能力分析与评判主要通过资本及资产报酬水平、成本费用控制水平和经营现金流量状况等方面的财务指标，综合反映企业的投入产出水平以及盈利质量和现金保障状况。

（二）企业资产质量分析与评判主要通过资产周转速度、资产运行状态、资产结构以及资产有效性等方面的财务指标，综合反映企业所占用经济资源的利用效率、资产管理水平与资产的安全性。

（三）企业债务风险分析与评判主要通过债务负担水平、资产负债结构、或有负债情况、现金偿债能力等方面的财务指标，综合反映企业的债务水平、偿债能力及其面临的债务风险。

（四）企业经营增长分析与评判主要通过销售增长、资本积累、效益变化以及技术投入等方面的财务指标，综合反映企业的经营增长水平及发展后劲。

第九条　财务绩效定量评价指标依据各项指标的功能作用划分为基本指标和修正指标。

（一）基本指标反映企业一定期间财务绩效的主要方面，并得出企业财务绩效定量评价的基本结果。

（二）修正指标是根据财务指标的差异性和互补性，对基本指标的评价结果作进一步的补充和矫正。

第十条　管理绩效定性评价是指在企业财务绩效定量评价的基础上，通过采取专家评议的方式，对企业一定期间的经营管理水平进行定性分析与综合评判。

第十一条　管理绩效定性评价指标包括企业发展战略的确立与执行、经营决策、发展创新、风险控制、基础管理、人力资源、行业影响、社会贡献等方面。

第十二条　企业财务绩效定量评价指标和管理绩效定性评价指标构成企业综合绩效评价指标体系。各指标的权重，依据评价指标的重要性和各指标的引导功能，通过参照咨询专家意见和组织必要测试进行确定。

第三章　评价标准与评价方法

第十三条　企业综合绩效评价标准分为财务绩效定量评价标准和管理绩效定性评价标准。

第十四条　财务绩效定量评价标准包括国内行业标准和国际行业标准。

（一）国内行业标准根据国内企业年度财务和经营管理统计数据，运用数理统计方法，分年度、分行业、分规模统一测算并发布。

（二）国际行业标准根据居于行业国际领先地位的大型企业相关财务指标实际值，或者根据同类型企业组相关财务指标的先进值，在剔除会计核算差异后统一测算并发布。

第十五条　财务绩效定量评价标准的行业分类，按照国家统一颁布的国民经济行业分类标准结合企业实际情况进行划分。

第十六条　财务绩效定量评价标准按照不同行业、不同规模及指标类别，分别测算出优秀值、良好值、平均值、较低值和较差值五个档次。

第十七条　大型企业集团在采取国内标准进行评价的同时，应当积极采用国际标准进行评价，开展国际先进水平的对标活动。

第十八条　管理绩效定性评价标准根据评价内容，结合企业经营管理的实际水平和出资人监管要求，统一制定和发布，并划分为优、良、中、低、差五个档次。管理绩效定性评价标准不进行行业划分，仅提供给评议专家参考。

第十九条　企业财务绩效定量评价有关财务指标实际值应当以经审计的企业财务会计报告为依据，并按照规定对会计政策差异、企业并购重组等客观因素进行合理剔除，以保证评价结果的可比性。

第二十条　财务绩效定量评价计分以企业评价指标实际值对照企业所处行业、规模标准，运用规定的计分模型进行定量测算。

管理绩效定性评价计分由专家组根据评价期间企业管理绩效相关因素的实际情况，参考管理绩效定性评价标准，确定分值。

第二十一条　对企业任期财务绩效定量评价计分应当依据经济责任财务审计结果，运用各年度评价标准对任期各年度的财务绩效进行分别评价，并运用算术平均法计算出企业任期财务绩效定量评价分数。

第四章　评价工作组织

第二十二条　企业综合绩效评价工作按照"统一方法、统一标准、分类实施"的原则组织实施。

（一）任期绩效评价工作，是企业经济责任审计工作的重要组成部分，依据国资委经济责任审计工作程序和要求组织实施。

（二）年度绩效评价工作，是国资委开展企业年度财务监督工作的重要内容，依据国资委年度财务决算工作程序和财务监督工作要求组织实施。

第二十三条　国资委在企业综合绩效评价工作中承担以下职责：

（一）制定企业综合绩效评价制度与政策；

（二）建立和完善企业综合绩效评价指标体系与评价方法；

（三）制定和公布企业综合绩效评价标准；

（四）组织实施企业任期和年度综合绩效评价工作，通报评价结果；

（五）对企业内部绩效评价工作进行指导和监督。

第二十四条　任期绩效评价工作可以根据企业经济责任审计工作需要，聘请社会中介机构协助配合开展。受托配合的社会中介机构在企业综合绩效评价工作中承担以下职责：

（一）受托开展任期各年度财务基础审计工作；

（二）协助审核调整任期各年度评价基础数据；

（三）协助测算任期财务绩效定量评价结果；

（四）协助收集整理管理绩效定性评价资料；

（五）协助实施管理绩效定性评价工作。

第二十五条　管理绩效定性评价工作应当在财务绩效定量评价工作的基础上，聘请监管部门、行业协会、研究机构、社会中介等方面的资深专家组织实施。管理绩效评价专家承担以下工作职责：

（一）对企业财务绩效定量评价结果发表专家意见；

（二）对企业管理绩效实际状况进行分析和判断；

（三）对企业管理绩效状况进行评议，并发表咨询意见；

（四）确定企业管理绩效定性评价指标分值。

第二十六条　企业在综合绩效评价工作中承担以下职责：

（一）提供有关年度财务决算报表和审计报告；

（二）提供管理绩效定性评价所需的有关资料；

（三）组织开展子企业的综合绩效评价工作。

第五章　评价结果与评价报告

第二十七条　评价结果是指根据综合绩效评价分数及分析得出的评价结论。

第二十八条　综合绩效评价分数用百分制表示，并分为优、良、中、低、差五个等级。

第二十九条　企业综合绩效评价应当进行年度之间绩效变化的比较分析，客观评价企业经营成果与管理水平的提高程度。

（一）任期绩效评价运用任期最后年度评价结果与上一任期最后年度评价结果进行对比。

（二）年度绩效评价运用当年评价结果与上年评价结果进行对比。

第三十条　任期绩效评价结果是经济责任审计工作中评估企业负责人任期履行职责情况和认定任期经济责任的重要依据，并为企业负责人任期考核工作提供参考。

第三十一条　年度绩效评价结果是开展财务监督工作的重要依据，并为企业负责人年度考核工作提供参考。

第三十二条　企业综合绩效评价报告是根据评价结果编制、反映被评价企业绩效状况的文件，由报告正文和附件构成。

（一）企业综合绩效评价报告正文应当说明评价依据、评价过程、评价结果，以及需要说明的重大事项。

（二）企业综合绩效评价报告附件包括经营绩效分析报告、评价计分表、问卷调查结果分析、专家咨询意见等，其中：经营绩效分析报告应当对企业经营绩效状况、影响因素、存在的问题等进行分析和诊断，并提出相关管理建议。

第三十三条　对企业综合绩效评价揭示和反映的问题，应当及时反馈企业，并要求企业予以关注。

（一）对于任期绩效评价反映的问题，应当在下达企业的经济责任审计处理意见书中明确指出，并要求企业予以关注和整改。

（二）对于年度绩效评价结果反映的问题，应当在年度财务决算批复中明确指出，并要求企业予以关注和整改。

第六章　工作责任

第三十四条　企业应当提供真实、全面的绩效评价基础数据资料，企业主要负责人、总会计师或主管财务会计工作的负责人应当对提供的年度财务会计报表和相关评价基础资料的真实性负责。

第三十五条　受托开展企业综合绩效评价业务的机构及其相关工作人员应严格执行企业综合绩效评价工作的规定，规范技术操作，确保评价过程独立、客观、公正，评价结论适当，并严守企业的商业秘密。对参与造假、违反程序和工作规定，导致评价结论失实以及泄露企业商业秘密的，国资委将不再委托其承担企业综合绩效评价业务，并将有关情况通报其行业主管机关，建议给予相应处罚。

第三十六条　国资委的相关工作人员组织开展企业综合绩效评价工作应当恪尽职守、规范程序、加强指导。对于在综合绩效评价过程中不尽职或者徇私舞弊，造成重大工作过失的，给予纪律处分。

第三十七条　所聘请的评议专家应当认真了解和分析企业的管理绩效状况，客观公正地进行评议打分，并提出合理的咨询意见。对于在管理绩效评价过程中不认真、不公正，出现评议结果或者咨询意见不符合企业实际情况，对评价工作造成不利影响的，国资委将不再继续聘请其为评议专家。

第七章　附则

第三十八条　根据本办法制定的《中央企业综合绩效评价实施细则》和评价标准另行公布。

第三十九条　企业开展内部综合绩效评价工作，可依据本办法制定具体的工作规范。

第四十条　各地区国有资产监督管理机构开展综合绩效评价工作，可参照本办法执行。

第四十一条　本办法自 2006 年 5 月 7 日起施行。

附：中央企业综合绩效评价实施细则

第一章　总则

第一条　为规范开展中央企业（以下简称"企业"）综合绩效评价工作，有效发挥综合绩效评价工作的评判、引导和诊断作用，推动企业提高经营管理水平，根据《中央企业综合绩效评价管理暂行办法》（国资委令第14号），制定本实施细则。

第二条　开展企业综合绩效评价应当充分体现市场经济原则和资本运营特征，以投入产出分析为核心，运用定量分析与定性分析相结合、横向对比与纵向对比互为补充的方法，综合评价企业经营绩效和努力程度，促进企业提高市场竞争能力。

第三条　开展企业综合绩效评价应当制定既符合行业实际又具有标杆引导性质的评价标准，并运用科学的评价计分方法，计量企业经营绩效水平，以充分体现行业之间的差异性，客观反映企业所在行业的盈利水平和经营环境，准确评判企业的经营成果。

第四条　企业综合绩效评价工作按照产权管理关系进行组织，国资委负责其履行出资人职责企业的综合绩效评价工作，企业集团（总）公司负责其控股子企业的综合绩效评价工作。

第五条　企业年度综合绩效评价工作，一般结合对企业年度财务决算审核工作组织进行；企业任期综合绩效评价工作，一般结合对企业负责人任期经济责任审计组织实施。

第二章　评价指标与权重

第六条　企业综合绩效评价指标由二十二个财务绩效定量评价指标和八个管理绩效定性评价指标组成。

第七条　财务绩效定量评价指标由反映企业盈利能力状况、资产质量状况、债务风险状况和经营增长状况四个方面的八个基本指标和十四个修正指标构成，用于综合评价企业财务会计报表所反映的经营绩效状况（定量评价指标计算公式见附件1）。

第八条　企业盈利能力状况以净资产收益率、总资产报酬率两个基本指标和销售（营业）利润率、盈余现金保障倍数、成本费用利润率、资本收益率四个修正指标进行评价，主要反映企业一定经营期间的投入产出水平和盈利质量。

第九条　企业资产质量状况以总资产周转率、应收账款周转率两个基本指标和不良资产比率、流动资产周转率、资产现金回收率三个修正指标进行评价，主要反映企业所占用经济资源的利用效率、资产管理水平与资产的安全性。

第十条　企业债务风险状况以资产负债率、已获利息倍数两个基本指标和速动比率、现金流动负债比率、带息负债比率、或有负债比率四个修正指标进行评价，主要反映企业的债务负担水平、偿债能力及其面临的债务风险。

第十一条　企业经营增长状况以销售（营业）增长率、资本保值增值率两个基本指标和销售（营业）利润增长率、总资产增长率、技术投入比率三个修正指标，主要反映企业的经营增长水平、资本增值状况及发展后劲。

第十二条　企业管理绩效定性评价指标包括战略管理、发展创新、经营决策、风险控制、基础管理、人力资源、行业影响、社会贡献八个方面的指标，主要反映企业在一定经营期间所采取的各项管理措施及其管理成效。

（一）战略管理评价主要反映企业所制定战略规划的科学性，战略规划是否符合企业实际，员工对战略规划的认知程度，战略规划的保障措施及其执行力，以及战略规划的实施效果等方面的情况。

（二）发展创新评价主要反映企业在经营管理创新、工艺革新、技术改造、新产品开发、品牌培育、市场拓展、专利申请及核心技术研发等方面的措施及成效。

（三）经营决策评价主要反映企业在决策管理、决策程序、决策方法、决策执行、决策监督、责任追究等方面采取的措施及实施效果，重点反映企业是否存在重大经营决策失误。

（四）风险控制评价主要反映企业在财务风险、市场风险、技术风险、管理风险、信用风险和道德风险等方面的管理与控制措施及效果，包括风险控制标准、风险评估程序、风险防范与化解措施等。

（五）基础管理评价主要反映企业在制度建设、内部控制、重大事项管理、信息化建设、标准化管理等方面的情况，包括财务管理、对外投资、采购与销售、存货管理、质量管理、安全管理、法律事务等。

（六）人力资源评价主要反映企业人才结构、人才培养、人才引进、人才储备、人事调配、员工绩效管理、分配与激励、企业文化建设、员工工作热情等方面的情况。

（七）行业影响评价主要反映企业主营业务的市场占有率、对国民经济及区域经济的影响与带动力、主要产品的市场认可程度、是否具有核心竞争能力以及产业引导能力等方面的情况。

（八）社会贡献评价主要反映企业在资源节约、环境保护、吸纳就业、工资福利、安全生产、上缴税收、商业诚信、和谐社会建设等方面的贡献程度和社会责任的履行情况。

第十三条　企业管理绩效定性评价指标应当根据评价工作需要作进一步细化，能够量化的应当采用量化指标进行反映。

第十四条　企业综合绩效评价指标权重实行百分制，指标权重依据评价指标的重要性和各指标的引导功能，通过征求咨询专家意见和组织必要的测试进行确定。

第十五条　财务绩效定量评价指标权重确定为70%，管理绩效定性评价指标权重确定为30%。在实际评价过程中，财务绩效定量评价指标和管理绩效定性评价指标的权数均按百分制设定，分别计算分项指标的分值，然后按70:30折算（各评价指标权重见附件2）。

第三章　评价标准选择

第十六条　财务绩效定量评价标准划分为优秀（A）、良好（B）、平均（C）、较低（D）、较差（E）五个档次，管理绩效定性评价标准分为优（A）、良（B）、中（C）、低（D）、差（E）五个档次。

第十七条　对应五档评价标准的标准系数分别为1.0、0.8、0.6、0.4、0.2，差（E）以下为0。标准系数是评价标准的水平参数，反映了评价指标对应评价标准所达到的水平档次。

第十八条　评价组织机构应当认真分析判断评价对象所属行业和规模，正确选用财务绩效定量评价标准值。

第十九条　企业财务绩效定量评价标准值的选用，一般根据企业的主营业务领域对照企业综合绩效评价行业基本分类，自下而上逐层遴选被评价企业适用的行业标准值。

第二十条　多业兼营的集团型企业财务绩效指标评价标准值的选用应当区分主业突出和不突出两种情况：

（一）存在多个主业板块但某个主业特别突出的集团型企业，应当采用该主业所在行业的标准值。

（二）存在多个主业板块但没有突出主业的集团型企业，可对照企业综合绩效评价行业基本分类，采用基本可以覆盖其多种经营业务的上一层次的评价标准值；或者根据其下属企业所属行业，分别选取相关行业标准值进行评价，然后按照各下属企业资产总额占被评价企业集团汇总资产总额的比重，加权形成集团评价得分；也可以根据集团的经营领域，选择有关行业标准值，以各领域的资产总额比例为权重进行加权平均，计算出用于集团评价的标准值。

第二十一条　如果被评价企业所在行业因样本原因没有统一的评价标准，或按第二十条规定方法仍无法确定被评价企业财务绩效定量评价标准值，则在征得评价组织机构同意后，直接选用国民经济十大门类标准或全国标准。

第二十二条　根据评价工作需要可以分别选择全行业和大、中、小型规模标准值实施评价。企业规模划分执行国家统计局《关于统计上大中小型企业划分办法（暂行）》（国统字〔2003〕17号）和国资委《关于在财务统计工作中执行新的企业规模划分标准的通知》（国资厅评价函〔2003〕327号）的规定。

第二十三条　管理绩效定性评价标准具有行业普遍性和一般性，在进行评价时，应当根据不同行业的经营特点，灵活把握个别指标的标准尺度。对于定性评价标准没有列示，但对被评价企业经营绩效产生重要影响的因素，在评价时也应予以考虑。

第四章　评价计分

第二十四条　企业综合绩效评价计分方法采取功效系数法和综合分析判断法，其中：功效系数法用于财务绩效定量评价指标的计分，综合分析判断法用于管理绩效定性评价指标的计分。

第二十五条　财务绩效定量评价基本指标计分是按照功效系数法计分原理，将评价指标实际值对照行业评价标准值，按照规定的计分公式计算各项基本指标得分。计算公式为：

$$基本指标总得分 = \sum 单项基本指标得分$$
$$单项基本指标得分 = 本档基础分 + 调整分$$
$$本档基础分 = 指标权数 \times 本档标准系数$$
$$调整分 = 功效系数 \times (上档基础分 - 本档基础分)$$
$$上档基础分 = 指标权数 \times 上档标准系数$$
$$功效系数 = (实际值 - 本档标准值) / (上档标准值 - 本档标准值)$$

本档标准值是指上下两档标准值居于较低等级一档。

第二十六条　财务绩效定量评价修正指标的计分是在基本指标计分结果的基础上，运用功效系数法原理，分别计算盈利能力、资产质量、债务风险和经营增长四个部分的综合修正系数，再据此计算出修正后的分数。计算公式为：

$$修正后总得分 = \sum 各部分修正后得分$$
$$各部分修正后得分 = 各部分基本指标分数 \times 该部分综合修正系数$$
$$某部分综合修正系数 = \sum 该部分各修正指标加权修正系数$$
$$某指标加权修正系数 = (修正指标权数 / 该部分权数) \times 该指标单项修正系数$$
$$某指标单项修正系数 = 1.0 + (本档标准系数 + 功效系数 \times 0.2 - 该部分基本$$
$$指标分析系数)，单项修正系数控制修正幅度为 0.7 \sim 1.3$$
$$某部分基本指标分析系数 = 该部分基本指标得分 / 该部分权数$$

第二十七条　在计算修正指标单项修正系数过程中，对于一些特殊情况作如下规定：

（一）如果修正指标实际值达到优秀值以上，其单项修正系数的计算公式如下：

$$单项修正系数 = 1.2 + 本档标准系数 - 该部分基本指标分析系数$$

（二）如果修正指标实际值处于较差值以下，其单项修正系数的计算公式如下：

$$单项修正系数 = 1.0 - 该部分基本指标分析系数$$

（三）如果资产负债率 $\geqslant 100\%$，指标得 0 分；其他情况按照规定的公式计分。

（四）如果盈余现金保障倍数分子为正数，分母为负数，单项修正系数确定为 1.1；如果分子为负数，分母为正数，单项修正系数确定为 0.9；如果分子分母同为负数，单项修正系数确定为 0.8。

（五）如果不良资产比率≥100%或分母为负数，单项修正系数确定为0.8。

（六）对于销售（营业）利润增长率指标，如果上年主营业务利润为负数，本年为正数，单项修正系数为1.1；如果上年主营业务利润为零本年为正数，或者上年为负数本年为零，单项修正系数确定为1.0。

（七）如果个别指标难以确定行业标准，该指标单项修正系数确定为1.0。

第二十八条　管理绩效定性评价指标的计分一般通过专家评议打分形式完成，聘请的专家应不少于7名；评议专家应当在充分了解企业管理绩效状况的基础上，对照评价参考标准，采取综合分析判断法，对企业管理绩效指标做出分析评议，评判各项指标所处的水平档次，并直接给出评价分数。计分公式为：

$$管理绩效定性评价指标分数 = \sum 单项指标分数$$
$$单项指标分数 = (\sum 每位专家给定的单项指标分数)/专家人数$$

第二十九条　任期财务绩效定量评价指标计分，应当运用任期各年度评价标准分别对各年度财务绩效定量指标进行计分，再计算任期平均分数，作为任期财务绩效定量评价分数。计算公式为：

$$任期财务绩效定量评价分数 = (\sum 任期各年度财务绩效定量评价分数)/任期年份数$$

第三十条　在得出财务绩效定量评价分数和管理绩效定性评价分数后，应当按照规定的权重，耦合形成综合绩效评价分数。计算公式为：

$$企业综合绩效评价分数 = 财务绩效定量评价分数 \times 70\% + 管理绩效定性评价分数 \times 30\%$$

第三十一条　在得出评价分数以后，应当计算年度之间的绩效改进度，以反映企业年度之间经营绩效的变化状况。计算公式为：

$$绩效改进度 = 本期绩效评价分数/基期绩效评价分数$$

绩效改进度大于1，说明经营绩效上升；绩效改进度小于1，说明经营绩效下滑。

第三十二条　对企业经济效益上升幅度显著、经营规模较大，有重大科技创新的企业，应当给予适当加分，以充分反映不同企业努力程度和管理难度，激励企业加强科技创新。具体的加分办法如下：

（一）效益提升加分。企业年度净资产收益率增长率和利润增长率超过行业平均增长水平10%～40%加1～2分，超过40%～100%加3～4分，超过100%加5分。

（二）管理难度加分。企业年度平均资产总额超过全部监管企业年度平均资产总额的给予加分，其中：工业企业超过平均资产总额每100亿元加0.5分，非工业企业超过平均资产总额每60亿元加0.5分，最多加5分。

（三）重大科技创新加分。重大科技创新加分包括以下两个方面：企业承担国家重大科技攻关项目，并取得突破的，加3～5分；承担国家科技发展规划纲要目录内的重大科技专项主体研究，虽然尚未取得突破，但投入较大，加1～2分。

（四）国资委认定的其他事项。

以上加分因素合计不得超过 15 分，超过 15 分按 15 分计算。对加分前评价结果已经达到优秀水平的企业，以上加分因素按以下公式计算实际加分值：

$$实际加分值 = (1 - X\%) \times 6.6Y$$

其中：X 表示评价得分，Y 表示以上因素合计加分。

第三十三条　对被评价企业所评价期间（年度）发生以下不良重大事项，应当予以扣分：

（一）发生属于当期责任的重大资产损失事项，损失金额超过平均资产总额 1% 的，或者资产损失金额未超过平均资产总额 1%，但性质严重并造成重大社会影响的，扣 5 分；正常的资产减值准备计提不在此列；

（二）发生重大安全生产与质量事故，根据事故等级，扣 3~5 分；

（三）存在巨额表外资产，且占合并范围资产总额 20% 以上的，扣 3~5 分；

（四）存在巨额逾期债务，逾期负债超过带息负债的 10%，甚至发生严重的债务危机，扣 2~5 分；

（五）国资委认定的其他事项。

第三十四条　对存在加分和扣分事项的，应当与企业和有关部门进行核实，获得必要的外部证据，并在企业综合绩效评价报告中加以单独说明。

第五章　评价基础数据调整

第三十五条　企业综合绩效评价的基础数据资料主要包括企业提供的评价年度财务会计决算报表及审计报告、关于经营管理情况的说明等资料。

第三十六条　为确保评价基础数据的真实、完整、合理，在实施评价前应当对评价期间的基础数据进行核实，按照重要性和可比性原则进行适当调整。

第三十七条　在任期经济责任审计工作中开展任期财务绩效定量评价，其评价基础数据以财务审计调整后的数据为依据。

第三十八条　企业评价期间会计政策与会计估计发生重大变更的，需要判断变更事项对经营成果的影响，产生重大影响的，应当调整评价基础数据，以保持数据口径基本一致。

第三十九条　企业评价期间发生资产无偿划入划出的，应当按照重要性原则调整评价基础数据。原则上划入企业应纳入评价范围，无偿划出、关闭、破产（含进入破产程序）企业，不纳入评价范围。

第四十条　企业被出具非标准无保留意见审计报告的，应当根据审计报告披露的影响企业经营成果的重大事项，调整评价基础数据。

第四十一条　国资委在财务决算批复中要求企业纠正、整改，并影响企业财务会计报表、能够确认具体影响金额的，应当根据批复调整评价基础数据。

第四十二条　企业在评价期间损益中消化处理以前年度或上一任期资产损失的，承担国家某项特殊任务或落实国家专项政策对财务状况和经营成果产生重大影响的，经国资委认定后，可作为客观因素调整评价基础数据。

第六章　评价工作程序

第四十三条　企业综合绩效评价包括财务绩效定量评价和管理绩效定性评价两个方面内容。由于任期绩效评价和年度绩效评价的工作目标不同，评价工作内容应有所区别。

（一）任期绩效评价作为任期经济责任审计工作的重要组成部分，需要对企业负责人任职期间企业的绩效状况进行综合评价，工作程序包括财务绩效评价和管理绩效评价两方面内容。

（二）年度绩效评价除根据监管工作需要组织财务绩效与管理绩效的综合评价外，一般作为年度财务决算管理工作的组成部分，每个年度只进行财务绩效定量评价。

第四十四条　财务绩效定量评价工作具体包括提取评价基础数据、基础数据调整、评价计分、形成评价结果等内容。

（一）提取评价基础数据。以经社会中介机构或内部审计机构审计并经评价组织机构核实确认的企业年度财务会计报表为基础提取评价基础数据。

（二）基础数据调整。为客观、公正地评价企业经营绩效，根据本细则第五章的有关规定，对评价基础数据进行调整，其中：年度绩效评价基础数据以国资委审核确认的财务决算合并报表数据为准。

（三）评价计分。根据调整后的评价基础数据，对照相关年度的行业评价标准值，利用绩效评价软件或手工评价计分。

（四）形成评价结果。对任期财务绩效评价需要计算任期内平均财务绩效评价分数，并计算绩效改进度；对年度财务绩效评价除计算年度绩效改进度外，需要对定量评价得分深入分析，诊断企业经营管理存在的薄弱环节，并在财务决算批复中提示有关问题，同时进行所监管企业的分类排序分析，在一定范围内发布评价结果。

第四十五条　管理绩效定性评价工作具体包括收集整理管理绩效评价资料、聘请咨询专家、召开专家评议会、形成定性评价结论等内容。

（一）收集整理管理绩效评价资料。为了深入了解被评价企业的管理绩效状况，应当通过问卷调查、访谈等方式，充分收集并认真整理管理绩效评价的有关资料。

（二）聘请咨询专家。根据所评价企业的行业情况，聘请不少于7名的管理绩效评价咨询专家，组成专家咨询组，并将被评价企业的有关资料提前送达咨询专家。

（三）召开专家评议会。组织咨询专家对企业的管理绩效指标进行评议打分。

（四）形成定性评价结论。汇总管理绩效定性评价指标得分，形成定性评价结论。

第四十六条　管理绩效专家评议会一般按下列程序进行：

（一）阅读相关资料，了解企业管理绩效评价指标实际情况；

（二）听取评价实施机构关于财务绩效定量评价情况的介绍；

（三）参照管理绩效定性评价标准，分析企业管理绩效状况；

（四）对企业管理绩效定性评价指标实施独立评判打分；

（五）对企业管理绩效进行集体评议，并提出咨询意见，形成评议咨询报告；

（六）汇总评判打分结果。

第四十七条　根据财务绩效定量评价结果和管理绩效定性评价结果，按照规定的权重和计分方法，计算企业综合绩效评价总分，并根据规定的加分和扣分因素，得出企业综合绩效评价最后得分。

第七章　评价结果与评价报告

第四十八条　企业综合绩效评价结果以评价得分、评价类型和评价级别表示。

评价类型是根据评价分数对企业综合绩效所划分的水平档次，用文字和字母表示，分为优（A）、良（B）、中（C）、低（D）、差（E）五种类型。

评价级别是对每种类型再划分级次，以体现同一评价类型的不同差异，采用在字母后标注"＋、－"号的方式表示。

第四十九条　企业综合绩效评价结果以85分、70分、50分、40分作为类型判定的分数线。

（一）评价得分达到85分以上（含85分）的评价类型为优（A），在此基础上划分为三个级别，分别为：A＋＋≥95分；95分＞A＋≥90分；90分＞A≥85分。

（二）评价得分达到70分以上（含70分）不足85分的评价类型为良（B），在此基础上划分为三个级别，分别为：85分＞B＋≥80分；80分＞B≥75分；75分＞B－≥70分。

（三）评价得分达到50分以上（含50分）不足70分的评价类型为中（C），在此基础上划分为两个级别，分别为：70分＞C≥60分；60分＞C－≥50分。

（四）评价得分在40分以上（含40分）不足50分的评价类型为低（D）。

（五）评价得分在40分以下的评价类型为差（E）。

第五十条　企业综合绩效评价报告是根据评价结果编制、反映被评价企业综合绩效状况的文本文件，由报告正文和附件构成。

第五十一条　企业综合绩效评价报告正文应当包括：评价目的、评价依据与评价方法、评价过程、评价结果及评价结论、重要事项说明等内容。企业综合绩效评价报告的正文应当文字简洁、重点突出、层次清晰、易于理解。

第五十二条　企业综合绩效评价报告附件应当包括：企业经营绩效分析报告、评价结果计分表、问卷调查结果分析、专家咨询报告、评价基础数据及调整情况，其中：企业经营绩效分析报告是根据综合绩效评价结果对企业经营绩效状况进行深入分析的文件，应当包括评价对象概述、评价结果与主要绩效、存在的问题与不足、有关管理建议等。

第八章　附则

第五十三条　企业集团内部开展所属子企业的综合绩效评价工作，可参照本细则制定符合集团内部监管需要的实施细则。

第五十四条　各地区国有资产监督管理机构开展所监管企业的综合绩效评价工作，可参照本细则执行。

第五十五条　本细则由国资委负责解释。

第五十六条　本细则自 2006 年 10 月 12 日起施行。

附件：1. 企业财务绩效定量评价指标计算公式（略）
　　　2. 企业综合绩效评价指标及权重表

附件 2

企业综合绩效评价指标及权重表

评价内容与权数		财务绩效（70%）				管理绩效（30%）	
		基本指标	权数	修正指标	权数	评议指标	权数
盈利能力状况	34	净资产收益率 总资产报酬率	20 14	销售（营业）利润率 盈余现金保障倍数 成本费用利润率 资本收益率	10 9 8 7	战略管理 发展创新 经营决策 风险控制 基础管理 人力资源 行业影响 社会贡献	18 15 16 13 14 8 8 8
资产质量状况	22	总资产周转率 应收账款周转率	10 12	不良资产比率 流动资产周转率 资产现金回收率	9 7 6		
债务风险状况	22	资产负债率 已获利息倍数	12 10	速动比率 现金流动负债比率 带息负债比率 或有负债比率	6 6 5 5		
经营增长状况	22	销售（营业）增长率 资本保值增值率	12 10	销售（营业）利润增长率 总资产增长率 技术投入比率	10 7 5		